青雲寮玄関前にて
（清水文雄38歳―昭和16年１月）

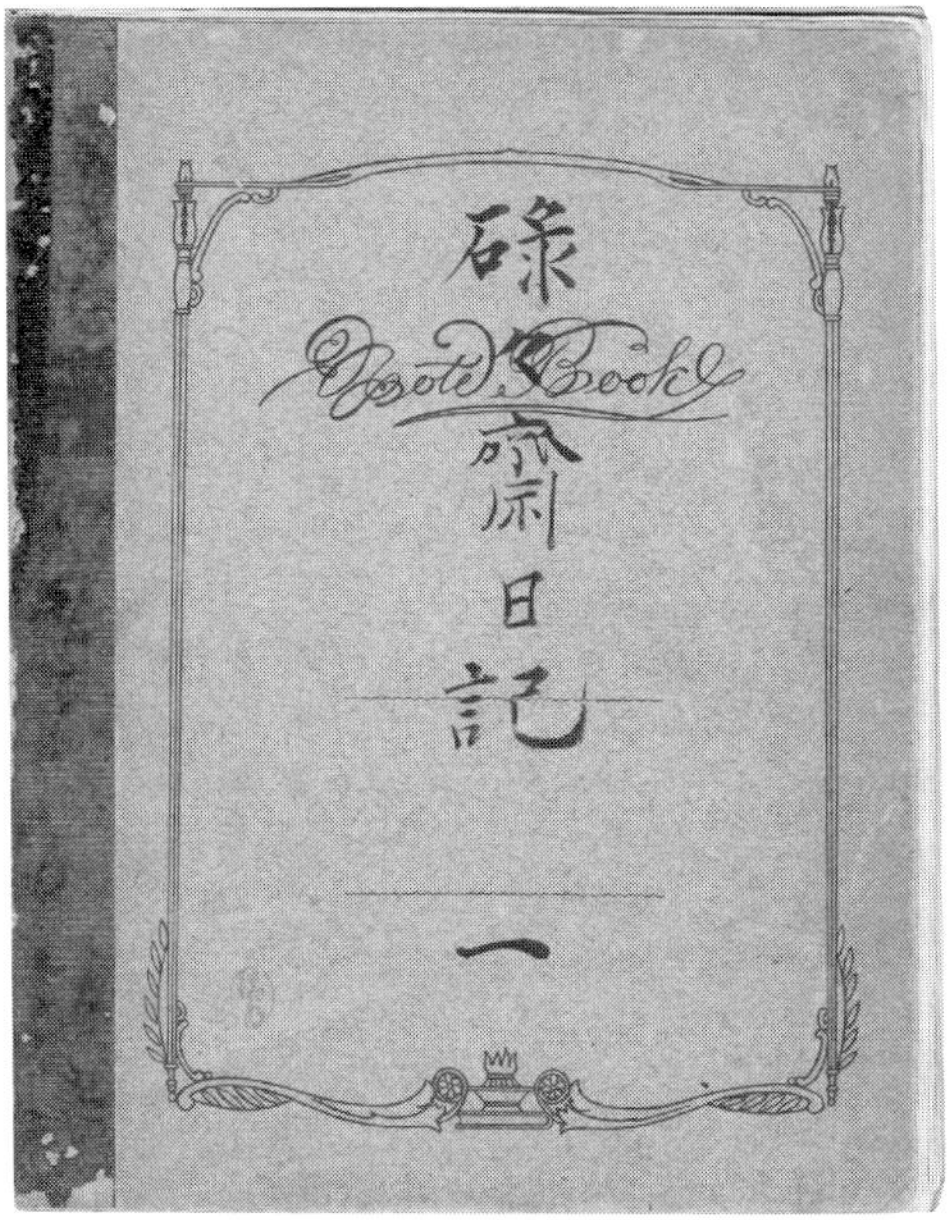

日記書影

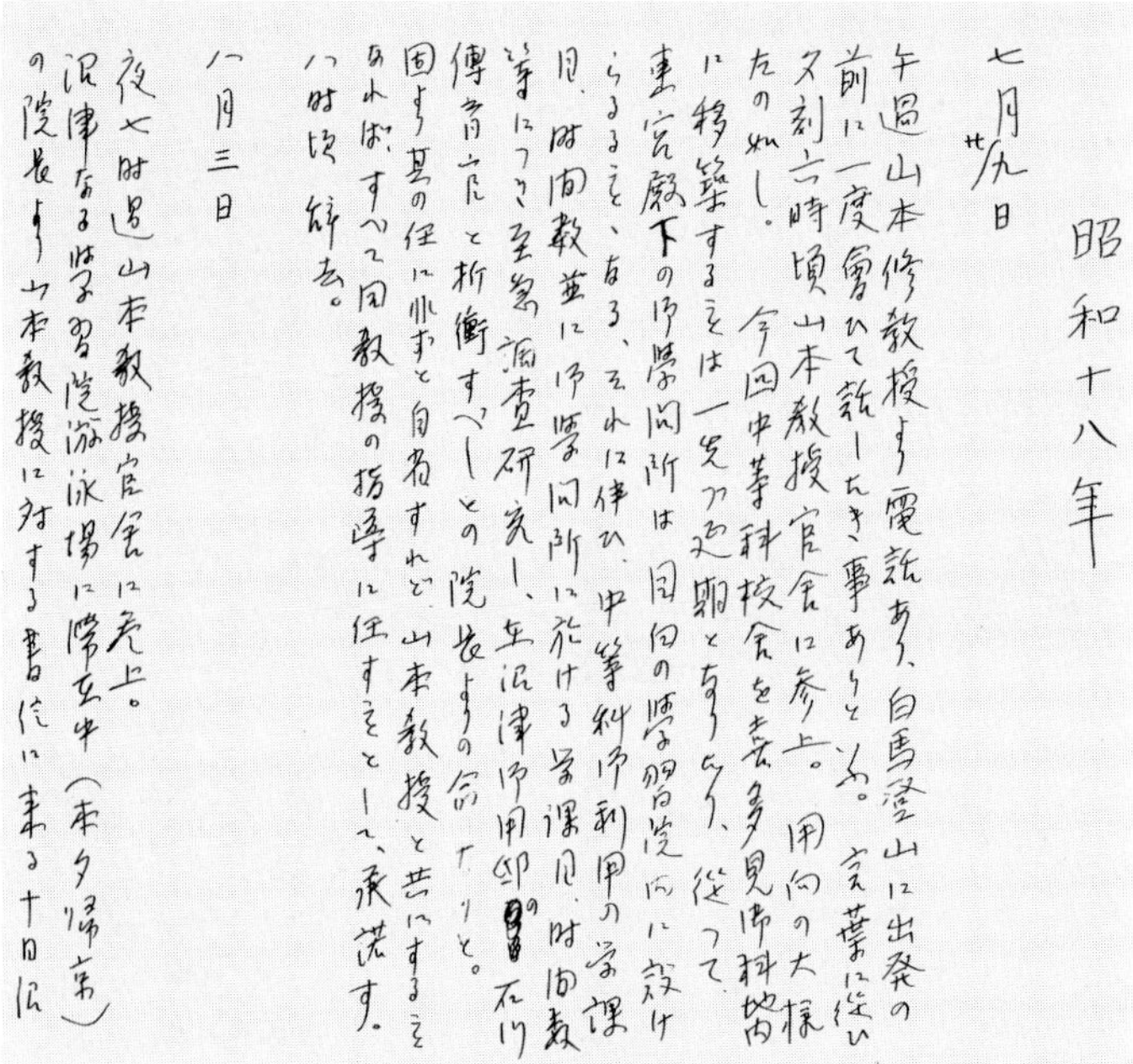

昭和十八年
七月廿九日
午過山本修教授より電話あり、白馬登山に出発の
前に一度會ひて話したき事ありとなり。言葉に従ひ
夕刻六時頃山本教授官舎に参上。用向の大様
左の如し。　今回中等科校舎を喜多見[illegible]
に移築することは一先づ延期となりたり、従つて
東宮殿下の御学問所は目白の学習院内に設け
らるることとなる、之れに伴ひ、中等科御利用の学課
目、時間数並に御学問所に於ける学課目、時間数
等につき至急調査研究し、在沼津御用邸の[illegible]石川
傳育官と折衝すべしとの院長よりの命なりと。
固より其の任に非ずと自省すれど、山本教授と共にすること
なれば、すべて同教授の指導に任ずることとして、承諾す。
八時頃辞去。
八月三日
夜七時過山本教授官舎に参上。
沼津なる学習院游泳場に滞在中（本夕帰京）
の院長より山本教授に対する書信に来る十日沼

昭和18年７月29日の部分

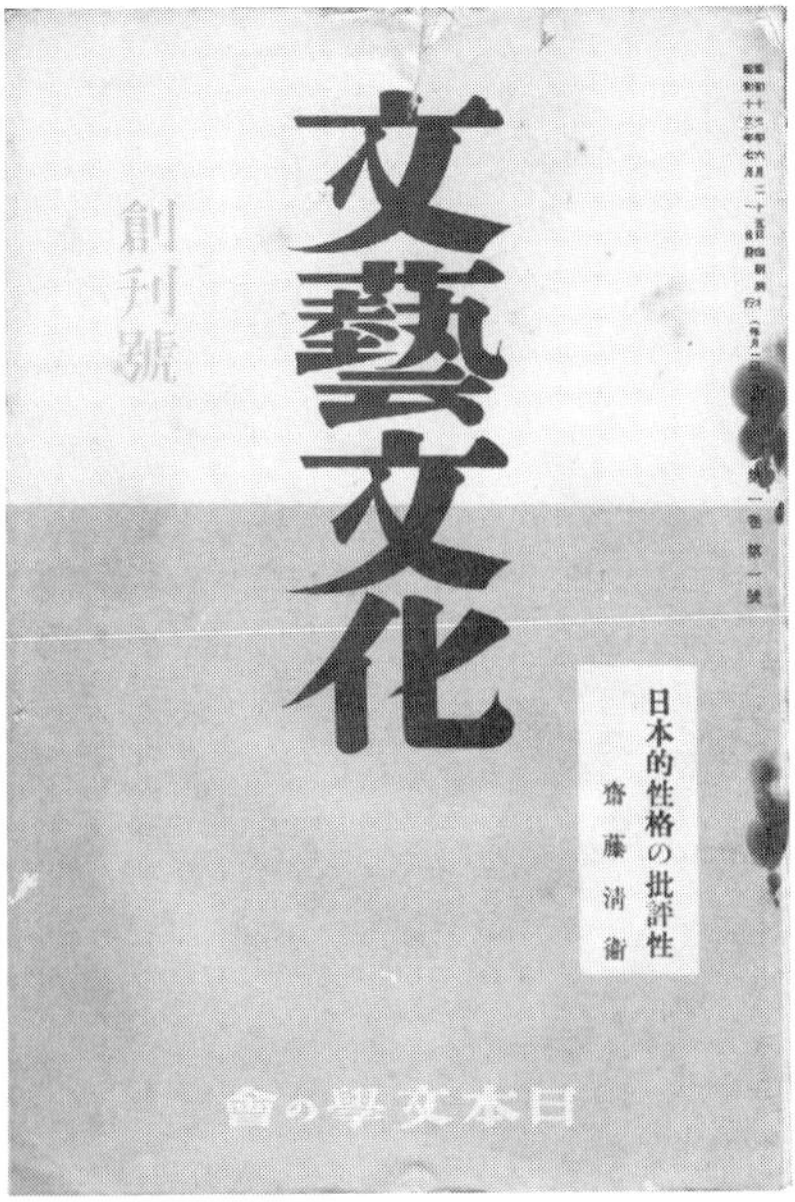

「文藝文化」創刊号・終刊号

文藝文化同人
前列　左より　蓮田善明・斎藤清衛
後列　左より　栗山理一・清水文雄・池田勉
（昭和12年8月）小高根二郎「蓮田善明とその死」（新潮社）より

カットで途中から参加して、同人達と深いつながりを持った。そして、三島由紀夫（平岡公威）のデビューもこの雑誌だった。そして、二人の師弟交流は、その後昭和四十五年十一月の三島自決まで変わることなく続いた。

その二つは、学習院での教員生活に関わるものである。平岡公威をはじめとする多くの少年達との出会いと別れがここに記されてある。別れの会での清水の「只、皆との生活によって自分の胸の中に蘇ってきた青春の燃《ほのお》がきえないやうに、今でも油をそそぎつづけてゐる」との言は、師弟の深いつながりを思わせる。そして注目すべきは、「東宮殿下御教育案」の作成である。この「御教育案」がその後どのように活かされたのか分からないが、少なくとも昭和十九年十月時点での原案を知ることが出来るのである。その他、勤労動員の詳細や学校建て直し問題にも記事の多くを割いている。

その三つは、日常生活の詳細な記録である。戦況の推移、空襲、物資の欠乏、食糧難からの野菜作り、家族の手紙、帰省中での家族との束の間の触れ合い、母の病気と死等々。昭和十九年三月家族を郷里広島へ疎開させてから、とりわけ六月以降記録は詳細を極めている。それは、清水の「日記をつけることによって厳密に自己を責めていこう」という思いや、「時々刻々の生活が、これが最後になるかも知れない」という危機意識がそうさせたようだ。

以上、大まかに「文学」「学習院」「日常生活」の三領域にまたがるこの記録を、戦後七十年を経た今日の出来るだけ多くの人に読んで頂きたいし、後世の人々にも戦時下の貴重な記録として歴史を振り返るよすがともなればと念じている。

（編者　清水明雄記す）

清水文雄「戦中日記」文学・教育・時局

目次

【凡例】

一、本書は、大学ノート（一部自由日記）に記された、昭和十二年より昭和二十年八月十五日までの、「日本文学の会日誌」（昭和十三年三月〜十六年二月）「雑記帳」「碌々斎日記」（昭和十八年七月二十九日以降の名称）の全文である。「碌々斎」という名称の由来は、文雄が生年月日（明治三十六年六月六日）に引っかけて戯れに名付けたもので、俳号にも用いている。なお、「日本文学の会日誌」の昭和十三年三月十日、二十日、二十三日、二十九日、三十一日は、「戦中日記」と重複している。また、「戦中日記」の十六年・十七年は、記載がない。

一、ノートには随所に当時の新聞の切り抜きが貼付されているが、ここでは割愛した。

一、仮名遣いは原文通りとし、漢字は人名などの一部を除き新字体とした。ただし促音の「っ」は、大文字とも小文字とも判然としない表記が多いので読み易さを考えて、小さい「っ」に統一した。

一、平仮名の踊り字は原稿表記を尊重して、片仮名表記で統一した。

一、誤字脱字の明らかな物は訂正した。判読不能の場合は「・」で示し、判別に迷う場合は〔ママ〕とした。

一、差し障りのある個人情報については、イニシャルで記した。

一、編者の注記は、文中に＊を入れ脚注とした。また、文中に（補注）と記した長い注は段末においた。さらにまた、文中に〔傍点平岡〕のように注記を入れた。

一、「目次」に示した大きな段落毎に、「解説」を記し、「参考文献」をあげた。

一、特に、日記中に頻出する「皇太子殿下のご受業方針」については、戦後七十年の今日からすると違和感をもたれる向もあるかと思うが、「東宮の教育はいかにあるべきか」という難題に、学習院の教師と側近の方々、更に清水周辺の有識者が真摯に向き合った貴重な記録として、煩を厭わずすべてを翻刻した。

一、本書は、清水文雄の「日記」であり、清水個人の当時の印象が書き記されたものである。

日本文学の会日誌　昭和13年3月〜16年2月

「日本文学の会日誌」全文（清水文雄筆録）

昭和十三年〔三十五歳〕

三月

四日（金）

夜六時半斎藤先生（補注1→25頁参照）と共に垣内先生訪問*1。夏期大学の件をお願ひし、快諾を得る。積極的に色々指導精神を与へて下さる。先づ幸先よし。

七日（月）

栗山（補注2→25頁参照）より来信。

十日（木）

夜六時半頃久松氏*2訪問。夏期大学の件快諾を得る。

（1）「戦中日記」十三年三月四日の補注1（→60頁参照）。

（2）「戦中日記」十三年三月十日の補注2（→60頁参照）。

二十日（日）

岡崎氏*1へ、来る三十一日午前中訪問したきにつき、都合よろしきや否やを書面にてきいてやる。

二十三日（水）

岡崎氏より返信あり。三十一日は差支《さしつかえ》なしとの由。但し、重要々件ならば、前以て概略を知らせておいてほしいとのこと。

二十九日（火）

朝九時頃、大阪より栗山、池田（補注3→25頁参照）来る。

午前中清水宅、午后は六時頃まで斎藤先生宅にて試論今後の方針、事業、団体の名称等につき種々協議す。先生宅にてはたま〳〵在京中の後藤貞夫*2君も同席。

夜、高藤《たかとう》君（補注4→25頁参照）を加へて、清水宅にて食事しつゝ、閑談《かんだん》。

三十日（水）

午前十時上野発列車にて、栗山、池田両名仙台に向って立つ。岡崎氏訪問のため。清水所用のため不参。

四月

（1）「戦中日記」十三年三月二十日の補注3（→38頁参照）。

（2）齋藤清衛の広島高師教え子。

一日（金）

夜、池田、栗山両名帰京。先生も来られ、岡崎との会見顛末《てんまつ》をきく。岡崎氏余りに厳密に考へすぎ、たぢ〳〵となったといふ。結局、日本文学の会の方針を明かにし、その上で夏期大学の事も改めてお願ひすることにして帰ったといふ。つまり保留の形。

二日（土）

午前中、垣内先生を三人で訪問せんとして電話したるに、御外出の間際との理由で断られ、その足ですぐ久松氏を訪ふ。会への賛同を得、色々御話を聞いて、昼飯の御馳走になったりして御暇する。それから更に西尾氏＊3訪問。色々雑誌の経営の実際問題等につき教示を受ける。夜、栗山は親戚へ、池田、清水は東宝で映画見て帰る。

三日（日）

午前九時十六分、蓮田（補注5→26頁参照）が品川に着くので迎へにゆく。池田、栗山、清水。新宿まで帰ると星野＊4にゐる池田氏も偶々《たまたま》蓮田と同列車で上京、先生の所へくる所といふので、あふ。先生の所へ夜までをり、蓮田、池田、栗山、清水、それに、高藤、広谷、池田（星野勤務）の多数が、先生を囲んで、日本文学の会の将来につき色々談合。夜九時半頃池田、栗山は帰阪するとて駅に出る。今夜十一時東京発の汽車にのるため。

十日（日）

（3）「戦中日記」十三年四月二日の補注4（↓40頁参照）。

（4）京都の書店。

午前十時、清水宅に、斎藤、蓮田、清水集り、垣内氏訪問につき、打合を行ふ。十二時に及ぶ。午后一時十五分垣内氏訪問。蓮田、清水。夏期大学、雑誌のことを話し、意見を求む。二時半に及ぶ。帰途神田に廻り、謄写版《とうしゃばん》求む。十三円也。
夜六時より十時半まで、斎藤先生宅にて、夏期大学のこと、雑誌のことにつき、具体的に打合す。斎藤、蓮田、清水。

十二日（火）

夜蓮田の所に至り、日程表を中心として協議。蓮田は風邪気味にて臥床中。

十四日（木）

夜先生のお宅に蓮田、清水集り、蓮田の作りし日程表を中心として協議。

十七日（日）

午前中、清水宅にて先生、蓮田、清水、日程表をプリントに刷ったり、表紙図案を色々やって見たりする。「文学道」か「文学精神」かで一決しないまま。池田の言ふ所によると「文学精神」と言ふ同人雑誌が已にありといふ。午后三時過蓮田と共に家を出で、吉祥寺の風巻氏*1を訪へど、すでに荻窪に移りし後にて駄目。新宿に出で、会公用の封筒等買ひ、雑誌屋により「文学精神」といふ雑誌の存在をたしかめて帰る。結局「文学道」にするか。

（1）「戦中日記」十三年四月十七日の補注5（↓44頁参照）。

十九日（火）
大阪より、高野山夏期講筵、雑誌に関する回章帰り来る。以前よりの回章も同封。

二十日（水）
試論校正*2（栗山の分）自三三頁―至四八頁出る。

（2）同人発行の論文集『国文学試論』第五輯。

二十一日（木）
栗山校正一頁―三二頁出る。
大阪より土井先生（補注6→26頁参照）よりの依頼状（国語教科書編纂に関する）の回覧帰り来る。

二十三日（土）
池田より来信。高野山の会期二十八日、二十九日、三十日、三十一日の四日間に変更のこと、会名を「日本文学の会」とすること、両方共、当局に於いて承諾の旨通知し来れり。夜蓮田宅に先生と共にゆく。明日の訪問につき、種々協議す。誌名は「文学道」で押してゆくことに決定。

二十四日（日）
蓮田と訪問せし人左の如し。
久松氏　（留守、創刊号予定のプリントをおいて帰る）

西尾氏　（在宅、承諾）
東條氏（補注7→26頁参照）（在宅、保留）
垣内氏　（在宅、承諾）
阿部六氏＊1（在宅、承諾）

尚風巻氏の所へもゆくべかりしかど、住所不明につき断念。その他、事務用の諸器注文したり、購求したりして帰る。本日午前九時頃より五時半頃に及ぶ。

二十六日（火）

栗山より創刊号の論文、新刊評、論文評の題目を報じ来る。「文学道」は再考を乞《こ》ふとあり。久松氏へ依頼状発す。

二十七日（水）

風巻氏、吉田氏＊2へ依頼状発す。
「日本文学の会」の標札《ひょうさつ》清水宅に掲げる。

二十八日（木）

池田より「文学道」創刊号予定題目報告し来る。

（1）阿部六郎。独文学者。成城高校教授。
（2）近代文学研究者の吉田精一か。

二十九日（金）
蓮田の校正刷来る。
三十日（土）
栗山より雑誌その他に関する意見来る。

五月

一日（日）
午前十一時頃先生来らる。池田氏の写してくれた「国語国文」の寄贈先持ってきて下さる。午后三時頃蓮田来る。要人への挨拶状、会規等案文を作ってきてくれる。二人で色々協議す。大阪へも発送意見を求めてやる。
三日（火）
久松氏より原稿快諾の返事来る。
四日（水）
風巻、吉田両氏より原稿快諾の返事あり。名称の改案を大阪へ送る。

夜蓮田の所へゆき、会規の協議をして、原案を複写紙にかく。

五日（木）

大阪へ会規原案送る。

六日（金）

伊東氏（補注8→26頁参照）より詩の原稿来る。

大阪より挨拶状に対する意見来る。

八日（日）

池田より会規に対する意見来る。

九日（月）

栗山より会規に対する意見来る。夜先生宅に蓮田と集る。挨拶状・会規・雑誌名決定。誌名は「文藝文化」。

先生宅を去り、清水宅にて蓮田、清水、印刷に廻せるやう挨拶状の草稿を作る。十一時に及ぶ。

十日（火）

東陽印刷へ速達す。栗山原稿来る。夜蓮田来。宣伝文（雑誌、講筵《こうえん》、試論等の）の草稿作る。

十一日(水)
東陽印刷へ昨夜の草稿送る。速達。

十二日(木)
岡崎氏へ発信。

二十日(金)
今日付先生の学位認可さる。

二十九日(日)
午后、蓮田宅にて、先生、蓮田、清水、「文藝文化」第二号のプラン決定。
夜、清水宅にて蓮田右プランをプリントにし、清水は岡崎、藤田、藤森、永積《ながづみ》四氏へ原稿依頼状かく。

三十日(月)
午后一時頃、東陽印刷へ催促の電話をかける。昨夜の手紙投函。

日本文学講筵日誌　第一回於高野山

七月二十五日。

午后八時半東京駅発にて大阪に向ふ。一行は蓮田、高藤、清水。蓮田、清水は寝台。高藤は普通。十一時まで食堂車にて歓談。

七月二十六日。

午前七時大阪着。駅食堂にて食事をとり、蓮田は栗山宅へ、高藤は神戸の北島葭江氏宅へ、清水は米田宅*1へゆく。午后、清水栗山宅にゆき、蓮田と落ち合ひ、つれ立ちて堺東駅に至る。途中駅前の廻り角にて図らずも池田に会ふ。池田来ざりしため一足先に入山せむとせしなればなり。午后四時四十一分堺東駅発にて高野山に向かふ。一行は四人の外、栗山夫人、二令嬢。午后七時過遍照光院着。昨年、

日本文學講筵 第一回

わが國文學界の先導者垣内松三先生の御還暦を記念し、日本文化史上の大偉人弘法大師の聖地に於て眞に學術的意義ある講筵を開き、日本文學精神宣揚の一大運動たらしめんとす

期日　七月廿八日より四日間

場所　高野山（和歌山縣伊都郡高野町）

講師・題目

日本文學精神史序説　―漱石の間隔論―　東文理大教授　垣内松三氏

國學と國文學　東大教授文學博士　久松潜一氏

宗祇より芭蕉へ　文學博士　齋藤清衞氏

美術史より見たる源氏物語　京大講師　源豊宗氏

○**座談會**（講師出席）

○**高野山美術見學**（源豊宗氏指導）

申込……七月廿五日迄會費金三圓五十錢を添へ「日本文學の會」宛申込まれたし受領證は受講券を以て代ふ受講券未着の際は振替受領證を持參ありたし

宿泊……宿坊にお世話す一日三食付約一圓五十錢婦人も可

登山……南海電車高野線にて山上迄ケーブルカーあり

主催　東京市世田谷區祖師谷二ノ六六　**日本文學の會**　振替東京七八二三七番

後援　**大阪府教育會**　**和歌山縣教育會**

（1）妹トシコ嫁ぎ先。

一昨年と来馴《きな》れた奥の部屋に落ちつき、わが家に帰ったやうな気安さ。萩の花もすこし咲き出してゐる。一株の草夾竹桃もすこし花をつけてゐる。十時頃高藤入山。

七月二十七日。

午前中に立看板（遍照光院門前、大師教会前）、その他諸掲示用意。受講者の宿坊につき、恵光院の住職の斡旋をうく。何かにつけ、当遍照光院主藤本老師の厚意は身にしみて感謝の言葉もなし。受講券四十五枚を藤本師に託し、山内の有志に頒布を願ふ。（これは受講者少きための藤本師の御心遣によるものなり）

午后一時過斎藤先生入山。先生の御注意により、女人堂前に、講筵宣伝ビラ貼付のため、栗山、高藤現地に急行。池田は林間学舎の小学校教師の所に宣伝ビラ配布。蓮田は霊宝館へ御礼参上。斎藤先生に清水宅より託した受講申込新顔十名。

庭前の月見草夕暗の中に咲き出づる時実に美しい。

七月二十八日。

講筵第一日。午前八時開始。蓮田開会の辞十五分。ついで斎藤先生立たれて、「宗祇《そうぎ》より芭蕉へ」の題目で講義開始。十二時十分過に了。中二回休憩。

遍照光院に帰り来ると、伊東静雄氏来てゐる。

午后六時過源先生（補注9→26頁参照）、七時過久松先生入山。栗山、高藤、清水出迎へ。

藤本師に金剛峰寺の不動堂、孔雀堂、金剛三昧院の多宝塔の参観の依頼をして頂く。明日の美術見学座談会の事を話合ふ。

夜十二時過まで、四人の外、高藤、伊東を交へ、文藝文化の事など話合ふ。


七月二十九日。


本堂の読経の声に目をさます。六時前なり。昨夜は、久松先生、源先生入山のため、久松先生は、奥の間に斎藤先生と同室、源先生はその並びの端の間に入られたので、我々は、下の間に下る。従って、本堂の庇《ひさし》の如き形のこの間に、読経の声の直接にひゞきくるは道理なり。庭前にて、三人の先生の写真を栗山とる。

源先生（八時―十時）、久松先生（十時―十二時）の構成。源先生は、時間足りないらしく、美術写真をあとにのこって、見せられたので、次に少しく喰ひ込む。非常な熱心さに我々はほんとにたのもしく、嬉しい。

久松先生の講義〇時十分了。美術見学の時間場所等、清水報告。

午前十時頃、斎藤先生を訪ねて、米田雄郎氏会場に来る。昼食をとり了《お》へし所へ、垣内先生来らる。あわてて出迎へる。垣内先生をひとり、部屋にのこし、（部屋は、住持の部屋並びの奥座敷なり。西向。）午后二時より、霊宝館にて美術見学。源先生説明懇切丁寧、非常な感銘をうく。今日見たものは、左のもの主なるものなり。

〔美術品の説明省略〕

夜遍照光院にて座談会。講師四方出席。七時より九時二十分に及ぶ。皆少し遠慮したる様子見ゆ。栗山司会。垣内、久松、斎藤各先生の話についで、質問等あり。（源先生は話されない）

藤本師も出席。一場の挨拶あり。


七月三十日。

垣内先生の御講義。八時—十二時。間二回お休み。午后一時半より金剛峰寺の不動堂、孔雀明王、金剛三昧院の多宝塔見学。これらは、昨日見学する筈なりしに、霊宝館にて余り時間をとりしため、今日になりたるなり。夜当院々主の御馳走になる。講師、我々、当院在泊の受講者。伊東氏午前中下山。


七月三十一日。

第四日。今日で愈々《いよいよ》終りなり。

垣内先生午前八時十五分女人堂発のバスで下山されるので、清水、女人堂まで見送る。

講義は久松先生（八時—十時）、斎藤先生（十時—十二時）。池田の閉会の辞を以て終了。清水その後で、講筵に対する感想を送られたき旨付加へて言ふ。あとかたづけも滞りなく終り、大立看板の前で五人写真とる。多胡さんシャッターを押す。久松、斎藤、源先生に付して下山。午后三時女人堂発バスにて。高藤、多胡同道。その他会員も同電車にて下山。蓮田、栗山、池田及び栗山夫人等居のこる。蓮田は明日高藤と大和の家持の旧址《きゅうし》を見、夜行で東上の予定。五時三十四分難波着。久松先生は明日より府教育会主催の講演会に出られるために、宿に直接ゆかれ、残りの一同高島屋にて食事をすます。高藤、多胡両氏は神戸へ、源先生は京都へ、斎藤先生と小生は、七時二十分大阪発の汽車で東京へ。

受講者総数六十五名。（内二人は手伝の名儀にて無料、一人は山内の者にて一円）その他我々四人の外、高藤武馬、多胡順、伊東静雄の諸氏あり、一寸《ちょっと》顔を出したものとしては、藤本真光師、教会本部長、米田雄郎氏、毛利四十雄氏、藤本真光師夫人等。

八月一日。

岡崎義恵氏原稿来る。「日本文芸と日本美術」

八月二日。

輿水実《こしみずみのる》氏＊1入会。

八月三日。

講筵感想、大阪の竹島信隆氏より来る。

十月十七日。

午前十一時頃、「蓮田へ動員令下る」旨郷里の町の町長から電報ありたり。丁度成城は運動会の最中。ラウンドスピーカーでそれを報告し、ついで蓮田の挨拶あり、劇的シーンを展開せしといふ。二十日午前八時熊本十三聯隊へ入隊の命。

早速準備に取りかゝる。学校から、西沢、飯塚、鈴木、坂本、仲原諸氏来り種々準備のことをはかる。午后西沢、鈴木二君と共に蓮田階行社へ軍装をと、のへにゆく。ついでに夕刻中学部

（1）国語学、国語教育学専攻。三重師範学校教授等歴任。

の送別会をすませた故、九時半頃帰る。軍装その他持物を整理して十一時に及ぶ。久保氏新たに手伝ふ。乾杯して別れる。斎藤先生、高藤、浅海両氏も来る。先生、高藤、小生が最後までゐる。十一時半頃帰る。


十月十九日。

六時半頃松尾氏（補注10→26頁参照）へ電話し今日休む旨伝へてもらふ。今日は開院記念日で、運動会だ。七時過、手伝ひに蓮田へゆく。来訪者今朝は多し。十一時前家を出る。午后一時三十分東京駅にて西下するためなり。途中、明治神宮へ参拝。蓮田一家、先生、一郎さん、仲原氏、高藤氏、広谷氏、小生。小生は、品川まで見送るつもりにて来りたるに、特急なるため横浜までつれてゆかれた。帰宅したのは四時過ぎてゐた。

蓮田は淡々と行った。一寸うらやましい心境だ。

夕刻、土井先生、池田、栗山へ葉書を出す。今夜は、十時大阪通過故連中は、出迎へる筈だ。


十月二十日。

蓮田は今日無事入隊の旨、留守宅に電報あり。


十月二十一日。金。

早朝より漸次《ぜんじ》強まり来った暴風雨は登校時間頃に極度に達し、目白駅前など吹き破られた洋傘がちらばってゐた。今日から臨時試験だ。

午后、東陽印刷へ校正しにゆく筈だったが、下町は水びたしで、職人が出ず仕事が出来ない故明日来てくれといふ。帰途、今日一所にゆく筈だった浅海氏の宅へより断ってくる。

午后ひるね。ねてゐる所へ先生来られ、「精神美としての日本文学」を下さる。東條先生へも託される。

夜、仲原氏を訪問。蓮田のことを色々頼む。久しぶりに九時過まで話す。丁度電線切断のため、蠟燭をともしてゐられた。蠟燭を中にして話して帰る。

十時半の臨時ニュースで今日午后三時過我東部隊が広東《かんとん》に入城した旨の報あり。早いのに驚く。

昭和十五年〔三十七歳〕

七月廿四日　戸隠山　神原・にて
七月廿五日　野尻湖ホテルにて
先生、栗山、池田、清水
会談内容

一、研究所の件、資金の工面を栗山担当し、その準備を皆でと、のへることにする、栗山に目当あり、百万円

二、支那旅行（来年）の件決行することにする

三、雑誌の件

1. 発行日を廿五日に厳守
2. 原稿〆切月末厳守
3. 会員との結びつきをもっと密接にする

○会員に二三回原稿を書かせて見る
○会員中のめぼしいものにグループを作らせる
○各大学の教授に学生又は卒業生（最近の）の中の優秀なる者を推せんさせる
○質問欄の改・（会員宛の）

4．内容
○巻頭に力作をのせる（同人又は他人）
○雑報風のもの必要
○匿名批評
○作家評伝を交代になす

七月二十八日（日）

夜八時半頃奥田勝利氏来宅。十一時半頃まで話して帰る。文藝文化についても色々希望をのべる。国民学校案を考慮に入れて、小学校の先生を読者に獲得するやうな編輯必要。今小学校先生の古典への関心は熾烈なるものありといふ。

「教室」で国文学者（久松、藤田＊1、石井＊2諸氏）に短いものを書かせたために、その雑誌が非常に多くの読者を得たといふ。

○「コトバ」四月号引用の「国民学校案」参照
○「国民的思考感動の根拠を体得せしめ・・・」
○雑誌の誌名を「コトバ」「国語教室」に出す。

（1）藤田徳太郎か。
（2）石井庄司か。

昭和十六年〔三十八歳〕

二月十七日、夜、斎藤先生宅にて

先生、蓮田、池田、清水

一、財源の問題

1 学生文庫ノ計画（春陽堂へ依頼）

2 文学史辞典ノ編纂（〃）

二、国文学試論ノ復活

三、雑誌ノ新計画

1 巻頭言メイタ宣言（先生）

2 随筆ヲ少ナクスル（蓮田）

3 各人ガ交替デ大作ノセル（〃）

4 三、四ヶ月後ノ号ニ、責任ヲモタシテ書イテモラフ

四、研究懇談会

1 毎月一回寄ル

2 古今集ノ会ノ拡張（「文学」ヘニューストシテ出ス）

3 名士ヲ招イテ教ヲ乞フ

二月二十三日

目白清水宅ニテ

栗山、蓮田、池田、清水

一、根本問題

無形式デユク

二、具体問題

1 表紙 暫クモトノマヽ、

2 扉 〃

3 奥付 第一段トル

（補注1）斎藤清衛《さいとうきよえ》（一八九三～一九八一）。山口県人。大正七年東大国文学科卒。中世国文学専攻。著作に、『国文学の本質』『国文学序説』『中世日本文学』『南北朝時代文学新史』『近古時代文芸思潮史』等あり。広島文理科大学、お茶の水女子大学、北京師範大学、京城師範大学、東京都立大学、相模女子大学等の教職に就く。昭和十年前後、日本国内行脚を志し、足跡全国にわたったほか、欧米旅行にも出かけた。

（補注2）栗山理一《くりやまりいち》（一九〇九～一九八九）佐賀県人。昭和八年広島文理科大学国文学科卒。成城大学名誉教授。著作に、『風流論』『古典的感覚』『俳句批判』『俳諧史』『小林一茶』『芭蕉の俳諧美論』等あり。

（補注3）池田勉《いけだつとむ》（一九〇八～二〇〇二）兵庫県人。昭和九年広島文理科大学国文学科卒。成城大学名誉教授。著作に、『言霊のまなび』『都の文学』『源氏物語試論』等あり。

（補注4）高藤武馬《たかとうたけま》（一九〇六～一九九〇）広島県人。東大国文学科卒。法政大学名誉教授。著作に、『沖

縄游記』『奥の細道歌仙評釈』『絵のない絵巻』『ことばの聖』『山頭火全集』（共編）等あり。

（補注5）蓮田善明《はすだぜんめい》（一九〇四～一九四五）熊本県人。昭和十年広島文理科大学国文学科卒。岐阜第二中学校、諏訪中学校、台中商業学校、成城高等学校の教職に就く。著作に、『鷗外の方法』『預言と回想』『本居宣長』『鴨長明』『神韻の文学』『古事記学抄』『忠誠心とみやび』『花のひもとき』『陣中日記・をらびうた』『現代語訳　古事記』等あり。昭和二十年マレー半島ジョホールバルにおいて自決。

（補注6）土井忠生《どいただお》。第五高等学校、広島文理科大学、広島大学で教えた。著作に、『吉利支丹語学の研究』『ロドリゲス大文典』『吉利支丹文献考』等あり。平成七年没。

（補注7）東條操《とうじょうみさお》（一八八四～一九六六）東京都出身。明治四十三年東京帝国大学文科大学文学部卒。静岡高等学校、広島高等師範学校、学習院等で教えた。著作に、『日本方言地図、国語の方言区画』『方言採集手帳』『国語学新講』『方言と方言学』『方言の研究』『方言と国語教育』等あり。

（補注8）伊東静雄（一九〇六～一九五三）長崎県諫早市出身。京都大学国文学科卒。大阪府立住吉中学校、阿倍野高等学校で教える。昭和八年、『コギト』に詩を寄稿し、後に『日本浪曼派』同人となる。昭和十年処女詩集『わがひとに与ふる哀歌』刊行。昭和十三年より『文藝文化』に詩を寄稿、同人達との交友が長く続いた。昭和十五年第二詩集『夏花』刊行。昭和十六年『四季』同人となる。昭和十八年第三詩集『春のいそぎ』刊行。昭和二十二年第四詩集『反響』刊行。昭和二十八年肺結核がもとで死去。

（補注9）源豊宗《みなもととよむね》（一八九五～二〇〇一）福井県生。専門は仏教美術史。京大文学部講師、関西学院教授等歴任。著作に、『日本美術史図録』『大和を中心とする日本彫刻史』『古美術見学』等あり。

（補注10）松尾聰《まつおさとし》（一九〇七～一九九七）東京生まれ。学習院教授。平安時代文学専攻。著書に、『平安時代物語の研究』『平安時代物語論考』等あり。

【解説】

右の資料は、Ｂ６横罫ノートに記載された「日本文学の会日誌」の全文である。これは、「文藝文化」の発刊経緯に触れる記録として貴重なものである。今読んでも、当時の同人たちの緊張感が直に伝わってきて思わず引き込まれてしまう。新しい文学運動を立ち上げようとする青年たちの熱気が伝わってくる。創刊の辞に曰く、「我等はもはや伝統について語る必要を認めない。伝統をして自ら権威を以て語らしめ、我等はそれへの信頼を告白し、以て古典精神の指導に聴くべきである。」と。

戦後、「文藝文化」の全貌を明らかにしたものとして特筆大書すべきは、『バルカノン』二十二号（昭和四十二年二月十一日発行）の文藝文化特集号であろう。そこでの関係者の証言は、その筆者の多くが幽明境を異にされた今となっては、遺言のごときものと感ぜざるを得ない。同人栗山理一は、当時を回想して、

「斎藤先生は、大学の講義は受け持っておられなかったが、学界活動ははなばなしく、当時、東北大学の岡崎義恵教授や東京大学の久松潜一教授と並んで、新鮮な学風をまき起こされていた。これは大きな魅力であった。

しかし、一方では池田亀鑑を主軸とする文献学的研究も異常な熱気をはらんで流行の兆しを示しており、大学の学生の多くはむしろその驥尾《きび》に付して、功を急ぐ者が輩出していた。目標は異なっていても、学界全体は一種の興奮情態につつまれ、活気がみなぎっていた。（中略）とくに文献学派の動きにはもとより無関心ではいられないという情況にあって、自分の学問的方向や姿勢を決定しなければならぬという、ぎりぎりの線の追いつめられたという感じを次第に強くいだくようになっていた。そのことで蓮田とたびたび話し合っているうちに、すでに東京に去っていた清水にも呼びかけようということになり、さらに池田も加えようという私の提案が容れられて、四人の仲間が結ばれた」（同誌「『文藝文化』創刊まで」）

と述べている。

また、同人清水も次のように記す。

『文藝文化』の創刊とともに、われわれは「日本文学の会」を結成したが、創刊号を出した昭和十三年七月の下旬には、同会が主催者となって、「日本文学講筵」なるものを紀州高野山で開催した。講師としては、垣内先生のほか、斎藤・久松両先生、それに美術史の源豊宗先生をお招きし、四先生御指導のもとに、志を同じくする人々の最初の出会ひが、空海開基のこの霊

山において行はれたのは、意義深いことであったと思はれる。四先生のほか、平素から学恩を蒙ること深かった岡崎義恵先生にも講師をお願ひしてあったが、御健康の関係でお出でいただけなかったことは、かへすがへす残念であった。」（同誌「恩頼記」）

「文藝文化」全七十号で追求された「古典精神」は、無国籍社会と化した現代日本に必要不可欠のものと確信するものである。今後は、『文藝文化』の足跡に学びつつ、古典の味読を続けていきたいものである。また、戦後の「王朝文学の会」や「河の会」も戦前の「日本文学の会」の流れを承けたものと思われてならない。「河の会」の今後の発展を願う心切なるものがある。

【参考文献】

「文藝文化」塚本康彦　『国文学私論』所収　桜楓社　昭和三十四年十一月二十日

「雑誌文藝文化」同　『ロマン的国文学論』所収　伝統と現代社　昭和四十六年十一月二十日

「国文学誌としての『文藝文化』」同

「鼎談・蓮田善明」同　『ロマン的なるもの』　武蔵野書院　昭和五十一年八月三十一日

「雑誌文藝文化の課題―新しい国文学を求めて―」内海琢己　杉並高等学校紀要十一　昭和四十六年七月

「雑誌『文藝文化』における詩的なもの―国文学研究と現代詩との出合い―」同　同紀要　昭和四十七年三月三十一日

「雑誌『文藝文化』のことども」同　河十三号　昭和五十四年六月二十三日

特輯　雑誌文藝文化「バルカノン」二十二号　火の会　昭和四十二年二月十一日

「恩頼記」同誌　清水文雄　後『河の音』所収

「『文藝文化』創刊の頃」復刻『文藝文化』別冊　同　雄松堂　昭和四十六年六月十日　後『続河の音』所収

「『文藝文化』以前・以後」池田勉　『半眼微笑　古今文学談』所収　古川書房　昭和五十八年九月三十日

『復刻版　文藝文化』全七冊（第一―七〇号）　雄松堂　昭和四十六年六月十日

『蓮田善明とその死』小高根二郎　筑摩書房　昭和四十五年三月五日

『精神美としての日本文学』斎藤清衛　人文書院　昭和十三年十月二十日

戦中日記

（その1）　昭和12年～19年8月

清水文雄「戦中日記」昭和十二～十五年

昭和十二年〔三十四歳〕

○自己を探ること深ければ深いほど、その作はより高く、より大に、より強くあらねばならぬ。
（厨川白村《くりやがわはくそん》「苦悶の象徴」＊1改文p．235）

○「生みの苦痛」を経てのち、出産を終った母に歓喜があると同じく、自己生命の自由な表現を全うした創作家には、抑圧作用を離れて到達し得たる創造的勝利の歓喜がある。原稿料とか評判とかいふ、実際的な外的な満足から得られるものは単なる快感《プレジュア》に過ぎないが、それとはまた別に、更に大きく更に高きに位する歓喜《ジョイ》が必ずや創造創作には伴はれるのである。
（同上p．241）

○開けた窓の内部《うち》を外から見てゐる人は、閉ぢた窓を見てゐる人ほど多くのものを見ることは出来ない。
（同上所引ボードレールの言葉p．254）

○観客は芝居といふ媒介物を通して泣くことによって、自分の胸裡に鬱積し結ぼれてゐたその

（1）厨川白村、大正十三年、改造社刊。

悲痛な感情を洗ひ去り浄め去ること（catharsis）が悲劇の与ふる快感の基である。（同上p．２５５）

○一代の民衆の胸の奥には潜みながら、またその「無意識」心理のかげには隠れてゐながらも、ただ不安焦燥のおもひに駆られつつも、何人もこれを捕捉し表現し得ざるあるものを、芸術家はその特異の天才の力によってこれに表現を与へ、夢の形に象徴化し得るのである。

（同上p．２７４）

○……僕はそれ（作家）を文学精神の中に生命の実現の道を見出した個性の一様式だと解釈するが、作家の研究の方法としては、やはり、文学体験に生かされてゆく生命の歴史の跡を実証することに中心をおかねばいけないと思ふ。従って、つねに、文学体験以前の精神状態を問題提示をする必要も生ずるであらう。……

（斎藤先生*1、回章79）

○……私は文学修行と心中する小説より、現実生活と心中する小説に新風をもとめたい。……私は「霧朝」（改造十二年七月、渡辺渉作）読後、文学の為に生活を放擲し無視するのでなく、実生活の中にあって文学に精進してゐる文壇外作家の小説に頓《とみ》に接したい想ひに駆られた。……

（「文学精進と実生活」高見順氏*2、読売新聞、十二、七、一朝刊）

○……あの芝居は真実を語ってゐる。あの芝居はその真実を極めて芸術的に展いて見せる。だから、面白い。だから見にゆけ。何故さう云はないのだらう。これは残念な文化低劣時代だからだ。して見れば、一番欠けてゐるものは、真実を欲し、真実を追求する真面目な観客だ、と云ってもよいだらう。

（「劇に真実を欲し追求する真面目な観客」、村山知義*3、読売新聞、昭和十二、七、十三朝

（1）斎藤清衛。「日本文学の会日誌」の補注1（→25頁参照）。

（2）小説家。詩人。評論家。『故旧忘れ得べき』『如何なる星の下に』『昭和文学盛衰史』等の著あり。

（3）劇作家。演出家。舞台美術家。『現代演出論』『忍びの者』『演劇的自叙伝』等の著あり。

刊）

○様式とは或対象が、その内部の構成要素において一定の共通的性質を持ち、同時にその共通性が、他の対象に対しては、其対象の特性を示すものである事を意味する。外に向っては個性として内に対しては一般性として見らるべき或性質が様式である。即ち様式はその本質において類型的なるものである。尚これに付随して、かやうな類型性は普遍的なるものが具体的現象の中に実現せんとする状態を指すものであるといふ事も、様式の持つ重要なる意味である。これが学術的に把握された状態についていへば、それは即ち抽象概念と具体的事実との中間に存するものであるといふ事も出来る。生の姿を把握する学術的方法として、私はかやうな考へ方を最も適切となす者である。生が実現される段階に種々相があり、其処に実現の類型として種々の様式がある。生―精神―美―芸術―文芸といふ様式の累積を経て、文芸は更に其下位に多くの小様式を含むものであらう。（岡崎義恵氏＊4「日本文芸学」p. 47）

○文芸の様式とは個人の文体の意味であるとする説もあるが、今日では様式概念はもっと広義に用ゐられてゐるのであって、個人の文体の如きは、多くの様式制定中の一部に基くものに過ぎないと考へる方が適当である。（同 p. 48〜49）

○かくの如く様式設定の作業は、一面において歴史的、個性化的意義を持つ。……然し又一面において、……理論的、体系的意義を持つ作業である。（同 p. 51）

○様式とは、「普遍的なもの《ダス・アルゲマイネ》」に対する「特殊なもの《ダス・ベゾンデレ》」である。様式とは個性原理である。これを二つの側面から見ることが出来る。創作者の側から見れば、個性的手段の有機体である。――有機体とは、此処では、単なる部分の和でなくて、統一ある纏《まとま》りを意味する。個性

（4）一八九二―一九八二年、東北大学教授。日本学士院会員。美学に基づく日本文芸学を唱えた。「戦中日記」十三年三月二十日の補注3（→38頁参照）。

的手段によって、即ち自己の表現意志にしたがって、用ひた手段によって、構成された、一つの統一ある全体である。此れによって、精神的なものが、見得る、やうに、又聞き得られるやうになるのである。普遍的なものが、特殊化されるのである。例をとっていふならば、ゲーテがその体験を、ファウストなる作品に詩化するとする。此の時このゲーテの体験たる、人間的運命が、ファウストなる特殊の一個体として*1

昭和十三年〔三十五歳〕

一月一日　曇後雨、後晴

今年は子供が皆元気で迎年が出来て、何より。

お雑煮の前に、レコードの「君が代」と「一月一日」とをかけて子供等にきかす。

八時二十分頃みを*2をつれて学校へゆく。

式後例のやうに職員一同図書館に集っておみきを頂戴する。今年はいつものするめと蜜柑の外に昆布とかち栗が・ってゐた。

その足ですぐ東條先生*3のお宅に年賀にゆく。先生は年賀のため宮様方を廻ってゐられるとかで御不在。

帰来、岡本利之君*4がきてゐた。斎藤先生のお宅へ年賀にゆく。丁度昨夜から風邪をひいたと云って臥ってゐられたのが出て来られた。余り長くゐて邪魔だと思って、三十分位で引き上げる。利之君夕食を食べて九時頃帰る。

（1）以下空白。

（2）長女。

（3）操、学習院教授、広島文理大恩師。「日本文学の会日誌」の補注7（↓26頁参照）。

（4）父三代太郎の甥準三次男。

おみきをのんだので、ねむい。早くねる。

一月二日　晴

昨日にひきかへ、からりと晴れた空。気温も高い。午前中年賀状の返事かく。今年は一本もこちらからはまだ出さなかった。やっぱりかきかけて見るとあすこも、ここもと出すべき所が多い。三十枚買ってきた葉書が早くなくなったが、又明日きてから、一所に書くことにして、一先づそれ丈《だけ》を投函する。

郵便局へ行ったついでに東條先生に電話をかける。

先日送った履歴書がとゞいたかどうかをきいてやる。とゞいた由、又あれでよいとのこと。

午後、みをが何だか元気がなく、ぐずぐずいふ。夜に入り熱が出る。はかると三十九度五分。どうやらヘントウ腺らしい。妻にエキホスのシップをさせる。

一月三日　晴

昨日写し終った三条西家本和泉式部日記、読合せをして、夕刻までかゝる。

みをは大分今日い、が、まだねさせておく。

回章《かいしょう》*5がやっと廻ってきた。池田の所に滞ってゐたらしい。

先生の熱はまだ三十七度を下らないさうだが、炬燵に起き直ってはゐられるとのこと。これもヘントウ腺らしい。

夜「生活の探求」*6読了。い、作品だ。何だか自分の生活に迫力が与へられたやうだ。

（5）同人間の回覧状。

（6）島木健作、昭和十二年十月、河出書房。

成城堂書店からもらった運勢見によると、僕は今年は大いに好調に乗る年とある。然し余り有頂天になってはいけないともある。

一月四日　晴

今日頃からぼつ〳〵みをは起きる。

一月七日　晴時々曇

朝はる*1をつれて、見舞旁〻先生の所へゆく。炬燵の中で仕事をしてゐられる。暫くゐて帰る。（1）三女。

昼食後、日和がい、ので、みを、あさ*2をつれてゴルフ場へ散歩にゆく。村の子供達も正月（2）二女。

気分で数名野球をしたりして遊んでゐる。みを達も草原を駈けて遊ぶ。愉快さうだ。

帰ると、そこへ前田嘉明君がきて、来週、心理学の実験をしたいから生徒貸してくれといふ。

僕の出てゐる中学四年生の僕の時間なら僕が加勢する旨答へる。尚中学部主事にも相談して諒解をえておく旨も付加する。

前田君が帰って暫くして、大石智一君を指導してゐてくれる藤田君来宅。大石のことつき色々話し合ふ。

この頃母の偉さがつく〴〵分ってきた。やはり母は得がたい女であることが分ってくる。僕がこれほどまでになったのも、自分の力だなどと大それたことを考へたら、それこそ大間違だ。やはり母の力が原動力となり推進力となったことをつく〴〵思ふ。子供のために働いて〳〵働きぬいてきた母、それ丈で無言の大教訓だ。父だって同じだ。

一月八日　晴

今日は始業式の日だが、始業式は明後日にのばして、全校そろって代々木練兵場に於ける陸軍始観兵式陪観《ばいかん》。晴天にして風強く、土埃が夥しい。陛下は丁度風下にゐられて恐れ多い。殊に飛行機百八十の空中分列式は鮮かなものであった。

夜風の気味で早く休む。

一月九日　曇時々晴

明日から愈〻授業することになった。

一日中家に過す。

一月二十四日　晴後曇

何だか又風邪をひいたやうだ。おそ〳〵と寒い。

午後の便で、武藤長平先生*3一昨日急性肺炎で亡くなられた旨の通知来る。昨年（?）は長男を喪はれて悲傷のただ中にあられた先生、今度は先生御自身の逝去、いたましき限りである。

早速弔電をうつ。

（3）　広島高等師範恩師。

三月四日　（金）

夜六時半斎藤先生と共に垣内先生（補注1→60頁参照）訪問。夏期大学の件をお願ひし、快諾を得る。まづ幸先よし。積極的に色々指導精神を与へて下さる。有難し。

三月七日（月）

栗山より来信。

三月十日（木）

夜六時半頃久松氏（補注2→60頁参照）訪問。夏期大学の件快諾を得る。

三月二十日（日）

岡崎氏（補注3→60頁参照）へ、来る三十一日午前中訪問したきにつき、都合よろしきや否やを書面にてきいてやる。

三月二十三日（水）

岡崎氏より返信来る。三十一日は差支なしとのこと、但し、重要要件ならば、前以て概略を知らせておいてほしいとのこと。

三月二十九日（火）

朝九時頃、大阪より栗山、池田来る。

午前中清水宅、午后は六時頃まで斎藤先生宅にて、試論今後の方針、事業、団体の名称等につき種々協議す。先生宅にてはたま〳〵在京中の後藤貞夫君も一緒。夜高藤君*1を加へて、清水宅にて食事しつ、閑談。

会名　日本文学の会（暫定）

方針　日本文学の科学の樹立

事業　一、雑誌発行　毎月一回

　　　　名称「文学道」

　　　　四十八頁以下

　　　一、国文学試論　従前通り発行、但し年

　　　　　一回位、

　　　一、研究叢書

　　　一、講筵　　　毎夏

尚、雑誌の創刊は本年六月号よりとし、その内容の大体も相談した。

三月三十日（水）

池田、栗山、午前十時上野発の汽車にて仙台に発つ。岡崎氏訪問のため。清水所用のため不参。

三月三十一日（木）

一日中家にありて、論文執筆。

（1）武馬、春陽堂勤務後、法政第二中学。「日本文学の会日誌」の補注4（→25頁参照）。

夕刻松尾氏＊1より、発令の日なすべきことを病床の東條先生よりきき、速達を以て報告あり。夜九時頃、学習院より明日午前十時出頭すべしとの速達あり。

（1）聰、学習院同僚。「日本文学の会日誌」の補注10（↓26頁参照）。

四月一日（金）

指定の時間に学習院に出頭。藤井事務官より恭《うやうや》しく辞令をわたさる。次いで、関口中等科長に挨拶し、最後に院長に挨拶す。院を出て、岩田氏＊2を訪ひ約三十分話し、留守宅なれど、関口科長、藤井事務官宅訪問、名刺をおいて帰る。

午后、築地の聖路加病院に行き、入院加療中（痔疾）の東條先生を見舞ひ、旁々辞令を見せて今までの御骨折りを謝す。

夜、仙台に行った栗山、池田帰る。先生も来られ、色々報告をきく。

（2）九郎、学習院同僚。

四月二日（土）

三人で、久松氏、西尾氏（補注4↓60頁参照）訪問。

夜は栗山は親戚へ、池田、清水は東宝へ映画見にゆく。「オーケストラの少女」よし。

四月三日（日）

午前九時十六分品川着の汽車で、蓮田一家族上京。三人で迎へにゆく。家は、さしむき廣中さんの前にかりておいたから、それにおちつく。池田、栗山が今夜帰るといふので、十二時頃から、先生のお宅へ皆集り日本文学の会の将来につき色々談合。高藤、広谷＊3両君も来り、又、

（3）千代造、高藤の広高同窓、黄河書院経営。

たま〳〵蓮田と同列車なりし、星野*4の池田氏も同席。
夜十一時東京発で大阪の二人帰る。

（4）京都の書店。

四月四日（月）
蓮田をつれて、小学校へゆき、それから仲原氏訪問。仲原氏と共に学校にゆき、時間割その他をもらってその足で、森氏宅を訪ふ。夜校長宅へ蓮田を同道すれど留守。帰途買物を手伝って帰る。

四月五日（火）
仕事をせんとすれどはかどらず。

四月六日（水）
今日から蓮田の学校は始まる。

四月七日（木）
はじめて学習院に登院し、全職員会にて院長より各位に紹介される。その前に、岩田氏により個人的には紹介されてゐた。職員会の空気は成城とは大分ちがふ。官僚臭は争へないが、思ったほどでもない。これなら住めさうだ。只、成城と比べると、やはりお里が恋しい。
職員会がすんで、岩田氏に内部を案内され、院を出て、セイロカ病院に東條先生を見舞ふ。

四月八日（金）

始業式、入学式。はじめて制服きてゆく。

帰途、東條先生を見舞ふ。

四月九日（土）

授業第一日。一年各級に授業の注意をする。午后、一年の父兄会。三時半に及ぶ。

帰途、三条西氏、藤田孝太氏を訪ふも、共に不在。夜草臥れて、一寸ねたつもりなれど、朝までねる。

四月十日（日）

朝、試論の原稿中蓮田、栗山のを割付して、東陽印刷に送る。その時、電話して、垣内先生の御都合をきく。午前中、蓮田、鈴木*1、松尾、斎藤先生来宅。午后一時十五分頃垣内先生訪問。（1）知太郎、日大勤務。

蓮田同道。

帰途、神田に廻り、試論用の謄写版求む。

夜六時より先生宅に蓮田、清水集り、夏期大学のこと、雑誌のことを凝議す。十時半に及ぶ。

四月十一日（月）

授業第二日。一年三組に作文をさせる。

四月十二日（火）

放課後、教務課長の清水氏、松尾、渡辺両氏等と共に、東條先生を、セイロカ病院に見舞ふ。明日退院して、湯河原に病後精養に出かけられる由。夜蓮田の家で、日本文学の会の件、協議。蓮田風邪。

四月十三日（水）曇雨後晴

蓮田は今日も風邪。欠勤せしといふ。
桜はもう葉桜の季節に入った。麦が驚くほど伸びた。雨をすひ込んだ黒い土。家の前の欅の新芽が出だした。
成城を去ったことが、この頃頻りに、惜しい。後悔といふ心はかういふものをいふのであらうか。

四月十四日（木）

夜先生宅に蓮田、清水到る。

四月十五日（金）

云ふことなし。

四月十六日（土）

今日あたり論文を大分進めようとしたが、馬鹿にこの頃、頭がまとまらないで、結局徒費して了ふ。

四月十七日（日）

午前中、蓮田来り、共にプリントを刷ったり、表紙の図案を考へたりする。先生も来らる。午後吉祥寺に風巻氏（補注5→60頁参照）を訪へど引越してゐない。新宿に出で、買物して帰る。蓮田同道。夜九時頃帰宅。

四月十八日（月）

午后、院で、千田海軍大佐の宮中実戦談、独乙少年団の実況映画あり。帰宅五時頃。

九月十六日（金）

昨夕英首相チャンバレン氏がベルヒテスガーデンの山荘にあるヒトラに会見するため、飛行機で同地に着。チエコ問題を中心とした会談なり。今朝野村院*1、朝礼の際、学生に対し、この問題をとらへて一場の訓辞あり。チャンバレン氏の行動はナチへの一種の屈服なりといふ批評もあるかも知れないが自らはチ氏の責任者としての犠牲的行為に非常な好感をもつ、この会見によって、戦争を内心忌免しつゝ、ある欧州の天地に、戦禍を未然に防ぐをえたら、チ氏の行為は正に歴史的な大行為である云々と。

（1）吉三郎、学習院院長。

ねむれる国にも、まさかといふときには偉い人が出るなあ。

九月十八日（日）晴

午前中、明夏の北支旅行を夢みる。試論一回分の金あれば四人でゆける。船は松浦汽船を利用させてもらふ。院長に「兵員としての決意を堅めに北支へいってくる」といって、紹介状もらふ。等々。愉快だなあ。

十月十七日

蓮田に召集令下る。この日成城は運動会。そこへ来た。

十月十八日

午後一時三十分「桜」で、蓮田郷里熊本へ。

二十日朝三十四聯隊へ入隊の筈。

十二月三十日（金）晴

朝の気象通報によると、東京で今朝0下四度といふことだ。昨夜から道理で寒いと思った。

今日も上天気だ。明日の大晦日も上天気とのラヂオだった。

昨日は思ひがけなくも、広島から昨朝着いたばかりといふ末廣の榮*2が、深川にゐる末廣の兄と一所に訪ねてきてくれた。二日には迎へにゆき、東京をつれ歩く約束をする。

（2）甥、妹琴代長男。

僕はやはり沈黙がほんとの姿らしい。しゃべるとあと不愉快でならぬ。他人の思はくなんかどうでもよい。この本然のものを徹してゆくのがよいやうに思へてならぬ。

この頃落ちついて本がよめなくていけない。よんでゐても頭の中を素通りするやうな気がする。身体の工合も余りよろしくない。セキがどうしてもとれない。

グワンと生活に大きな変動が今自分にくればい、とすら思ふことがある。召集といふやうなことが自分にくる可能性があるのなら、まことに倖せだがとも思ってみる。これも一つの愚痴か。心身共余り健康でないのかも知れない。

昭和十四年〔三十六歳〕

一月一日

一家挙って無事越年。子供らも大変元気がい、。「何となく今年はよいことあるごとし・・・」啄木の口吻が口をついて出てくる。

母も今年還暦を迎へた。父が生きてゐたらどんなによいことだらう。此の春でも母を是非東京に引っぱってきて見物させておかう。

学校の式は八時半から。式日にあふと、やっぱりい、学校に勤めさせてもらふことの幸福を思ふ。今日シルクハットがあれば参内、列立拝謁を賜はる所だが、自分にそれがないので御遠慮せねばならぬ。シルクの教授連の顔が大分見える。

帰途、東條先生のお宅へ年賀にゆき、それから垣内先生のお宅へもゆく。

一応帰宅して、銅直、仲原、小国三氏宅へ年賀に赴く。仲原氏の所では三時間ばかりも雑談をする。夜、竹並氏方で御馳走になる。朝から飯を食ってゐなかったので、全くよひつぶれる。近来こんなに酔ったことはなかった。

一月二日

午前中一家揃って明治神宮へまゐり、小生のみ、その足で、深川の末廣へ赴く。御馳走になり、榮をつれて帰る。帰途靖国神社にお参りする。

寒い風が強い。遊就館も国防館も、もう遅いので駄目。他はどこも見ないで帰る。

夜食後、高藤君の所へ招かれてゆく。九時過帰宅。先生の外、元春陽*1に勤めてゐた和田、牧野両氏と東陽*2の古屋君もゐた。今夜も風が冷い。

一月三日

明日熱海で大阪の連中と会合するので、その準備に種々の計算が残ってゐたのをする。

午后、中河与一氏*3が、先生の所へ来るといふので、一時頃行って見たが、仲、来ないので、一応帰る。すると夕方奥さんが中河氏来宅をつげて迎へに来られたので、早速ゆく。僕は初対面だ。仲々礼儀正しい人らしい。袴に白足袋で、たえず端座してゐる。

歌の話など色々出たが、余り得るところはなかった。

月影を踏んで成城の母の館前まで送る。坂本君*4も一緒だ。

夜たっての招きに応じて岡田氏の所へ御馳走になりにゆく。

（1）春陽堂。

（2）東陽印刷。

（3）作家、主著「天の夕顔」。

（4）浩、成城高校元同僚。

一月四日

早朝六時二十分大蔵駅で先生と待合せるといふ約束で、おくれてはいけないと思ひ〳〵ねたので、なか〳〵熟睡が出来なかった。それでもやっと間にあふやうに起きたが、食事は出来なかった。便所から出た所へ先生がもう来られた。大急ぎで仕度して、結局六時三十分過の成城行にのり、成城で登戸行にのりかへる。その頃から雪がチラホラふりはじめた。登戸で小田原行にのりかへる。その頃になると雪は益々多くなる。然し、段々ゆく内降らなくなる。降った形跡も見えない。小田原でのりかへ、熱海に下車。池田と栗山が改札口の所にもう来てゐる。すぐ伊東行に乗らうとしたが間にあはず、次の九時五十八分発にのる。

伊東線は昨年末に開通したので、今年は馬鹿に客が多く、まるでお祭見たいだ。それでもやっと部屋があっておちついた。カタナヤ旅館といふのだ。

昼の中に文藝文化のことなど語あひ、今後数ヶ月分のプランを立てる。話して見ると、お互の意見に喰ひ違ひはあまりない。夜に入る。遅い夕食に、御神酒をつける。愉快だ。蓮田がゐないのが淋しい。食後、三人で張出窓に腰かけてお互ひの批評をしてゐると、先生が湯から上って来られ、それから三人の行きかたに懇篤な批判を与へられる。特に栗山には最も時間をかけられた。有難いと思った。先生の御恩情に報いるためにも、うんとやらねばならぬと思った。

新春を期し、大物にぶつかってゆかう。古今集[1]にか〻らう。これは僕の学生時代からの対象だ。今まではどうも、自分の足が浮々してゐて、書いたものに自信のもてぬこと夥しかった。どっしりしたものを書きたい。それが念願だ。何だかそれが今年は出来さうだ。

(1) 最初の勅撰和歌集。二十巻。紀貫之・紀友則・凡河内躬恒・壬生忠岑撰。九一四年頃成立。一一〇〇首。

十二時過に湯に入りねる。

一月五日

少し寝過して八時過ぎに起きる。

朝食すまして、十時頃宿を出る。熱海までゆき、十国峠を越えて元箱根に出るバスにのる。十国峠の富士はすばらしかった。少しのこってゐた雲を見る／＼うちにふき払ひ、一点の雲もない素裸の富士が姿を僕らの前に見せてゐる。自動車をおり、上の見晴台に至り、暫くして下りてくる。風が強くて息が止りさう。待合所で次のバスをまつ。元箱根でスグ船にのり、湖尻にゆく。船もよかった。湖尻から仙石原を廻り、宮の下を経て小田原へ。そこで二人と別れて、先生と共に、車乗にのりこむ。小田原では余り時間がなかった。

一月六日

二日の旅だが、それでも疲れた。家内が森君の所へ行った留守、子供らの騒ぐ中で炬燵にねた。

古今集評釈（窪田氏）＊2を読む。

一月七日

午後、高藤君子供を二人つれてくる。

高藤君帰り、四時頃、百瀬氏の所へO君の成績のことでゆく。仲々いい方法がなく結局、はげ

（2）『古今集評釈』上巻、窪田空穂著、東京堂、昭和十年十二月十日。

まして、三学期を頑張らせることにしようといふこと、なる。夜O来る。そのことを懇々と話す。涙をうかべてきいてゐた。可愛想な男だ。

一月八日

いよいよ明日から学校だ。学校がはじまる方が仕事がはかどるやうに思へる。

夜、三月号の執筆依頼の手紙かく。

一月十四日

この頃みをの小学校につき、実に心をなやましてゐる。幼稚園の先生は頻りに成城に上ることをすゝめてくれる。経済のことは何とかなりますよ、先は先のことです、—といはれると、それもさうだなといふ気にもなる。然し、とにかく、高師*1、女高師*2の両付属に受けさせて見ることにする。合格しなかったら、またそのときのことといふことにする。

雪も雨も降らないこと久しい。空気が乾燥して、風邪が大流行。小生ものどを去年からやられて、まだ直らない。色々薬を教はってやってゐるが、中々思ふやうに行かぬ。いくらかよくはなったが。

この頃座談会が各雑誌で流行ってゐる。これは数年来のことであるが未だに行はれてゐる所からすると、これがやはり時代の必然的要求に基くものであらう。この頃は対談といふのもある。さて座談会であるが、一種類一つの号に載せてゐるのもある。それらの中で、「科学ペン」*3のが一番いゝ。「科学ペン」も昨年十一月号のが一番よかった。普通は、司会者が主題を機

(1) 東京高等師範学校。通称「高師」。中等学校教員養成機関。

(2) 東京女子高等師範学校。通称「女高師」。

(3) 昭和十一年より三省堂発行。批判精神に富み、他紙掲載記事の紹介に紙面さく。

械的に明示してそれについて一座の意見を求めるといふのが多いが、科学ペン十一月号のは、一座の気分によって、司会者が巧に話題を引き出してゆくといふやり方で、初から主題をおっかぶせるやうなやり方をしなかった所がよかった。尤もこれは司会者がよほどしっかりしてゐないといけないので、一座の動いてゆく雰囲気にたえず敏感でなくてはいけない。それから、一人で勝手に論説などで、吹きまくってゐる御人でも、座談会の空気の中に入ると一向に映えないのがある。一座の空気をぐん／＼とリードしてゆくやうな人はやはり偉いと思ふ。芭蕉の偉大さも、俳諧興行に連るとき、ほんとにその偉さを発揮したやうに思はれる。

一月十五日　晴

今日石黒光三君が黒の仔猫をもってきてくれる。「クロ」と名付ける。仲々可愛らしいものだ。

二月十一日　晴

「日本文学の環境」（高木市之助）＊4

○「風土とは天候、気象、動植物等自然に即したもので、特に之を文芸の立場からすれば、是等のすべては景観を主とする感覚的表象として文芸の論構造に参与する。」（p・9）

?×「環境とは終始文学をとりまくもの即ち文学が見まはすものでなければならぬ。」（p．12）

（4）明治二十一年生。昭和四十九年没。浦和高校、京城帝大、九州帝大等の教授歴任。『日本文学の環境』（日本文学大系第五巻、河出書房、昭和十三年）の他に『吉野の鮎』『古文芸の論』等あり。

三月十日　金　晴

みを子が、今日毛糸の服と菓子を送ってくれたたつ子さん[1]へ、左の礼状を書いた。

　オバアチャンヨウフクトオカシアリガトウミヲコチャンワイツモゲンキデヨウチヱンニイテイマスコチラワダイブンアタタカクナリマシタミヲコチャンワモウスク一ネンセイデスモウツクヱモカイマシタカラミヲコチャンワウレシクテタマリマセンイツモソノツクヱデナニカジヲカイタリシテアソンデイマスサヨウナラ。

　シミヅミヲ子

四月一日（土）

みを子の入学式。

四月四日（火）

今日からみを子は学校に行く筈なのに、痲疹[2]にかゝり、当分休ませること、する。

午前中濱田敦[3]君来宅。弟さんが成城高校の高等科に入ったので、入学式につれてきたといふ。一時間位話し、今田先生の所へゆくといふので、一緒に家を出、僕は、中河与一氏の宅に行く。雑誌の装釘をかへるのにつき、扉のカットを書いてもらふ人を紹介してもらうやうにたのむ。

帰途幼稚園に行って挨拶し、小学校へゆき原川先生に、みを子が当分休む旨を断っておく。

（1）児玉の義妹。

（2）「はしか」に同じ。

（3）大正二年生。清水の成城高校教え子。国語学専攻。大阪市大、京大勤務。著作に、『古代日本語』『朝鮮資料による日本語研究』等あり。

四月六日

蓮田より原稿来る。（「小説について」「詩のための雑感」「日本知性の構想」（中央公論の懸賞論文に応募せしもの））ざっと百三十枚位。単行本にとの希望なり。これをきっかけとして、僕らの単行本もまとめておくことにしたい。

四月七日

五日に門司で出した葉書が蓮田より来る。愈〃内地を離れるといふときのものらしい。この頃狸日和で、桜が咲くといふのに、雨ばかりで、おまけに冷いこと〳〵。

七月十一日　曇後雨

午后六時から山王ホテルに於いて、垣内先生を囲む会＊4あり。集る者西原慶一、輿水実、渡辺茂、大場俊明、飛田隆、名取堯、滑川道夫、石黒修、神崎修、大西雅雄その他数氏。一同順次に感想を語り、最後に垣内先生の御挨拶あり。その御挨拶の中に、

「これからずぶの素人が非常に大きな仕事をする時代がくる。所謂国文学の専門家でなしに。自分はその中の最もすぐれた素人とならうと思ってゐる・・」と。

八月一日（火）

午前三時三十五分男子出生。安産。

（4）「晩翠会」（垣内先生の学業を後援する会）。

頭囲　三三、三cm
胸囲　三四、七cm
身長　五二、〇cm
体重　三、四kg（九二〇匁）
睾丸黒く、元気なり。

八月六日（日）
長男に「宏輔」と命名して、本籍地に届出づ。明日が御七夜なれど、明朝早く北軽井沢へ発つ故、今日の内に手続すます。
御祝ひ頂きし方。

松尾聰氏　ケープ
斎藤清衛氏　どりこの一本
米田万次郎　五円也
清水亀　商品券（五円也）
山廣民五郎　五円也
松浦静雄氏　ベビー服
弥富りき氏　枕蚊帳
林茂敏氏　ベビー服

岡田久蔵氏　おはぎ
鈴木知太郎氏　初着
森源太郎氏　キレ
西潟正氏　角砂糖、菓子
清水清氏　帽子
田村タカヱ氏
八月三十一日朝お宮参り、岡田久蔵氏夫人つれて参って下さる。村の八幡様へ。

昭和十五年〔三十七歳〕

一月一日

晴、一日中、風塵。

皇紀二千六百年を迎へ、この佳き国に生をうけたることの悦びをしみ〳〵思ふ。その悦びの底から、創造を思ふ異常の決意がよびさまされてくる。文藝文化も第三年を迎へ、たま〳〵このよき日に逢ふ。我ら日本文藝文化の宣揚に従ふもの、責務の一段と重大さを加ふを知る。朝八時半学校にて挙式。帰途、久松氏、東條先生、垣内氏に年賀に廻り、小田急で成城まで帰り、小宮氏、途中で銅直氏に年頭の挨拶を交す。祖師谷に帰り、鈴木、竹並、岡田、古賀、それから大家に顔を出す。

帰宅、詠み残りの「天彦」＊1読了。吉井勇氏のこの名著に久し振りに魂が清純の故郷に立返

（1）歌集、昭和十四年十月、甲鳥書林。

ったやうな気がする。い、本だ。

夕刻高藤君のところへゆき、御酒をここだく*[1]いたゞく。帰りがけ、高藤君の玄関の前で右足をくぢき、痛いことは痛かったが、こらへて帰る中、段々いたくなり、休み〳〵漸く帰りつく。妻のす、めで、早速、つゐついて高橋医院に見てもらひにゆく。幸骨折ではないらしい。内出血だらうとのこと。二三日動かない方よろしとのこと。

四日に大阪の連中と下部温泉に会することになってゐるから、それまでに直さねばならぬ。湿布をとりかへてねる。


一月二日　朝曇り後晴。

今日は風が殆どなく、暖い日だ。足のいたみで一日中家に暮す。

午后二時頃松尾、鈴木両君来る。鈴木君来客のため途中帰り、松尾君暫くゐて高藤君のところへゆく。

足は、歩くとやはり痛い。夕刻、一寸先生のところへ挨拶にゆくと、やはりつらい。手のこんだけがでなければい、が。

六時頃高藤君一寸来て帰る。けがを聞いて、見舞ひにきたのだといふ。

夜は一杯のんで、早くねる。今日「火の島」*[2]半分ばかりよむ。

一月三日　晴
午前十時頃、吉田守正、内山三郎両君来る。日の当る縁近くで、久々に話し愉快。教え児はや

（1）「幾許く」多く。
（2）中村草田男、第二句集、昭和十四年、龍星閣。

はりい、ものだ。
岡倉天心伝読みはじむ。
午后三時頃後藤貞夫君来る。四時過まで話し帰る。広島文理大＊3へ今年入る予定といふ。夕食してゐる所へ田中克己氏＊4来る。コギトの紙が不足してきたので、紙の算段にきたといふ。場合によつては東陽印刷を紹介してくれといつて帰る。

一月四日　晴

今日下部温泉行。朝六時一寸前に先生さそひにきて下さる。まだ朝食をすましてゐない。急いですませて小田急に出る。東京まで出て京都行へのるつもり。切符は昨日買っておいた。足がまだ痛いので、左足は靴、右足は草履、それに杖をもち、異様の態で行く。京都行はすいてゐる。ポカ〳〵暖い。富士でのりかへ、身延で下車、バス久遠寺参詣。石段は仲々つらい。寺は火災にかゝり、新しく建てかはってゐた。思ったより、山浅く、魅きつける力が弱い。また同じバスで下り、三つ先の下部まで身延線でゆく。栗山、池田はもう昼前につき、昼寝してゐる。湯に入り、夜は種々相談。先生の北京行＊5につき、大阪の人達が何とかして一人でも東京へ出てくるやうな方法を考へるが、即座に適当な方法が出ない。十一時頃就寝。こんな山の中の宿まで客が一杯で、毎日何人かづゝ断ってゐるといふ。

一月五日　晴

早朝宿の女将にハイヤーを交渉してもらひ、富士五湖に出ることにする。精進湖まで十三円と

（3）昭和四年設立の官立旧制大学。高等師範を基盤に中等学校教員の養成が主要目的。
（4）詩人、コギト同人。
（5）この年北京師範大学教授就任。

いふ。九時に宿まできてもらひ、それにのって出かける。仲々ひどい道だ。昨年やっと開通した道といふ。中ノ倉トンネルを出ると、真向うに富士が見える。下は本栖湖。い丶観望だ。精進湖畔の茶屋で下り、そこで御殿場行のバスを待つ。十二時頃丁度吉田行のバスが大国から来る。それにのる。吉田で再び御殿場行にのりかへる。昨日から今日へかけて富士を一周した訳だ。富士の大観はほしいまゝに出来た。僕は五湖巡りをまだしたことがなかったので、丁度い丶工合だった。大阪の連中は午后三時御殿場発で帰る。小生らは三時五十五分発で東へ。松田で小田急にのりかへ、六時半頃帰宅。

一月六日　晴

毎日晴天つゞき。午前中新宿の住友銀行へゆき、今の定期貯金を特別当座にきりかへておく。午后は在宅日本文化史序説*1の平安朝のところをよむ。夜九時過高藤君来る。十時過まで話して帰る。足はまだ痛い。明後日の登院に差支なければい丶が。

（1）西田直二郎『日本文化史序説』（昭和七年二月二十九日改造社）のことか。

一月七日　晴

連日の晴天つゞきで空気乾燥し、朝子がまた風邪にか丶る。のど、気管をやられたらしく、せきがひどい。今冬は用心せねばいけない。明日から学校がはじまる。朝寝のくせがついてゐてつらからう。毎年のことだが、冬になると、身がちゞこまって、仕事が仲々はかどらぬ。こんなことではいけないと思ふ。

一月八日　晴

朝第一時限は院長の訓辞。仲々い、話である。はじめて靴をはいて出かけたので、一寸勝手がちがひ、初は痛かった。その内馴れてきて左程いたくない。併し、家に帰ってぬぐと、急にいたみが増すやうな気がする。根治しておかぬといけないのだらうが。

夕刻、約束の如く、東陽印刷の古川君勘定とりにくる。その時、雑誌の紙を、あと二三ヶ月、今迄通りの紙でやってもらふやうに承諾をうる。

今夜は高橋一作君の入営の壮行会であるが、足痛と朝子の病気のため断る。

一月九日　晴

毎日晴天がつゞくことだ。もう水気にうゑてきた。所によると水の欠乏を訴へる所もあるといふ。蓮田より来信。（航空便）

廣津正男君も明十日入営ときき、手紙で祝詞をのべておく。

一月十日　晴

今冬未曾有の寒気。０下六度位。電車の中に入営兵士が幾組か見える。祖師谷からも一組のり込んだ。

午后三時より、会議室で入学試験委員の、今年の試験方法についての打合会あり。

明日松尾君の所で、古今集の輪講ある筈なりしが、松尾君令息風邪のため欠勤となり、そのことを帰途鈴木君のところへ云って寄る。夜高藤君のところへ云ってゆく。酒の御馳走になって帰る。

一月十一日　晴

研究日で一日中在宅。靴をはかないでゐると、足痛も大分い、やうだ。日中は仲々暖いが、朝夕の寒気は格別だ。朝子の風邪、大分よくなった。この分なら心配入るまい。他の子供は皆元気。

（補注1）垣内松三《かいとうまつぞう》（一八七八～一九五二）大正・昭和期の国文学者、国語教育者。岐阜県生。東京帝大卒。東京帝大講師などを経て、東京高師教授。国語学、国文学、国語教育などの領域の統一性を研究した。著『国語の力』『形象論序説』など。

（補注2）久松潜一《ひさまつせんいち》（一八九四～一九七六）大正・昭和期の国文学者。愛知県生。東京帝大卒。一高教授などを経て、東京帝大教授、慶大教授、契沖研究をはじめとして、あらゆる分野にわたる文学理念の追求を中心とする体系的な研究を行った。著『契沖伝』『日本文学評論史』など。

（補注3）岡崎義恵《おかざきよしえ》（一八九二～一九八二）大正・昭和期の国文学者、文芸学者。高知県生。東京帝大卒。東北帝大教授。美学を基盤とする国文学研究を行い、日本文芸学を提唱した。著『日本文芸学』『美の伝統』など。

（補注4）西尾実《にしおみのる》（一八八九～一九七九）昭和期の国文学者、国語教育者。長野県生。東京帝大卒。東京女子大学、法政大学教授を歴任。国立国語研究所所長、全日本国語教育学会会長。中世文学を研究し、時代区分論をはじめとする多くの業績を残した。著『中世的なものとその展開』『道元と世阿弥』など。

（補注5）風巻景次郎《かざまきけいじろう》（一九〇二～六〇）昭和期の国文学者。兵庫県生。東京帝大卒。大阪府女専教授など

を経て、北大教授、関西大学教授。国文学史の流れを歴史的・社会的な視野でとらえた。著『新古今時代』『日本文学史の構想』など。

【解説】

右の日記は、B6ノートに「雑記帳　自昭和12年5月至昭和（空白）年（空白）月」のタイトルで筆記されたものの全文である。昭和十二年分がすべて抜き書きだけであることから、当初は文字通り「雑記帳」のつもりで書き出されたものと思われる。

昭和十三年は、清水の成城より学習院への転勤、蓮田の成城への転勤、「日本文学の会」結成、「文藝文化」創刊、高野山での日本文学講筵開催など、同人達にとっては多忙を極めた中にも充実した画期的な年であった。やっと祖師谷に居を構えた蓮田も十月応召、翌年四月中支戦線に赴く。そのため、清水に雑誌編集の責務重くのしかかる。「僕はやはり沈黙がほんとの姿らしい。しゃべるとあと不愉快でならぬ。」（十二月三十日）と、自己の本性に思い至ったり、「グワンと生活に大きな変動がくればいい、とすら思ふことがある。」（同）と、生活の大転換を願ったりしている。この年、論説長短四本、書評四本ものしている。指導者としての斎藤清衛、助言者としての垣内松三・久松潜一・岡崎義恵・西尾実・風巻景次郎については今後調査が必要である。又、友人高藤武馬・松尾聰・鈴木知太郎・坂本浩等についても十分な調査ができていない。

昭和十四年は、八月の長男誕生の記事で打ち切られている。出産時の詳細な記録、お祝品の列挙等に初の男子誕生の喜びが表れている。作家中河与一との交流（一月三日・四月四日）は、他の文壇人との交流をも窺わせるものがある。すでに十一年には、コギト同人との付き合いが伊東静雄を介して始まっていたので、それが次第に他の文壇人へも波及していったものと思われる。その他、記事の中で特に目にとまったのは、次の二カ所。

「新春を期し、大物にぶつかってゆかう、古今集にか、らう。これは僕の学生時代からの対象だ。」（一月四日）

古今集は、伊勢物語と共に同人の共通の古典であったので、同人間でしばしば究明の対象となっている。なお、いつ頃からかは不明であるが友人間で古今集の輪読会

（十五年一月十日の記事）も行われていた模様である。

「これからはずぶの素人が非常に大きな仕事をする時代がくる。所謂国文学の専門家でなしに。」（七月十一日、垣内先生の言）

この言は、創刊の辞の「所謂国文学の研究は普及せるも、故なき分析と批判とに曝されて、古典精神の全貌は検証せらるべくもない。」と響きあうものがある。今後の研究に勇気を与えられたものと推察される。この年、論説八本、書評一本ものす。

昭和十五年は、一月十一日の記事で打ち切られている。文藝文化も三年目を迎え、「創造を思ふ異常の決意」（一月一日）で皇紀二千六百年を迎えている。この年、論説六本、書評一本、単行本一冊（「女流日記」）ものした。

【参考文献】

「古典学者（明治～昭和戦前）一覧」林雅彦・平賀敬編「国文学解釈と鑑賞」平成四年八月号
「垣内松三年譜」野地潤家編「垣内松三著作集」第一巻　光村図書　昭和五十二年十一月十日
「久松潜一博士年譜」福田秀一編「国語と国文学」昭和五十一年七月号
「岡崎義恵先生年譜」『回想岡崎義恵先生』岡崎義恵先生追悼記念会　昭和五十八年六月十日
『日本文芸学』岡崎義恵　岩波書店　昭和十年十二月十日
「西尾実先生小伝」安良岡康作『西尾実書簡集』下伊那教育会　昭和六十年三月十日
「風巻景次郎年譜」風巻春子編『風巻景次郎全集』第十巻　昭和四十六年十月五日　桜楓社
『雑文集　久松潜一先生の御ことほか』松尾聰　笠間書院　昭和五十二年十一月三十日
「追悼」清水文雄『追憶の譜　鈴木知太郎先生』昭和五十四年十二月→「続河の音」所収
『蓮田善明全集』小高根二郎編　島津書房　平成元年四月二十九日
『蓮田善明とその死』小高根二郎　筑摩書房　昭和四十五年三月五日
『定本伊東静雄全集』桑原武夫・小高根二郎・富士正晴編　人文書院　昭和四十六年十二月十日
「清水文雄略年譜」『続「河」』三号　平成十年十一月二十日
「清水文雄著書・論文等目録」同上
『昭和文学年表』第二巻　昭和十一年～昭和二十年　谷

沢永一・浦西和彦編　明治書院　平成七年五月二十日
「斎藤清衛先生略年譜並びに著書・論文目録」「国文学攷」二十八号　昭和三十七年五月
『武蔵野に炊ぐ』斎藤清衛　黄河書院　昭和十二年十月二十九日
『門の中』南蛮寺萬造（高藤武馬）　子文書房　昭和十六年五月十五日

清水文雄「戦中日記」昭和十八年

昭和十八年〔四十歳〕

一月一日（金）晴

午前七時起床。子供等は已に何時しか起き出でて、洗面をすまし、服装を整へ居れり。国旗も長女自ら掲げて、聊《いささ》か殊勝の感無きに非ず。明けて房枝三十三才、みを十一才、あさ十才、はる八才、宏輔五才、伸二郎＊1三才、小生四十一才。皆恙《つつが》なく迎年、先ず以て目出たし。午前八時四十分登院。挙式。院長＊2の勅語奉読何時になく音吐《おんと》朗々、自らにこもれる気魄に驚く。十時三十五分参内。殿上に列し、大君の尊顔を拝し、感泣《かんきゅう》。宮内官としてのかかる光栄に狎《な》るるなからんことを、年頭に当り誓ふ。帰途赤井君と明治神宮参拝。ついで東條先生宅へ年賀に向ふ。途中偶然高藤君に逢ふ。つれ立ちて久松先生宅へも上る。

夜高藤君と拙宅にて一献かたむけ快適。

大乗涙と棟方志功（補注1→80頁参照）書きくれし文字を掲げて年を迎へぬ

屠蘇《とそ》もなき年を迎へぬさはされど大乗涙とかかげ楽しも

（1）次男。

（2）山梨勝之進、十四年十月～二十一年十月在職。

一月二日（土）晴

今日麗《うらら》かなる日和。但し寒気厳し。

朝子供書初をなす。みをは「貫け聖戦」、あさは「きみが代」、はるは「日ノマル」。あさの出来最もよろし。はるにも見所あり。

正午前、下の二人の子をつれて氷川神社へ参拝。夜、約束の如く、五時半家を出て、赤井君と荻窪の藤井種太郎先生*3訪問。尚志支部長の問題、尚志会*4そのものの問題等より、皇族御教育問題等に関して、種々有益なる御話を承る。十時前辞去。外は星斗闌干《せいとらんかん》。寒気凛冽《りんれつ》。

一月三日（日）晴

午前中在宅、風巻景次郎氏の「日本文学史の構想」*5よむ。肝腎の所でピントを外れてゐる点に不満をいだく。

午后になり約束の如く栗山宅に赴く。途中岡田氏宅へ寄り買って預ってもらってあった林檎と蜜柑をもらって、先生のお宅に年始の挨拶に廻り、それより栗山宅へゆく。一時という約束なりしも、二時近くなり、先生始め他の三君に相すまぬ。会の将来のこと、雑誌のこと、国文学のこと等を語り、十時過ぎに及ぶ。大いに愉快なる一日なりき。

帰りがけに、先日丸山学君*6が上京したとき、蓮田宅へ卵を持ってきてくれたのを更に蓮田より裾分けしてもらふ。栗山よりも郷里の餅をもらふ。

元旦に作ったあんな歌はいかんと思ふ。よろしく宣長（補注2→81頁参照）の「玉鉾百首」の如

（3）明治十四年生。倫理学専攻。学習院、広島高師教授を経て、宮中顧問官内親王伝育掛長となる。

（4）広島高師の同窓会組織。

（5）昭和十七年十一月十日、昭森社。

（6）広島高師教授、蓮田の同郷の友。

き歌をよむべし。

一月四日（月）晴

日のうらゝかに当る縁側にて子供等書初の練習をなす。日の限られたる仕事に取りかゝりゐれど、仲々はかどらず、少々あせり気味なり。この上は神のまに〳〵精魂を打込まんのみ。

夜十時頃眠くなりたれば、一眠りせむと床に入るに、いつの間にか、熟睡して、さめたれば夜明なり。かゝることにては大事は成し難し。

一月五日（火）晴一時曇

終日在宅。

午後一時半頃平岡公威君（補注3→81頁参照）来宅。鬼界ヶ島の漁師の女千鳥（実は俊寛の女）を主人公とする小説（補注4→81頁参照）の序段だけ出来たりと見せる。大分趣向の異なりたるものの如し。本格小説の体をなすものならん。

一月六日（水）晴

文藝文化二月号の原稿はかどらず。蓮田また怒り居らん。「衣通姫の流」のつゞき。夜明の五時一寸前起きゐて書く。まだ書き上ぐる所に至らず。一旦就寝。

一月七日（木）晴

午前八時一寸前起床。原稿書きつぎ、十時頃書き上ぐ。それより清書。途中松尾氏来宅。夫人の産褥《さんじょく》見舞の返しを持ち来りしなり。午后0時半頃清書了。急いで昼食すませ、郵便局に至りて右原稿を速達に付し、引き返して直ちに第一寮に至る。舎監会＊1のあるため也。午后五時寮生帰寮。六時半より関口科長の寮生に対する訓辞あり。

八時頃院長来寮。明日より寒稽古行はるるため也。

この頃水気足らず、且つ気温冷ゆ。

一月八日（金）晴

本日より寒稽古始まる。学生は五時五十分起床。小生はそれより二十分早く五時三十分起床。仲々寒気厳し。はじめ稽古始の式。稽古は三十分位しか出来なかった。

大詔奉戴式正堂にて八時三十分より行はる。院長の講話あり。二時限目に少しかゝる。研究社の清水氏留守宅に来下執筆項目及び執筆者、執筆要領等をすった例の叢書の内容一覧をもってきた。叢書名を「国文学古典講話」＊2としたいとのこと。

夜は疲労のため早く就寝。頑張りが段々きかなくなってゆく。

一月九日（土）晴

今学期より土曜が研究日となる。寮にて過す。今夜は寮生在寮につき、宿直。

午后六時より草鹿少将＊3の講演、第二寮共同自習室にてあり。一時間二十分位かゝる。航空

（1）清水は昭和十五年より学習院中等科寄宿舎青雲寮舎監をつとめる。

（2）研究社のシリーズ。昭和二十年四月以降「幕末の歌人」（福井久蔵）「枕草子」（岸上慎二）「徒然草」（能勢浅次）等発行。

（3）草鹿龍之介。海軍軍人。第一航空艦隊参謀長として真珠湾攻撃に参画。

隊の訓練、実戦等の状況を、体験者としての迫力を以て、而も重厚なる態度にて明快に話され、得る所大であった。

その後で、新年茶話会。雑煮、蜜柑、菓子、余興もあり、九時四十五分に及ぶ。

今日昼間に、古今集の恋の歌よむ。

一月十日（日）晴

薄霞のか丶りたるやうな感じの日。雨が近いか。

午后二時一寸過家を出て、高藤君のところへゆく。国語・をもらふ約束がしてあったので、それをうけとりに行った訳である。引きとめられて御酒をいたゞき、夕食まで御馳走になる。七時一寸前辞去。蓮田のところへ寄ると、今日四時

昭和18年度青雲寮4回生たちと
前列中央山梨院長、左端文雄

頃先生宅へ集り原町田の牛肉屋へ皆でゆくから、栗山から小生宅へ電話したとのこと。後で分るのであるが、小生が家を出て間もなく電話が交換手にとりつがれてきたとのこと、只、返事を求めず一方的な通告だったのでどうにもならなかった由。今から出かけていっても遅くなるので、断念して帰る。

尚、今日藤井悦雄君が長野から出かけてきたさうで、それで先生が会合を思ひ立たれたらしい。

一月十一日（月）雨

久々の雨。朝はポツリ〳〵であったが、十時頃から本降りらしい雨となる。

昼食後舎監室へ古沢、瀬川、千坂、荷見の四名来り、学習院教育の問題、社会情勢の問題等熱心に話し、四時に至る。

その間二時より三時まで、院長のところで、皇族御教育案起草委員集り、先日の問題を議す。間食があったので、一足先に失礼し、結論はどうなったか分らない。

古今集の恋の歌よむ。よめばよむほど、驚くべき歌だといふことが分る。

一月十二日（火）晴

今日はからりと晴れたよき日なり。

朝食の時、食堂にて院長と並び坐す。国情に深憂すべきものあるを識者ひそかに心痛しゐることをきき、全く同感の念禁ずる能はず。危機の意識がこの頃、自分の胸の中にいよ〳〵濃くなってゆく。この思ひは、学生に何とかして伝へておかねばならないと思ふ。

一月十三日（水）晴

午后三時より宮原、石井両教授来寮。

新訓育部員としての種々の要談を行ふ。二十日に辞令が出る由。

この頃寒さも厳しく、日がのぼればぬかるみ甚し。池という池はすべて凍結す。学生はスケートの練習に余念なき者あり。

一月十四日（木）晴

今学期二年寮生のために愛国百人一首（補注5→81頁参照）の話をせねばならぬので、放課後そのプリントの原紙を書く。八枚も書かねばならぬので、五時過ぎまでか丶る。

この頃、非番の日の夜は馬鹿に疲れて、何もする元気が出ない。強ひて勇を鼓して机に向ふが、惰気《だき》がいや増り来りて物にならぬ。これではいかぬと思ひつ丶、結局は駄目である。

やっと、母、栗山宛の用件を手紙に書き、雄山閣の餌取氏に、拙稿（補注6→82頁参照）遅れる旨（あと十日ほど）の断りの葉書を書く。それに東陽印刷へ、池田の後記とカットを送る。

保田與重郎氏（補注7→82頁参照）の「万葉集の精神」＊1よみはじめ志の卓越に今更ながら驚嘆する。

一月十五日（金）晴

夕五時五十分より二寮で百人一首の話をする。和歌はどのような時に詠まれるか、我が国の過

（1）昭和十七年六月十五日、筑摩書房。

去に於いては何時が最もすぐれた歌の多くよまれた時か等を話し、歌の時代区分をなし、防人《さきもり》の歌*2の斉唱をなした所で時間がきた。そのあとで時間が過ぎたが、大原伯爵吹込の「君が代」のレコードをかけてきかせる。
保田の「万葉集の精神」の立派さにいよ／＼おどろく。
今日三年の作文の時間に「いきどほり」といふことにつき話す。

（2）防人（古代、多くは東国から徴発され北九州守備に当たった兵士）が詠んだ歌。その家族の歌も含む。

一月十六日（土）晴
午后帰宅してゐると、宮原氏より電話。二時頃より他に石井氏を交へて新訓育部員の相談をなしたいから学校へくるやうにとのことで、少し早目にゆき、父兄会に出てゐられる宮原氏の帰られるまで石井氏と二人で色々話合ふ。

一月十七日（日）晴
寒稽古終了の日。終了式に出て、すぐに帰宅。一日中在宅。よき日也。
今日は寮生は外泊故、小生の番は一回抜けたことになる。雄山閣の仕事仲々はかどらず、閉口。

一月十八日（月）晴
咽喉をいためて、声がかすれた。
何故かとても疲れたので、夜は何もせず、いや何も出来ず、就寝。この頃馬鹿に頑張りがきかなくなった。

一月十九日（火）晴

暖き日。

夜八時頃から十時まで、渡辺舎監、舎監室で話す。学習院の将来の問題につき色々話合ふ。

一月二十日（水）晴　夜雨

本日より中等科訓育部職員交替。

旧　秋山峰三郎　訓育部主任
　　岩田九郎　〃　参与
新　宮原　治　中等科学生監兼訓育部主任
　　清水文雄　訓育部参与
　　石井　恵　〃

放課後、職員会あり、右の発表あり、院長より今後、新学生監は、院長科長の旨を受けて適宜命令、指揮、訓育を行ふ、各教官は之に協力し益々本院訓育の成果をあげるやうにと要望された。

職員会の前に事務の引継をすます。

只一念奉公のみ。神のまに〳〵。

一月二十一日（木）晴

夜来の雨は今朝カラリと霽れた。院長により朝礼の時学生監新任の紹介が行はれる。その時学生にも昨日の職員会のとき院長の申された趣旨を宣明された。

一月二十二日（金）

二年の修養講話には今日は防人の歌の話をする。

一月二十三日（土）晴

夜、拙宅に三人*1会合。目白駅で五時半待合せて、東京パンで食事をすまし、拙宅に帰る。会談十時半に及ぶ。結局我々四人が集り話合ふことが最もためになる。世のお歴々の講演とやらなど、てんで気の抜けたビールの如し。神のまに〳〵生きる外道無しとさとる。寒月中天に皓々《こうこう》。いつも駅まで送るのだが、寒いので失礼する。門前でさよなら。

一月二十四日（日）晴

一日中在宅。雄山閣の原稿書きつゞける。延期を願った期限も明日できれるが仲々片付くどころでない。自分ながらはがゆし。立腹する編輯子の顔目に見るやう。南無阿弥陀仏〳〵。

一月二十五日（月）晴

（1）文藝文化同人。

宮原学生監、院長と湘南中学へ参観に赴く。留守をして、責任を感ず。訓育部主任室、北向きの部屋にて、寒きこと冷蔵庫の如し。居づらきことこの上なし。反対に夏は涼しからんと思ふ也。今日は妙に疲れた。秋山舎監が代って当直（秋山氏明日差支のため代りし也）

夜一寸うた、ねのつもりにて、着のみ着のま、布団にもぐりしに朝までそのま、寝入りたりけり。我ながらたわいなきこと凡そかくの如し。年の所為とのみ言ひ難し。気力を昂揚せよ。胸を張れ。

廿八日行はれる歌会始の儀陪聴《ばいちょう》仰付けらるる旨、式部長官子爵松平慶民《まつだいらよしたみ》氏＊1より通達あり。うれしきことこの上なし。長年の念願かなひし也。

一月二十六日（火）晴

最近学校内にて盗難頻々。一大痛恨事也。放課後それらの件につき訓育部三名協議。結局名案はなし。

夜冷ゆ。

一月二十七日（水）晴

明日は歌御会始陪聴の日。今日より心身を清めて、ひたすらに待つ。

一月二十八日（木）晴

（1）明治十五年生。昭和二十三年没。大正・昭和期の宮内官僚。最後の宮内大臣。

*2

一月二十九日（金）晴

舎監会。

夜二年寮の修養の時間には、昨日の歌会始の御儀の模様を話し、御製（補注8→82頁参照）に拝する大御心の有難さを、昨年の歌会始の際の御製と併せて「いの・・」といふ御言葉を中核として話す。最後に披講の朗吟を吹込んだ大原伯のレコードをかける。

一月三十日（土）曇

放課後松尾君宅へ赴き、源氏の仕事*3をする。今するもの松尾兄弟*4の外岸上氏*5、小生、後から高藤氏。

四時から茗渓会館である会合に列するため、三時半頃辞す。横町を出た廻り角のところで高藤君にひょっこり出会ふ。

茗渓会館の会合は大変愉快で有意義だった。予想外の成功だった。八時終る。

一月三十一日（日）雪後晴

初雪。子供等喜び、早くより戸外に出て、雪辷りに興ずる。但し淡雪だから、日が当るところは、見る／＼うちに溶けて了ふ。

（2）記載なし。

（3）池田亀鑑の「源氏物語大成」のことか？

（4）兄聰。弟拾（おさむ）は大正元年生。日大勤務。「今昔物語集」研究。

（5）岸上慎二。明治四十一年生。日大勤務。「枕草子」「後撰集」研究。

学習院中等科のみで退学した小沢秀雄君が今日入営（甲府連隊へ）のため、新宿を発つといふので、十一時見送りに行く。

その足で東大講堂で昨日、今日二日に亙り行はれてゐる古事記展覧会（補注9→82頁参照）見にゆく。たま〳〵先着の池田、栗山両君長蛇の列の中程にあり、そこへわり込む。時間が一時迄といふので、大急ぎで見て、心残り多し。真福寺本の原物が見られたのはうれしかった。吉田家本は写真版で、期待を裏切った。栗山、池田と三人で白十字で中食。蓮田は文報（補注10→83頁参照）幹事で、会場で奔走してゐた。なほ一時からある国文学部総会へは栗山のみ（蓮田は勿論）出席、池田と二人は古本屋を一軒あさって帰る。

二月一日（月）晴

これから毎週月曜午後訓育部員三名会合して当面要談をなすことにきめる。

二月二日（火）晴

案外暖い日がこの頃つゞく。

二月三日（水）雪後雨

朝起き出でて見て驚く。雪が降るとは思はなかった。然し、午后になると、みぞれから雨に変った。

二月四日（木）雨

学年主管会議。

二月五日（金）晴

放課後会議室にて輔仁会[1]役員総会あり。

（1）学習院校友会。

二月六日（土）晴後曇

在宅。雄山閣の原稿にかゝりきり。

二月七日（日）雨、風

一日中雨風はげし。但し、夕刻近くに至り雨はやむ。

午后二時、藤枝男爵家訪問。過日歌会始陪聴の御礼を申上げ、そのあとで、当日の盛儀の御模様につき、具体的な点を御尋ねする。詳細が分れば分るほど如何に有難い御儀であるかが一層はっきりとして来、これは一つ一生一代の文章に書きのこしておかうと思ふやうになった。出来たら文藝文化四月号にのせるつもり。

二月八日（月）晴

大詔奉戴日、第一、二時限正堂にて挙式。

その後で、近づいた紀元節に因み、院長の『神武天皇御東征』についての講話あり、それに関連して、瀬戸内海の地理的、歴史的乃至政治的、文化的意義についての有益な御話あり。就中、我が国民の心のより所として、東西に一つづつある。東に富士、西に瀬戸内海、富士は頭であり、瀬戸内海は腹である、一は国民の理想として仰がるべきものであり、他は国民の力の養ひ所として生存の母胎である、一は精神的対象であり、一つは肉身の生存の拠り所である云々と云はれた言葉は、大変心をひいた。

三月十日　晴、風

吾子*1生まれたり

(1) 三男邦夫。

空晴れ風強き春の朝
第三十八回陸軍記念日を迎へて
撃ちてし止まむの雄心いやふるひ立ち
爆音はひねもす天空に轟きわたる

ああこの佳き日
我御代の恵みあまねく
吾子まさに生れたり

昨朝より今夕にかけて公務にて静岡に出張中、吾子安らかに生れ出でたりき。時に午前十一時十分なりしといふ。

六月五日

故山本元帥*2国葬の日。

七月二十九日

午過山本修教授*3より電話あり、白馬登山に出発の前に一度会ひて話したき事ありといふ。言葉に従ひ、夕刻六時頃山本教授官舎に参上。用向きの大要左の如し。今回中等科校舎を喜多見御料地内に移築することは一先づ延期となりたり、従って、東宮殿下*4の御学問所は目白の学習院内に設けらるること、なる、それに伴ひ、中等科御利用の学課目、時間数並に御学問所に於ける学課目、時間数等につき至急調査研究し、在沼津御用邸の石川傅育官《ふいく》と折衝すべしとの院長よりの命なりと。固よりその任に非ずと自省すれど、山本教授と共にすることなれば、すべて同教授の指導に任すこととして、承諾す。八時頃辞去。

八月三日

夜七時過山本教授官舎に参上。沼津なる学習院遊泳場に滞在中（本夕帰京）の院長より山本教授に対する書信に来る十日沼津御用邸に拝趨《はいすう》、石川傅育官《ふいく》と具体的交渉をなすべし、その大体の着眼点は左の三点なり、

（2）山本五十六。明治十七年生。連合艦隊司令長官としてハワイ真珠湾作戦立案。昭和十七年ソロモン諸島上空で戦死。

（3）学習院同僚。

（4）皇太子明仁殿下は、この年学習院初等科四年に在学。

1　御単独の御学習
2　少数の御学友と共に遊ばさるる御学習
3　普通教室に於ける御学習

右の各に於ける学課、時間の振当につき考究するやうにとの御文面なり。かつて清水二郎教授の東宮御学問所に関する調査をなせしことあり、その調査書、山本教授の手許にあるを参照しつつ、種々意見の交換をなす。明朝院長に面会の上、種々指示を仰ぐこととして、十一時過辞去す。

八月四日

午前九時三十分院長室に出頭、既に山本教授は対談中なり。院長の談話の内容は昨夜見たる書面と大体同様なり。六日朝九時五分東京発の汽車にて沼津に着けば、御用邸の自動車迎へに出てゐる筈とのお言葉。

＊1

（1）以下、昭和十八年は、日記記載無し。

（補注1）棟方志功（一九〇三〜七五）版画家。昭和十一年国画会に出品した「大和し美し版画巻」で、柳宗悦・河井寛次郎・浜田庄司らの知遇を得、又その影響を受ける。昭和十五年国画会に「釈迦十代弟子」を出品し佐分利賞。昭和十八年木版画を板画と称した。「大乗涙」については、自著『板散華』に次のような記述がある。

敦煌だ、得体の知れずに堆かい、得体があるのだ、所謂神仏が、神々したもの、仏々したものから涙したもの、流れるのではなく、滲む普賢があるのだ。あの真赤にして、旺んなる大乗涙だ。

棟方は、自伝（『板極道』）によると昭和十三年頃、「日本浪曼派」の人々（保田與重郎・前川佐美雄・蔵原伸二郎・中谷孝雄・淀野隆三ら）と親交が始まり、雑誌の挿絵・装幀の仕事をするようになる。それが「文藝文化」同人にも及ぶようになった。そのころを回想して清水はこう述べる。

> 私が、棟方氏の中野区大和町一八〇番地の宅を訪れるようになったのは、昭和十五年の春・夏の交だったように記憶する。当時われわれは月刊の国文学誌『文藝文化』を出していたが、同年十月の通巻二十八号から第七十終刊号までの表紙・カットはすべて棟方氏の手になるもので、肉筆と板画の両様であった。（清水文雄「大乗涙」昭和五十一年四月　高校教育国語2）

（補注2）本居宣長。江戸中期の国学者。『古事記伝』は最大の業績。「源氏物語」と「古今集」は繰り返し門人に講義された。その「物のあはれ」論は近世文学理論の一つの達成であり、「漢意」に対置して日本の文化的同一性を構成する心情として理念化した。

（補注3）平岡公威の名の清水の日記での初出。中等科三年次、国文法と作文を担当して以来、同四年次、清水青雲寮舎監となるに及び交流とみに増し、文章を見せに来るようになる。同五年次、「花ざかりの森」を『文藝文化』昭和十六年九月号に掲載するに際し、ペンネームを三島由紀夫とした。なお、手紙（昭和十六年七月二十八日以降）でのやりとりはすでに早く始まっていた。

（補注4）この小説については、昭和十八年一月二十四日付清水宛書簡に、「さて先日お目にかけました小説（鬼界ヶ島）又もや筆を投げ」とあることから、執筆を途中で断念したことが分る。

（補注5）日本文学報国会と毎日新聞が協力して選定し、情報局と大政翼賛会が後援した。柿本人麿から橘曙覧に至る愛国歌百首を昭和十七年十一月発表した。選定委員は、佐佐木信綱・尾上柴舟・太田水穂・窪田空穂・斎藤瀏・斎藤茂吉・川田順・吉植庄亮・折口信夫・土屋文明・松村英一。（「和歌文学大辞典」昭和三十七年十一月十五日　明治書院）

解説書として左記のものあり。

「愛国百人一首」窪田空穂　昭和十八年七月三十一

日　開発社
「愛国百人一首年表」日本文学報国会　昭和十九年一月五日　協栄出版社
なお、この百人一首以前個人選定のものが出版されている。とりあえず次の二著をあげる。
「愛国百人一首」川田順　昭和十六年八月三日　大日本雄弁会講談社
「海ゆかば（歴代愛国和歌集）」新文庫２　清水文雄　昭和十七年三月二十五日　春陽堂

（補注６）日本文学論体系Ｖ（昭和十八年五月十三日雄山閣全五巻の内）に執筆予定の「中古女流作家論」のこと。「一、衣通姫の流　二、華艶と哀愁　三、神の道」の三章よりなる。一章は、「文藝文化」十八年一月～四月号の文章そのままであるが、特にその後半部を書きあぐねたのだろうか。二章は、「文藝世紀」十六年九月号「和泉式部について」を一部に使ってのほぼ全文書き下ろしか。三章は、「文藝文化」十七年二月～五月・七月「式子内親王」そのまま。同巻には、他に「連歌論史」（頴原退蔵）「本邦中世の文学観」（小島吉雄）「近代浪曼主義文学」（石山徹郎）が入る。
本体系の月報Ｉ（昭和十七年七月三十一日発行）を見ると、出版の経緯・目的が分る。この仕事は、文部省の井本農一を中心に帝国女専の鶴見誠や東大の久松潜一を加えて進められ、監修者に、京大の澤潟久孝・九大の高木市之助・京城大の斎藤清衛の名が上がっている。「純正なる日本的文学論の建設、日本文学の正当なる歴史的把握、日本文学精神の解明、新しい日本の国語教育と批判、資料の博捜と整理」を目的としたようである。
なお、「文藝文化」の関係者では、清水以外に、斎藤清衛が「日本文学と大陸文学」、池田勉が「貴族主義文学」を執筆している。

（補注７）保田與重郎（一九一〇～一九八一）評論家。東大美学科卒。昭和十年『日本浪曼派』創刊。著作に『日本の橋』『英雄と詩人』『戴冠詩人の御一人者』『蒙彊』『後鳥羽院』等あり。

（補注８）昭和十八年お題「農村新年」御製　ゆたかなるみのりつつけと田人らもかみにいのらむ年をむかへて
昭和十七年お題「連峯雲」御製　峯つつきおほふむら雲ふく風のはやくはらへとたたいのるなり

（補注９）蓮田善明が、「古事記展」という小文を「文藝文化」（昭和十八年三月号）に書いている。この小文をもとに、後に「古事記展覧会後記」（『古事記学抄』昭和十八年十二月二十五日子文書房）を書く。

（補注10）日本文学報国会の略。同会は、戦時中における文学者の国策的一元組織で、情報局第五部第三課の指導によって昭和十七年五月二十六日成立した。八部会（小説・劇文学・評論随筆・詩・短歌・俳句・国文学・外国文学）に分かれ、様々な事業（大東亜文学者大会・出版活動・講演会等）を行った。機関紙は「文学報国」。（『日本近代文学大事典』参照）

【解説】

この日記も十五年一月十一日で一旦中断し、ほぼ三年のブランクの後十八年一月一日再開されたようだ。（現在の所、その時期の日記らしきものは見つかってない）二月分以降は飛び飛びに記され八月四日で再び中断されている。今回はその十八年分の翻刻紹介である。

昭和十八年は、戦局にもかげりが見え始め、米軍の攻勢に会い、占領地からの撤退を余儀なくされ多くの戦死者が出始めた年である。それは、やがて祖国の存亡への危機感となっていった。

「国情に深憂すべきものあるを識者ひそかに心痛しゐることをきき、全く同感の念禁ずる能はず。危機の意識がこの頃、自分の胸の中にいよいよ濃くなってゆく。」（一月十二日）

と、当時の心情が吐露されている。心身に疲労感を覚えながらも「文藝文化」を生きる支えとしていた様が窺われる。

「結局我々四人が集り話し合ふことが最もためになる。世のお歴々の講演とやらなど、てんで気の抜けたビールの如し。」（一月二十三日）

と、同人四人の結束を確認し、年来の主張に自信を見せている。清水の主張（文学観）は、「衣通姫の流」（『中古女流作家論』第一章。補注6参照）に明確に示されているが、とりわけその後半部に古今集の恋の歌の熟読玩味で得た次のことは重要である。適宜抜き出してみる。

「恋を得る前にすでに恋の喪失を思ってゐるのである。否、恋の喪失を意志することによって恋情を更に熾烈に燃え立たせてゐるのだ」（二一一頁）

「対象と己れとの間に一定の間隔を置き、それ故に却って激しさの募る「恋」を常に清く保たうとする」

（二四頁）
「どうして胸に鬱情の坩堝をいだく人間の身でありながら、天上のものである「花」の世界に遊ぶことが出来るのか」（同）
「「みやび」はこの恋の鬱情を母胎としてそこから昇華したものであるが、この「みやび」は又恋の思ひが至純至烈となった果てに美神の降らす繽紛たる「花」を俟ってその生成を遂げた」（二五頁）
「恋の対象は恋人の肉体ではなかった。その肉体を超えた「永遠の恋人」が本来の対象であったのだ。「永遠の恋人」とはいづれ神の世界のものに相違ない。それだから又之を「美神」といひかへてもよいだらう。或ひは古今集序で明示された「花」といふ語をかりてきてもよいだらう。」（二七頁）
ここで言う「永遠の恋人」＝「美神」＝「花」が「みやび」を生むというのが清水の主張（他の同人も共有していたと思われる）の骨子である。
補注にあげた次の項目は、今後更に探求していきたい。
①板画家棟方志功との交友。
②平岡公威（三島由紀夫）との師弟交流。
③「愛国百人一首」の出版状況と国民への浸透。
④「日本文学論体系」の内容検討と反響。
⑤日本文学報国会の果たした役割。

【参考文献】

『国史大事典』吉川弘文館　平成九年四月一日
『板散華』棟方志功　山口書店　昭和十七年十一月二十三日
『板極道』棟方志功　中公文庫　昭和五十一年一月十日
『棟方志功―その画魂の形成』小高根二郎　新潮社　昭和四十八年三月十五日
「大乗涙」清水文雄　高校教育国語（二）昭和五十一年四月→『続河の音』所収
『日本文学史の構想』風巻景次郎　昭森社　昭和十七年十一月十日
「追悼」清水文雄『百人が語る丸山学』昭和四十六年二月→『続河の音』所収
「丸山学年譜」『丸山学選集民俗篇』古川書房　昭和五十一年二月二十一日
「三島由紀夫のこと」清水文雄　早稲田公論　昭和四十年六月→『河の音』所収
「学習院時代の三島由紀夫」清水文雄　現代日本文学大系月報85　筑摩書房→『続河の音』所収

「古今の季節」清水文雄　『三島由紀夫研究』右文書院　昭和四十五年七月→『続河の音』所収
『決定版三島由紀夫全集』38書簡　新潮社　平成十六年三月一〇日
『三島由紀夫』別冊太陽　日本のこころ175　平凡社　平成二十二年十一月二十五日
『和歌文学大辞典』明治書院　昭和三十七年十一月十五日
『愛国百人一首』窪田空穂　開発社　昭和十八年七月三十一日
『愛国百人一首年表』日本文学報国会　協栄出版社　昭和十九年一月五日
『愛国百人一首』川田順　大日本雄弁会講談社　昭和十六年八月六日
『海ゆかば（歴代愛国和歌集）』新文庫2　清水文雄　春陽堂　昭和十七年三月二十五日
『日本文学論体系』全五巻　雄山閣　昭和十七年七月三十一日〜十八年五月三十日
『万葉集の精神』保田與重郎　筑摩書房　昭和十七年六月十五日
『日本思想史辞典』ぺりかん社　平成十四年六月二十五日
『写真集　昭和天皇』朝日新聞社　平成元年一月十五日
「古事記展」蓮田善明「文藝文化」昭和十八年三月一日
『古事記学抄』蓮田善明　子文書房　昭和十八年十二月二十五日
『日本近代文学大事典』講談社　昭和五十三年三月十五日
『社団法人日本文学報国会「会員名簿」昭和十八年版』新評論　平成四年五月二十日
『日本文学報国会　大日本言論報国会設立関係書類』関西大学出版部　平成十二年三月三十一日
「日本文学報国会の成立」平野謙「文学」昭和三十六年五月十日
『日本文学報国会』櫻本富雄　青木書店　平成七年十二月二十五日
『文学報国会の時代』吉野孝雄　河出書房新社　平成二十年二月二十九日
『学習院の百年』学校法人学習院　昭和五十三年十月十八日
「山本修大人を悼む」清水文雄「風日」（五）昭和三十三年六月→『河の音』所収

清水文雄「戦中日記」昭和十九年二月・六月〔四十一歳〕

二月五日

去る一月卅日以来敵の有力なる機動部隊わが東諸の領マーシャル群島に来襲、彼我の間に激戦が継続せられつ、ある旨の簡単なる報道ありて以来、杳《よう》として詳報なく、不安はいや募るばかりなりき。偶々《たまたま》本日十一時大本営発表は、去る二月一日敵軍の一部は逐一に、わがクエゼイン、ルオット両島に上陸せる旨を報ず。わが方もとより、駆逐艦二隻撃沈、巡洋艦、駆逐艦各一隻炎上、飛行機七十六機撃墜破の戦果をあげたりと雖も、なほ敵主力は之を逸脱せしめしもの、如し。今こそ敵軍わが領土に迫り、その一部を汚したる也。

疎開出発の日、学習院官舎にて（昭和19年３月12日）

六月六日（火）曇夕雷雨

今日は小生の第四十一回目の誕辰《たんしん》*1である。四十二才は古来男子の大厄《たいやく》といはれる。今春帰郷したとき老母が誕生日までは何事も控目にせよと教訓した。その言葉は僕にとって大変ありがたいものであった。親の広大な慈悲がこもった言葉として日夜の自戒の資とした。その自戒に緩みでも出たのか、昨日来腹部に故障を起し、下痢をつゞけてきた。幸に夕刻以後の休養と照代さん*2の炊いてくれた白米のお粥の御陰とで、夜はすっかりよくなった。今この筆をとってゐるのはすでに今日ならぬ午前一時半である。殆ど腹工合は平常に復した如くで、先づ〳〵四十二の大厄は無事切り抜けたといふもの。然し油断大敵〳〵。

さて、私は今日を境として生れかはったつもりで、毎日日記をつけてゆくことにした。去る三月十二日家族を全部郷里に疎開させた後は只管《ひたすら》身辺の整理に思をひそめてきたが、母の教訓を守ってとかく今日までは万事控目の消極勝であった。今日を新しき出発の日ときめた今は、その出発をして意義あらしむるべく、この日記を決行してゆくことにしたのである。

今日は朝から腹工合が悪かったので、幸一年生は野外演習のため富士に行った留守なので、午前十時頃まで在宅した。授業は御前も午後もないが、掃除監督当番なので、十時過に出かけた。途中目白局で、見終へた蓮田の『忠誠心とみやび』（補注1→129頁参照）の校正を日本放送出版協会の和田甫氏宛送る。六篇の文章の内、初の「皇国人の忠誠心」と「戦場精神と日本精神」は共にラヂオ放送の原稿で口語体で書かれたものであるのに、勝手に「である調」に改めてあるのに対して抗議を申込み、又「興国百首」に御丁寧にも「評釈」といふ文字を添へてあるのに対しても同様その無断変改をなじっておいた。これは共に蓮田の志を無視したもので、

（1）誕生日。

（2）栗山理一姪。

それに対する憤激たへ難きものがあった。登院してその足で衛生部に赴き、車田医員に腹薬を調合してもらった。ついでに熱をはかったが、平熱であった。顔のほてった如く感じたのは気温の関係であったらう。衛生部に行く途中三寮の便所で用便した。やはり下痢であった。元気がないので、仕事は何もはかどらない。臨時試験の答案も見かけたが、てんで物にならない。中食もためらったが、雑炊なのでかまふまいと独りぎめして、よくかんで食べた。四年の授業が三時に終るので、そのあと学生の掃除当番を監督して帰る。十一時過ぎに便所にいったきり暫く催さなかったが、三時頃もう一度学校で用便した。大したことはなかったが下痢は下痢であった。帰宅の途中池田君の所による。今日荷物を全部渋谷に持込んださうで長く荷造りのま、部屋に積み重ねてあって窮屈だったのにこれで部屋らしくなったといってゐた。帰りがけに腹薬としてビストール一ビンくれそれから懐炉を貸してくれた。帰るとすぐに床をとって横になる。夜は白粥。すぐまたねる。夕食の頃雷鳴しきり。照代さん雷ぎらひとのことで、しきりにこはがる。十時過ぎまで横臥。「文学報国」の最近号*1が今日届き、寝ながらよむ。吉田絃二郎氏の「古賀峯一大将を悼む」が一番面白かった。両氏は小学校以来五十年の友といふ。意外であった。十時過栗山帰る。その時刻に起き出で、蓮田の『忠誠心とみやび』の跋文かく。比較的すら〳〵と書けた。大分心身をやすめたので、腹も大体よささうだ。頭もさえてきた。子等への手紙書く。今日登院の途中新宿で「大東亜鉄道案内図」を買ふ。五十七銭。午前二時五分記し了る。

（1）五月二十日号。

六月七日（水）晴

清明なる朝。前庭に朝光満ち、旺盛なる野菜の葉末に露滴かゞやく。一、二年の授業なきため十一時迄在宅。蓮田の『忠誠心とみやび』の、跋文清書。織田正信氏＊2より返信。左の如くあり。

御見舞有難う。文学一途の生活に入られた由、何より。長い舎監生活御苦労のことでした。小生先月末よりこゝにまゐりこゝで療養生活をつゞけるつもりです。小生にとっては、たゞ生きながらへることのみが念願です。御笑草に。

一月末遂に病床の人となった際に

うつし世に生きの命の細りゆく生きて甲斐なき
父と思ふも

と。「こゝで」とあるは「小金井町小金井桜町病院」なり。

登院の途中、『忠誠心とみやび』の跋文の原稿速達にて発送。子等への手紙も投函。朝食も中食も照代さんにお粥たいてもらふ。日本米の輝くばかりの白さにて、自らに腹に力漲りくるを覚える。もうすっかりいゝ。便通も昨夜来なし。足腰にも力がこもり出した。授業は第六時限一時間。四年は七時間あるので、掃除の監督をして四時十分までゐのこる。猿木教授も胃痛にて臥床の由。

午後五時日本文学報国会国文学部会幹事会に出席。前回は通知状の手違ひにて欠席。今回がはじめて。集る者、部会代表理事折口信夫、幹事長久松潜一、常任幹事石井庄司、塩田良平、冨倉徳次郎、藤田徳太郎、藤森朋夫、幹事岩崎万喜夫、佐伯梅友、高崎正秀、筑土鈴寛、西角井正慶、無名氏、小生。五時半より付近の食堂に一同出かけ夕食。仲々御馳走あり。帰りて、

（2）学習院同僚、英文学者。昭和二十年九月十一日没。

定例幹事会を文報事務局の二階にて開く。はじめ塩田常任幹事の報告あり。次に来る十八日文学者総蹶起大会に国文学部会より提案説明者を出す件につき候補者を選択する。先づ幹事より二名、小池藤五郎氏冨倉氏の二名、幹事以外より池田勉君、新屋敷幸繁氏に委嘱したしとのこと、小生が池田君にきいて明後日朝塩田氏まで電話で返事することにする。九時閉会。低調な無気力な会。仕事を色々と探してゐるやうな所がある。それでゐて仲々仕事は見つからず、しまひには皆退屈してくるといった塩梅。只、文報編の『定本国民座右銘』(二円)＊1を一冊求め得たのが収穫だった。帰途は世田谷中原まで佐伯氏と一緒。

帰宅すれば十時を少し過ぎてゐた。机の上に照代さんが用意しておいてくれた夕食をたべる。

(1) 昭和十九年五月十日、朝日新聞社。

六月八日(木)晴

今日は授業のない日だが、大詔奉戴式＊2があるので、いつものやうに出かける。院長不在にて、野村高等科長が奉読。四年と一年の答案を見る。昼休の時間に臨時職員会。来る十二日(月)から三週間に亙り学校工場(元初等科雨天体操場)に於て東京無電の技師の指導にて主として鋳物にやすりをかける作業を行ふ。五年四年同時に午後のみ。午前は授業を行ふ。

猿木教授遂に黄疸となり欠勤。カタル性黄疸といふ。平井久君の補習にゆく。明日より中間試験とかにて、漢文を少し見て帰る。八時過帰宅。

夜、本日配給ありたる酒を、一風呂浴びていたゞく。五臓六腑にしみわたりて、快いはん方なし。

(2) 宣戦の十二月八日に因み、毎月八日実施。学校以外の各職場、家庭でも戦争完遂の目的を浸透。

六月九日（金）晴

午前四時半起床。一年の答案の見のこり見る。朝食までに見終る。

四年の二組（担任級）で、来週より実施される勤労作業につき、他校と比較してその特異の地位を自覚して、かりそめにも懈怠《けたい》の心あるべからずとさとす。一年の授業は今日は面白かった。答案を返して、そのあとで、左の諸書を推薦する。

神代の物語　佐野保太郎（小学館）
明治天皇御製謹話　千葉胤明（講談社）
動物ども　椋　鳩十（三光社）

子供等は読書勉強に旺盛なり。盛んにもっと言ってくれ〳〵とせめる。言に応じて「山本元帥遺詠解説」（武井大助）「山本元帥前線よりの書簡集」（広瀬彦太）等を板書す。

七時間目の陸海軍学校の補習も愉快だった。昨夜の配給酒の効用てきめんと言ふところ。いやこれは冗談でなくほんたうにさう思った。

秋山さん＊[3]に昨日たのんで買ってもらった「ふりかけ」五百目十六円（内四百目は深川へ送るつもり）をもち帰る。又果物の配給も丁度ある最中なので買ってかへる。林檎一円三十五銭。

帰途省線の中で高等科の八代に会ふ。祖父君の八代大将＊[4]の書簡集＊[5]を一部贈呈しようと言ふことでたのんでおく。

五時頃帰宅してみると房枝から速達がきてゐる。中深川の橋本呉服店の息敏之君が今年広陵中学を出て、中央大学の法科に入ってゐるが友人が皆手蔓を求めて方々の医専や薬専に補欠編

（3）同僚秋山峰三郎か。
（4）八代六郎。万延元年生。昭和五年没。明治・大正期の海軍軍人。大正三年、第二次大隈内閣海相。
（5）財団法人尾張徳川黎明会　昭和十六年九月三十日。

入するので自分もどこかへ変りたいといひ出し、親許へその旨速達したとかで、どこか転校先（医専、薬専）をさがしてくれとのことである。さう急に言っても簡単に見つかりはすまいし、第一今頃補欠なんかありはすまいと思はれる。然し、当ってはみてやらねばなるまい。池田君にもたのんで神戸医専の方にも尋ねてもらふことにする。又米田へも大阪でさういふ所はないかときいてもやってみよう。

右の封筒の中に子供の便りが入ってゐた。三女共絵をかき、みを、あさは手紙も書き添へてゐた。

みをの手紙

お父さんお変りありませんか。

家の麦はもう刈りました。本は昨日つきました。宏ちゃんは兎を持ってはなしません。ねるときも御飯を食べる時も一しょに持ってゐます。ごいびも小梅もうれてゐます。伸ちゃんや宏さんは一生けん命で食べてゐます。学校は五日から農はん期で休です。七月一日にはくらぶ*1でをどりがあります。お父さんが帰って来た時はごちさうするとおばあさんが言ってをられます。邦夫ちゃんは一人で立って少し歩けるやうになりました。百日草が大きくなって花がさきさうです。ほうせん花をお友達にもらひましたからさっそく植ゑました。ではお体に気をつけて

さやうなら

みを子

絵は麦を刈ったあとのやうな田圃の向うに駅らしい建物が二三棟ならび、その先に山が見え

（1）集会所。

る。文字には誤りが多く、元気がない。以前とは大変な違ひだ。これに比べるとあさの方は大変出来がい、。元気もあるし、正確で、文章もぴち〳〵してゐる。前とは正反対になった。あさのは絵は宏輔が兎を弄んでゐるところをかいたもの。その情景は左の手紙の文章に語るところである。

おとうさんへ

ひいちゃんは、いつでもくに夫ちゃんのうさぎであそんでゐます。兎の二つの車の間におくすりをはさんでしきゐのところであそびます。うさぎのうしろに汽車をおいてそれといっしょにあそんでゐます。くに夫ちゃんには一つもかしません。くに夫ちゃんが使ふとおこっていじめます。さうするとくにをちゃんはすぐいやあんといひます。くにをちゃんはおかあさんのことをかあたん、かあたんといひます。おばあさんのことをばばといひます。学校では、けんこう時間にはかんぷまさつがあります。それから四時間目の授業をします。私とひいちゃんのおたんじやうびはもうぢきです。

さやうなら

おとさんへ　　　　あさより

はる子のは文章はなく赤い屋根が二棟あり、手前に赤い垣根、その垣根越しに「花子サン」と傍書された少女が窓からのぞいてゐるところが書かれてある。その少女のゐる家からは煙突がのぞき、黒煙がでてゐる。その煙の下に日の丸の旗が立ってゐる。

食後池田君の所へゆき、右の橋本君の件たのむ。帰途雨滴が一粒二粒顔をうつ。明日明後日二日がけで御料地*1を開墾しようとするのに、降られては困りものだが。

帰来「歌ものがたり」（高崎翁*2の著、先日千葉胤義氏より借用せしもの）をよむ。十時半臥床。

六月十日（土）晴

清々しき好天となった。窓をひらき、外気を思ふ存分入れ、ば肌にひんやりと感じて快い。五時起床。

昨日房枝より中深川の橋本呉服店の息敏之君の件につきての依頼―今年中央大学法科入学、然し医科の学校に転学したし、何処か斡旋せよ―に対する返事、同時に大阪方面の学校につき編入試験の有無を調べてもらふための米田に対する依頼状を共に葉書速達にて出す。

正午過更生会運送店へ行き、先日来の栗山、池田等の荷造費、運搬費等の請求書を受取る。

午後一時旧院長室にて院長より前期勉励手当を頂く。四一〇．〇〇内、所得税二九．五五、国民貯蓄五一．三〇差引残金三二九．一九。帰来直ちに神棚に供へる。

今日は午後一時迄に帰宅、栗山君と一緒に御料地開墾に出かける約束だったが、右の次第に帰宅したのは二時を過ぎてゐた。今明両日かけて二百七八十本の芋苗を植ゑつけようと・・。苗は数日前からきて、注意深く保護されつ、待期してゐる。夕方六時迄努力。仲々骨が折れる。明日は栗山君の工大*3時代の教へ児が三人加勢にきてくれる筈。それに期待をかけて七時頃帰宅。＊4

配給酒を一杯かたむけて陶然、御飯にか、った頃に宮原教授来宅。八時過ぎてゐた。随分探さ

（1）喜多見御料地。

（2）高崎正風。明治九年宮中御歌掛拝命。明治天皇の信任厚かった。

（3）興亜工大。

（4）余白に次の書き込みあり「過日運送屋に預けておいた転出証明書を駅の方で紛失したとのことで、致し方なく目白町会へ出頭、理由をのべて証明を書いてもらふ。」

れたらしい。初め線路の向ふ側を探し、線路をわたってこちらに燈火の見える家をめあてに至り、わざ〳〵その家の人に門前迄案内されてきたといふ。

要件は二年学生の十日間にわたる寮生活の問題につき、それが訓育部の仕事であるに拘らず小生には何らの相談もせず、又きまったことにつきても（昨日午後入寮式）何ら報告してゐなかったことに対するお詫びにきたといふ。別に大して心にはとめてゐなかったが、変なことではあると思ってゐた。何とも思ってゐませんと答へる。若い人達の熱中のあまり、宮原学生監もその人達から具体的の事につきてはとかく遅れがちにきいてゐるといふ。まあ〳〵それもよからう。九時過辞去。提灯さげて五月闇の中を駅まで見送る。

明日の労働があるので早くねようとしたが、結局十一時半就寝。「有職故実図譜」（河鰭実英《かわばたさねひで》著）＊5「明治天皇の行幸」（尾佐竹猛《おさたけたけき》著）＊6二冊振替にて註文。

六月十一日（日）晴時々曇
五時十分起床。用意と、のへて待てど、八時迄にくる約束の学生が来ないので、小生丈一先づ出発。至れば巳に平田教授は畑の手入最中なり。昨日刈り置きし草を一所に集め、開墾の準備をと、のへつ、待つ。九時頃栗山君学生一名（国松君）を伴ひ来る。今一人（早阪君）は三十分位の後来るとのこと、又のこりの一人（山崎君）は所用のため来らざる由。直ちに栗山君と二人で昨日鍬を預けておいた麓の永井氏のところへそれをとりにゆく。開墾は仲々骨が折れる。十二時頃、御料地番人池田老人の家に野菜買ひにゆく。キャベツ四個、玉葱十個許をリュックサックに入れて背負ひくる。弁当を運んできてくれた照代さんに今晩の料理用としてこと

（5）人文書院　昭和十九年二月十一日。
（6）「明治の行幸」の誤りか。東興社　昭和十九年三月十八日。

づけるためである。開墾場に帰ると、すでに照代さんが弁当を持ってきてゐる。握飯をくらひ、あとで蒸パンをいたゞく。美味。午後は国松君が主として畑中の松を伐り倒す。鋸が適当なものなく、仲々容易でない。約二時間苦心の後四人がかりで枝を持ち幹を押して、自然の動揺の勢を利して倒す。その頃にはもう相当疲労をおぼえてきたが、畑に或区切りをつけるために大体*1の形に仕切り、薩摩芋を植ゑる。約二百五十本位植ゑて、あと少々余地あり、これは最近入手の里芋の苗を新たに植ゑつぐことにする。植苗終了が午後六時。学校の鍬を借用してゐたのを二丁永井家に預けにゆき、一同開墾場を出発したのは六時半。疲労し切った足取り重く、一同歩いて帰宅。直ちに入浴、お蔭で蘇生の思ひあり。御神酒の効果正に満点。陶然として、十時就床。既開墾地廿五六坪か。

(1) 図あり省略。

六月十二日(月)曇

朝迄熟睡。五時三十分起床。思ったほど身体が痛くない。空曇り、薄靄こめ、雨近きを思はしむ。

学校では四、五年が今日より向ふ三週間学校作業場にて毎日(省日曜)午後一時より四時まで働くことになる。東京無電から指導者来り設備万端はすでにと、のってゐる。前の初等科雨天体操場である。

午後一時からといふ予定が工場の都合で今日だけは二時からとなる。従って第五時限は臨時に補習を行ふ。二時中等科教室前に集合点呼の為作業場に至る。開場式を行ふ。高等科は中等科の作業終了後七月二日より始めるのだが、今日の開場式には参列した。初め野村科長の挨拶あり、ついで東京無電専務取締役酒井氏の挨拶あり。その後指導者伊勢氏指揮の下に模範工員六名の基本動作の実地垂範あり。機械としては万力の設備（約五十人分）と一台の計量器とあるのみ。鋳物の一片を万力に挟んで若い工員が指導者伊勢の指揮に従ひ平鑢《ひらやすり》の模範使用を実施する姿を見てゐて不覚にも涙を催して仕方がなかった。父とのかつての日のこと＊2が思はず脳裡に蘇生《よみがえ》ってきたからである。そのあとで五年のみ基本動作の指導をうける。四時終了。四年は見学。

　薩摩芋の苗を五本ばかり（学校の残り）もらひ、帰る。祖師谷駅に一旦下車して、切符を買って成城駅迄乗車、喜多見御料地の畑にうゑにゆく。昨日引き上げるとき燃えさしの樹根、草根等の上に堆《うずたか》く刈草を重ねておいたのに、今日は全部焼けてゐた。手を灰に突込むとまだ熱い。青々とした草がのこらず焼けてゐたのには驚いた。帰途成城堂書店で「鹿持雅澄」＊3（尾形裕康著、五、二〇）「日本人の遺言状」＊4（桑田忠親著、四、三〇）二冊購ひ来る。夕食膳に前庭でとれた蚕豆《そらまめ》の煮付上る。美味。田舎を思ひ起した。

　八代六郎大将の令孫大六郎君（高二年理科在学）から「八代海軍大将書簡集」を贈らる。一昨日電車中にて談たま〳〵八代大将の伝記の事に触れ、書簡集があるとのことで一冊の寄贈を約束してくれたのであった。早速所々披見するに文才豊瞻《ほうせん》にして、やはり非凡の材たるを思はしむ。良いものを貰ってうれしい。

　夜「歌ものがたり」（高崎正風氏著）よむ。十一時就寝。

（2）父三代太郎は鍛冶を業とした。

（3）中央公論社　昭和十九年五月十五日。

（4）創藝社　昭和十九年四月二十日。

六月十三日（火）曇後晴

五時四十分起床。昨日よりももっと起上りが大儀なり。身体の節々がそろ〳〵痛み出した。昨夜など今にも雨が来さうであったが、今朝に至るも一滴も落ちない。然し水気をたっぷり含んだ空合は、何れにしろ雨の遠くないことを語ってゐる。野菜が隆々として伸び出した。胡瓜も二十本の内二本だけ駄目であとは皆ついた。茄子も皆ついた。

去る十一日の日曜より向ふ十日間二年生の為の錬成が一、二寮で行はれてゐる。小生も訓育部員の故を以て明日と来週月曜と二日宿泊することになる。

午後更生会運送店へ栗山君の荷物運送費を支払ひにゆく。

四時頃、余り疲れたので、赤井君の部屋にゆき抹茶の御馳走になる。ついでに、君の夕食弁当を食へといふので頂戴する。それは偶々今日の夕食を寮で御馳走になることになったから不用だから食へといふのである。

平井君の家へゆく。今日は文法の正誤問題をやる。文法は苦手と見えて仲々出来ない。五時より六時半迄みっちりやる。

ビールの配給あり。一本夕食の膳にのぼる。蚕豆の煮付美味。「歌ものがたり」読み十一時半就寝。

夕刻空晴れ、澄みたる水色の空美し。

六月十四日（水）雨

五時二十分起床。今にも雨の落ちさうな天候となる。今日は確実に雨がくるだらう。さう思ってゐる内に、朝食をとりはじめる頃から、霧のやうな雨が落ちはじめる。大分長い間催したから降り出すと愈々本格的な梅雨に入るのだらう。

今日は朝より頭重し。昨夜かけっぱなしのラヂオが気になるま、机に向ってゐたのがいけなかったらしい。朝玄関を一歩踏み出す時の気持が一日を支配する。恐しいことだ。

三時限の五年二組の補充に出かける。窓前の伸び切った八ツ手にふる雨は、見るからに五月雨である。いたくさびしく降りにけるかなといった感じ。

午後二時より学校工場の学生作業監督。終了後応接室に集り指導者伊勢氏、補佐高橋氏を中心に長沢科長、宮原学生監、岩田教授、菅原教授、小生学生の作業情況、今後の計画、院分兵器の実状等につき話しあふ。

一寮宿泊。久しぶりに寮浴場にて風呂を浴びる。二年生主管の方々の骨折にて、随分よくいってゐると思ふ。食事の際の無言励行は大変よい。

栗山の長野行のため来週月曜の宿泊は免除してもらふ。疲労したので夜は十時に就床。塚越助教授も相宿《あいやど》り＊1。

　夕食時に腰折＊2を二首

たらちねの母ます家にうから、の今しつどひて飯はむらむか

たらちねの大きめぐみの家ぬちにこもらふ中に子等生ひゆかむ

（1）同宿。

（2）つたない歌。

六月十五日（木）曇

学生は五時半起床だが、我々は五時に起きる。薄霧立ちこめ、雨は降らないが、本格的に上ったのではないらしい。梅雨の常態に入ったものと見える。

朝の行事は学生にとっては仲々忙しい。室内、廊下、自習室、面会室、便所、屋外等夫々分担して掃除を行ふ。便所にゆくひまもないほどである。

学生の朝の自習中、一人舎監室に座してゐると、頬白の囀《さえず》り朗々ときこえ、陰うつな天候にか、はらず爽朗さをおぼゆ。

今度の二年修練は根本に小笠原流礼法*1をとりい入れてゐるところが特色。大いによいと思ふ。

今日は授業はないが、一日中学校にゐる。

午後の作業には秋山氏の差支にて三時まで監督。それから角力《すもう》の映画が正堂である。五年の学生が十名ばかり作業休憩中との理由で中に無断で入り観覧してゐたのを外に追ひ出し、氏名を記しておく。面白くないながら、このあとでニュースがあるといふので、そのたのしみに引かれて四時半頃まで見たが、ニュースは到頭上映されずじまひ。

五時半頃帰宅した途端警戒警報発令。はじめ園田氏の宅の角を曲る時サイレンが短く一度鳴った、変だと思ってきき耳立ててゐると、仲々次が鳴らない。暫くして、長くひとつゞきに鳴った。要領を得ないが、その内に、警報発令をふれてきた。早速身辺をと、のへておく。

栗山は腹部を悪くして、午後早く帰り、臥ってゐた。帰途渋谷駅で目まひがし、嘔吐したといふ。

夜神経がつかれてゐて、何も手につかぬ。はじめ毛布かぶり転寝《うたたね》してゐたが、十一時半頃本式に寝る。

文報国文学部会から放送用古典の提出を来る二十五日までに依頼し来る。上古より明治迄。

（1）この礼法は武家礼法で、実用的、能率的、合理的で「美」として映るものである。

房枝、子供等より来信。田舎も食物に苦しんでゐる由。でも皆々元気の由にて安心。中深川の橋本軍一氏より敏之君の件につきよろしくたのむとの依頼状来る。

　前庭の豆類とり払はる。

六月十六日（金）晴後曇

五時五十分起床。

栗山欠勤。

二年学生は昨夕発令と共に帰宅せしめし也。今日は四年五年のみ。午後の作業も休止。新聞によれば本州の大部分に亘り警報発令せし由。

文報募集の放送用古典の一つに伴林光平《ともばやしみつひら》＊2の猿蟹合戦の長歌をのせたいと思ふ。

うつしよに生きの命の短くも清く（強く）さやけく生きたしと思ふ
午後掃除の点検を終へて、一時頃俸給（一八九、一〇）もらひ、帰宅。途中、新宿に下車、伊勢丹に至り防災用薬品、マスク等を入れるカバンを買ふつもりなりしも、今はさういふもの一つもなし。都電車庫前にて朝日、毎日、読売、東京各新聞合同にて号外が出てゐる。近頃号外は珍らしい。左の如し。

　大本営発表（昭和十九年六月十六日八時）本十六日二時頃支那方面よりB29及B24廿機内外北九州地方に来襲せり我制空部隊は直ちに邀撃しその数機を撃墜之を撃退せり我方の損害は極めて軽微なり
　大本営発表（昭和十九年六月十六日五時）「マリアナ」諸島に来襲せる敵は十五日朝に至

（2）幕末の国学者、歌人、志士。文久三年八月、天誅組の大和挙兵に参加、京都で処刑。

り「サイパン」に上陸を企図せしも前後二回之を水際に撃退せり敵は同日正午頃三度来襲
し今尚激戦中なり

右のことは正午の報道をきいた宮原教授によってすでに知ってゐたことであるが、いよ〳〵神州の一部を犯され、太平洋前の要枢に匕首《あいくち》をつきつけられたるなり。たま〳〵帰宅せんと目白駅ホームに立てば、激震遽《にわか》に来り、ホームの柱、線路の電柱等大揺れにゆれた。神の御怒りならむとかしこみまつる。神怒《しんど》といえば此度の敵の本格的攻勢も神怒のあらはれといへないこともない。少くともさう思って国民が自責するのでなければ、この国難を突破することは出来ないことをつく〴〵思ふ。神怒をして神助たらしめるのは、国民の心一つである。神州の地をして敬虔なる祈りに充ちた聖地たらしめよ。自戒　自責　自粛、そこから天空開豁の発想を雲の如くわき立たしめよ。然らば聖戦完遂ゆめ疑ひあることなし。

祖師谷駅前洋品店にて手提用のカバン求む。十四円二十銭。又大蔵局にて深川へ百五十円送る。六十円貯金。小間物屋にてテープ十尺（一円）耳カキ（十銭）求む。

米田より来信。今頃医専の補欠編入などなしとのこと。さもあらん。

四時頃より、御料地開墾地にサツマ芋の植つぎにゆく。途中池田君をさそひ、先日伐り倒した松の枝下しをして、持ち帰ることにする。成城高校の方へ廻りリヤカー一台借用。御料地に至れば、軍馬多数つながれて兵士がかひ〴〵しく世話してゐた。物々しき待期の姿勢と見られた。その馬達の間をリヤカー曳いて行く。小生が芋の植ゑつぎをしてゐる間に池田君が枝を全部下す。やがて二人でリヤカーにそれを積み込む。相当つみ込んだつもりなれど軽々と引かれたのにはおどろく。六時半頃帰宅。野菜に肥をかけてゐると、七時の報道。朝鮮南部にも来襲数機ありたれど損害なしとの報あり。又北九州の戦況も、廿機の内七機撃墜、三機撃破、死傷数名、被爆により生じたる数ヶ所の火災は五時頃全部鎮火等の報告もありたり。又小笠原諸島父島及び硫黄島にも数機来襲せりと。戦局いよ〳〵重大となり来った。
今日芋苗の残部を池田君にやったのだが、栗山君の話により前庭の畑にうゑたものも多少植ゑつぎが必要とのことで、その内十本ばかり返してもらふことにする。食後もらひにゆく。併し今土の中に埋めてゐるので、明日もらふことにして帰る。
夜九時過ぎ、就床。就床前、今日買ってきたカバンとリュックサックに非常用のものつめる。カバンには学校へ持ち運ぶもの入れ、リュックには原稿その他家にのこしておくものを入れる。明日から鉄カブトももって行くことにし、その他マスク、薬品類も持ち歩くことにする。

六月十七日（土）曇
五時五十分起床。
昨日十四時の大本営発表に左の如くあった。

本十六日早朝北九州地方に於ける戦況中現在迄に判明せる主要事項次の如し
一、敵機に与へたる損害　撃墜七機　撃破三機
二、我方地上部隊に数名の戦死者ありたる外制空部隊及地上軍事施設に殆ど損害なし
三、被爆により数ヶ所に生じたる火災は十六日朝五時迄に悉く鎮火せり
同じく昨日十七時の大本営発表にはかうあった。

六月十五日午後敵機動部隊小笠原諸島に来襲し、父島及硫黄島を空襲せり
　所在の我が部隊は之を邀撃し敵機十七機以上を撃せり、我が方の損害極めて軽微なり

各新聞の第一面には門司から電送された写真「わが軍に撃墜された敵機B24の残骸—若松市にて」を掲載してゐる。

八幡の製鉄所（日鉄九州作業所）は敵機の狙ふ所であったらうが、幸に何の異状もなく、かすり傷一つ負はない姿で、溶鉱炉はいつに変らぬ黒煙を濛々と噴いてゐた。それを見た工員も一般市民も斉《ひと》しく「オー溶鉱炉が燃えてゐるぞ」と足の踏むところも知らぬ喜び方であったといふ。

今夜は防空宿直なので帰宅せずそのまゝ在院。会計に先日申込んでおいた院伐採の薪を会計で一円で買ひ、教務科で鋸を借りて三つにひいておく。血洗池《ちあらいのいけ》*1の北部の低地なり。四五年生に対して都当局のはからひにて落花生百匁づつ配給。本来は勤労動員を受けた学校のみに配給であるが特に本院にも裾分けして頂くことになったとのこと。職員に対しては、過日申込んでおいた制服地（裏地共）の配給がある。一着分廿四円。俸給より差引となる由。

目白書房に婦人倶楽部とりにゆく。書棚を見ると吉田東伍氏の日本地名辞書の上方篇*2が一冊端本《はほん》*3で出てゐる。つい欲しくなって買ってくる。金九円。

今日は物々しく鉄兜を背負ひ、昨日買ったカバンに防毒マスク、医料を入れ、なほ重要書類等を入れて持って登院した。午後二時頃よりパラ〳〵と雨来る。薪をひいてゐる途中。夜に入り雨激しくなる。先達の宿直の時も雨だった。二十五名当番の内十六名出席。十一時頃迄四方山の話をし、それから交代制でなく全員寝る。院長官室の階上と階下とにすでに蚊帳をつり寝

（1）学習院内にあり、堀部安兵衛が血刀を洗ったという伝説がある。

（2）昭和十三年二月二十五日、冨山房。

（3）叢書などで、全部そろっていない本。

床がのべてある。階上の方へ山本修、菅原両氏と共に就床。雨の音がきこえてくる。

六月十八日（日）曇後晴

午前六時起床。皆まち〳〵に起きる。雨は已にやんでゐる。昨夜は結局熟睡できずうつら〳〵してゐる内に五時頃からすっかり目がさめ、五時半のラヂオをどこかでならすのがきこえてくる。隣の菅原氏も五時少し過ぎ頃に離床。一寝入りのつもりであったが、結局睡れないで、六時に起き出したわけ。向ひの山本氏はまだ起き出さない。そっと一人蚊帳をぬけ出す。顔を洗ひ、事ム官室で大村氏とラヂオをきいてゐる内に七時になるので、朝食をとるため北食堂に至る。

独乙の無人飛行機が英国南部及び倫敦地区に姿を現し、偉効を奏し始めたとの報が新聞を賑してきた。今日の毎日新聞などはその想像図まで掲げて詳細に之を問題としてゐる。英人はこれの正体を未だつかみ得ず（独乙一般国民も）不気味な期待に戦いてゐるとのこと。

八時交替。帰途、昨日配給の服地を持って代々木内廻り萬田洋服店に立寄ると、已に疎開してもとの所に不在。移転先も同町内だけれど、探すのが面倒なので、明日でも地図を見て見当つけて来ようと思ひ、引返す。

早速床をのべて、昨夜の睡眠不足を医《いや》すべく、就寝。十一時過までねる。午後旧稿（雑誌発表の）など整理してゐる内三時半となる。昨日教務科で借用した鋸を以て池田君を誘ひ、御料地に至り先日の松をひき、それを運搬する。リヤカーは前と同じく成城で借りる。

午後0時半警戒警報解除。之を前後して空はすっかり晴れ、爽快な五月晴となる。樹間の五月空を仰ぎつつ、松をひいてゐると、何時の間にか心は少年時代へ―。松やにの匂が鼻にくる。これもなつかしい。

池田君の話によると、疎開させた子供が大分性格が変ってきたといふ。心配な情態にあるといふ。さういはれれば先日房枝の言ってきたこと（みを子病弱、はる子変屈）と思ひ合され、又みを子の誤字の多い手紙も池田君の長女の場合と同様と分り、疎開児童共通の現象として或安堵の心は起ったが、単なる生活環境の急変のためとのみ言って了へないものがあるやうに思はれる。

帰来、畑を少し耕し、入浴、食事。池田君も食事をすませて入浴にくる。九時少し前まで居て辞去。まだ帰着しきらないと思へる頃突如また警戒警報のサイレン鳴りひゞく。正九時である。

日記かき、房枝子供等へ手紙かき、八幡の叔父*1へ見舞状かいてねる。十一時。

（1）山廣昌平。

六月十九日（月）曇

五時五十分起床。曇天。然し野菜は緑さはやかに、生気を一ぱいにた、へてゐる。

午後学校から払下げてもらった材木を石井教授の官舎まで運ぶ。四ツに切ったのであるが、一等根元のところは重くて一人の手におへないので、ほっておいた。石井氏のお宅に上って、茶をよばれる。久しぶりに旧宅に至り、懐しかった。帰途茶道具一式と青写真道具を学校の自室まで持ち帰っておく。児玉教授応召、明日壮行会ある由。

池田君の運送費を更生会へ持参。

三時半頃下院。今日は院内作業の監督を秋山氏に依頼。途中東北沢駅で警報解除とどなってゐるのがきこえた。四時一寸過ぎである。帰宅、一寸寝る。途中求めた百草で三里に灸をするゑる。あとの工合がい、。「をだまき」＊2原稿かきかけるが、少しも想が発展しない。その内に九時に至る。思ひ切って寝る。

六月二十日（火）曇後雨

四時起床。一時間原稿書き、六時迄ねる。雲の色濃く雨近きを思はせる。登院前三里に灸をするゑる。

学校で二時間目頃から胃痛を感ず。はては声を出すのも億劫《おっくう》となる。椅子に腰を下して講義する。胃から腸に下ってくる。

今日は四、五年は作業休故、午前中の授業を終へて皆帰宅する。昼食は学校でとったが、どうも腹工合が悪いので、一時頃学校を出て帰途につく。途中児玉教授に呼びとめられる。曰く、院長が今後二時過に山本修教授と一緒に来れと言ってゐられたと。引返し、門衛所で山本氏に電話し、腹痛のため帰宅する旨告げて、万事よろしくたのんでおく。＊3

帰宅の上床をのべて休む。その前に帰途祖師谷の中村薬局で求めたビストールを一個のむ。寝てゐる内に段々気分よくなる。

大本営発表（昭和十九年六月廿日十六時四十五分）

一、「サイパン」島に来襲せる敵は六月十五日午後同島の一角に地歩を占むるに至り、爾後

（2）中河幹子主宰短歌雑誌、後出。

（3）この後に※欄外書き込み有り。

※後日（廿一日中間体操の時間）山本教授よりきく。午后二時半山本氏のみ院長室に出頭、約二十分に亙り懇談。その内容は昨夏山本、清水にて起案せし東宮殿下御教育に関する覚書に基き、向ふ一ヶ月の間に、大体の御教授要目を作れとのこと。未だ御学問所総裁も決定せず従って担当学科御用掛も未定の際とて、相当の無駄もあるであらうが、このま、放置してもゐられぬので、修正のことは予想に入れて、一先づ原案を作成して見よとのことである。今週は児玉教授入営見送り等のため多忙につき、来週早々よりこの仕事を進めようと話し合ふ。

逐次兵力を増強中にして我が守備部隊は之を邀撃し多大の損害を与へつゝあり
二、「マリアナ」諸島付近海面に出現せる部隊は多数の航空母艦及戦艦を基幹とする大機動部隊にして東太平洋方面艦隊の大部を同方面に集中しあり、我が航空部隊は連日右の敵機動部隊に対し攻撃を加へたり
三、六月十二日以降本日迄判明せる戦果左の如し
（一）撃沈　戦艦一隻、巡洋艦二隻、駆逐艦一隻、潜水艦一隻
（二）撃破　航空母艦四隻以上、戦艦二隻、巡洋艦四隻、輸送船六隻、艦種未詳一隻
（三）撃墜　三〇〇機以上、我方船舶、飛行機に相当の損害あり

夕刻より夜にかけて原稿仕上げる。「衣通姫の流―和泉式部の歌―」*[1]と題す。これから一ヵ年間位連載の予定。「をだまき」は中河幹子女史等の新雑誌の名なり。（中川女史の「ごぎやう」は企業整備により廃刊）
夕刻降り初めた雨、夜に入り激し。
十一時就寝。

（1）未見。

六月二十一日（水）晴後曇一時夕立
六時起床。昨夜は雨風はげしく、野菜に倒れたもの相当あり。
太平洋戦は容易ならぬ段階に入りたり。敵に与へたる損害も相当甚大なりし趣なるも、「我が方船舶飛行機に相当の損害あり」との未だ見ざる発表の裏に、言語に絶する将兵の苦闘を想

ひ、身の引き緊るを覚ゆ。

夜明方一寸下腹が痛む。夜中に暑かったので、シャツをぬぎ腹巻を脱したのがいけなかったらしい。朝食後ソキンを三匙のむ。

今日は今までになく身体がだるい。授業中教壇にたちつくすのがたへられなくなり、思はず椅子に腰を下す。

午後は四、五年は作業。但し四年の大方は修身教室にて会社の技師より無電工学の講義をきく。三時過夕立の如き雨が降る。然し間もなく止み、時折パラ／＼と来る程度となる。

四時下院。祖師谷に一応下り、切符を買ひかへて登戸にゆきこの土曜に学習院の同僚が夕食たべにゆくことに付き、先日申込んでおいたが、なほそれを確めにゆく。先日来警戒警報が出てゐたため、前の約束の口が延期になって大分混んでゐる由なれど、ともかく土曜に受けてくれる。

夜七時半より拙宅にて隣組常会。貯金割当の事薪炭通帳のこと等につき福田隣組長より報告あり。小生は三十二円割当てられたが、五、六月に貯金を十八円してあるので、不足額十四円だけを今度醵出すればよいとのこと。九時終了。

間もなく栗山君長野より帰宅。腹膜炎といふ薫ちゃんも割合元気にて安堵したといふ。

九時半頃林富士馬君（補注2→130頁参照）来宅。伊東静雄氏（補注3→130頁参照）目下在京中とのこと。令弟の結婚の問題にて来京された由。昨夜は林君の宅に泊り、今日は多分令弟の所に泊ってゐられるだらうと云ふ。明日あたり若しこちらへ来られたら、自分のところへ電話願ひたいと伝へてくれと言ひに来たのである。

十時頃雨が又パラ〳〵とくる。然しすぐに止む。雨のせゐか、夜気が肌にひえ〴〵とする。腹工合は段々よい。

夕方池田君がお灸をするゝろと、百草と線香とをもってきてくれる。早速するゝる。百草は先日薬屋で買ったのよりも上等である。お灸はやはり工合がよいので、長くつづけようと思ふ。

黒田千代さん＊1から来信。無事に深川へついたとの挨拶状である。房枝とも已に旧交を温めた由。喜んでそれを報じてきた。

上司小剣《（かみづかさしょうけん）》の「伴林光平」＊2を往復の電車などでよんでゐるが、並々ならぬ人物であったことが分り、已れの懈怠が耻づかしい。性格が激しい一面、非常に楽天的であったらしい。そこら辺りに人物の分れ目があるのであらう。

（1）房枝女学校時代友人。

（2）昭和十七年十月十五日厚生閣。

六月二十二日（木）晴

今日は心身共に爽快。腹工合も大丈夫となった。昨夜の報道によると、我が有力部隊が戦車隊を伴ひサイパンの敵の面前へ強行上陸して激戦を交へてゐるといふ。灼熱せる血戦場と化した椰子青き南海の島を想望し、肉躍るを覚ゆ。

七時半家を出る。途中池田君の所へ寄り、今日伊東さん来られた場合、一所に夕食をとるため、紀伊国屋に電話で交渉してもらふことを依頼する。

同僚児玉幸多君が応召、今日十時上野発で長野県へ帰るので、それを送るため、新宿で切符を買ひつぎ、直ちに上野へゆく。新宿で古沢清久と一緒になる。至れば児玉君は已にきてゐる。その内学生も段々集り、野村高等科長、清水二郎、古賀軍治両教授も見える。九時二十分頃入場したので、後姿を見送って帰る。淡々と出ていったのが大変よかった。

今日は授業のない日。身体のだるいこと夥しい。ふと思ひついて、駒井氏に一度診察してもらってみようといふ気になり、今日二時頃伺ふ旨電話して、午後の作業は猿木教授に託し、一時過下院。一時五十分五反田の駒井医院に赴く。一年近く会はなかった。五六日前に厳父を喪はれた由。

思ったほど憂慮すべき様態ではないとのこと。只血圧が百十二で少々低い。B剤の不足故、注射を今月一杯してもらふことにする。又オリザニンを飲むやうにと二日分もらってくる。又明日来いとのこと。心配が入らないときいて安堵し、急に元気が出た。

帰来、直ちに便所に入り、下痢若干あり。床をのべてねる。四時より五時過迄ねる。いくらか元気が出たので、池田君のところへ、伊東さんがひよっときてゐられるかと行って見る。来宅なしとのこと。又紀伊国屋との連絡も、電話を申込んで二時間待ったが、結局相手が出ないので、要領を得ず帰ったといふ。第一伊東さんが今日来られるかどうかも知れないので、交渉の元気もさほど出なかったのであらう。さもあらん。

蓮田より来信。文句左の如し。航空便の往復葉書である。

先生、三兄、御健在なりや。小生相変らずめづらしい無病で通してゐます、御安心下さい、未だ内地より一回の通信も入手出来ませんので、出発以来の要件簡略にこの返信に記して下さい、着いて以来こちらは夏つゞき、而も乾季にて雨なく、照りつゞいてゐます、空と海の青さは凄いほどです。大山さん＊3、高藤さん、田中克巳さんの住所知らせて下さい。

偶詠少々

（3）　大山澄太か。

花のころははやすぎはて、みかづきのこよひはなかむ山時雨?*1
黄つ、じとひとり名づけつ杜中《もりなか》に我をしば〳〵とむる花の木
妹《いも》がきるひとへのきぬのかたにせむわが名づけつる浜藤の花
ともしびはちひさかれども稀に立てうちかきつくるよひのたぬしさ

棟方志功の新作板画展覧会が六月廿日から一週間銀座のたくみ工芸店で開かれる旨の案内状を棟方氏よりもらふ。この日曜にでも行って見たいと思ふ。
夕食にはビール飲む。久しぶりに元気出てくる。蓮田へ返信書く。

　五月闇濃さいやまさり古里の水田の蛍おもほゆるかも

夜九時半頃伊東さん兄弟来宅。ウイスキー一本携帯。栗山君はまだ帰らず。照代さんに提灯つけて池田君迎へに行ってもらふ。あり合せの「さけ」の缶詰あけてウイスキーの口ぬく。仲々美味。伊東さんは盲腸炎以来大分肥えて元気になったといふ。なるほど顔が前より大きく見える。盛んに自信をもたねばいけぬといふ。形式ばかりで面白くないことが多い昨今は、自信をもって、どし〳〵思ったことを敢行してゆけといふ。倫理に捉はれる必要なしといふ。大阪と東京の表情の比較も例の詩人らしい直観で鋭く突込む。大阪人の怒りなど個人的のもの—例へば他人が足を踏んだのでこらっといふ類。然し東京人は全体的な不安の中にゐるといふ。その内終電車がなくなるといふので、弟さんの方は帰らる。伊東さん丈のこり話してゐる内、栗山君も帰り、久しぶりで、四人且つ飲み且つ語り、午前一時に及ぶ。伊東さんは小生の蚊帳に一緒にねる。仲々い、夜だった。

(1) 山時鳥か。

六月二十三日（金）晴時々曇

六時起床。伊東さんはまだ熟睡中。家を出る頃もまだねてゐる。あとは栗山君に託して登院。

今日は注射のお蔭でか、大変足が軽い。

朝刊を見ると、かねて日本少国民文化協会*2、大日本婦人会*3が情報局、文部省、厚生省後援の下に「愛国子守歌」を募集中であったのが、このほど応募七千百数十篇から選出され、その第一席は左のものであったと発表してある。

ねんねんよい子のねる国は　神さまおうみになった国　海からお日さまのぼる国　ねんねんよい子のねる国は　さくらのさくくにつよい国　みんなで忠義をつくす国　ねんねんよい子のねる国は　ふじのお山のあるお国　千年万年つゞく国

朝第一、二時限を当てて、院長の時局講話。太平洋戦線、欧州戦線の総覧の後、戦争自体の本質に説き及び、当てが外れるのが戦争の持前であるとし、我々は如何なることにならうと、国体と歴史を信じ、現つ御神《あきつみかみ》を仰ぎて、祈る心を堅持してゐれば大丈夫だといふ意味の語を以て結ばれた。よい話であった。

一年生は今日から普通の読本の前に太平記*4の朗読をやることにする。今日は最初だから一時間全部を之に当てた。一、二組は時間の都合で、一課の「後醍醐天皇御治世の事」の外二課の「俊基朝臣関東下降の事」をもよむ。一課は学生に二通りよませ、中間に小生範読する。二課は小生のみよむ。道行文《みちゆきぶん》*5は学生にも感銘深いらしく、極めて静粛にきいてゐた。読み了へてこちらも爽快、学生もつゞけて微吟してゐるものが二名あった。この朗読は今後強化し

（2）戦時下の児童文化関係者の団体。情報局主管のもとに昭和十六年設立。機関誌『少国民文化』発行。

（3）昭和十七年発足。二十才未満の未婚者を除く全日本女性を対象として組織した官製女性団体。軍事援護活動、貯蓄奨励等行う。

（4）南北朝時代の軍記物語。四〇巻。後醍醐天皇即位の文保二年から後村上天皇の正平二十二年までの動乱を通して治乱興亡の相を太平を主題に描く。

（5）旅して行く道々の光景と旅情とを叙した韻文体の文章。

てゆかうと思ふ。

陸海軍補習を例によって七時間目に行ふ。今日は宣戦の大詔の所々を書かせ、あとで現代文数題やる。三時五十分に終る。補習の途中池田君より電話。今日伊東さんを案内して紀伊国屋にゆくつもりで、池田君にその下交渉してもらったところ、先方が今夜防空演習で受けられないとのこと。仕方ない、あり合せのもので、自宅で一緒にたべるより外ない。

帰途駒井医院に廻り注射してもらふ。今日一日足がとても軽かった。五時半頃帰宅。まだ伊東さんも見えず、栗山君も帰ってゐない。

今日四時から二年学生の退寮式があるので、それに出るやうにとのことであったが、注射のことがあるので、御免蒙る。

栗山君六時頃帰る。七時頃房枝と子等に手紙を書き了へたところへ伊東さん兄弟が来られた。今晩もウイスキー一本携帯。そこへ平岡（補注4→130頁参照）もくる。林君もくる。ついで池田君も。伊東（兄）さんと池田君はまだ食事前とのことだが、他はもうすましてきたさうだ。早速ウイスキーの口をあけてキャベツを刻んだのをたべながらのむ。池田君もビール一本、酒少々持ち来る。今夜も仲々愉快。伊東（弟）さんのビルマ鉄道建設の際の話は色々心をひくものあり。林、平岡両君十時頃先づ帰り、伊東（弟）さんそれから間もなく帰られ、伊東（兄）さんは今夜も泊らる。やはり十二時近く就寝。今夜は空腹だったためか、大分酔が廻った。足がふらつくほどである。

六月二十四日（土）曇後晴

五時半起床。例によって伊東さんはまだ熟睡中。
大本営発表（昭和十九年六月二十三日十五時三十分）
我が連合艦隊の一部は六月十九日「マリアナ」諸島西方海面に於て三群よりなる敵機動部隊を捕捉、先制攻撃を行ひ爾後戦闘は翌二十日に及び其の間敵航空母艦五隻、戦艦一隻以上を撃沈破、敵機１００機以上を撃墜せるも決定的打撃を与ふるに至らず
我が方航空母艦一隻、付属油槽船二隻及び飛行機五十機を失へり
「……決定的打撃を与ふるに至らず」には深長なる意味含まる、をみる。戦局いよ〳〵重大となる。サイパン等に阿修羅の如く奮戦する同胞の姿相まなかひに浮び来る。豈《あに》心をひきしめざるべけんや。
朝食をとってゐるところへ、伊東さん起き来る。別れの挨拶を交して家を出る。
午前十時頃より午後二時頃迄が一番身体がだるい。朝夕は大変工合がい、。
午後は作業監督のため四時過までのこる。但し四年生の大部分は三時間全部をあてて岩館氏（東京無線）に無線送話機の話をきく。修身教室にて。
今夜は土曜会の英気昂揚のための会合が登戸の紀伊国屋であることになってゐるので、新宿で登戸まで乗継券を求め、いきなり会場に至る。途中石井、塚越、岡本の三君に逢ふ。酒が五本出る。あてにしてきた鮎がない。鰻もない。や、失望する。終りに近く一匹の蛍が涼風にのって室内に入ってくる。卓子の上にそっととまる。早速卓子の下の暗がりにおくと、ほうっと光を発する。塚越君之をとらへて、紙袋に入れると、その中でもほのかに光りつ、息づいてゐる。蛙の声が前の小川の流れにまじって交響楽のやうにきこえてくる。持参酒約四合、ほ

の〳〵と酔ひて、蛙の声をきいてゐると、そゞろに家郷恋しくなる。あゝわが妻子ども今いかにしてありや。岡本君飴玉のサービス三つ宛。画竜点睛といひつゝほゝばる。

九時過辞去。涼風にふかれつゝ田舎道帰るもうれし。電車は初の間は今夜の紀伊国屋の者ばかり。塚越君曰く、「この電車は紀伊国屋仕立」と。

ゆくりなく、今朝七時十分小笠原諸島空襲警報発令とのことをきく。十一時就寝。

六月二十五日（日）曇後晴

五時四十分起床。今日は皇太后陛下御誕辰。

楊枝をくわへながら前庭を見廻るのはこの頃毎朝のたのしみの一つとなる。

八時半頃家を出て、駒井病院に向ふ。栗山君は学校農園の麦刈だといふので、すでに七時出ていった。照代さんも今し方農家へ野菜買ひに行った。ざっと戸締りして廊下から出る。外はもうすっかり夏である。郊外へ出る家族づれの乗客で電車はざはついてゐる。新宿に廻り省線[1]でゆく。まだ患者が少くすぐに診てもらふ。血圧がやっぱり低い。百そこそこで、これではいけないといはれる。注射を例の如くしてもらひ、オリザニン二日分もらって帰る。駒井さんは昨年夏山行のとき近づきとなった方であるが珍しい、よい人で、医師としても信頼のおける方である。御好意に甘えて今後は健康上の相談はこの方にしようときめた。この頃身体をいたはる気持がつよくなってくる。このやうな時代であるから、どうあっても健康を保持して、一朝有事に備へなければならぬ。そのやうなことをつく〳〵思ふ。家族のためとか個人の享楽のためとかいふのでなく、もっと高い所からさう痛感するやうになった。いや身体ばかりでな

（1）国電。

く、自分の生活そのものを大事にせねばならぬとも思ふやうになった。この日記もその意味で毎日たのしく付けて行ってゐる。日記をつけることによって厳密に自己を責めてゆかうと思ふ。何時何分どうしたといふこと、何円何十何銭この品にか丶ったといふ類も、出来るだけ記してゆかうと思ふ。それから子供らからの手紙や子供らへの手紙もここに写しておくことにしたいと思ふ。そのやうなことが少しも億劫でなくやってゆけさうに思へる。無精の僕がそのやうに真面目に思ふやうになったのは不思議なやうである。

五反田から山手で新橋までゆき、銀座西八ノ三のたくみ工芸店にゆく。二十日から二十七日まで棟方志功の板画近作展覧会があることになってゐるので、それを見るためにである。併し今日は日曜だからか戸が閉まってゐる。電話で昨日あたりきいておけばよかったのに、いきなりきたので、無駄になった。然しこれも亦い丶ことだ。すぐ引きかへす。渋谷まで地下鉄、そこから帝都*2で下北沢を経て帰る。下北沢のホームで電車を待ってゐると、ここも子供づれの婦人が多い。背と胸に一人づつ子をくっつけたモンペ姿の婦人を見ると、万一空襲になったらどうするのだらうかと、その無知さが腹立たしくなる。そんなのが余りに沢山ゐるので、気の毒をとほりこして、近づいていって注意してやりたいやうな気がする。

十一時頃帰宅。留守中に高藤君がきたとか。午後またくるかも知れぬといったさうである。池田君にかりた中勘助の「蜜蜂」*3を電車の中でよむ。高村光太郎の「智恵子抄」*4といひ、これといひ、已に六十路の声をきく老人の胸にたぎる青春のいぶきは、やはり類まれなものと思ふ。

午後一時半頃より三時過迄昼寝。起きてすぐ防空壕の修理に取りか丶る。内部の崩れ土をさ

(2) 帝都高速度交通営団。

(3) 昭和十八年五月、筑摩書房。

(4) 昭和十六年八月、龍星閣。

らへ、中央に縦に一歩《ぶ》[*1]の梁を渡し、それに四本の支柱を立てる。これで大丈夫。や、せま（1）一坪。くるしい感じがあるが、少々の事では崩れる心配はない。途中栗山君帰り来り、手伝ふ。そのあとで畑をつくろふ。大根には已に薹《とう》が立ったので、全部抜きはらふ。蕪《かぶ》も伸び放題のびたので、ついでに抜く。それらのあとを耕し、新たに物をまく準備をしておく。小生の買ってきた茄子の苗が成績が大変悪くて、ちっとものびない。肥がすぎたかとも思ふ。高藤君来り、薪を持ち帰る。かつて目白へ二児をつれて勤労奉仕にきて小枝を炭俵八俵につめてくれた分を、その内四俵だけ持ちかへらせる。

風呂がわいた。久しぶりにすが／＼しい気持となる。夜は特別に御飯多く、おいしい。大豆が大分入ってゐて、却って美味。別に大豆丈選り出して、煮つめてもくれる。これもうまい。子供時代を思ひ起す。胡瓜なます、茄子の味噌煮、大根下し、キャベツの吸物、皆おいしい。池田君入浴にくる。

いよ／＼重大な戦局となり、国民一億斉しく祈りの明けくれをもたねばならぬことを、しみ／″＼話す。

十一時就寝。

六月二十六日（月）晴

五時四十分起床。稍々風あり、気味がよい朝。

この頃不思議なほど心楽しい。食事もうまい。人と会って話すのも懐しい。

時々刻々の生活が、これが最後となるかも知れないといふ意識が、妙に心安らかさをおぼえしめる。どんな些細な事でもたのしく心をうちこめるのは、ついぞ体験したことのないことである。電車の中でも左程腹も立たなくなった。教室でも怒らなくなった。ともかく一刻々々をきれいに快く送りたいと思ふ思ひが強くなった。僕はこれを世にも有難いことに思ふ。

中食時間に、明日行はれる院内防空演習につき宮原学生監より説明あり。その後で小生の属する第四地区の係りの者だけ打合をなす。但し、小生は十二時四十分院長室に呼ばれてゐるので、その打合会には出席出来ない。院長室に出頭すると、折柄星大佐（配属将校）来談中。暫く衝立《ついたて》の陰に待つ。星大佐と入れ替りに院長の前に出る。用件は、過日山本教授に授けられた要務につきての事。即ち、東宮殿下御修学課目中、主として歴史の取扱について如何にすべきかの意見を求められたのである。原案では現行中学校教授要目に準拠して、一、二年に東洋史、西洋史、三、四年に国史を御修め願ふことになってゐるが、院長の考では、一、二年といふ大事な時期に国史からお離れになることは何としてもよろしくないと思ふが、どう思ふかとのこと。その点全く賛成の意を表す。その事は国語と漢文の場合にも当てはまる、又国語と英語の場合も同様である旨小生の意見としてのべる。その他担当教官の振当て方（老大家本位か否か等）等につきても意見を求められたが、この方は小生などの余り口にすべきことではないが、何れにしろ、第一級の人物を広く天下に求める方針の方よろしからんとのみいふ。一時十分頃辞去。作業場に至る。今日は秋山教授監督して下さるさうで、それではとお任せして、高等科の教官室に山本教授を訪ひ、高等科会議室の一隅の卓子によって、院長の命令事項を検討して如何なる点から着手するかを相談する。先づ別表一の「御受業種別表」についてみる。

Ⅰ．御単独ニテ遊バサルル学課

修身、作文、和歌、書方、馬術　（全期間）
国語、歴史（国史）　（三、四年）
II. 御学問所ニ於テ御学友ト共ニ遊バサルル学課
外国語、数学、物象　（全期間）
III. 学習院ニ於テ普通授業御利用ノ学課
地理、生物、図画、教練、武道、体操　（全期間）
国語、歴史（東洋史・西洋史）、工作　（一、二年）
（普通ノ中学校課程ノ内、音楽、修練ヲ除キ、和歌、馬術ヲ加フ）

右表の内、第三種に属する歴史（東洋史、世界史）を第一種に入れ、同時に第一種に属する歴史（国史）を全期間御修学といふことにしたらといふことを先づ問題とする。或は東洋史、世界史は三、四年に当てるといふ方法もある。そこは専門の学者にはかった上できめることにする。その他は右の表に基き、修身、数学、物象を山本、国語、作文、和歌、書方を清水担当にて、今上陛下御学問所時代の御教科書其の他によりて調査することにして、二時四十分終る。それから二人で庶務課に至り、明日から殿下御控室の戸棚に蔵せられてゐる御教科書を披見することにしたから、その戸棚の鍵を拝借しておきたいといふと、別に鍵はかゝってゐないとのこと。ともかく明日から暇々に右室に至りて調査することにする。暫く工場にゐて、失礼して、教官室に帰り、明日返す作文を見て四時過ぎまでゐのこる。

帰途、官舎から教官室まで持ち帰ってあった茶ノ湯道具を持ち帰る。

サイパンの戦闘は心痛この上なし。それに関するはかばかしき報道がないだけ、同胞達が息づまるやうな死闘をつゞけてゐる言語に絶する実況を思ひ（といって現実の姿としては我々の面前に仲々浮び上って来ないが）心を痛める。きく所によると、大本営出仕の人達は夜もろく〳〵寝られないほど心配してゐられるときく。この上は只「祈り」のみ。

午後十一時過就寝。夕食が遅かったせゐか、食後眠くて仕様がなかった。

〔欄外に次の書き込みあり〕

左の如き葉書二通来る。

（一）八幡市宝井二丁目の叔父山広昌平より

拝復暫くでした　御無沙汰計して申訳ありません　早速御見舞状共頂きまして誠に有難御礼申上ます　就ては大本営発表の通りにて被害もなく一層撃敵精神に燃へ益々鉄鋼増産に挺身致し居り尚家族一同元気に有之決戦態勢に入り居りますから御安心下さい

承れば御家族様には深川へ疎開致し居られます様子何かと御不自由の事と思ひますが之れも国家為御奮闘願ます　御身御大切に　早々不一

（二）岡山市大供二三五　仮泊中ノ中河与一氏より

「衣通姫」の流れ御送り下され誠に忝じけなく存じ候　近来稀に見るべき御文章、是非御完成下され度時代がす、むに従ひあなたの考へてゐられることの意味のふかさが次第にはっきりしてくるやうに存ぜられ候　急に当地に出発こちらよりこのハガキさしあげ候誠に稀有の美しさある御文章と存じありがたく存じ候　数日中にかへるつもりに候

六月二十七日（火）晴

五時二十分起床。

登院の途中藤田孝吉氏と一緒になる。目下埼玉県下の農村で勤労奉仕中の成城高等科一年の学生の勤労状況を見にゆくのだといふ。高田馬場まで同道。目下成城は尋常科一、二年を除き全部各方面の作業に奉仕してゐるといふ。他校は皆皆然りだ。真似事のやうな学習院の作業など恥しくて問題とならぬ。偶々新宿で一緒になった大村教授ともその事を話し、目白で一緒になった磯部教授（今朝五時過ぎに田園調布まで行った帰りといふ）ともその事を話す。「我らは学習院学生なり」と毎朝となへる空念仏の如き生気なき斉唱はこの際やめたらと話すと、磯部、大村両氏とも至極賛成の意を表する。機を見て宮原学生監にも話さうと思ふ。

第一、二、三時限には一年生の授業。この前の時間から国語正読本の外副読本として太平記を使用はじめた。はじめ十分位太平記をよませ、あとの時間で正読本をやる大体の方針。この前には到頭太平記で一時間とって了った。然し、俊基朝臣再び関東下降の事の条などよんでやると、学生はとても謹聴するので、はり合ひがある。今日もまた太平記で一時間とって了った。特に「主上御夢の事付楠の事」の所の話をし、正成[*1]が恩命に対して答へまつった言葉の最後のところ、

合戦の習ひにて候へば、一旦の勝負をば必ずしも御覧ぜらるべからず。正成一人未だ生きてありと聞召され候はば、聖運遂に開かるべしと思召され候へ。

の言葉を板書して、ノートに清書させる。誠にこの言葉は我々に無限の活力を喚び起してくれるものである。四時限目の四年三組の授業には作文をよむ。「草蔭の願ひ」といふ題で過日作らせたものである。今朝両氏と話し合ったやうなことを話し、今は学習院の特権の如きものを

（1）楠木正成。千早城で鎌倉幕府と戦う。後醍醐天皇の建武政権下で異例の昇進。足利軍と戦い、湊川で戦死。

誇るときでなく、一学生になりきるときだ、黙々として学生の本分に謙進すべき時だと話し、「草蔭の願ひ」の題を与へた主意もそのやうな所にあると話し、比較的上出来のもの数篇をよむ。佐藤久、中名生、本間等のものがよかった。特に中名生のは昭和十七年十二月十二日天皇伊勢神宮御親拝の御事を改めて思ひ起して、恐懼した文章で、これは今こそ全国津々浦々まで清明なる「祈り」に充されねばならぬ時だとこの日頃感じてゐた矢先とて、大変心を打たれた。

午後は作業とりやめ、五時間目は四、五年共自習。小生は四年二組の自習監督。六時限目を防空演習に当てるためである。一時四十分訓練警戒警報発令、同四十五分空襲警報発令といふ順序で行はる。警戒警報と共に殿下を中等科長室に御案内申上げる。一般学生はそのま、自習継続。服装はすでに作業のあるときと同じ作業服にゲートル＊2をつけてゐる。空襲警報と共に、四年はその持場である第四地区（少年寮及びその付近）にかけつける。動作敏捷で今までにない好成績であった。第四地区の指揮は今後渡辺藤一教授にとってもらふことになる。今後はうまくゆきさうだ。三時半頃下院。

今日は駒井医院へゆく日。途中省線で新橋に廻り、たくみ工芸店に至り、棟方志功の板画を見る。一海軍士官が熱心に見てゐた。その他中年の洋装婦人と五十余りの紳士が場内の卓子によって頻りに食物や闇値の話をしてゐる。鬼才棟方の絵の前でそんな話をしてゐるのに悪寒をおぼえる。その紳士はどうも柳宗悦《やなぎむねよし》氏＊3ではないかとふと思った。小生はまだ会ったことはないが、写真で見おぼえがあるやうな気がする。若しさうなら軽蔑したくなる。

今度は作品は少かった。「善知鳥《うとう》・山越」「善知鳥・磯間」「菊連枝」「昼雉子・仔連」等の花鳥小品に何故か強く心惹かれた。特に「善知鳥・山越」には棟方の芸術の孤高と寂寥とがにじ

（2）脚をつつむ脚絆のようなもの。「防空服装」として、他に戦闘帽・鉄兜・防毒マスクがあった。

（3）大正・昭和期の民芸研究家。

み出てゐるやうに思へて、立ち去りかねた。その他「文殊普賢大菩薩尊」「潰厳不動明王尊」にも心ひかれ、「不空羂索経板画　真黒遍童子童女阿吆炎《ワラシメラシ》」（二曲屏風一双）には棟方の精神の逞しさが場を威圧する如き感を与へた。

駒井氏は今日午後麻布の方へ腸チブスの予防注射に出かけて留守。

この頃電車中でも腹立つことが少くなった。健康が段々恢復してきた証拠と思ひうれしい。

夜、今日院長から借りた「東宮殿下御教育ニ関スル覚書」「御受業種別表」「御学業時間配当表」をノートに写す。十二時半就寝。

六月二十八日（水）晴

午前四時半より三十分間訓練空襲警報発令、夫々空襲時に対処すべき姿勢をとる。

二時限が終って庶務に出頭、出勤の際の省線、私鉄の乗車駅を通告する。又鍵を借りて、便殿《べんでん》内に入り、書棚から御教科書四冊拝借してくる。

国文読本　　　　自巻壱至巻参　三冊

国文読本太平記抄　全　　　　一冊

明日査閲のため師団長宮殿御来院につき便殿を掃除中とのことで、今日はこの室を使用出来ないので、図書館内の教官閲覧室に持ちゆき披見する。

会計にて豚皮製のバンドと棒炭《ぼうたん》*1求む。

御教科書四冊の目次を全部写す。午前中巻参のみをのこし全部写す。巻参は第五時限の授業後教官室にて写す。目次だけ見たのでは明瞭には分らぬが、編輯には相当苦心の跡が見え、上

（1）棒状のたどん。

乗の出来と思はれる。

掃除など見て三時半下院。今日の作業は秋山教授監督。途中院長室に出頭、昨日借りた書類を返す。駒井医院に廻り注射して頂く。

サイパンの戦況は心痛の度を増してくる。敵は已にカラパン街、タポーチア山の線まで進攻来ったといふ。あの島には国防婦女子が沢山踏み留ってゐるのだ。胸のはりさける思ひがする。西欧戦線もいよ〳〵シェルブール要塞は敵軍の包囲下にあり、その陥落も間近に迫った観あり。独軍は敵軍の包囲下にありつゝ、その降伏勧告を峻拒したと伝へてゐる。さもあるべし。

夕七時より九時までこの地区の防空演習。七時となるや訓練空襲警報発令。八時一寸前に角の福田氏の付近に焼夷弾*2落下の想定の下に隣組員一同消火につとめる。八時過もう一度坂田氏の前に落下、これにもかけつけて消火につとめる。九時迄は真暗。幸今宵は七八日の月が中天にかゝってゐる。縁側に腰うちかけて、少し赤味を帯びた月の色を見るともなしに見てゐると、遠田の蛙がかへろ〳〵と鳴くのがきこえてくる。前庭の野菜の一つ〳〵が、おのがじし、しゞまを保って月光にうすくぬれてゐる。どこからかひそ〳〵話が地面を這ふやうにきこえてくる。時々四機編隊の飛行機が尾灯を光らせ乍ら上空を通りすぎる。

今朝も早起きしたりしたので、つかれた。十時には就寝。栗山君は未だ帰らない。この頃深川から便りがないのは農繁期のためか。健康等に異状でもあるのか、気遣はしい。で、それをきいて房枝に葉書を出す。

（2）焼夷剤と少量の炸薬とを入れた砲弾・爆弾。油脂焼夷弾・エレクトロン焼夷弾・黄燐焼夷弾など。

六月二十九日（木）晴

五時二十分起床。髭を剃り冷水摩擦をすると、すがすがしい。朝食をとってゐると、照代さんが明日一日で六月は終るといふのをきいて、もうさうなるかと、おどろく。

中勘助の「蜜蜂」は段々面白くなってくる。逞しく清らかな愛情は稀有のものと思ふ。

ますらをの屍草《かばね》むす荒野らに咲きこそ匂へ大和撫子《やまとなでしこ》

伴林光平のこの歌がこの頃たまらなく好きになった。

大日本言論報国会*1の研究会が来る七月三日（月）午後四時より新宿の宝亭でひらかれるといふので、その案内状が来る。出席の旨を答へておく。年中行事に関する事である。山廣民五郎叔父、山廣昇君*2、児玉母*3、蓮田夫人*4宛夫々時候見舞を兼ねた近況伺ひの葉書出す。木金三郎氏（子等が習字の稽古をしてもらってゐた方）に来週から一日習字の指導を頼む旨の葉書をかいたが、まだ聊か《いささ》躊躇するところあり出さず。家郷より書信廿日近くないのでや、心配。

十一時頃家を出る。目白局で言論報国会への速達出す。偶然東條先生にあふ。今日高等科の教練査閲で、賀陽師団長宮殿下査閲官として御来院。午前中中等科四、五年授業なし。一、二、三年は喜多見御料地へ草むしりにゆく。四、五年は午後一時から作業。但し五年と四年の一部は修身教室にて講義をきく。教練査閲終りて査閲官宮殿下学校工場に於ける作業状況御視察。新聞社の写真班数名来り、俊彦王殿下の御作業のお姿を撮影する。今日も大変暑い。学生は皆上半身裸体となる。それでも玉なす汗をふき〳〵鑢を使ってゐる。手についた油が顔について髭黒の少将みたいのもゐる。あと二日で三週にわたる作業も終る。初から鑢使ひばかりであったが、段々皆腰がすわってきて、仕事に身が入るやうになった。俊彦王殿下は今日も二時五十

（1）戦時下で、評論家の日本主義的な思想統一を目ざした団体。昭和十七年設立。機関誌は『言論報国』。
（2）山廣本家長男。
（3）児玉ミス。
（4）蓮田敏子。

分石井教授の特別講義（物理）に出られる。

図書館で「農村の年中行事」を借用。荷がはるので、学校において明日持ち帰ることにする。

午後五時帰宅。汗にまみれたので、早速裸となり、冷水で汗をふき、胡瓜、茄子にも水をかけてやる。さうして机にかへり日記を今かいてゐるのである。

今朝「国文読本太平記鈔」の第一課「後醍醐天皇御治世の事付武家繁昌の事」の条を、原文に照合してみた。さうすると、色々編輯方針などはっきりしてくるやうである。「行って」「飛んで」「通うて」等の音便をすべて「行きて」「飛びて」「通ひて」等と直してあるのも意のあるところが推測出来るやうである。その他君臣の関係などあらはす言葉の中には注意深く訂正又は省略してあるものもある。色々参考となる。

清らかな泉の如き生き方は仲々容易ではないことが段々分ってくる。朝神拝の時の心が大体一日の心のやうな気がする。その神拝の際すら絶対清浄の心には仲々なれないのであるから無理がないといへば云へる。

南の縁側に二枚と西の窓に二枚と合計四枚の簾の中に坐ってゐると、御簾を隔てて下臣共に対面された古《いにしえ》のやんごとなき方々の深窓の御生活が思はれる。

今日五月分ビール二本宛配給。栗山君も早く帰ったので夕食にはそれをのむのがたのしみだったが、それよりもむしろ、昨夜栗山君が学校関係の工場からもらってきた生ビール七八合の方を先にのむ。久しぶりによい気持になる。よい気持になるとついおしゃべりになる。

大森の翼賛壮年団*5で来る七月一日戦勝祈願祭を氏神御前であげるとかで、その時の願文*6を栗山君にたのんできたといふ。その文範をさがすと、続群書類従の中に入ってゐた。

（5）大日本翼賛壮年団。昭和十七年設立。食糧増産運動、金属回収、航空機増産運動などを下から担い活発に活動。
（6）神仏に立願の時、その起請の趣旨を記した文。

夜ねむく十時就寝。

六月三十日（金）晴

五時半起。縁側の障子をひらくと、外は深い霧。すうっと新しい空気が霧の匂を送ってくる。例の如く楊枝をくわえて野菜畑に立つと、蜘蛛が所々に銀網をはっている。胡瓜の間にはったのが特に美しかった。

昨日新聞記者が学校工場にきてとった写真が別紙の如く今朝の新聞に一斉に載ってゐる。

〔切り抜き省略〕

登院の途中新宿で古沢清久と一緒になる。サイパンのことを思へば涙が出るといってゐた。一般大人の客観的悲観論見たいなものにも青年らしい憤りを燃やしてゐた。職員室などで闇の話や食物の話などばかりしてゐたのではいけないと思ふ。この頃の職員室の空気は唾棄すべきものがある。

午後三時から輔仁会主催で独乙映画があるが、四時まで補習があったので、見ないで帰る。帰途五反田に廻り駒井さんに例の如く注射してもらふ。身体の調子は段々よい。

今日は六月尽日で、大祓*1の日。宮中でも古式床しき大祓の御儀をとり行はせられた旨新聞（夕刊）に出る。過去半歳否、長年月に亙って、冒した罪穢を、今日こそ祓ひ浄めるべき日だ。日本人の一人々々が皆その心になるべき日だ。その禊祓《みそぎはらえ》は虔しき祈りを前提とすることは無論である。この日陛下には午后二時御小直衣《おこのうし》*2のお姿も神々しく側近を従へさせられて鳳凰ノ間に出御、侍従の奉仕にて荒世《あらよ》、和世《にこよ》*3の御神事を厳かに行はせられて入御、ついで午

（1）古来、六月と十二月の末に、万民の罪や穢れを祓った神事。

（2）狩衣に襴を付け加えたもので、狩衣よりは晴着の服。

（3）御贖（みあが）の儀に、贖物（あがもの）として献ずる衣服。

後三時から賢所《かしこどころ》前庭において皇族王公族御臨代、賀陽宮《かやのみや》＊4、東久邇宮《ひがしくにのみや》＊5両殿下御臨席、宮内省臨代ら参列して三条掌典長以下奉仕のもとに大祓の御儀が行はれた。

斎藤先生の奥さんにビールを二本譲って頂いた。わざ／＼通帳と印をもってきて下さった由。有難いことだ。

風呂がわいたので、心身の汚穢《おわい》を洗ひ流す。池田君も風呂にくる。栗山君と二人で配給の酒、ビールのみ、心陶然として、転々吾を忘れしむ。一人大祓の詞を朗誦して、心自らすみゆくを覚える。

房枝から葉書がくる。この頃共同田植で母は毎日出かけてゆくとのこと。黒田千代さん深川へ帰ったものの、配給が東京よりはるかに悪く、腹一杯食べられず困ってゐるといってゐたとか。御主人が満州＊6へ来ないかとのことで、考へ中といってゐたとか。動揺は想像されるが、その内に馴れてくるだらう。深川の方で四十二、三の人が応召されてゆくといふ。小生も何時くるか知れない。

十時心地よく就寝。

（4）賀陽宮恒憲王（つねのりおう）。陸軍軍人。師団長等歴任。

（5）東久邇宮稔彦王（なるひこおう）。陸軍軍人。防衛総司令官、陸軍大将等歴任。

（6）昭和六年の満州事変を契機に日本は中国東北部を支配し、関東軍は翌年満州国政府の樹立を宣言、清朝最後の皇帝愛新覚羅溥儀を満州帝国の皇帝とした。

（補注1）ラヂオ新書107、日本放送出版協会、昭和十九年六月二十日発行。「皇国人の忠誠心」「戦場精神と日本精神」「みやび」「藤原家隆」「野村望東尼」「興国百首」の六章よりなる。清水の跋文の最後の部分を引いておく。

ここに集められた六篇の文章は応召直前までのものを含み、蓮田の精神の最高頂を示すべきもので、この前古に比類なき深憂の日に本書を世に送ることが出来るのは、我々友人の無上の欣快とするところである。今この書が世に出ようとするに当り、故国を数千浬も隔った南溟の彼方に「大和も此処も同じとぞ思ふ」と歌った古人の志を継ぎてこゝも亦「遠の御門」と、大御陵威のまにまに壮大雄渾なる言向けのわざに挺身している蓮田の勇姿を想望しつつ、この蕪文を記して跋にかへる次第である。

（補注2）詩人、評論家。学生時代より佐藤春夫に師事。伊東静雄や「文藝文化」同人とも親交を結び、三島由紀夫とも知り合った。当時を回想して次のように記す。

「文藝文化」の人達が詩人としての伊東静雄氏を、その日常の些事の中で、いたわり、大切に過ごしていられるのを眺めることは、美しいものを眼前にする思いがしたものであった。そういう伊東静雄氏のおすそわけと云うのでもあるまいが、「詩を書く少年」と云うだけの資格で、淡いおつき合いであったかも知れないが、当時、「文藝文化」の人達に親切にして頂いた経験は、その後、この人生で経験しなかったことのような気がしている。

（「文藝文化」の思い出「バルカノン」昭和四十二年二月）

（補注3）六月二十二、二十三の両日栗山理一宅宿泊。その事が伊東の日記に記されてある。

ウヰスキー一本持って、祖師ヶ谷大蔵に栗山君を訪ふ。栗山、清水二君は家族を田舎に疎開せしめて、同居せり。栗山君の姪炊事のことをやってゐる。池田君も同じく家族を田舎にやって、近所に自炊してゐる由。栗山君は十時半頃かへる。会議あった由。それまでに池田君来て四人で話す。栗山君も帰る。ウヰスキー飲む。（二十二日の条）栗山、清水、池田、林、平岡相会す。（二十三日）

（補注4）平岡と伊東とは初対面ではない。ほぼ一月前（五月十七日）に、大阪の自宅を訪問している。平岡の林に対する思いは後年次のように回想されている。

多分「文藝文化」を通じて、はじめて得た外部の文学的友人は、詩人の林富士馬氏であった。林氏によって、さういっては悪いが、私ははじめて、真の文学青年といふものの典型を知ったのである。氏はもちろん個性的な詩人で、あたかもゴーティエの回想録中の人物のやうな浪曼派であったが、文学および文壇といふものが、これほど夢の糧になるものかを、私ははじめて知った。それまで母校のなまぬるい文学的雰囲気においては、文壇とは、白樺派の作家達の立派な客間に直結するものでしかなかった。熱に浮かされたやうな文学への憧憬、佐藤春夫氏をはじめとする浪曼派作家の日常座臥の伝説化、いろんなゴシップの熱心な蒐集、食糧難の東京における芸術家のダンディズムへのあこがれ、・・・林氏はさういうものすべての象徴であって、氏のまはりには何人かの若い詩人が集まっていた。

（「私の遍歴時代」）

【解説】

今回は、十九年の二月五日分と六月分全文の翻刻紹介となった。戦局いよいよ苛烈となり、三月に家族を広島へ疎開させ、同じく家族を長野に疎開させていた栗山理一の自宅に同居することとなった。食糧難と体調不良の中で、遠く離れた家族を思いやりながら、懸命に一日一日を送る姿が詳細を極めて活写されている。今までにない詳細な記録がなされるには訳があった。

日記をつけることによって厳密に自己を責めてゆかうと思ふ。何時何分どうしたといふこと、何円何十何銭この品にかゝったといふ類も、出来るだけ記してゆかうと思ふ。それから子供らからの手紙や子供らへの手紙もここに写しておくことにしたいと思ふ。そのやうなことが少しも億劫でなくやってゆけさうに思へる。（六月二十五日）

時々刻々の生活が、これが最後となるかも知れないといふ意識が、妙に心安らかさをおぼえしめる。どんな些細な事でもたのしく心をうちこめるのは、ついぞ体験したことのないことである。電車の中でも左程腹も立たなくなった。教室でも怒らなくなった。ともかく一刻〳〵をきれいに快く送りたいと思ふ思ひが強くなった。僕はこれを世にも有難いことに思ふ。（六月二十六日）

「これが最後になるかも知れないといふ意識」が、「どんな些細な事」でも大事に思わせ、詳細な記録に駆り立てたようである。これを読んでいて、同じく戦時下の詳細な日常記録を残した伊藤整の『太平洋戦争日記』を私に想起させた。因みに伊藤もまた同じ祖師谷の烏山に住んでいた。その日記にも、体調、戦局の分析、物価、印税、家族、知人、農作業、大学、文壇、出版状況等、話題は微に入り細をうがち記録されている。しかも、その書きぶりは、昭和十六年十二月の開戦から二十年八月の終戦まで一貫して変わっていない。驚嘆すべき作家魂である。

　この伊藤の日記の分量には比すべくもないが、清水もまた昭和十九年六月から二十年八月までの詳細な記録を残してくれたのである。家庭人として、職業人として、国文学者としてあの未曾有の戦時下をどう生きたかを如実に知ることが出来るのは、私にはこの上ない喜びである。また、あの時代を知る資料としても有益であると考える。（特に、学習院の内情、文学的交友、家庭生活等）

【参考文献】

『日本近代文学大事典』講談社
『社団法人日本文学報国会「会員名簿」昭和十八年版』新評論　平成四年五月二十日
復刻版『文学報国』不二出版社　平成七年二月二十四日
『忠誠心とみやび』蓮田善明　日本放送出版協会　昭和十九年六月二十日
『伴林光平』上司小剣　厚生閣　昭和十七年十月十五日
『林富士馬評論文学全集』林富士馬　勉誠社　平成七年四月十五日
『定本伊東静雄全集』桑原武夫・小高根二郎・富士正晴編　人文書院　昭和四十六年十二月十日
『詩人伊東靜雄』小高根二郎　新潮社　昭和四十六年五月二十五日
「清水文雄略年譜」『続「河」』三号　平成十年十一月二十日
「清水文雄著書・論文等目録」同上
『三島由紀夫文学論集』三島由紀夫　講談社　昭和四十五年三月二十八日
『戦中用語集』三國一郎　岩波書店　平成十七年七月二十日
『太平洋戦争日記』伊藤整　新潮社　昭和五十八年十月十日

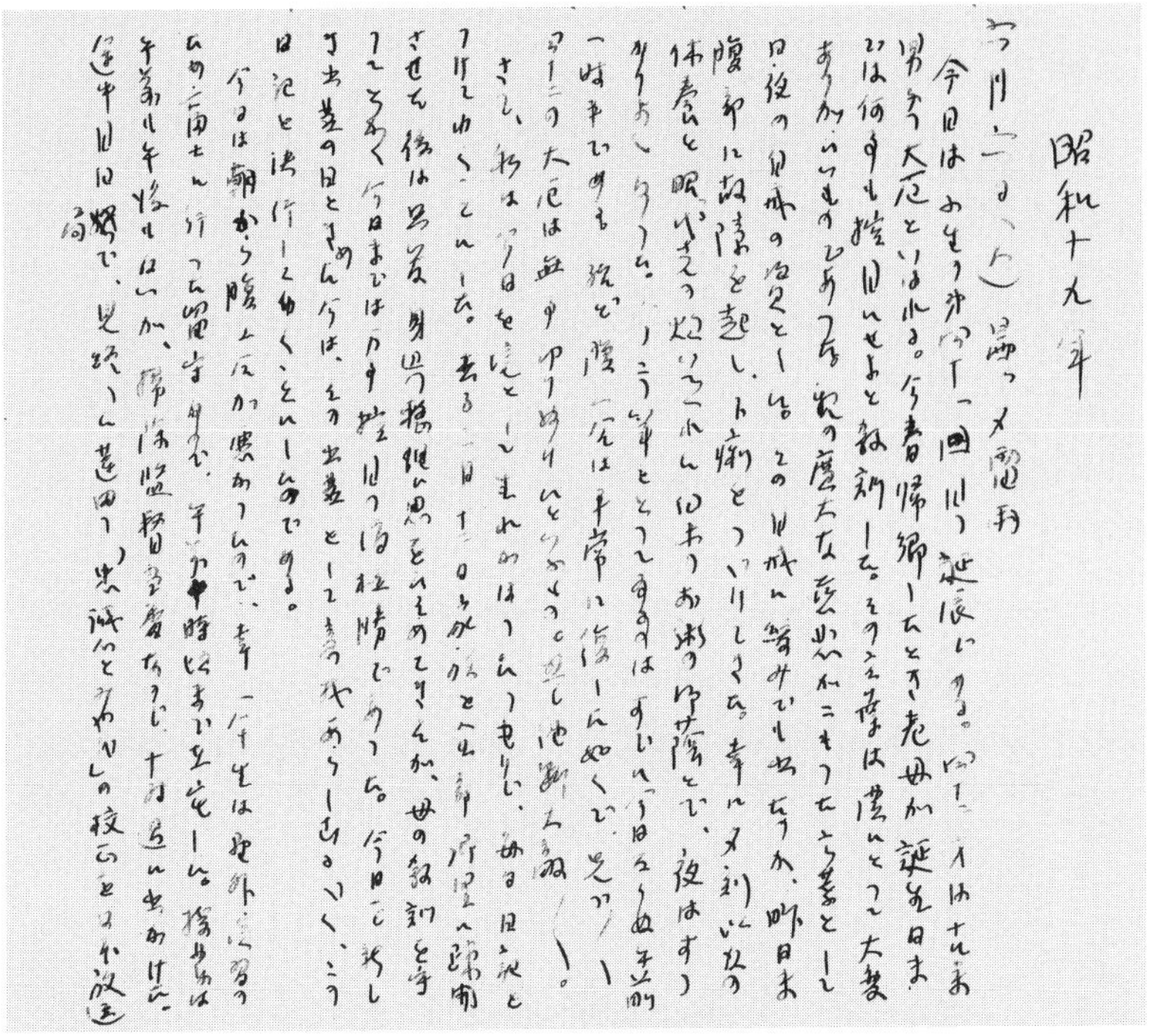

昭和19年6月6日の部分

清水文雄「戦中日記」昭和十九年七月〔四十一歳〕

七月一日（土）晴

風が強い。簾をめくるが如く煽《あお》る音を寝ながらにしてきいてゐる。五時十五分起床。

四年の一、二組の作文には学生の作文を二三人宛よんで、感想をのべる。題目は「草蔭の願ひ」。毎朝となへる「我等ハ学習院学生也」が空念仏に終らざらんが為には、強くして滲み透る如き草蔭の願ひに貫かれてゐなければならぬことをいひ、佐久間艇長*1の遺書をよみきかせる。よみつ、こみ上げてくる涙をどうしようもなかった。学生の中にも鼻をつまらせたものもある。死の瞬間迄冷静に事に処し、帝国海軍将来の為細々と所信を書きつゞる。国史の永遠を信ずる人ならでは能はぬ事である。

この頃戦力の過小評価を得々となしてゐるものが到る所で見うけられる。或は公席にて闇値の話など平気でやってゐるものも多い。福岡高校の秋山六郎兵衛教授が「元寇*2当時の女性」と題して昨日の毎日新聞に書いた文章の中に、我が国の大勝を「神風の加護にもよることは勿論だが、よし神風が吹かなくとも、最後の勝利がわれにあったことは、今日の史家の等しく確

（1）佐久間勉。明治四十四年、第六潜水艇隊艇長の時、訓練中沈没し、佐久間以下十四名乗組員全員殉職。艇内から佐久間の遺書発見。

（2）文永・弘安の役。蒙古襲来とも。文永十一年と弘安四年の蒙古（元）の侵攻事件。両度とも暴風雨で撤退。

信するところである。」としてゐる。このやうな神国冒瀆《ぼうとく》思想が「今日の史家の確信」であるならば、それこそ恐るべきことである。神風の吹いたことは厳然たる事実である。「よし神風が吹かなくとも」などの仮定は絶対に許されない。当時のわが国の津々浦々まで満ち漲った神明への「祈り」がそのま、挙国一致の旺盛なる戦意となり、はては神風を呼んだのである。この皇国未曾有の日に当り、秋山教授は果して清明なる祈りの心からこの文章を綴ってゐるであらうか。日本武士の強さを謳歌しようとする余りこのやうな言ひ方をしたと思ふが、その「強さ」の根元を神国の歴史におかないで、人為においた点が、却って合理の装ひで衆人の賛同を得るかも知れない。それが恐しいことだと思ふ。このやうな思想が「今日の史家の確信」となってゐるとしたならば、これほど恐ろしいことがあるであらうか。然し幸ひそのやうな似而非《えせ》史家の「確信」など尻目に皇国の歴史は草莽《そうもう》の民の清明なる祈りの心もて堅護されてゆくのである。それが神国日本の厳然たる事実である。秋山教授はその教へ児達が大御召のまに〳〵清き眉をあげて欣躍《きんやく》征途に上る日のあの神の如き姿に神国日本の悠遠を思ひ見たことはないであらうか。そしてその教へ児の誰彼も加って現に遂行されつつある聖戦そのものを、大いなる神の御仕業とは思はないのであらうか。現代が一つの偉大なる神話の時代であると同じく、文永弘安の頃がまた大なる神話の時代であったといふことを「確信」しないであらうか。

　中食までに間があるので、農家の子に贈る玩具を買ひに豊川町三叉近くの玩具屋へ買ひにゆく。屋形船と木馬を買ってくる。途中で照代さんへの土産に千代紙をはった針箱も求める。目白郵便局で七拾円払出しをする。戸部種物屋《たなものや》＊3で蔓無隠元《つるなしいんげん》、しやくし菜、白菜の種を一袋づつ買ってくる。

（3）種屋とも。草木の種子を売る。

今日は四五年作業第一期の最後の日。三時二十分切上げ、仕上った角柱を出来た者から指導者伊勢氏のところへ持ちゆき、検査をうける。意外の者が好成績である。阪井、今野などもいゝ。渡辺、廣海もいゝ。三時半一同中等科教室前に集り、科長より一場の挨拶あり、解散。そのあとで、会計課前応接室に会社側の人と院長、科長、宮原学生監、岡五年主官、それに小生集り、茶をのむ。一足先に御免蒙る。

新宿からいきなり稲田登戸にゆき児玉教授即日帰休を慰めるための会を来る六日紀伊国屋で開かうといふので、それを交渉する。大分つかへてゐるが承諾してくれる。

帰途斎藤先生御宅に寄る。明日午後防空壕を掘りにくる旨申上げて帰る。現在のは不完全の上に、場所が狭隘《きょうあい》でまさかのときに不便極りない。

夕食時六時四十分頃池田君来宅。今晩は古今集の会である。丁度酒があるので池田君もよび入れて三人でのむ。同君はこの頃炊事にやゝ疲労をおぼえ、時々外食をしにゆくといふ。時々こちらで一緒にたべることにするやう栗山君と話す。その内に井上久乃さん来る。食後四人で話してゐるところへ、高藤君、やゝ時をおいて今井君来る。雑談してゐる内に十時になる。そのうちに井上さんはおそくなるからといふので帰る。今頃祖師谷の磯部女史のところへ手伝いにきてゐるといふ。そのあとで、五人で二首ほど、過日のつづきをやる。

　はつかりのはつかにこゑをききしより中空にのみ物を思ふかな（凡河内躬恒）＊1

　あふ事はくもゐはるかになるかみのおとにききつつ恋ひわたるかな（紀貫之）＊2

この二首を併せよみて、躬恒と貫之との格がはっきり分った。躬恒の歌には平安女流の道が暗示されてゐるのを感じ、貫之の歌には卓然《たくぜん》たる一代の棟梁の姿を想望することが出来た。高崎

（1）古今集、恋一、四八一。

（2）同四八二。

正風氏が貫之を豪傑だといったが、なるほどさういふ逞しいところがこの歌に遺憾なく出てゐる。十一時過散会。

学校から帰ってくると、机の上に一升壜がおいてあった。見ると名刺がはってある。「御中元　平岡梓《ひらおかあずさ》＊3」。照代さんにきくと、午前中に平岡公威君がもってきてくれたとのこと。「月桂冠」一本。珍品中の珍品なり。今日高三の全部と高二の文科が向ふ一週間の予定で舞鶴の海軍機関学校に軍隊生活に出発するので、今夜の古今集の会に出席出来ないといふことを断りかた〴〵来たのだといふ。手紙が添へてある。公威君からである。それによると過日「朝倉君」（補注1→205頁参照）といふ十七枚ほどの小説を林君＊4の奨めにより中河与一氏の所へ送ったら折返し同人になれといってきたが、如何しようかといふのである。その返事を九日以後舞鶴から帰るからその頃までに留守宅までくれといふのである。文藝世紀（補注2→205頁参照）の同人とは好もしくないことである。入らないでおけと書いてやらうと即座にきめる。

今日は一日中風が強かった。硝子戸をあけてゐると、埃混りの生温い風が空を吹きぬける。併しさういふ風の流の中で今夜は古今集をよんだ。十二時就寝。

七月二日（日）曇、風（朝の間のみ）後雨

五時起床。生温い東南の風がまだ吹いてゐる。他所《よそ》は畑の野菜類が相当倒れたらしいが、ここは垣根に囲まれた菜園の故か、ねこそぎやられたものはない。とうもろこしが少し傾いた程度。

九時頃祖師谷駅向うの豆腐屋さんへ在郷軍人砧分会＊5入会を申込みにゆく。ここが分会長

（3）明治二十七年生。農商務官僚。平岡定太郎長男。

（4）林富士馬。

（5）帝国在郷軍人会。各地の在郷軍人団体（兵役を終了したが戦争・事変の際には召集される民間人で組織）を統合した全国組織。

である。入会用紙をもらって帰る。近日中に会費と入会申込書とをとりにくるとのこと。途中で文房具屋でペン先を求む。

十時頃、馬鹿に身体がだるいので、一寸昼ねする。さうすると楽になった。

中食は素麵。ゴマ醤油のしたじは佐賀特有の料理ときく。美味。中食してゐるところへ家主が家賃とりにくる。ここの四軒に立のきを要求してくる。強要はしないが税金が随分か丶るのでこの際自分の関係してゐる工場の工員の宿泊所にしたいと思ふ、さうすれば税金は会社の方で出してくれるので助かるからさうしたいと申出る。それに対して栗山君が婉曲に応答してゐる。極力探してみることにしますと答へてゐた。

中食前に今井信雄君*1来宅。臨時召集をうけて、来る十一日入隊することになったと云ふ。八九日頃迄こちらにゐるといふからその内に壮行会をひらくからといって、励ます。三十八才といふ。我々も遠からずお召しがあるかもしれない。

午後一時頃から五時頃迄かけて、斎藤先生お宅の防空壕掘りをする。初め栗山君と小生がやってゐるところへ、一時間位して池田君もくる。玄関前のところへ掩蓋《えんがい》付のものを作る。資材が思ふやうになく、梁に当る縦木を一本福田柳太郎さんに無心をいってわけてもらひ、あとは先生のお宅に薪のつもりでためてをられた古木を使用する。途中でかなりひどく雨が降ってくる。併しついでにやって了はうと思ってかまはず工事をす丶める。土を盛り了へて、門前の路傍に叢生してゐる芝をはいできて、その上にうゑる。中央には、いちご、バラ等をうゑる。これで恰好がついた。仲々入り心地のい丶ものが出来た。先生がお帰りになると、喜んで下さると思ふ。おやつにどらやきパン頂く。夕食もたべてゆけとのことであったが断って帰る。

（1）『白樺』の周辺—信州教育との交流について」（信濃教育会出版部、昭和五十年）「この道を行く—漂泊の教師赤羽五郎」（講談社、昭和六十三年）等の著あり。

雨はもうやんでゐる。帰ってから先日耕しておいたところへ、隠元豆と白菜としゃくし菜をまく。土がうすじめりで、具合はよからう。風呂場で土まみれの身体を洗ふ。あとはすが〳〵しい。

夕食にはおみきいたゞく。二人で配給の酒一本と一寸。それに先日平岡君にもらった「月桂冠」を二本。ほどよく酩酊した。のんでゐると雨がまたしと〳〵とふってきた。五月暗《さつきやみ》をとほしてくる雨音をき、つ、やるのは仲々風情あるものである。酔うてくると、高雅な色話どもがはづむ。隣の下條夫人*2の恋ひそめの告白などを照代さん語ってくれる。先日警戒警報の夜真暗な風呂に二人で入ったとき、嘉子夫人が話してくれたのだといふ。それから栗山、池田、高藤、蓮田夫人のことなど色々噂にのぼる。

ねむいので、九時頃から一寸横になると、ふと目をひらくと十一時頃になってゐる。早速本式にねる。雨はやみ、土が出てゐる。窓の外からひんやりした空気が流れ込む。六月分費用九拾円四九銭、外に照代さんへ小遣五円。

今日茄子の初なりをもぎ神前にまゐらせ、夜お下りをいたゞく。

七月三日（月）晴

四時四十分起床。空の過半部に雲はあるが大体よい天気。畑はほどよいしめりで、すが〳〵しい。

今日から四、五年の作業はないので、授業が旧に復する。第一時限は早出のため一年三組の補充。四年の授業で平家物語*3の重盛教訓の条をやってゐるが、「日本は神国也。神は非礼を

（2）俳優下條正巳夫人。

（3）鎌倉時代の軍記物語。琵琶法師による語り本系と、その他の読み本系がある。平家一門の興隆から衰亡までが美しい和漢混淆文でつづられる。

受け給はず」はやはり立派な言葉として光ってゐる。院長は昨日あたり沼津出張、長沢科長に言ひ残されたお言葉によると、これから警戒警報になる。殿下にはすぐ御帰邸願ふやうに、その時御自動車に一人宛教官をつけるやうにとのこと。特に今月二十日以後は度々警報が出る覚悟でゐるやうにと言はれたとの由。

邦昭王殿*1御記念写真代（職員学生の希望を募りて焼増させたもの）を飯島写真館に持参。明朝そこの主人が入隊するといふので、それまでに届けてやりたかったのである。まだ全部集らないが、小生立替へて額をそろへる。豊川町の玩具屋にゆき舟四艘買ってくる。この夏休帰省の時の子等への土産である。然し帰れるかどうかこの分なら不明。

第七時限は全国修練として教練が実施される。主として朝礼の時の態度、動作につき、本庄中尉指揮の下に練習。指揮もきび〳〵してゐてよく、主旨が全部に徹底して、今までの全国修練に比して上出来だったと思ふ。

四時から新宿宝亭で大日本言論報国会の年中行事についての研究会がある。三時五十分に修練が終り、すぐかけつける。すでに福井久蔵氏*2、菅原兵治氏等がきてゐられる。調査課長兼資料課長の松崎不二男氏から名刺をもらふ。その内に専務の鹿子木員信《かのこぎかずのぶ》氏*3が見え個人々々に丁寧な御挨拶があり、恐縮する。五時半頃より各席につき食事をする。御飯なしに副食物のみたべる。左隣の菅原氏は埼玉県の菅谷から今日わざ〳〵出て来られたのださうで、東京に出るときはいつも二食分の握り飯をもってくるのだといってゐられた。今日も大きな握り飯を一つ紙につつんでもってきたのを、皆さんにはすまないがといひながら食べてゐられた。食後鹿子木氏は帰られ、あとは松崎氏司会のもとに、試案として作られた年中行事表につき、何れを

（1）久邇家当主。昭和四年学習院初等科入学。その後海軍兵学校に進む。

（2）国文学者。著『大日本歌学史』『枕詞の研究と釈義』等。

（3）明治後期から昭和期の哲学者、国家主義者。大亜細亜協会創立委員、勤皇まことむすび世話人等歴任。

省き何れを入れるか、又誰が執筆するか等の協議がすゝめられる。今度の企図の主旨は国民学校の教師が、当日子供等に今日はどういふ日だといふことを話してやる材料にといふやうな所に大体の目安をおき、記述も余り堅くならないで、具体的に面白くといふのである。それも至極よい。大体一々の年中行事の主旨が忘れられたばかりでなく、形はのこってゐても、生活から遊離したものとなり、従って多分にその行事が無用視される恐れがあり、妙に合理的な低級な娯楽のやうなものがそれに代替させられるやうな傾向がある。これは恐るべきことである。今の内に国民の生活自体の内に自然に息づくやうにしたいものと思ふ。食事の前に鹿子木氏の挨拶があったが、その時西洋（支那も）の文化は客観的性格をもつ、例へば、絵画、彫刻、科学技術といったやうなものが文化とよばれた。然し、日本のは国民の生活の中に一定のリズムをもって息づいて行く、日常の生活とはなれないところに日本文化の特色がある、その著しいものは年中行事であるといはれたが、同感である。小生は「花見」について書けといふ。今月中に十枚位。ともかくも受けておく。八時半頃終る。右隣に森本忠氏《もりもとただし》＊4がゐられて、蓮田君と中学が同窓なので、同氏のことは蓮田君からいろ〳〵きいてゐたし書かれたものにも興味をもってゐたので、名乗って話す機会を得る。年中行事についての意見は全く同感である。今度の言論報国会の仕事は極めて大事なことであるが、只一冊の本にまとめ上げることにのみ止ってはならないと思ふ。勿論一冊の本が一つの大切な機縁となることはたしかであらうが、要領よく手頃にまとめることにだけ心を労するのはよくないと思ふ。

家では栗山君が食事をしてゐた。ビールを一本のみ配給の煮豆、農家で買ってきたといふトマト、茄子の味噌煮、イカナゴの湯通し、等々大変な御馳走。陶然として、九時半頃ねる。む

（4）小説家。著に『笛師八十八の生涯』『僕の天路歴程』等あり。

し暑い。庭に下り立てば、月が朧《おぼ》ろに中天にあり、パラ〳〵と雨が落ちてくる。然し長くはつゞかなかった。

七月四日（火）曇時々雨

四時半起床。降りしぶっていた空模様が六時頃に至り急に大粒の雨をおとしはじめる。

今週から栗山君の学校も始業時間が九時となったさうだ。朝家を出る時間を早めて、今日は七時一寸前一緒に出る。

　第一時間目は一年三組の国語。姫路城のところをやる。その前に十分位とって、太平記の「俊基朝臣再び関東下降の事」をよませる。正九時終業のベルと共にサイレンが響きわたる。警戒警報発令である。早速文憲《ふみのり》王殿下*1を御控室に御待避願ひ、他の者は身支度して下の教室に集るやう命ずる。御控室に至ると、已に殿下方は皆御集りである。賀陽宮家の外は御車がまだ来てゐない。先づ賀陽宮章憲《あきのり》王*2、文憲王両殿下御帰邸、終十六分の後伏見宮家の御車が御迎へにくる。その御車に博明《ひろあき》王*3、李玖《りく》*4両殿下御乗車御帰邸。その御車を本館前貯水池の付近で御送り申上げる。賀陽宮家の御車は小生が本館前にきたときはもう已に出発後であった。九時二十分東久邇宮家の御車来る。門内にて御送り申上げる。俊彦王殿下*5は、御車のくるまで貯水池付近でお待ち遊ばす。自分もお側にゐる。門外から院内詰所に儀仗兵が三々五々慌しくかけつける。全部の殿下方をお送り申上げて、安心して教官室に帰る。入ると、長沢科長と平田教務主任とが盛に口論してゐる。何でもその内容は三年以下を帰宅させた為一、三年の中食が浮いてくるが、それをどう処分するかといふことである。平田氏はこの際在留学

（1）昭和六年生。賀陽宮恒憲王第四王子。

（2）昭和四年生。賀陽宮恒憲王第三王子。

（3）昭和七年生。伏見宮博義王第一王子。

（4）昭和六年生。李王坤の第二子。母梨本宮方子女王。

（5）昭和四年生。東久邇宮稔彦王の第四王子。

生に分け与へる方よしといひ、科長ははっきりしないが、それに反対してゐるらしい。山本修氏も平田氏に時々助太刀してゐる。どうも議論のための議論の印象が強い。大事の前の小事だ。区々たる行きがかりにとらはれることなかれ。

雨は降らないが暗雲低迷。一大事到来の予兆の如し。覚悟はよし。来らば来れ。

二時限と三時限との間の時間に赤井君来る。日立亀有技術員養成所の安藤健二氏（尚志先輩、赤井君同期）から先日同所の皇民科の講師が欠員につき誰か世話してくれと赤井君のところへいってきたとき、小生に行かないかといふことで、それでは行ってもよいと返答しておいた、その事を赤井君が先方に言ってやってくれたのに対する返事である。名は皇民科だが、内容随意、一ヶ月報酬七〇円、一週二時間（一時間宛同一講義）火、木の午前、金の午後の時は何時にてもよしとのこと。木曜の午前中なら都合がよいが、火曜午後でもよいから、大体うけることにする。その旨赤井君に申出、この土曜にでも小生が亀有に出向き安藤氏と直接交渉するやう、先方の都合を電話できいてもらふことにする。

四年も五年も繰り上り、第五時限で下院。二時より科長室で教務部、訓育部の連絡会をひらく。初め平田教務主任から主管簿改良につき意見を求めたが、結局要領を得ず、尚研究しようといふことになる。次に宮原訓育部主任から所管事務につき報告があり、修練、訓育等につき雑談してゐる内に四時過ぎとなる。四時二十分頃学校を辞す。帰途は平田氏と同道。

栗山君の立華高女に電話をかけてきくと、今日は帰宅せぬといふ。

帰宅して一応荷物をおき、斎藤先生御宅の様子をみにゆく。行くとき菰を一つ持参。防空壕は恰度い、時に作ったものと思ふ。承ると、奥様は昨日以来下痢のため困ってゐられるといふ。

二人の御子様をか、へて御気の毒である。そこで一度立寄り、ビストールを携へてゆき口を切って御飲ませする。

房枝、子供らから来信。房枝からは、土井へ御礼のため子供（女学校一年生）の読物を送るやうにとあり、又鉛筆がないから買へたら何ダースでもよいから送れともある。みを子より、

お父さんお元気ですか。

もう夏となり日が長くなりました。

お祖母さんは毎日共同田植ゑへ出られます。家の田は全部すみました。夜はあちらの田んぼやこちらの田んぼで蛙の鳴き声がやかましいです。コスモスが折角大きくなったら馬がたべてしまひました。今あさちゃんと二人で豆を育てるのをきゃう走してゐます。二十三日二十五日には学校で映画がありました。昔のお寺やずゐ虫の話や海の底の話やまんがや少年へう流記や大東亜戦争等の面白い映画がありました。今日からは第二期の農はん期です。明日は海田へ行かうと思ってゐます。お父さんが帰ったら潮干がりに行きませう。向日葵はとても背が高くなり大きなつぼみがたくさんついてゐます。お父さんが来るころはきれいに咲いてゐることでせう。百日草はみんなそれぞれ色が違ってとても美しいです。

お土産は帳面ときれいな箱と鉛筆と千代紙と絵具

さやうならみを子

あさ子より

お父さんお元気ですか。私は、みを子ちゃんと二人でまめをまきました。二つまいてみを子ちゃんと競争をしてゐます。みを子ちゃんの方がもう大きくなりました。ごいびの木の

ところにあった朝顔をとって植ゑました。みを子ちゃんは、ぼうを三本立ててそこに糸をはってその糸に麦わらをつけて朝顔をまきつかせてゐます。もう、百日草はきれいに咲きました。ひまはりも上の方がまがって大きなつぼみがあります。家の田植はもうすみました。もう大きくなったのに馬がこすもすをたべてしまひました。

　　六月二十七日　　　　あさより

夏休のみやげ

　（千代紙）（帳面）（ゑんぴつ）（くれよん）

はる子より

お父さんお元気ですか。私のおみやげは、やうふくかやうふくのきれと、クレヨンです。やうふくや、やうふくのきれは、私のよくにあふものを買ってください。それからゴムけしも買ってください。ひまはりの花がきれいに咲きました。

尚、みを子は別の紙に百日草の絵をかいてきた。あさ子は手紙の裏に花壇の絵をかき、詞書きがついてゐる。

（私たちの畠）こすもすは馬がたべたところとたべないところがあります（二本のせんの引いてあるところからこっちはだろうです）

なるほど二本の平行した線が右の方に天地かけてや、右傾斜に引いてある。
はる子はやはり手紙のうらに、田植のゑをかいてゐる。この子の絵が一番面白い。所が両親と女の子が田に下り立って苗をとって植ゑてゐる図であるが、三人共植ゑた方に立って植ゑない所が前の方にあるのがをかしい。水の色がとてもい丶。この子は水の色、空の色を出すのが天才的のやうに思ふ。

のびきった胡瓜の芯を一本とめる。

今日はとても疲れたやうなので、九時半就寝。

空には十二日位の月が薄赤く、か丶ってゐる

七月五日（水）雨

雨の音に目をさます。四時五十分起床。照代さんはまだおきてゐない。日曜にまいた白菜、しゃくし菜が芽を出した。今日はルックサックに鉄兜持参。一、二、三年の学生がゐないので、第五時限までは授業なし。

子供等が土産物として要求してきたものを買ひにゆく。鉛筆は余り売ってくれない。初めに学校内の売店に行ったがまだ店員が来てゐない。千歳橋際の田坂にゆくと、鉛筆（十銭づつ）を二本しかくれない。ノートは沢山あるが、以前十銭位のものが七十銭もする。それをともかく三冊求む。巻紙（三十銭づつ）、合計二円九十銭。それから鬼子母神参道の文房具屋に行ったが、鉛筆はないといふ。又引き返し、田坂で先の三冊のノート返し、その代り十銭の小手帳五冊、ペン先十五本、筆二本、小鉛筆（手帳用）十五本買ふ。差引六十九銭支払ふ。

六時間目の授業を終へて教官室に帰ると、給仕のをばさんが秋山先生が、特別教室へすぐきてくれとの電話だといふ。行ってみると宮原学生監もゐられる。四年一組が第六時限に問題を起したのだといふ。きいてみると、秋山教授の物理の時間で、教室前に整列して入室するきま

りなのに、一人も廊下に出てゐない。中に入ってみると、黒幕をしめきって、皆ひっそりとしてゐる。外に出て並べよといってもきかなかった―といふのである。そこで授業を行はず早速宮原学生監のところへ電話をかけてよこしたのだといふ。

下らないことである。僅か二十数名の学生を掌握出来ないとは情ない限りだ。村松主管が主となり、秋山学年主管が立会って、これから夜を徹してでも一人〳〵如何なる理由でやったか取調べるのだといふ。下らないことだ。お役目柄小生はSだけを一人呼んできいてみる。何でもないことだ。子供のいたづらだ。このやうな戦局下不真面目なことをしたといふのがいけないといへばそれはどこまでもいけない。然しそれは一度怒鳴っておけばすむことである。警戒警報下おそくまでのこすなんて、事が事だけに鶏頭を斬るに牛刀を用ゐる*1類だ。

身体の調子が今日は思はしくないので、それを理由にして、早く帰らせてもらふ。中等科教室がしまってゐるので、小使本部に鍵をかりにゆくと、今（五時半）警報解除といふ。

帰途池田君のところへより、今井君の壮行会を七日夜紀伊国屋で開くことを交渉してくれたかかどうかをたしかめにゆく。すでに葉書で言ってやってあるとのこと。帰ると、今朝今井君来宅、今日午後一応信州へ帰り、七日夕までにまたくるといってゐたといふ。蓮田君の本を全部と原稿用紙をもってくる。栗山君も昼頃蚊帳をとりに帰り、又出かけたといふ。

夜食後梅村さんのところへ行き、今井君の住所をきき、七日には是非帰るやうに明日は電報打たうと思ふ。それから斎藤先生お宅へ御見舞にゆく。下痢は大したことはないが、胃が少し悪いといふ。栄養食がなく、お困りのやうである。帰りがけ高藤君のところへ廻り、七日のことを葉書では知らせてあるが、もう一度たしかめておかうと思ってゆく。葉書は今日ついたと

（1）「鶏を割くに焉んぞ牛刀を用ゐん」（論語）。

のこと。
十時過帰ると、栗山君はもう帰つてゐる。疲れたので、何もせず寝る。

七月六日（木）晴後曇、夜晴

五時十分起床。梅雨晴。午前中在宅。栗山君へ点呼令状来る。東京で受けるやうに区役所に行つて手続をとる。十一時一寸前家を出て大井線から渋谷へ出、五反田の駒井医院へ廻る。三十日以来遠のいてゐたので、少々又悪くなつてゐる。昨日今日とても身体がだるい。

学校にゆくともう一時過ぎ。をばさんがとつておいてくれた中食を早速とる。昨夜九時迄かかつてやつと半分丈呼び出し取調べたといふ。今日のこりの半分を調べるのだとのこと。御苦労なことだ。

大本営発表　七月五日　十七時

「サイパン」島の状況次の如し

優勢なる敵は飛行機及船艇の爆砲撃の援護を受けつゝ、戦車を伴ひ逐次同島東北部の我が陣地内に侵入し来り戦線は彼我錯綜し諸所に紛戦を惹起しつゝ、あり我が部隊は陸海軍一体となり寡兵克く白兵を以て勇戦敢闘中なり

なほ基地来電によると、父島へは四日午前以降延数百機の敵機が来襲したが更に四日午後に至つては敵巡洋艦、駆逐艦を以て同島に艦砲射撃を加へ来つたといひ、硫黄島にも艦上機延数百機が来寇したといふ。又サイパン島付近にも、視界に入る敵航空母艦数隻に及び、又アスリート飛行場に於ける敵機の離着陸は頓に活発化したともいふ。心痛むことだ。

昨日午後三時帝国政府声明が情報局から発表された。これでは大陸作戦の目的が闡明《せんめい》され、その要旨は、「今次支那に於ける我が軍事行動の目的は一に敵米英の侵寇制覇の企図を破摧するに存し、支那民衆は固より我が友にして苟《いやしく》も米英との協力を排するものは重慶側*1軍隊と雖も我が敵にあらず」といふにあり。

登院の途中大蔵局で今井君に明日三時までに来るやう電報する。

夜児玉教授（即日帰休）を慰める会を登戸の紀伊国屋でひらく。集るもの児玉、山本修、西崎、鍋島、渡辺末、富永、小生合計七名。鮎はないが、鮑が出た。皆満足してくれたのでうれしい。

十一時就床。

七月七日（金）晴

支那事変記念日*2。五時起床。洗面後梅村さん方に至り、今井君が帰ったら酒と国旗とを買ってきてもらふやうに伝言をたのむ。

五時頃帰って梅村さんところへいってみると今井君は已に帰ってきてゐた。今酒と国旗とを買ひに行ってゐるといふ。榊とあぢさゐ、孔雀草等をもらってくる。

六時過池田君宅に一同落合ふ。今井君の外高藤、栗山、池田、小生。紀伊国屋に至り壮行会。酒二升持参。先方から三本出し、そのあとで持参の酒を一升ほど平げる。仲々快適の会。酔うて高吟し、用便にと廊下に立てば十六夜の月中天にかゝる。国旗に四人で署名す。小生は右端に

（1）昭和十二年、国民政府は重慶に移転し、対日持久戦の意思表明。

（2）昭和十二年七月七日盧溝橋事件より日中戦争全面拡大。

「今井信雄君
　撃滅　　清水文雄」
と書き、次いで栗山君は左端に「碧血丹心《へきけつたんしん》*1　艸春」と書き、池田君は真中に「益荒男《ますらお》のゆくとふ道ぞ　勉」と記し、最後に高藤君は池田君と栗山君の間に「みすゞかる信濃の鮎を食べつ、今宵の月夜忘れかねつも　武馬」と書し、全体としてのをさまりは頗《すこぶ》るよい。尚、小生の「海ゆかば」*2を一冊餞別としておくり、その扉に
　ますらをの行くとふ道のかなとでにをりてときはのかざしともせよ
の歌を記した。
十時に出て月光を踏んで帰る。甲斐の酒折谷の葡萄酒が今井君のところにあるとのことで、梅村さんところへ集り、二次会としゃれる。一時過までのむ。ビール二本を梅村さんに振舞はれ、甲斐の葡萄酒もうまい。赤飯も出で、栗山の黒田節も現れ、二次会にはをしいほどの盛会となる。皆で宗武君に寄書もかく。
帰来、どのやうにして床をのべたかも分らず、寝てしまった。

七月八日（土）曇
誰か縁側の外から声をかける。夢ではないかときいてゐたが、声が段々大きくなり、高藤君の声と分った。もう五時だよ、参らう〳〵といふ。まだ半ば夢の中できいてゐるやうな気持である。然し殆ど無意識で立上らうとした瞬間頭がくら〳〵っとした。これは駄目だと思った。猛烈な二日酔である。とても起きられないことをやっとつげて栗山君を誘ってくれといふ。そ

（1）非常に強い忠誠心。
（2）春陽堂新文庫2、昭和十七年三月二十五日。

の時きくと、今朝二時頃敵機またもや北九州を襲ったといふ。ぼんやりした意識の中にその言葉が妙に鮮明にのこる。

到底起上れもしないので、栗山君に教務へ欠勤の電話をかけてもらふ。朝食も中食もとらず、夕食もまだとれない。思ひきって向ひ酒をゐめと栗山君も、夕刻見舞にきてくれた池田君もす、めるが、のむきになれない。「さけ」の「さ」をきいても吐気を催すほどである。

夜十一時頃やっと頭の心のいやなものが大体去ったやうである。夕食がたべないま、で机の上にあったので、蚊帳の外に出てたべる。割合にうまくたべる。

そのあとで房枝からきた手紙開きよむ。食糧の問題で母が大変苦労してゐるとのことで、気の毒にたへぬ。子供も言ひ付けを守らず閉口してゐるともある。又橋本君のこともよろしくたのむとあり。橋本家からいろ／＼よいものをもらふとあり。河鰭実英《かわばたさねひで》氏の人文書院刊「有職故実図譜」＊3来る。

（3）昭和十九年二月十一日、増訂三版。

七月九日（日）晴後曇

五時半起床。すっかり頭がよくなった。然しまだ足がふら／＼する。これからは有頂天にならないで、精々摂生を守らねばならぬとしみ／″＼思ふ。この身は私のものならず、かういふ大事の時に一刻たりとも異状の身体をか、へてゐることは、相すまぬことだ。空元気を慎まう。

十一時頃、大森の帝国生命出張所長飯島氏来る。かねて栗山君より話をしてもらって、この際我々も是非入っておきたいと思ったので、色々詳しい話をききたいといふので、わざ／＼きてもらった訳。

その前に十時頃池田君に来宅を求め、この際先生及び同人が多少とも後顧の憂を軽減するため、先生をお入れして五人が三千円宛生命保険に入り、会の費用より掛金してゆくことにしたいとの栗山君の提案あり、一も二もなく池田君も小生も賛成する。その他個人々々の意志でも出来るだけ多額の分に入ることにしようときめておいて、一旦池田君帰った所へ飯島来宅ありたり。早速照代さんに呼びに行ってもらふ。色々事情をきいた上、結局、五人共八十才満期とし、

先生、池田、栗山、小生　三千百円宛（三千円以下は身体検査は不用なれど不利なり）蓮田三千円（出征中につき三千円以上は受けず）

以上会の費用より掛ける。一年掛金左の如し。

先生　一六〇、九八
池田　八八、三五
栗山　八五、二五　　計五四一、一一
清水　九五、五三
蓮田　一一一、〇〇

右の外個人としては、池田一万円、小生一万五千円のに入る。両人共八十才満期。小生は一年五百三十四円掛として、半年払を希望する。半年として二百六十七円であるが、飯田氏の好意で手数料を引いてくれるので、第一回は二百四十四円五十銭支払へばよいとのこと。とりあへず池田君のも小生のも会の費用より借用しておくことにする。飯島氏帰ったのが三時。それから一時間ほどひるねする。四時半頃より茄子、胡瓜に水と下肥をやる。

ひげをそり、身体をふけば心地よし。

夜学生の作文を見かけたが疲れてうた、ねする。きづきて十二時少し過ぎ床をのべねる。夜半に数度下痢あり。夕食に酒を少しのみたるが悪かりしならむ。

七月十日（月）曇

六時起床。下痢つゞきのため、足がふら／＼する。まだ／＼摂生が足りない。この頃、省線電車の線路の両側五十米巾の民家が日毎にうち壊されてゆく＊1。学生の動員などもこの方面に向けられるものも多い。帝都完防のための惨憺たる忍苦の姿である。長明＊2今の世にあらば、如何なる言辞もて之を写せしか。この地のつゞきに現御神《あきつみかみ》のおはすことを思ふとき、「咲く花の匂ふが如く今盛りなり」＊3の頌歌《しょうか》＊4を歌ふは何時の日か。慚愧恐懼措くところを知らず。

学校に至り下痢つゞく。一時間目は空いてゐるので、赤井君にあひ、一昨日腹痛のため安藤君のところへ行けなかったことにつき了解を求めようとすると、小生の欠勤に気付き赤井君自身わざ／＼亀有まで出向いてくれた由。有難し／＼。それによると木曜0時二十分より二時十分までの二時限をお手伝ひするのがよささうであるので、それにきめることにする。その具体的のことは明日小生出向き話さうと思ふ。

三時間目に四年一組の件の結末につき宮原学生監より菅原氏と小生とに対して報告うける。結局全員譴責《けんせき》といふことになりたる由。相当うるさいことになりはしないかと心配する。そのあとで別室に宮原氏に来て頂き、四月以来健康すぐれずその任にたへぬとの理由で訓育部員辞

（1）建物疎開。空襲による火災の拡大を防ぐため建築物を取り壊して空き地をつくった。

（2）鴨長明、その著『方丈記』。

（3）一二句「あをによし奈良の都は」。万葉集三二八・小野老。

（4）ほめる歌。

去を申出る。意中を諒とせられ、考慮しおくとの返事。

四時間目の四ノ二の授業の途中、下痢を催し、中途で便所に立つ。その頃より段々身体がだるく苦しい。中食は止し、赤井君に食べてもらふ。

第六時限の終了頃突然訓練中等科警戒警報が配属将校星大佐により発令された。小生は四ノ一組の授業をしてゐた。早速作業服に着がへさせる。間もなく空襲警報となったので、主管1組を部署につける。病気で足がだるいので、あとからそろ〳〵ゆく。行ってみると、ちゃんと自分々々の部署についてゐる。よくやってゐる。資材の配備も終り次の命を待ってゐると、やがて、警報解除で、中等科教室前に駆足で集合。一、二、三年学生も留めてあった。そこで星大佐の講評があった。前回よりもよくなったとのこと。それから皆すぐ帰宅せよと命令が出た。皆解散してゆかうとした途端、爆弾投下の通達。その場に伏せ。これも大体出来たが、中にはどぎまぎしてなか〳〵うつぶせられない者もある。四年一組の処置を院長に申し出たところ、それは生温《なまぬる》い、全部一日停学に処せよと厳達につき、もう一度五時より会議をひらくからのこれとのことだが、身体の工合が悪いので、失礼して帰る。帰途駒井医院による。医院にゆく途中もその前も疎開のためとり壊した家屋の取外し材で一杯。四時過ぎてゐた。生憎《あいにく》、その取壊し作業に勤労奉仕に出かけて御留守。だるい足をひきずりつ、空しく帰る。

夜生命保険の印を以て池田君来宅。その機会に極秘を約束して、東宮殿下御教科書編纂要目につき、両君に意見を求める。両君とも身を以てこの絶対事に蔭ながら仕へまつらんと言ってくれる。

九時就寝。腹工合は大体い、が、用心して早くねた。

七月十一日（火）晴
五時五十五分起床。
第二時限の一年一組が五時限に下り、今日の授業は一、三、五時限と夏向きになる。二時限十四日に行はれる筈の四年の試験問題書いて刷る。三時限終りすぐに新宿住友銀行に出かけ、保険料金のために千百円引き出す。今日十二時より二時迄の間に保険医が診察にくるといふのに到頭来なかった。
中食のとき、院長が山本修教授と小生に院長室に来いとの達しで、0時四十五分出頭。東宮殿下御教授要目の件につき、沼津御用邸で傅育官と打合せられた結果、左のごとにきつき達示ありたり。
一、来月初旬日光玉沢*1御用邸に両人参上して、傅育官と凝議すること。
二、それまでに大体の要項を立てておくこと。そのため今月中に自分の手許までそれをと、のへて提出のこと。
三、修身、歴史は根本となるもの故特に慎重を期すること。歴史については児玉教授の意見も両人とは別個にきくが、それはそれとし児玉教授を加へて三人で相談してもよし。場合によっては三人で御用邸に参向してもよし。
以上のやうなことを申され、最後に、昨夏「東宮殿下御教育案ニ関スル覚書」が宮内省当局者の間に物議の種をまいたことにつき、傅育官の方々にきかれたところによると、特にあの文面に直接触れたことではないが、御教育の根本方針として、狭隘に一方的に偏することがあって

（1）田母沢か。

はならぬ、国粋主義に傾くのがいけないと同じく、国際主義に堕してもいけない。大東亜の延《ひ》いては世界を荷ふ日の本の天子としての宏大なる御人柄が要望される訳だからすべてその見地から考へられねばならぬ。その立場からするとき、あの文面が一種の錯覚を以て遇せられたのであらうといふ意味のお言葉であった。勿論臣民として、あれが当然であるし、あれ以外にあらう筈はないが、その点は考慮せねばならぬだらうとも付加された。お言葉至極《しごく》尤もであるが、あの文面からそのやうな結論を導き仮想敵のやうなものを作っていきまいた当局の方が寧ろ一種の偏見に陥ってゐるやうに思はれる。両人とも一時から授業があるので、一時のベルと共に退去。

　第六時限は訓育部会。宮原学生監より四年一組の件は昨日再相談の結果やはり譴責といふことに落ちついた旨の報告あり、その他作業のこと、防空のこと等話があったが、何れも生ぬるいことだ。火急のこととして防空壕の整備がなされねばならぬのに、未だどこかで停滞してゐる。

　三時二十分下院、目白より省線電車にて亀有に向ふ。目白より料金三十五銭。ホームの時計が三時三十分をさしてゐるとき上野方面行電車がくる。日暮里乗替、ここでは十分以上も待った。四時二十分日立亀有技術員養成所につく。かねて速達で行くことを通知してあったので、直ちに安藤健二兄と面談。応接室がないので、講堂で会談。大体は赤井君との間に話がついてゐたので、只出勤日時とその他細々したことの打合のみ。明後日の木曜より毎木曜午後0時二十分より二時十分まで皇民科の講義をすることになり、同一講義を五十分宛二度連続でやることになる。中食は出してくれるとのこと。明日在京日立製作所の職員の研究発表が講堂であるとかで、その準備に忙殺されてゐるらしいので、五時五分頃辞去。帰途見ると運動場男女工員多数集り、茶色のモンペ姿の一女性中央の壇上に立ち吹奏楽に合せて一同盆踊りの稽古をしてゐる。安藤兄と対談中そのやうなリズムがどこからか流れてくると思ひ／＼話してゐたが、これであったかと、心ひかれ／＼帰る。

亀有駅は勤労動員の学生（男女学生、一高生もゐる）で一杯。混雑の中に懸命に読書をつゞけてゐる女学生もゐる。書物片手の眉若き一高生もゐる。

今夜は児玉幸多教授のお宅で山本修教授と小生と三人鼎座《ていざ》で院長示達の件につきての第一回凝議をすることになってゐる。目白で下車、バスで落合長崎郵便局前まで行かうとしたが大変混雑で、結局そのコースを歩行する。

今日は今年始めての暑熱で、おまけに山本氏の書いてくれた地図を踏みちがへて迷ひぬいた末、ふと向うに浴衣姿の山本氏が手をあげて招いてゐるのをみとめ汗まみれの身を六時二十分やっと児玉邸におちつける。早速上半身裸となり、水でふき、児玉氏のシャツ拝借。間もなく夕食の御馳走になる。七時半より九時二十分まで、意見交換大体左の諸項につき一致をみる。

一、御受業種別表中第二種の「御学問所ニ於テ御学友ト共ニ遊バサル学課」の、御学友の選定はさることながら、その普通学生としての受業と御学友としての受業との間に於ける時間割作製の困難さにつき児玉教授指摘す。併しこれは出来るだけ、第一種の「御単独ニテ遊バサル学課」と第二種の学課とを、一般学生の時間割と一致させるやうに工夫する外致し方あるまいといふことになる。

一、御受業種別並びに時間数変更の問題（青字は前案、赤字が変更案）＊1

（1）今かりに変更案をゴシックで示す。

I、御単独ニテ遊バサルル学課
③修身、作文、和歌、書方、馬術（全期間）
①国語（一、二、三、四年）
②歴史（国史）（三、四年）
II、御学問所ニ於テ御学友ト共ニ遊バサルル学課
外国語　⑤数学⑥物象（全期間）
III、学習院ニ於テ普通授業御利用ノ学課
④地理、生物、図画、教練、武道、体操（全期間）
国語、歴史（東洋史、世界史）工作（一、二年）

一、学課内容の問題*1

①「国語」（「漢文」ハ別ニ之ヲ考究ス）ハ第三種ハソノマ、トシ、コレト並行シテ一、二年ニ於テモ御単独ニテ遊バサルルヤウニスル。ソノ際一、二年ニ於テ御単独ニテ遊バサルル「国語」ノ教材ニハ「国史」的教材ヲ主トシテ輯録シ、一、二年ニ於テ「国史」ヨリ離レラルル欠点ヲ補正スルノミナラズ、抽象的説述ヲ避ケテ具体的表現ニヨリテ「国史」ノ御体得ヲ活発ナラシム。尚一年ニ於テハ更ニ「東洋史」教材、二年ニ於テハ更ニ「世界史」的教材ヲ若干加味シ、一般学生ト共ニ遊バサル、「歴史」ノ御受業トノ関連ヲハカル。ソノ際アクマデ「国史」中心ナルハ言フヲ俟《ま》タズ。又普通授業御利用ノ「国語」トノ連関ヲ図ルコトモ緊要ナリ。三、四年ニテ遊バサルル「国語」ハヨリ高次広汎ナル見地ヨリ、八紘ヲ宇ト遊バ

（1）以下原文はすべて赤字。ゴシックで示す。

サルル御君徳ノ御発揚ニ資スル教材ノ輯録ヲ期ス。ソノ際一、二年「国語」ト連繫一貫セルモノアルハ勿論ナリ。尚一、二年ノ第一種ノ「国語」トシテ一時間トル。従ツテ「国語」ノ時間ガ合計六時間トナル。

②「歴史」ハ学課トシテハ前案ノ如クシテオク。但シ、前述ノ如ク、「国史」ハ一、二年ニアリテハ「国語」ノ教材ニヨリテ之ヲ実施スルト共ニ一般授業御利用ノ「歴史」ガ「国史」ヲ中心トセル「東洋史」（大東亜史）「世界史」トナルヤウニ考慮ス。三、四年ニ於テハジメテ「国史」トシテ、御単独受業ニヨリ皇国ノ神髄ノ御体得ヲ願フ。「東洋史」「世界史」ヲ、一、二年ノ二個学年ニテ完成スルコトハ、一般学生ト共ニ御学習遊バス場合ハ困難故、二年ノ「歴史」ノ時間ノ一時間ヲ二時間ニ変更シ、一、二年ニ於テ「東洋史」「世界史」ヲ一通完成遊バスヤウニスル。

③「修身」ハ学課ノ性質上御進講担当者以外ニハ之ヲ云々シ難シ。

④「地理」ハ「歴史」ト密接ニ関連サセル。理科的ナラズ人文的ナルヤウ心掛ク。

⑤「数学」ハ計算等ヲモ着実ニ御実行願フ。

⑥「物象」ハ物質ノ構造、宇宙界等モ教材ニ配慮ス。

⑦「外国語」（英語）ニツキテハ未ダ左程ノ意見ナシ。

大体今夜児玉氏宅にて協議の結果まとまりしは右の如し。その時「漢文」は別に之を考慮するやうに山本氏と話したが、あとで考へてみると、大体次の如く考へる方がよいやうに思ふ。教科書としては「国文」教科書、「漢文」教科書の二様とし、これに「作文」を加ふ。

〔一、二年〕

第一種「国文」（特別編纂のもの）「作文」（文範？　は別に考慮するも可）

第三種「国文」「漢文」（文部省編纂のもの）

〔三、四年〕

第一種「国文」「漢文」（共に特別編纂のもの）「作文」（文範？　は別に考慮するも可）

第三種ナシ

この際第一種の於ける「漢文」は、普通中等教科書の如く日本人の物せる漢文に偏せることなく、むしろ支那経典*1を多くし帝王経綸の学に資する如きものを選ぶ。尚時間は合計五時間を六時間にしては如何。

（1）儒教の枢要である「四書五経」。

九時二十分児玉氏宅を辞し、武蔵野電車椎名町駅にて乗車、池袋に出て帰る。新宿に来るとすでに十時二十分になってゐる。池袋で著しく待たされたためである。ホームを将に出でんとする電車にとびのると、それは経堂行。経堂で下車して、左側の電車にのれといふのでのって待ってゐると、暫くして、新宿から別の電車がくる。それにのった乗客も皆こちらの電車に乗りかへ。間もなく動き出したが生憎成城迄はとまらぬ電車。成城より歩行して帰る。途中犬に吠えられたりして、帰宅したのが十一時二十分。井戸水を汲みて汗をながし、今日のことを少し整理している内に十二時半になる。乃ち就寝。成城から帰途東の低空に浮んでみえた気味の悪いほどの赤ちゃけた半月が、いくらかしらけて掛ってゐる。

七月十二日（水）晴午後夕立

試験前温習日*2で休校。昼食後郵便局に至りみを子に「少国民の友」*3七月号と葉書を投函し、在郷軍人会入会届を分会長の所へ持参した外は、一日中家にこもり、斎戒沐浴して、昨夜協議の結果を右の如く記す。

二時より三時半頃迄、昼寝。夢幻の中に夕立沛然として至る。といひたいが通り雨程度でやむ。夕方降り足りないのを補ふやうに言ひ訳だけぽつ〳〵おちる。

小庭の石竹が美しい花をひらいた。

夕刻栗山君が帰宅して、夕食の前一幅の軸を茶の間にかけた。それは荒海の怒濤の上に金の朝陽が半分姿を出した雄渾なる日本画である。これを今日立華高女の顧問小沢医師より借用してきたのだといふ。心を雄大とする方策如何ときいたとき、これを持ち帰り、床の間にかけて、天照大神のつもりで拝せよといって貸してくれたのだといふ。半ば栗山君は僕の為に借りてきてくれたのである。それから小沢氏が一つの寓話を語ったといふ。それは正宗*4が二人の弟子の内、何れに己の跡目を継がせるかを決定する方法として、清流に二人の鍛へた刀を立て、上流より麦藁を流したところが一方のは流れくる麦わらを真二つにきったが、もう一つのは三度ほど引っかかり〳〵して、そのまま流れた。正宗はどちらに奥伝を与へたと思ふかときいたので、自分は暫く考へた末、後者だらうといふと、その通りだといったさうである。それからそれでは正宗の刀そのものならそのその麦藁がどうなったらうかときくので返答をためらってゐると、先方から正宗の刀なら切れないで、すりぬけるやうに流れ去ったであらうといったといふ。禅問答みたいだが、面白い寓話であると思ふ。

（2）自習のために自由に時間を使える日。

（3）国民学校（小学校）高学年向けに昭和十七年より小学館が発行。

（4）俗称岡崎正宗。鎌倉後期の刀工。後世、名刀として尊重された。

御神酒をいたゞいたのでねむく、十時半就寝。

七月十三日（木）晴

五時起床。南瓜の実花が二つ咲いてゐた。夫々人工交媒を行ふ。

今日から日立亀有技術員養成所に出るので、その準備を朝飯前にする。「祈り」といふことを主題として話さうと思ふ。九時十分家を出る。先方についたのが、十時四十五分。午前中操業はまだ終らず、十一時半まである筈なので、まだ大分時間がある。中食の御馳走になる。午後0時二十分より一時十分迄、次は一時二十分より二時十分まで、二回に亘り同じ講義をする。熱心にきいてくれるのではり合がある。一時間目には安藤君が紹介してくれ、二時間目には木下所長が紹介の労をとってくれる。終りてすぐ帰る。

三時半学習院に帰り、図書館で「元田先生進講録」＊1を借用。それから床屋に至り理髪し、赤井君を訪れ安藤君に頼まれた用件を伝へ、鬼子母神前の天橋堂書店にゆく。かってここに「元田先生進講録」があったやうに覚えてゐたので探しに行ったが、なかった。帰宅すると七時近くなってゐた。

今井信雄君より来信。児島草臣＊2

くだたまき＊3数ならぬ身も時を得て

きみかみため［に脱カ］死ぬがうれしさ

かたばみの家紋を負ひて出陣

すこぶる元気。

（1）明治天皇側近元田永孚の講述。徳富蘇峰編著。

（2）本名強介。幕末の尊攘家。坂下門外の変に関与し、獄死。

（3）「しづたまき」の誤り。枕詞。

住所は　長野県諏訪郡長地村とあり。

十時五十分就寝。＊4夜「元田先生進講録」よむ。緒言の中途まで。門下蘇峰の執筆なり。（4）追記あり。

中に元田翁自記という文章の中に左の一篇あり、よく翁の面目を伺ふに足る。

是等（西郷、大久保、木戸、板垣）皆同年同徳の人にして早く已に朝廷に列して其地位を占む余豈敢て此間に追従して声誉を求めんや云々

七月十四日（金）晴後曇、雷鳴

五時十五分起床。南瓜花交媒二つ。

第一時限は小生の四年の試験。星野誠の報告によると、昨日午前九時島津忠韶の父逝去の由。告別式は十九日午前十時より十一時迄成城町の自宅に於て行はれる。島津久光公の系統を引く家である。

学校内の便殿の戸棚から国文教科書三冊と漢文教科書二冊とを拝借してくる。

午食の時、院長がまた、昨日宮内次官に会った時、当方の教授に命じて御教科目につき研究させつ、ある旨報告したところ、大変喜んでゐられたといふ話があった。山本教授とも話すのだが、仲々考へれば考へるほどむつかしくなってくる。それはその筈だ。

三時より海兵受験者への最後の補習をしてやる。今日は流石三人だけ出席した。安保、八代、阿武。二十日より試験は始まる。

午前より午後にかけて今日の試験の採点を終る。

四時過ぎ帰途高等科教務へ寄り、先日野村高等科長に依頼された拙著「海いかば」を渡さう

としたが、つい先刻帰られたとのこと。机の上においてくる。

衛生部の車田氏明日応召といふ。三時から高等科雨天体操場で壮行会があったが、小生は補習のため不参。中等科からは宮原教授一人だけだったといふ。

高田馬場から西武電車に乗り、新井薬師前下車、上高田一丁目一六六藤本キクノ方止宿の橋本敏之君を訪ふ。前から家内に所望されてゐたのに、その機を得ず、気になったまゝ、であったのだ。仲々元気で、いかにも深川の産のやうな顔をしてゐるので、懐しかった。もう大方馴れてきたといふ。その兄は昨年明治大学を卒業して、今海軍予備学生として飛行機に乗る練習をしてゐるといふ。医科に移りたいといふのだが、何事も自然にまかせて、あせってはいけないとくれぐ〳〵も言ひふくめて帰る。新井薬師前駅に出ると、普通切符は売出停止。やむなく引き返して二十分もかゝって、中野駅に出て帰る。汗だく〳〵。夕立が来ようとして、遠雷を以てしきりに催すが仲々こない。電車の中の暑熱はたまらぬほど。六時二十分帰宅。直ちに裸となり、畑に下り立ち、大根をまびいたり、草をむしったりする。今日は暑さに相当くたびれたが、土にはだしで下り立つと、何とも云へぬ心のおちつきをおぼえる。

池田君がきた。文藝文化の校正が出たといふ。四十八頁迄出た。分担して見ることにする。高藤君が保険のことで来たので、自分の校正を見てもらふ。

夜「元田先生進講録」よむ。十一時就寝。

七月十五日（土）朝曇　晴
五時起床。試験監督二時間。その後は午前中作文を見る。俸給をもらふ。一六七円九五銭。

二十四円十六銭の服地代が差引いてあるので、今月は少い。

今日は宮原教授は勤労作業の事で田奈*1へ出張。

午後、午前のつゞきで作文を見かけたが、暑くて、たへられないので、予定してゐたので、衛生部の前の馬鈴薯を掘る。放置しておいたので、草茫々と生えて、全く畑とも見えぬ状態だったが、一株づつ引き抜いてゆくと、案外大きな子がついてゐる。多いのは六七個。全部引きぬいて、雑草、薯《いも》の茎はそのまゝ、畑にひろげて枯らした上で、中に埋めようと思ふ。持参のリュックサックの中に新聞紙を敷き、その中にとれただけ全部納めて背負ふと、ずっしりと重い。四五〆目*2はあらうか。種薯《いも》は個数にして三十個もあったか。まづ〳〵案外の収穫で背に快感を覚えつゝ、一応教官室に帰り、もう少し作文を見て、四時半頃下院。教務の前で今帰ったといふ宮原学生監に会ふ。汗にまみれてゐる。

帰来、汗を冷水に流して、照代さんの作ってくれたむしぱんを食べ、昼ねしたが、熟睡は出来なかった。暑くて〳〵とてもやりきれないほど。

夜古今集の会だが、結局池田君が来た丈で、外は誰も来ない。十時頃迄三人で雑談して帰る。林富士馬君からは断りの葉書がきた。

十一時就寝。風は夜もない。然し更けてくるとひいやりと空気はいくらか快くなった。

電車の往復と帰ってからと「元田先生進講録」よむ。元田翁（補注3→206頁参照）の偉大さいよ〳〵分ってくる。

七月十六日（日）晴

（1）横浜市港北区。
（2）〆＝貫。一貫は三・七五キログラム。

四時五十分起床。例の如く斎戒沐浴して、神仏を拝し、進講録よむ。

朝から暑い。九時頃房枝に金子を送るため局へゆく。帰りに、子供のために千代紙十たば買ってくる。帰って暫くすると、保険勧誘員の飯島氏と保険医の二人がくる。その前に偶然高藤君もくる。一緒に見てもらふ。栗山君も見てもらふ。皆血圧が低い。その中でも小生が一番ひくい。九十六位。

進講録の左の一節（第一章論語学而章）特に心に止む。


今陛下寛仁《かんじん》*1の徳、固《もと》より群下の囂々《こうごう》*2を憤り給はずと雖、益々斯学《しがく》に由りて、以て謙徳を養ひ、仮令《たとい》衆庶の未だ聖徳に服従するに至らず、私論横議の徒、街に満るとも、聖心に憤慍《ふんうん》*3し給はず、包荒《ほうこう》*4の量、容るる所ありて、以て大道を布き明かにし、剛健の徳、撓《たわ》む所なく、以て時に勇威を発し、遂に彼の異端異学の徒をして豹変革面《ひょうへんかくめん》*5、不レ識不レ知順二帝之則一、南風の薫れる、億兆の慍《いかり》を解て、一士一民も不満意あることなく、・・・

（1）心が広く情け深い。
（2）声がやかましい。
（3）いきどおり心がもだえる。
（4）人の言葉を聞きいれる。
（5）態度を改め従う。

二時から三時過迄昼寝。然し「言ふまいと思へども今日の暑さ哉」で、熱汗はとめどなく流れ出で、横臥してゐても熟睡など出来ない。今夜池田君も来てくれて東宮殿下御学課につき相談に与ってくれることになってゐるので、元田翁の進講録を出来るだけ読んでおかうと思ひ三時より四時半頃迄それに没頭する。

四時半頃より御料地の畑の草むしりに栗山君と同道する。往きは電車に乗る。定期利用。玉川方面から帰りくる電車に人が鈴なりになってゐる。夥しい人出である。東映荘の前で平田教授の帰るに逢ふ。御料地内に一歩踏み入れると、ひんやりとする。草は余り生えてゐない。乾燥は相当してゐる。

帰途を池田御料地番人の許に行き、茄子、胡瓜、南瓜を分けてもらふ。二円五十銭。帰来風呂を浴び快適。上ったところへ池田君来る。栗山君のあと、池田君も入浴。食後右の相談をしてもらふ。大体左のやうに意見をまとめた。

第一種　（教科書ハ特別編纂ノモノ）
修身、歴史（国史）一、二年1、三、四年2、作文（文法ヲ含メル）、和歌、書方、馬術
　（全期間）
国語（国文2、漢文2）　（三、四年）
第二種　（教科書ハ特別編纂ノモノ）
外国語、数学、物象　（全期間）
国語（国文2・漢文2作文ヲ含メル）歴史2（東洋史・　世界史）　（一、二年）
第三種　（教科書ハ文部省編纂ノモノ）
地理、生物、図画、教練、武道、体操　（全期間）
工作　（一、二年）

池田君が次の如き意見を書いてきてくれた。
一、敷島の道を大本とする、もとより従来も和歌はとり入れられてゐるが、これが国の道の

大本を伝へるといふ点を明かにして一貫した体系に於て選出すること、ことに神祇歌《じんぎか》を明かにするとか、歴代の御製を配列して、国や神を思ひ祈り給ふ至尊の御道を明かにするとか、古今新古今の撰集によることが、国の道を興したまふ由縁であった点などを明かにするとかして、和歌を単にもてあそびとしてではなく、国の文の道の本道として明か〔に脱カ〕する方針を立てること

二、古事記編輯の大御心を明かにして、古意と国道との必然な関係を明示した取入れ方をすること、単に古事記の文章を出すといふのではなく、上奏文を明かにして、天武天皇の大御心のある所を明かに示し奉ること。この意味によって、書紀の中からでも国を思ふ尽忠の士の記録、例へば蘇我の山田麿の文を入れるとか、

三、神国の国体を明かに、これを歴代天皇が如何にその継承を重みし給うたかといふやうな文章を入れること。

四、皇国の世界的使命といふものを、歴史によって明かにするやうな文章の編纂（神武天皇紀）（明治天皇の御宏謨《こうぼ》）

五、歴代天皇の佳話、逸話によって聖徳をしのび奉るやうな文章

六、国土、自然風月風物の清麗をた、へる文章

（以上）

「岩倉公人に向って申さる、には、元田は真に道徳の君子である、但だ直言極諫は其の足らざる所かと。先生之れを聞いて申さる、には、唯だ其の直言極諫の名なきが、是れ永孚輔翼の本であると。」このやうな所に元田翁の面目躍如たるものがある。

十一時半就寝。冷気や、感ずるも、なか〳〵ねぐるしい。今日も夕立が十分催し乍ら、到頭来なかった。今の戦局の如き観あり。

七月十七日（月）晴

四時半起床。各隣組員全部出動して防空壕掘りといふので、五時過日に所（町会旗揚場）に集合してみると、組長の伝達の誤りで、今朝は班長だけが集るのだとのこと。シャベルを担《かつ》いで空しく帰る。行く道々で南瓜の交媒を実施してゐる婦人連の朗景は、昨今巷々に展開されてゐることと思ひほほゑましい。

午前十時より三、四、五年の主管が訓育部主任室に集り、田奈の勤労作業の事につき相談す。主として米の収納法である。一日宛二合持参と変更した。以前は米は携行不要とあったのだが。十一時から科長室で、喜多見の伐採作業の時間を午前午後跨がらせるか否かといふことで、結局食料夏期労働の性質その他から云って午前中で切り上げることにする。中食後は訓育部会。夏期修練の要項（父兄通知用）を協議決定。二時半迄か丶る。そのあとで明日の一年の試験国文と国文法の問題をする。四時前帰宅。今日の暑さも全く途方もないもの。頭が呆《ぼう》として、夢現の思ひで草いきれの道を歩いて帰る。一寸昼ねしたが、なか〳〵ねむれない。

情報局発表（七月十七日）本十七日午後五時就任式を行はせられ左の通り発令せらる

任　海軍大臣　海軍大将正四位勲一等功三級　野村直邦《のむらなおくに》＊1

依頼免本官　海軍大臣　嶋田繁太郎《しまだしげたろう》＊2

特に前官の礼遇を賜ふ　正三位勲一等功二級　嶋田繁太郎

（1）東条英機内閣総辞職のため在職一週間に満たず。
（2）東条英機内閣の海軍大臣となり、対米英開戦をむかえ軍令部総長を兼任。

それだけの発表で事は十分足りる。それなのに、新大臣、元大臣の挨拶みたいなものがある。弁解の辞としかとれないやうな言葉である。なくもがなの辞である。かしこくも天皇陛下より「親任」されたる事実の発表である。この事実を事実として誰が疑はうか。もうすべてを国民は納得しきってゐるのだ。今更何をか言はんやである。

夜高藤君が生ビール二升、池田君が米一升、酢司の素三袋持参、照代さんの手料理で、英気を養ふ会を拙宅にて催す。トマト、胡瓜、茄子、キャベツ等の野菜料理一色であるが、仲々うまかった。皆大満足である。すしもおいしく、満腹した。動けないほど腹がはった。高藤君、栗山君まづ眠り、小生も横になってうと〳〵する。池田君のみ元気にして、起きてゐた。その内に栗山君は本式に寝、やがて池田君帰り、高藤君も目をさましてかへる。楽しい会であった。これで力闘出来る英気が高まってきた。十一時就寝。その頃になると冷い夜気がすうっとしのび込んできて、酔ひ心地を快よくなでてくれる。いつしか深い眠りに入った。

七月十八日（火）晴

今度は二日酔はしなかった。快適である。五時四十分起床。

朝刊をみると、帝都の学童疎開がいよ〳〵本ぎまりとなり、八月末までには全国十三都市四十万人（東京都は二十万人）の学童（三年以上）の集団疎開を完成する見込といふ。政府が積極的にのり出し、大々的の経済的補助をなし、個人出費も一人十円宛といふことにし、父兄の申請に基いて決定するのだといふ。かくあるの日の遅かりしをなげくのみ。

十時十分より科会。夏期修練につきての報告及び打合あり、科長より院長の命として、職員は十日以内の休暇しかとれないとのこと、但し、特別の事情ある者はその限りにあらずといふ。余日はたとひ、休暇でも待期してゐてほしいとのこと。さもあるべし。覚悟は十分出来てゐる。十一時より三、四、五年の田奈陸軍兵器補給廠行に付き、協議あり。午後四年の残りの作文をみる。

今日かしこくも御内儀より宮内省職員にして防空事業に携はる者に対して水用として砂糖一袋御下賜あり、それを各人に約二十匁《もんめ》＊1位宛分配された。有難き思召しに感泣した。戦局いよ／＼艱難、宸襟をなやまし給ふことたゞならざる昨日今日、この大みめぐみ、我等臣子、何を以てか報い奉らん。

四時退院。成城町に至り、島津忠韶厳父逝去の弔問をなす。明日告別式がある筈だが、試験のため自分も学生代表も来られないので、明後日学生をつれて弔問することを断り旁々行ったのである。帰途南成城の巡査駐在所に至り、来る二十四日から六日間喜多見御料地にて学習院中等科一、二、四年の伐木作業があり、その際、東久邇宮俊彦王殿下、賀陽宮文憲王殿下、王世子李玖殿下の三殿下御参加につき、空襲警報発令の場合御待避願ふ場所を付近住宅の内に斡旋を願ふ。丁度巡査は不在中につき、夫人に右の旨を伝へてもらふやう依頼しておく。二十一日にもう一度たしかめにゆくことを約して帰る。帰宅して身を水で洗ひ、机の前に端座してゐると、ラヂオは悲痛の事実を報道する。已にかくあるべしと心中懼れつゝ、その発表を待ちつゝあった、国民最大の痛恨事である。

大本営発表（昭和十九年七月十八日十七時）

一、「サイパン」島の我が部隊は七月七日早暁より全力を挙げて最後の攻撃を敢行所在の敵

（1）千分の一貫＝三・七五グラム。

を蹂躙し其の一部は「タポーチョ」山付近迄突進し勇戦力闘敵に多大の損害を与へ十六日迄に全員壮烈なる戦死を遂げたるものと認む

同島の陸軍部隊指揮官は陸軍中将斎藤義次、海軍部隊指揮官は海軍少将辻村武久にして同方面の最高指揮官海軍中将南雲忠一亦同島に於て戦死せり

二、「サイパン」島の在留邦人は終始軍に協力し凡そ戦ひ得るものは敢然戦闘に参加し概ね将兵と運命を共にせるものの如し

この厳然たる事実。我らまた何をかいはんや。アッツの玉砕*1などとは全然違った深刻悲痛な衝撃をうけた。右につけ加へて陸海軍報道部長談が発表され、なほ東條首相の「緊急なる戦局に臨みて」といふ談話も発表された。共に弁解の辞としかきこえず、概ね気迫に乏しいものであった。一般にこの頃の新聞の論調などにも泣き言に類するもの多く、勇進の気力を振起する力に乏しい。只、右の陸海軍報道部長談の最後の方に、最後の突撃発起に当り現地指揮官より左の要旨の報告があったと報じてゐる。

『陛下の股肱《ここう》*2を失ひ而も克《よ》く任務を完うし得ざりしを謹みて御詫び申上ぐ、大津中隊の奮戦に比すべき皇軍の真面目《しんめんぼく》を発揮せるもの枚挙に遑《いとま》あらず、将兵一同死処を得たるる悦びあり、功績も子細に申述ぶるを得ずして、一様に斃れゆく将兵並にその遺族に対しお詫びの外なし、最後に天皇陛下万歳を高らかに唱へこゝに皇国の必勝を確信し莞爾《かんじ》*3として悠久の大義に生きんとする将兵の声を伝ふ』

夕食は栗山君も小生も思ふやうに喉を通らない。いたましくて〳〵ならぬ。十一時就寝。

(1) 昭和十八年五月十二日、日本軍守備隊二六五〇人全滅。

(2) 君主が最も信頼する臣下。

(3) にっこり笑うさま。

＊4

去る七月七日（この日は正に支那事変勃発記念日）に南雲最高指揮官はいよ〳〵最後の突撃命令を発した。その最尾に「余は常に諸士の陣頭に在り」の言葉あり。この語を服膺《ふくよう》＊5して自戒の資となさん。

七月十九日（水）晴

午前四時半訓練空襲警報発令され、その始動訓練があった。五時終了。

昨日陸軍首脳に左の如き更迭があった。

補参謀総長

陸軍大将　梅津美治郎

補関東軍司令官

陸軍大将　山田　正三

補教育総監

元帥陸軍大将　杉山　元

登院すると掲示場前に休暇御帰邸中の治憲王殿下＊6が兵学校生徒の服装にて立ってゐられるので、御挨拶申上げる。草鹿も小倉も堀田もきてゐた。昨日は芝もきた。一昨日は櫟木、肝付もきたさうだが、小生は逢はなかった。皆立派になってゐる。千坂、多賀は病気で帰れぬさうで、可愛想だ。

午後答案をみて、四時迄に教務に点を皆提出して安心して帰る。

（4）欄外に次の書き込みあり。

（5）心にとめて忘れないこと。

（6）賀陽宮恒憲王の弟。

夜八時より常会。防空施設の完備と防空心構の強化につき町会の示達事項につき報告あり。その時きくと、内閣が一両日に更迭するとのこと。小磯大将＊1に大命降下したとか。重大事局をきりひらくべき強力なる内閣の成立を熱望する。

十時頃停電。十一時頃に至りやっとともる。

明晩山本、児玉、両氏と協議する材料清書して、十二時末に及ぶ。乃ち就寝。

七月二十日（木）晴後雨
五時起床。南瓜の交媒花今朝なし。
九時成城駅改札口の前にて四年二組代表片野強、星野誠の両君を待つ。つれ立ちて島津家に至る。忠韶君は今日から海兵の試験がはじまり今朝六時に家を出たとのこと。直ちに霊前に進み、拝礼する。故久範伯、享年五十一、式部官兼主猟官。冷いお茶を頂いて帰る。本当は告別式は昨日だったのに、試験のため来られず、今日にのばしたのであった。それから亀有にゆく。丁度十一時半着。今日は題目「言挙」とする。第一回よりか若干調子が悪かった。やはり暑い。つとめて身体の力をぬいて歩くのだが、それでも相当汗をかく。
四時半児玉氏宅着。二人共在宅。きくと、今朝東條内閣総辞職＊2の発表があったといふ。夕食を御馳走になり午後七時から応接間に於いて三人鼎坐して御教科目の分類及び内容について協議する。その結果左の如くなった。＊3
御受業〔「学科」トセバ如何〕種別表
Ⅰ、御単独ニテ遊バサルル学課〔科以下同じ〕

（1）小磯国昭。「大東亜戦争の目的完遂に努むべし」の勅語を受け組閣、最高戦争指導会議を設置したが、二十年の沖縄戦を機に総辞職。
（2）東條にとって致命的だったのは、六月のマリアナ沖海戦の敗北とサイパン島の陥落で、これで絶対国防圏の一角が崩れ、日本全土がＢ29の行動圏に入った。
（3）〔〕内は意見。

修身、作文、和歌、書道〔「習字」ノ方ヨカラン〕、馬術　（全期間）
国語（国文・漢文）、歴史（国史）（三、四年）
Ⅱ、御学問所ニ於テ御学友ト共ニ遊バサルル学課
外国語、数学、物象（全期間）
国語（国文・漢文）、歴史（国史・東洋史・世界史）（一、二年）
文典（三、四年）
Ⅲ、学習院ニ於テ普通授業御利用ノ学課
地理、生物、図画、教練、武道〔武課の方ヨカラン、今上ノ時武課トナル、但シコレハ中等科御利用、差支ハナイ〕、体操　（全期間）
工作（一、二年）

一、右ノ外、「神祇史」「美術史」「法制経済」「漢詩」〔清水追記〕ヲ考慮スルコト
一、「作文」「図画」ノ名称ハ他ニ適当ノモノアレバ、考慮改変スルコト、
一、「書方」ハ「書道」〔習字ノ方ヨカランカ〕トシタ方ヨロシカラン、「和歌」（コレモコノママノ方ヨカラン）ハ「歌道」ニスル方ヨカランカ、未定。「作文」トイフ課目ハ不要カトノ論モアリ、「和歌」ニ含メルコトモ一案カ、未勘。
一、「文法」ハ「文典」ト改メ、内容モ現行文部省教科書乃至一般文法教科書トチガヒ、雅語ヲ以テ俗語ヲ正ス式ノモノタラシムベク、従ツテ口語ノ文法ハ之ヲトラズ、文語ノ文典ノミヲ三、四年ニ於テ御修学願フ、

一、「外国語」ノ内容ニツキテハ考慮ヲ要ス、撃滅スベキ敵国語ヲ御修学願フコトハ臣民トシテ忍ビザルトコロナリ。

一、「国史」ハ一、二年ニ於テハ「東洋史」「世界史」ト平行セシメ、時間ハ一年ニ於テハ「国史」一時間、「東洋史」二時間、三年ニ於テハ「国史」一時間、「世界史」二時間、一、二年ニ於ケル「国史」ハ主トシテ歴代天皇ノ御聖徳、国体ノ精華ヲ表スベキ古典及ビソノ解説ヲ事柄本位にニ編輯シ、ソレヲ教科書トス。

一、次回（廿八日夜児玉氏宅ニ於テ）迄ニ左ノ如キ分担ニテ学課内容ヲ研究シクル事

山本―修身、外国語、数学、物象

児玉―歴史、地理

清水―国語、作文、文典、和歌、書道

一、尚、教科書編纂ノ必要アル学課トシテハ

歴史、国語、文典、書道、外国語、数学、物象、地理、生物、図画

右の協議は十時頃終り、今夜は児玉氏宅に宿泊させてもらふ。夜もすがら雨と風の音。山本氏と一つ蚊帳にねる。

七月二十一日（金）晴、夕立

六時頃起床。前庭の芝生の向うの垣根寄りに一本の鬼百合あり、数個の豊かな蕾をかしげてゐる。妖艶な花が今にも開きさうに見える。応接間の前に植ゑられた二本の豌豆が薄紫の花を

一輪づつつけてゐる。児玉氏の話によると、異種の豌豆であるといふ。なるほど大輪で、今まで見たこともないやうな花である。

　朝刊に次の如き発表が出てゐる

東條内閣総辞職

情報局発表（昭和十九年七月二十日）

大戦勃発以来政府は大本営と緊密一体の下戦争遂行上あらゆる努力を重ね来りしが、現下非常の決戦期に際し愈々《いよいよ》人心を新たにし強力に戦争完遂に邁進するの要急なるを痛感し広く人材を求めて内閣を強化せんことを期し多方手段を尽し之が実現に努めたるも遂にその目的を達成するに至らず茲《ここ》に於て政府は愈々人心を一新し挙国戦争完遂に邁進する為には、内閣の総辞職を行ふを適当なりと認め、東條内閣総理大臣は閣員の辞表を取纏《とりまと》め十八日十一時四十五分拝謁を仰付けられたる上之を闕下《けっか》に捧呈せり、決戦下事茲に至れるは上宸襟を悩まし奉り恐懼に堪へず、又前線銃後に於て必勝に邁進を続けつ、ある一億国民諸君に対し政府の微力を謝すると共に戦争完遂の為期を失せず更に強力なる内閣の出現を期待して已まず

　小磯、米内*1、両大将に協力組閣の大命下る

組閣本部発表（廿日午後八時五十五分）

本日小磯陸軍大将と米内海軍大将とに対し協力して内閣を組織すべしとの大命降下せり

　小磯朝鮮総督は二十日午後二時五十八分羽田空港着、日航貴賓室で小憩の後参内、大命を拝受した。又組閣本部は芝区田村町一ノ三朝鮮総督府東京事務所と決定した。情報局発表の内「・・・広く人材を求めて内閣を強化せんことを期し云々」は弁解と弱音に聞え、内国民の志

（1）米内光政（よないみつまさ）。連合艦隊司令長官、海相等歴任。日中戦争不拡大、英米協調を説く。戦争早期終結と戦後処理にあたる。

気に関し、外敵国の侮蔑を招くものとして好ましからず。率直さはとるも、ケチな率直さなり。かゝる内にも敵機は小笠原父島に来襲してゐる。大宮島は風雲頓に急をつぐ。

朝食を御馳走になり、七時五十分山本氏とつれ立ちて家を出、徒歩にて学校に赴く。点数の計算をする日である。十時頃迄に終了。森村一番、湯河二番、片野強三番、永積四番、顔五番である。なほ四年二組で成績不良のもの四名の保証人を明日十時迄に出頭するやう速達を出す。S、I、K、I。女子大裏の本屋に「蒙古土産」（河原操）があると山本氏にきいたので、行ってみる。その本屋が見つからず、空しく帰る。田阪文房具屋に寄り子供らのために鉛筆買ふ。三時頃帰宅。水で身体をぬぐひ、昼寝一時間半。

夜停電、暫くねそべって待ったが、つひにともらず、十時就寝。今夜も雨ふる。風もあり、そのために電線に故障を生じたらしい。但し、この一角四軒のみ。本日左の二書求む。（成城堂書店ニテ）

明治天皇御製集[1]（宮瀬睦夫編）二、四〇

吉田松陰選集[2]（武田勘治編）二、六五

七月二十二日（土）　曇後雨

四時五十分起床。昨夜は組閣本部は徹夜でもしたらうか。本日は組閣を完了、閣員名簿を捧呈の段取となるといふ。朝食前後にかけて「文藝文化」終刊号（補注4↓206頁参照）の編輯後記を書く。これでいよ／＼なすべきことをなし終へた。今日午後初校ののこりとこの原稿を携へて東陽印刷へゆかうと思ふ。十時一寸前学校にゆく。十時に父兄を呼び出してあるのだ。然し

（1）昭和十九年六月二十日、第一出版協会。

（2）昭和十九年四月二十日、読書新報社出版部。

までどくらせど父兄は来ない。試みにIの宅に十一時頃電話すると、まだ速達がとゞいてゐないといふ。Iの家もさう。そこで成績のことを電話でつげ、とりかへすやう勉強するやう申渡し、来るに及ばずといふ。K、Sには電話なし、やむをえずそのまゝにして十二時過下院。給仕に残りの二人の父兄から電話があったら他日連絡とって出頭してくれるやう云ってくれとたのんでおく。購買部で子供のためにポスターカラー、赤、青、黄、緑、茶を買ひ、田坂で独乙製青インキ（粉末）を買ふ。その足で新宿まで帰り、住友銀行で六百円出し、伊勢丹に洋傘の修繕をたのみ、都電で神田に出、昨日明治書院に「元田先生進講録」をたのんでおいたので、それをとりによる。新宿で電車に乗る頃より雷雨起り、都電屢々《しばしば》停電す。東陽印刷に至り、校正と原稿と、二月号印刷費（二一八、四五）、小生名刺、ハガキ、封筒印刷費（二〇、六三）を支払ふ。扇子五本もらふ。雨が強くなりさうなので、二時半頃辞去。省線にて神田より新宿へ。新宿にて三時より四時過まで電車をまつ。変電所に落雷せりといふ。駅員は一時間近くも何らの発表もしなかったに拘らず乗客は殆ど不平を漏らすものなし。感心した。途中京王電車を利用せんとしたが、これも停電で、動かず再び小田急ホームへ引き返したら、まもなく一台入ってきた。それにのり帰る。帰るともう五時過ぎ。途中池田君のところへ寄り扇子を一本渡す。丁度栗山君も雨宿り中。池田君昨夕外食中にアサリ入ってゐて、それが当って、腹痛をおこし昨夜中来下痢をつづけたといふ。もう下痢はとまったが、用心してゐるといふ。顔色悪く、大分やせてゐる。一人で気の毒である。

夜電気ともらず。電線は結局四軒の内誰も申出るものなく、そのまゝ、と分った。少々腹が立つが、それはこちらも悪かったのだ。率先して申出るべきであった。ローソクで十時頃までやり、就寝。雨はまだ降ってゐる。降り出すと仲々やまない。各地（東北、北陸）に水害頻々。流失家屋、死傷者まであるといふ。胸のいたむことなり。

七月二十三日（日）　曇後晴

五時五十分起床。昨夜も夜通し降ったりやんだり。夜中寒冷をおぼえ何度も目をさます。便所にも三回も立つ。夜明前にはたまりかねて蒲団を一枚出して着る。

南瓜交媒花なし。

新聞に内閣顔触発表。二十二日午前中に閣員全部決定。そこで両大将は宮中の御都合を伺ひ、廿二日午後一時三十分打揃って参内、天皇陛下に拝謁仰付けられ、閣員名簿を捧呈した後、同二時半小磯首相の親任式執り行はせられ、引続き三時半より小磯首相待立の下に各閣僚の親任式を御挙行、ここに小磯、米内内閣は成立した。全閣員左の如し。（別紙）＊1

昨夜七時半より首相はマイクを通じて初の放送を行った。その終の方に、「不肖小磯菲薄《ひはく》を顧みず、この見地に立ち、国民諸君と共に、内、大いに道義を昂揚して物心戦力の増強を策し、外、盟邦との連繋を益々緊密にして、戦争目的の達成に邁進せんことを期するものでありま す」とあった。又首相談話中に「この未曾有の国難を突破する途は唯々国民大和一致敵米英の反攻を撃砕するのみであります」ともいってゐる。

今朝の新聞は右の如き、報道の外、大本営の左の如き発表ものせてをり、心いたむことあり。

大本営発表（昭和十九年七月廿二日十六時）

七月二十一日朝二箇師団内外の敵は大宮島西岸明石湾及昭和湾の両地区に上陸を開始せり、

（1）　新聞切り抜き省略。

所在の我が部隊は之を邀撃敢闘中なり

「元田先生進講録」午前中に読了。緒言中に述べられた永孚の為人《ひととなり》には色々教へられる所が多い。元田翁が如何に両陛下の御殊寵《しゅちょう》*2を蒙ったかもつぶさに記されてあるし、岩倉公が人に向って元田は真に道徳の君子である、但し直言極諫《きょくかん》*3はその足らざる所かといったのをきいて、「唯だ其の直言極諫の名なきが、是れ永孚輔翼*4の本意である」といったといふことも心うたれる言であるし、「自題自照」〔「自照」は「小照」の誤りカ〕の短文も己れを語り得て足れりの感が深い。又御進講草案中では論語為政首章全部が元田翁天皇学の中枢をなすものとして重要なものと思はれ、周易地天泰卦第二爻《こう》中に述べられた「包荒*5の量」と「憑河《ひょうがし》*6の勇」の一節も卓然たる見識を覗はせるに足るものと感銘した。周易乾卦彖辞《たんじ》中の「大人者先レ天而天弗レ違、後レ天而奉二天時一」の一句の解も亦佳し。更に両読三読して啓発せらるゝ所あらんとす。

十時頃局に行き貯金から廿円払出し、郷里へ石鹸とビストールと鉛筆とを送る。帰途池田君のところへ寄ると、もうよくなって、今朝は町会合同の防空壕掘りに出かけた由。

午後三時から一時間昼ね。雨があって以来、大気が冷え〳〵として、肌寒さを感ずる。夕刻池田君来る。蓮田君の「花のひもとき」（補注5→206頁参照）の校正を持ち来る。夕食後三人つれ立ちて斉藤先生を訪ふ。三ヶ月明く西天にかゝる。二三日前に帰京されたのである。先生はここ暫くお目にかゝらぬ内に大変やつれられた。年のせゐと食物のせゐだらうか。八時頃から十時二十分頃まで話し込む。これといってとりとめもない四方山《よもやま》の話である。

昨朝在郷軍人会主催の第二国民兵教育の通知状がくる。来る廿五、廿七、廿九、三十日の四

（2）特別にかわいがること。
（3）厳しくいさめること。
（4）たすけること。
（5）人の言葉を聞き入れる度量のあること。
（6）向こう見ずなことをすること。

日間砧国民学校で行はれるといふ。木銃あるものは持って来いといふ。

先生のお宅より帰り来り、部屋に落ちつくと、庭の隅から蟋蟀《こおろぎ》のこゑがきこえてくる。やがて前庭は虫の声々に満ちわたらむ。

十一時半就寝。

七月二十四日（月）　晴後曇

五時起床。朝冷。今朝も南瓜雌花は咲かない。食卓に上るトマトはとてもおいしい。喜多見御料地に於ける立木伐採は八時から実施されるので、途中立寄る所もあるので七時に家を出る。先づ郵便局のポストに子供等への手紙と亀有の養成所の安藤氏に廿七日欠勤の届けを葉書で出し、又来月二日に開かれる筈の文報国文幹事会に欠席の旨返事出す。それから在郷軍人班長の所へ寄り、明日から行はれる第二国民兵教育の件につき、携行物品と実施時間をたしかめておく。即ち携行すべきものとしては木銃と弁当のみ。時間は二十五、七、九は七時より十七時迄、三十日は査閲で午前中で終る予定といふ。南成城駐在所にも立寄り、殿下御待避の壕の件過日依頼してあるので、それを確かめる。東宝重役槇村泰三氏宅に願ったといふので、つれ立ちて、挨拶旁々《かたがた》壕の実況下検分にゆく。檜を用ゐて作った立派なものだ。

作業は八時始りとなってゐるが、手違ひのため道具がまだきてゐないので、石井教授五人の四年学生を引率して学校に取りにゆく。そのあとへ、行き違ひに小鍛冶庁仕鋸十八丁持ち来る。それはともかく、八時に先づ木立の中に集合。四年一組組長の号令にて朝礼朝拝を行ひ、宮原学生監の訓辞、内匠寮《たくみりょう》中島庭園課長の伐採上の注意あり、そのあとで、篠原技丁の模範伐採を見学する。檜二本と櫟一本を切る。そのあとで四年二年一年を十八班に縦に分ち、五班に鋸と竹ベラとを渡し、四年に指導的にやらせる。主管はその十八班に夫々一人宛つく。作業の中途に石井教授ら斧二丁と鎌二三十丁持ち来る。十一時半迄作業を行ひ、一応もとの個所に集合、道具を集めて、解散。

十二時三十分頃帰宅。中食すませて、一時半頃家を出で、学校に赴く。明日以後の訓練用の防護服を取りにゆき、又教練科で木銃二丁（栗山君の分も）借用する。図書館で小笠原中将著「東郷元帥詳伝」*1を借りる。主として御学問所総裁時代の記録を見たいため。三時下院。目白書房に至り婦人倶楽部八月号求める。

四時帰宅。薪を鋸で引き、風呂たきの準備をしてやる。

七時半より九時半迄防空訓練。

「東郷元帥詳伝」中の東宮御学問所総裁の頃の記事よみ、得るところ多かった。

十時半就寝。

七月二十五日（火）晴

四時三十分起床。南瓜交媒花一つ。祖父*2、祖母*3、父*4の霊前の華をとりかふ。虎の尾、夏菊、石鼎。とうもろこしの桃色の髭の色ことの外よし。胸が熱くなるやうな色。

南蛮の薄桃色のも、へなす妹を恋ふれどたゞにあはぬかも*5

この日記を記してゐると、朝蜘蛛が一匹畳の上を縦横にかけめぐるのがゐる。一種異様の蜘蛛である。

（1）小笠原長生、春陽堂、大正十年。
（2）清水民吉。
（3）清水キサ。
（4）清水三代太郎。
（5）「み熊野の浦の浜木綿百重なす心は思へどただに逢はぬかも」（万葉集四九六・柿本人麻呂）の改作か。

六時十分家を出て、砧国民学校に向ふ。栗山君と同道である。木銃と弁当をもって徒歩でゆく。二十五分位で着く。まだ数名の顔しか見えない。やがて受付が始まる．小生等は第八班である。高藤君もきてゐる。この隣組では、内山、飯田両氏に我々二人である。七時半頃集合、全九班を三箇の教練班に分つ、我々は第六、第九班と共に第三教練班に編入される。編成終りて校庭に玄関の方を向いて集合、石井分会長の勅諭奉読、訓辞あり。勅諭を拝聴し、訓辞をきいてゐると、もう兵役に直接関係ないと思ってゐたわが身が第二国民兵として復役したことが、とても嬉しくなってきた。まだお役に立つかと思ふと、腹の底から青春が蘇ってくるのを感ずる。木銃をもったものが多いが、中には竹の棒を木銃の代りに持参した者もゐる。全然持たない者もゐる。中の一人がうっかり竹棒を杖のやうにつき、その突端を己れの喉の所へもってゐるのを分会長見つけ、その人を衆人の前に呼び出し、銃剣を己れの喉に擬するは最期に臨み敵の包囲下、如何ともするすべなき時、我と我が身を殺すときのしぐさである、まださういふ時に至ってゐないといふ意味の叱責あり、尤もだと自然にきかれた。

第三教練班は八時半頃そこを出て、氷川神社裏の慶元寺*1境内に赴く。隊伍をと、のへて。椎の古木や竹藪のある奥床しい大寺。大木の木蔭で三組に別れて一人一人の指導官につき教練をうける。今日は午前も午後も各個教練を行ふ。不動の姿勢、左向け、右向け、廻り右、構え銃、担へ銃、挙手の礼、室内の礼等、反覆之を行ふ。十一時半より一時半まで中食時間。二時間の余裕があるので中食後住持の妻女に許されて、御堂に上り昼寝する。高藤君は食事しに帰宅する。一兵卒にやす〳〵となり切れたのがとてもうれしい。心晴朗である。訓練は予想したほど困難ではない。年齢は第二国民兵の極限であるから、すべて老兵である。それをいたはる

（1）世田谷区喜多見四丁目にある浄土宗寺院。一七一六年建立の本堂が現存。

指導官の心遣りもあるかして、人情味のある教練である。他の分会などは相当厳しい訓練をうけたときいてゐる。どんな厳しい訓練でも甘んじてうけようと覚悟をきめてゐたせゐか、却て気抜けがした。ここは喜多見高台の最後の所で、西はすぐに田圃となり、つい先に多摩川堤の並木を越えて向丘の連丘が見えてゐる。三時四十分そこを引上げて隊伍をくみ、再び砧国民学校へ。三教練班共もう一度校庭に集合。分会長代理の閲兵をうけ、挨拶あり、四時四十五分解散。

風呂を浴び、夕食をすませ、九時半就寝。例の調査は仲々はかどらぬ。

七月二十六日（水）朝曇後雨、午後晴

三時五十分、隣の園田夫人のノックに目をさます。四時集合、隣組で、壕を掘ることになってゐたのだ。直ちに起床、福田組長宅横に集合。各組の集合を待って、防護班長の作業計画の指示あり、この組は線路南側の稲荷社境内。六時までには完成に仕上げて帰る。今日は喜多見の作業にゆく。七時十五分家を出る。

作業をはじめる頃雨がぱら／＼とくる。暫くやんでゐたが、九時頃からかなりひどく降り出す、一時雨宿りさせたが、仲々止みさうにないので、中止して、引上げる。十時頃。

帰途、区役所に立寄り、栗山君の兵呼の時機きく。九月末より十月初にかけてある予定との事。通知は改めてするさうである。

桶本佐吉君より来信。先日日本刀をたのんだのだが、生憎過日鑑賞用を少々のこし全部整理したのださうだ。入用なら東京の刀剣商に自分の名を言って頼んでみよとのことだが、値段が

千円もするとの事で、断念する。

一時過より三時迄昼寝。気持がいゝ。目がさめたところへ、照代さん冷いトマトを切ってきてくれる。とてもおいしい。白玉の歯にしみ通る夏の日のトマトは寝起きに食ふべかりけり。*1


三時頃日が照し出した。その内にまたかげった。

四時過宮原学生監来宅。明日防空の件につき協議有之に付小生の意見ききたしとのこと。それにつき、第一殿下の御待避壕の完備、次に学生の待避壕の構築、次に警報下学生の防空装具の着用、空襲警報中の学生の任務等を至急実施乃至決定すべしと進言する。又過日小生の申出た辞任の件につきてはこの際踏み止ってもらひたいと極力慰留される。その他高等科との問題の紛争は只困ったことだといふのみ。約一時間の後帰る。駅迄見送り、帰途池田君のところへ寄り、文藝文化の校正きてゐないかをたしかめる。きてゐないといふ。玄関に座して話してゐる内に驟雨沛然としていたる。忽ちやむ。夕刻涼風南蛮きびの葉をならす。

七時の報道をきくと敵はまた〳〵テニヤン、スマトラ両島に上陸せりといふ。驕敵いよ〳〵おごり極まる。いで〳〵撃滅せでやむべき。

夜海後宗臣氏の「元田永孚」よみ、十一時二十分就寝。

本日文藝文化再校二十七頁までと、四十九―五十四頁（小生分）とをすます。その間がぬけてゐるのは如何。

七月二十七日（木）曇時々晴又時雨模様

（1）「白玉の歯にしみとほる秋の夜の酒はしづかに飲むべかりけれ」（若山牧水）の改作。

四時過ぎ猛烈な降雨の音。夢現の境にてその音を聞きつゝ、今日の二国＊2の訓練はどうなるかなあとこれまた夢心地で考へるともなく考へてゐる。その内に上った、それと共にいつしかまた眠ったらしい。次に目をさました時は五時五分過ぎ。洗面してゐると、またはら〳〵とくる。青い晴れ間も見えるから、天気は持ち直すかも知れない。南瓜雌花二つ。

一昨日の如く砧国民学校に集合は七時。栗山君とつれ立ちて、出征兵士の如く照代さんに送られて銃を肩に出かける。出かけに驟雨一しきりくる。待ってゐるうちにまもなくやむ。

今日は午前中氷川神社境内にて各箇教練。亭々たる老松、老杉に颯々《さっさつ》とわたる風の音をききながら、清潔に掃き浄められた神前にて訓練をうける。自ら心身すが〳〵しくなりゆくをおぼゆ。午後は一時半より昨日の慶元寺に三教練班とも集り、御堂に上り、そこで石井分会長より一時間半に亙り講話あり。講話の妙手にて、諧謔と厳粛とを織り交ぜて、厭《あ》かせず、軍人精神と非常事態認識とを喚起する名（？）演説であった。後半に至り高き梢に日ぐらし鳴きしきり、それに合せる如く、寺内の一角から善男善女の清麗な御詠歌の合唱が始った。実に夢みる如き心地に引き入れられる。重大戦局をとく分会長の声がともすれば、ひぐらしと御詠歌にきき惚れる自分の耳には入らなくなりがちである。涼風は始終御堂内を流れる。ふと高野山を思ひ出した。ああなつかしい〳〵。

終りて外に出れば寺内の西方に立ってゐる一小堂から老人の善男善女が今しも御回向を終って、ふるまひの茶を頂き、次々と階下に下り立つ所だった。今までこの寺は何宗かと思ってゐたが、さては真言宗と分った。善男善女のいそ〳〵とした姿をみてゐると、ふと「ふだらくや岸打つ波はみ熊野の那智の御山にひゞくたきつせ」＊3「有難や高野の山の岩かげに大師は今も

（2）第二国民兵。

（3）『甲子夜話』等に出る。

おはします」*1と自らに口ずさまれてくるのであった。—かの御堂の仏前には大輪の白百合が一輪馥郁《ふくいく》と香ってゐた。

隊伍をと、のへて一旦砧国民学校へ帰り、閲兵、分列の練習をなす。

五時四十五分終了。学校に帰ってからの訓練は少々つらかったが、これが当り前であらう。深川からの小包とゞく。非常通勤用カバンとその中に米、平麦*2が二升ばかり入ってゐた。児玉の母からも葉書。過日深川の母病気のときたつ子さんが手伝いにいってくれたらしい。「元田永孚」よみ、十時就寝。

(1) 慈円『拾玉集』二六七二、下句「大師はいまだおはしますなる」。

(2) 精白した麦を圧縮し平たくしたもの。

七月二十八日(金)晴

五時起床。南瓜雌花二つ。

七時十分家を出て徒歩にて喜多見御料地に向ふ。途中徳川宗英と本間康正に逢ふ。徳川には海兵の試験の様子をきく。本間はびっこをひいてゐる。後できくと昨日鉈《なた》を膝頭に打ち込んだのだといふ。

途中一回休憩を行ひ、十一時迄に作業終る。明日一日を以て全作業を終ることにする。伐採全予定数七百本の内既に六百七十本ばかり倒したからあとは楽だ。その事を石井教授より最後に報告あり。四年丈をのこし秋山教授より田奈行の諸注意あり。一言々々弥次るやうな態度をとる。過日の一組の事件が多少禍《わざわい》してゐるらしい。さもあらん。思へば思ふほど心外の事なり。その後で小生から二組丈に対して、米一升二合の未提出者は明日炊事に提出のこと、更に海兵受験で最後まで五人のこったことについて祝辞をのべ、不幸落伍したものも志をくじかず、新制度による受験の心組を立てること、新受験者も同様とのべ、激励する。

帰途、過日来殿下の御待避遊ばさる、防空壕を依頼した槇村氏宅へ参上、明日来ないからといふので、御礼を述べる。生憎夫人は留守にて令嬢らしい人に伝へてもらふやうにたのんで帰る。南成城の駐在所にも同様立寄り御礼をいっておく。途中成城駅にて俊彦王殿下にお逢ひする。毎日御帰途は電車を利用してゐられるのである。

午後昼寝を一時間ばかりして、今夜児玉氏宅にゆくための準備をする。過日三人で話しあって訂正した種目表、時間配当表を清書する。それから国文、漢文、文典、習字、作文につき、その内容をあらまし考へて、覚書風に記しておく。

午後六時家を出て長崎町一丁目五五の児玉氏方へ赴く。途中小田急電車中にて鈴木知太郎君に逢ふ。久し振りである。家族を富山に疎開させるとのこと。明日家の下見分にいってくるといふ。又一旦目白に下車、門衛所から富士川書記の所へ電話かけ過日注文のリュックサックは出来てきたか否かを尋ねる。まだといふ。またいつ出来るか不明といふ。七時二十分児玉氏宅着。二人は已に待ってくれてゐる。今夜の内に帰らねばならぬので、てっとり早く話合ふ。

先づ学科種別表、学科時間配当表を左の如く清書せるものを提出して学科の名称、配置、及び時間配当等につきもう一度一覧を願ひ、意見をきく。

学科種別表

I、御単独ニテ遊バサル、学科

修身、作文、和歌、習字、馬術　（全期間）

国語（国文・漢文）、歴史（国史）　（三、四年）

Ⅱ、御学問所ニ於テ御学友ト共ニ遊バサル、学科

数学、物象、外国語　（全期間）

国語（国文・漢文）、歴史（国史・亜細亜史・欧米史）
（一、二年）

文典　（三、四年）

Ⅲ、学習院ニ於テ普通授業御利用ノ学科

地理、生物、図画、教練、武道、体操　（全期間）

工作　（一、二年）

備考

（一）普通ノ中学校課程ノ内、音楽、修練ヲ除キ、和歌、馬術ヲ加フ

（二）右ノ外神祇史、美術史、法制経済、漢詩モ学科トシテ考慮ス

（三）教科書特別編纂ノ必要アル学科

国語、文典、歴史、習字、数学、物象、外国語

〔今回三個所訂正あり〕

学科時間配当表

	一年	二年	三年	四年
修身	Ⅰ 1	Ⅰ 1	Ⅰ 2	Ⅰ 2
国文	Ⅱ 2	Ⅱ 2	Ⅰ 2	Ⅰ 2
漢文	Ⅱ 2	Ⅱ 2	Ⅰ 2	Ⅰ 2

	一年	二年	三年	四年
文典			Ⅱ 1	Ⅱ 1
作文	Ⅰ 1	Ⅰ 1	Ⅰ 1	Ⅰ 1
国史	Ⅱ 1	Ⅱ 1	Ⅰ 2	Ⅰ 2
亜細亜史	Ⅱ 2			
欧米史		Ⅱ 2		
地理	Ⅲ 1	Ⅲ 2	Ⅲ 1	Ⅲ 1
〔以上国民科〕				
数学	Ⅱ 3	Ⅱ 3	Ⅱ 3	Ⅱ 4
物象	Ⅱ 1	Ⅱ 2	Ⅱ 3	Ⅱ 3
生物	Ⅲ 2	Ⅲ 1	Ⅲ 2	Ⅲ 1
〔以上理数科〕				
習字	Ⅰ 1	Ⅰ 1	Ⅰ 1	Ⅰ 1
図画	Ⅲ 1	Ⅲ 1	Ⅲ 1	Ⅲ 1
工作	Ⅲ 1	Ⅲ 1		
〔以上芸能科〕				
英語	Ⅱ 3	Ⅱ 3	Ⅱ 3	Ⅱ 3
〔以上外国語科〕				
教練	Ⅲ 3	Ⅲ 3	Ⅲ 3	Ⅲ 3

武道	Ⅲ 1	Ⅲ 1	Ⅲ 1	Ⅲ 1
体操	Ⅲ 2	Ⅲ 2	Ⅲ 2	Ⅲ 2
〔以上体錬科〕 Ⅰ	3	3	10	10
Ⅱ	14	15	10	11
Ⅲ	11	11	10	9
計	28	29	30	30

備考

（一）和歌、馬術ハ右ノ時間配当表中ニハ入ラズ

（二）作文、習字ハ必ズシモ一時間ト限定セズ、伸縮ノ余地ヲオク

（三）図画ノ御習学ハ三、四学年ニ於テハ場合ニ応ジ適宜考慮スルモノトス

次に箇々の学科の内容につき各分担につき意見を述べる。

（児玉）

歴史―一、二年の国史は適当の原典（例へば太平記、神皇正統記等）を排列編纂して、それに基き重点的に御教授申上げる。

亜細亜史は主として一年、欧米史は主として二年に於て御習学願ふ。三、四年の国史は編纂担当者によりて改めて組織立てられる方よし。

地理―文部省新教科書によりて大体差支なし。

（山本）

修身—担当者に委すべし
数学—御頭脳の御鍛錬の意味より特別考慮の下に編纂する、計算も相当入れる。
物象—実験より大観的主旨より御習得願ふ。
生物—よく分らず
外国語—英語とすることには賛意を表し難し。撃滅すべき敵国の言葉を、臣下なら別なれど、
皇太子殿下に御修学願ふことは不当なり
（清水）

国文—
一、神国の国体を明徴にする文章を採ること、且つ歴代の天皇が如何にその継承を重みせられしかをあらはす如き文章を採ること
二、歴代天皇の聖徳をしのび奉る如き文章をなるべく原典につきとり入る、こと
三、臣子の忠誠を表す佳話、逸話を古今の文献中より選出すること、特に国難に処して皇事に励みし忠臣の業績を明かにする文章をとること
四、皇国の世界的使命（八紘為宇《はっこういう》）＊1を歴史によりて明かにする如き文章をとること（神武天皇紀、明治天皇の御皇謨《こうぼ》＊2等）
五、敷島の道の正統が皇室に伝へられてゐること、この道が皇国の大本を伝へるものなる点を明かにするやうに、和歌を一貫した体系の下に選出編纂すること、総じて和歌を単なるあそびとしてではなく、皇国の本道を表すものとして、之を明かにする方針を立てること、
（神祇歌、歴代御製、忠臣武士の歌等）

（1）「八紘」は全世界、「宇」は屋根の意。世界を一つの家にする。日本書紀の文に基づく。「八紘一宇」とも。
（2）天皇が国家を治めるはかりごと。

六、国土、自然の清麗をた、へる詩歌文章を入る、事
七、修身、歴史と連絡をはかる事
八、わが国が言霊の幸ふ国なることを明かにする事
漢文―
一、道徳彝倫《いりん》*1の御習得に資する如き文章をとる事
二、述志の文学として漢詩を和歌に亙りとり入る、事
三、史伝、史詩をとり入れ歴史との連関をはかる事（忠臣武士の自作の詩文、その評伝等も）
文典―
一、現行一般の文法教科書と違ひ、雅語を以て俗語を正す如きものたらしむる事
従って口語の文法は之をとらず、文語の文典を上級にて御習得願ふ事
二、文の法則といふよりも文の典例の意を以て、高度の実用性を重視し、その立場より文典と名付くる事
習字―
一、筆法の御習得
二、和歌の古筆
三、歴代宸筆
作文―
作歌とも連関させ、主として文語文の御稽古を願ふ
和歌―

（1）人倫。

御用掛に委す

大体以上の如き事を話し合ふ。来る三十日午後二時院長御宅に三人で伺ふこととし、種別表と時間配当表は清書し、その各の内容については各自口頭を以て説明することにする。九時五十分頃辞去。それで省線の便が悪く、やっと十時五十分登戸行の電車で帰る。十一時半帰宅。十二時就寝。

七月二十九日（土）晴

第二国民兵軍事教育最後の日。六時半家を出る。今日は砧国民学校々庭でばかり訓練うける。猛烈な訓練で午後中食後約一時間に亙る分会長の学科試問の要領についての話の外は午後四時迄みっちり実科をやらされる。風はあるが、昊天《こうてん》*2で、前二日の場合と大分趣がちがふ。困《くる》しいが誰一人として不平をいふものなし。四時より世田谷区聯合分会長陸軍少将某氏来校。査閲を実施さる。閲兵、集団、各箇教練、分列等、序を近くして行はる。受閲の途中、休めの時間見上げると、すみ切った青空に真白い雲が銀波のやうにかゝってゐる。美しき空。この美しき空を敵機にけがさせてなるものかとの気概勃然としてわき起る。査閲の講評は良好との事。学科試問の時砧分会長が、「撃ちてし止まむ」*3を何とよむのかと糺し、一人は「ウチテシヤマム」とよむと当り前に答へる。他にあるかとの問に答へて他の一人が「ウチテシトマン」とよむといふと、それが正答だと大変な我意である。一般の読み方は間違ってゐるといふのである。意外の事であったが、いふところによると、敵を撃って、し止めるまでやるといふのであ

（2）夏の日光の強烈なさま。

（3）昭和十八年第三十八回陸軍記念日に際し、制定された国策標語。『古事記』の神武天皇の歌から採られた。

る。その意気は壮とするも神武帝の御製中の御言葉を勝手によむのはいけない。流石査閲官閣下は後で壇上に立って、右の読み方は分会長のが誤ってゐるといひ、但しその意気は正にその通りだと、おだやかに訂正し、安心した。七時二十分終了。正に十二時間と二十分の訓練であった。左の如き修了証をもらって帰る。

修了証

清水文雄

右者昭和十九年度第二国民兵軍事教育ヲ終了シタルコトヲ証ス

昭和十九年七月廿九日

帝国在郷軍人会東京支部長　印

帰途池田君のところに寄り、明日院長の所へ伺ふための準備として、両君より意見をききたいから御足労を煩したいとのべて、来宅を求める。帰ると林富士馬、平岡公威両君がきてまってゐる。古今集の会があるつもりできたといふ。雑談して帰る。九時頃より十一時頃まで両君に例の件につき意見を出してもらふ。その結果今夜大体まとまりしことは大略左の通り。尚明日院に答申するつもりにて自己の考も入れてまとめてみることにする。

一、種別変更及ビ新学科添加ニツキテ

イ、一、二年ノ「国語」ヲ　第三種ヨリ第二種ニ移シタ理由

○内容上カラ考ヘテ、臣下ノ学ブタメニ編纂サレタ教科書ハ根本的ニ不適当（コレハ「国史」ノ場合モ同様）

○御学友ト御一緒ナラバ教授ノ効果ハ上ルモノト思フ
ロ、「文典」ヲ三、四年ノ課程中ニ加ヘタ理由
○今上陛下ノ東宮ニマシ〳〵シ時ノ御学問所教科目中ニハ見エザルモノナレド、古文読誦、作文、作歌ノ上カラ実際上ニ必要ノモノト認ム

二、名称変更ノモノ
「書方」ヲ「習字」トシタル理由
○文字ヲ書ク方法ノ会得トイフヨリモ文字ヲ御習学遊バスコトニヨッテ聖徳ヲ養ハセラル、意味ノ方ヲ重要視スル

三、学科別教育方針（付　教科書編纂方針）
イ、「国文」
1、国体ニ関スル事項（民族、国土）
○万邦ニ卓絶セル国体ノ尊厳ヲ御自覚頂ク如キ文章ヲトル事
○歴代天皇ガ如何ニ国体ノ継承保全ニ御心ヲ注ガセ給ウタカヲ表ス如キ文章ヲトル事
○皇位継承ノ重大事タル所以ヲ表ス如キ文章ヲトル事
○皇国ノ世界的使命（八紘為宇）ヲ歴史ニヨリテ明カニスル如キ文章ヲ入ル、事（神武天皇紀、明治天皇宏謨《こうぼ》＊1等）
2、聖徳ノ発現ニ関スル事項

（1）雄大な計画。

○歴代天皇ノ聖徳（多方面ニ亙ル臣民ノミナラズ、諸蕃ニマデ及ブ、八紘一宇—大御稜威《おおみりょうい》＊1）ヲ
シノビ奉ル如キ文章ヲナルベク原典ニツキトリ入ル、事
○創業、国難打開ニ際シテノ御苦衷ヲ表ス文章

3、臣子（民）ノ忠誠ニ関スル事項
○臣子（君側ノ功臣ヨリ草莽《そうもう》＊2ノ微臣ニ至ル）ノ忠誠ヲ表ス佳話、逸話ヲ古来ノ文献中ヨリ
選出スル事
○国難ニ処シテ皇事ニ励ミシ忠臣ノ事績ヲ明カニスル如キ文章ヲ入ル、事

4、敷島ノ道ニ関スル事項
○敷島ノ道ガ皇国ノ道ノ大本ヲ伝ヘルモノナルニトリ明カニスルヤウニ和歌ヲ一貫シタ体系ノ
下ニ編纂スル事（神祇歌、御製、忠臣武士ノ歌）
○敷島ノ道ノ正統ガ皇室ニ伝ヘラレテキルニトリ明カニスルヤウ留意スル事

5、国土、自然ニ関スル事項
○国土、自然ノ清麗ヲタ、ヘル詩歌、文章ヲ撰出スル事
○高尚ナル花鳥風月趣味ノ培養ニ資スルモノヲトル事

6、他学科トノ連関

(1) 天子のご威光。
(2) 民間。在野。

○修身、歴史ト連関ヲハカル事
○但シ両科ト違フトコロハ
修身―皇神ノ道義ヲトク
歴史―ソノ顕現トシテノ具体的事実
国文―皇神ノ道義ガ言霊ノ風雅ニアラハレタトコロヲシタフ
（備考）
一、抄本―太平記、古事記、万葉集
ロ、「漢文」
1、人君ノ道ニ関スル事項
○四書、五経
2、道徳彝倫《いりん》ニ関スル事項
○四書、五経
3、歴史ニ関スル事項
○史伝、史詩ヲトリ入レ、歴史トノ連関ヲハカル事
○述志ノ文学トシテノ漢詩ヲ和歌ニ互リトリ入レル事
○忠臣武士ノ自作ノ詩文、ソノ評伝等ヲ入レル事
4、人性、自然ニ関スル事項
○思郷、別離ノ情
○自然諷詠

（備考）

一、飯島氏ノハ日本対支那ニナッテキル

二、支那ノ文章デアリナガラ、支那ノモノト見ズ、スデニ日本ノモノトナッテキルヤウナ心持デ御学習願フ、従日本人、支那人ト拘泥セズトリ入レル

三、抄本—日本外史＊1、近古史談＊2

ハ、「文典」

1、文語ノ「文典」ヲ御習学願フ

○雅語ヲ以テ俗語ヲ正ス意味

○文ノ法則ノタメノ法則ノ如キモノデナク、作歌、作文、古典、読誦ノ実際ノ御用ニ供シツヽ、ソノ内ニ言霊ノ霊威ヲ御体得願フ

ニ、「習字」

1、筆法

2、和漢ノ古筆

3、歴代ノ宸筆《しんぴつ》＊3

ホ、「作文」

改メテ考フ（文範ヲアム必要アルカ）

（1）江戸後期の歴史書。頼山陽著。二十二巻。源平から徳川氏に至る武家の興亡を記し、朱子学的名分論に立つ。

（2）江戸後期の歴史書。大槻磐渓著。四巻。近世初頭の武将の逸話などを集め、論評したもの。

（3）天皇が自ら書いた筆跡。

七月三十日（日）雨
五時起床。午前中は院長に面談のための準備をなす。
午後一時（実は一時半となる）新宿青梅口に山本、児玉両氏と待合せ、乗合自動車にて院長の御宅（杉並区堀ノ内一丁目三）に赴く。四時四十五分迄左の順序により東宮殿下御修学の件につき我々の立てた原案を説明する。
一、学科種別表、学科時間配当表ノ変更個所ノ説明
二、個々ノ学科ノ内容ニツキ説明
　歴史、地理（児玉）
　国語、文典、作文、習字（清水）但シ作文、習字ハ殆ドフレズ
　修身、数学、物象（山本）但シ修身ハ余リフレズ
（備考）コノ外、外国語ヲ何国語ニスベキカ、大臣ノ大体ノ意向ハ英語ナレド今少シ様子ヲ見ル方ヨカラントイフコトナリ
尚、コノ学科ノ個々ノ内容ハ別々各個ノ意見ヲ銘々ニ記シテマトメル予定ニ付コ、ニハ書載セズ
右の説明を大体に於て院長は諒とせられ、やがてこれを本として日光御用邸に参上傅育官と夫々協議せよとのこと。我々の説明に対して処々に挟まれた院長の意見にも大いにきくべきものありたり。断片的なれど左に特に重要なる点を記しおかん。
（地理）これも第二類に入れる方よかるべし。第三類にてもよろしき故特別の編纂による方

よし。帝皇の地理学。

(数学)頭の体操の意味にて願ふ。

(物象)物理、化学を一人でやる人が必要。

(漢文)「支那とは何ぞや」これを東宮殿下に御理解願ひたし。百年の計として。隣国の大国―特に我が国に最も関係深き国の本体を把握していたゞくこと肝要。唐の太宗の政治御理解願ふ。


大体以上の如し。尚国語、文典に付き愚見を申述べし要点につき左に付記しおかん。

一、一、二年ノ国語(国文・漢文)ヲ第二類トシタ理由
内容ガ臣下ノモノト根本的ニ違フベキコト、コレハ今上陛下東宮殿下ニマシ〳〵シ時ノ教科書ヲ一見セバ明カナリ

一、文典ヲ新設セシ理由
作文、作歌、講読ノ実用ニ供スルモノトシテ文語文典ハ必要ト認ム、古昔《こせき》ハ所謂文語ハ日常使用シナレタレバ、特ニ文典ナクトモヨカリシナリ

一、個々ノ内容ニツキテノ愚見

国文―
(一)国体ニ関スル事項
(二)聖徳ノ発現ニ関スル事項
(三)臣子ノ忠誠ニ関スル事項
(四)敷島ノ道ニ関スル事項

（五）国土、自然ニ関スル事項
（六）他学科トノ連関ニ関スル事項
（備考）抄本―太平記、古事記、万葉集等

漢文―
（一）人君ノ道ニ関スル事項
（二）道徳彝倫《いりん》に関スル事項
（三）歴史ニ関スル事項
（四）人情、自然ニ関スル事項
（備考）抄本―日本外史、近古史談、十八史略等

文典―
（一）従来ノ文法ノ如ク、文法ノタメノ文法、実用ヲハナレタ文法ヲ排シ、重点的ニ作文、作歌、講読ニ必要ナル項目ニツキ実用的ニ御習得願フ
（二）古昔ノ作歌指導書ナドノ故知ハコノ際参考トスルニ足ルモノアリ
（三）雅語ヲ以テ俗語ヲ正ストイフ点ニ主眼点ヲオク

大体右の如し。学科内容に関する愚見の詳細は大体昨夜まとめておいたものと同じ。

夜六時より高舛先生のところで御馳走になる朝鮮の酒があるといふので、特に我々を御招き下さったのだ。十時過迄いたゞいて帰る。明朝は早いので十一時頃就寝。

明日院長玉沢御用邸に随行してゐる石川傅育官宛電報をうち、御用邸伺候の日取をきいて田

奈の小生方へは山本氏電話してくれるやう約束する。
今日はあさ子の誕生日である。

七月三十一日（月）朝雨、後やむ

四時五十分起床。五時五十分家を出る。六時廿五分新宿青梅口着。長沢、星、平田、村松、猿木の各位その他見送りの宮原、秋山両氏すでにあり。七時小田急の片瀬江ノ島行に乗る。数名の遅刻者があったが皆発車には間にあふ。総勢七十一名。新原町田下車、約二丁歩いて、省線原町田着、直ちに出発長津田駅下車、更に行軍にて約四粁《キロ》。行先は横浜市港北区奈良町東原陸軍兵器補給廠田奈部隊南寮。九時過一旦寮舎に入り、部屋割をきめ、荷物をおき、水筒と弁当箱持ち再び行軍にて補給廠へ。約一粁。星野誠、顔恵民腹痛のため寮居残り。その様子を暫く見て、遅れて工場へゆく。俊彦王殿下は御自動車にて十時頃御着、学生と共に、参条谷の仮講堂（作業場のために建てたもの）にて中川中尉の火薬及び弾丸についての講演をきいてゐられた。すみて、二個小隊に別れ、二棟の作業場で作業にとりかゝる。午前中は三四十分しか出来なかった。十一時四十五分から工員と一緒にラヂオ体操、食事は十二時。大体ここの第一印象は非常に明朗であることである。応対、挙措すべて気持がいゝ。環境もいゝ。いくつかの小山を含む丘陵地帯がこの工場の敷地であるが、山には山百合がさき、山鶯が終日ないてゐる。学生の食事は食堂で、職員は集会所。但し朝、夕食は学生と一緒に食堂で食べる。午後より本格的な作業。殿下も第一小隊に所属致され、軍手をはめて、パラフィンにまみれつゝ、熱心に作業をつづけさせらる。午後寮に残した二人の病人を見舞ふ。二人共作業場に行くといったが、留守居も要るので、顔だけのこし、星野をつれて炎天下を作業場へゆく。
夕食五時五十分。・寮して入浴、消灯は九時半。最初の日で、学生もはしゃぎ、十一時近くまで、がや〳〵いってゐた。作業場に於ける動作はすべて軍隊式で、仲々節度があってよろしい。

（補注1）この小説は、『文藝世紀』（昭和十九年七月一日発行、二六―三一頁）掲載時は「朝倉」と題名が変更されている。同小説は、松尾聰が『文藝文化』（昭和十六年十月〜十七年六月、九回にわたって掲載）に平安朝散逸物語攷の一編として書いた「朝倉の物語」を材として小説化した物である。松尾は、その著『平安時代物語の研究　第一部―散逸物語四十六編の形態復元に関する試論―』（昭和三十年六月五日東寶書房）にその一編を収め、付言として「小稿を材として、昭和十八年頃の『文藝世紀（？）』に三島由紀夫氏がこの物語を小説にしたてて居られる。」と記している。なお、「三島由紀夫事典」（昭和五十一年一月二十五日明治書院）の当該項目（長谷川泉執筆）の『朝倉物語』復原試論（昭十九・七『文藝文化』）に基づいて構成された」とあるのは厳密を欠いた記述である。

（補注2）中河与一編集発行の文芸雑誌（昭和一四・八〜二一・一）である。『日本近代文学大事典』の当該項目（谷崎昭男執筆）に次のような記述がある。

「コギト」「日本浪曼派」からの参加者が多いということに雑誌の性格はうかがわれ、その傾向を「文藝文化」などと同じくする面をもったが、他面軍人の執筆も少なくなく、毎号掲載された匿名記事「空・陸・海」にも示されるように、同人制をとったあとも、編集には中河の個人的な色彩が濃く見られた。保田與重郎は途中同人を辞している。

清水が「好もしくない・・・やめておけ」と三島に忠告したのは、この雑誌の「軍人色」や「個人的色彩」を嫌ったためであろうか。後日、三島は「例の中河氏の方は、早速長文の御手紙をさし上げ、なるたけ角立たぬやうお断り申しました。」（昭和十九年七月十六日付清水宛書簡）と書き、同人参加については清水の忠告に従ったが、その後「中世」を寄稿した。

（補注3）元田永孚《もとだながざね》　一八一八～九一（文政一～明治二四）幕末・明治期の儒学者、明治天皇の侍読。国教の制定を主張し、天皇親政運動を推進する。「教育勅語」の草案作成にも参加し、その実現に尽力した。「元田先生進講録」は門下の徳富蘇峰が明治四十三年一月十五日に刊行し、その後版を重ね昭和十九年に普及版七版が出ている。進講録目次を見ると、「第一論語学而章」から「第十五周易乾卦彖辞」まである。

（補注4）昭和十三年七月より足かけ七年間『文藝文化』は発行され七十冊に達した。「終りを知る」という一文を寄せた垣内松三は、先ず「よく終りを知るものは、そこに始めがもり上って来てゐることを気づくにちがひない」と述べ、同人の業績について「「論」を厭っていはゆる「伝」といふ手法が貫いてゐる。精しく観て明かに伝へるといふことは、今の時に於ける根づよい要求の一面である。」と評価し、「同人の心象を貫通する大きな層面は、「みやび」にあるのではないかと思ふ。」と同人達の目指した目標に深い理解を示している。最後を「少しもあせることはない。一休みしてから、また働くことにしたらよからうと思ふ。」という愛情ある言葉で結んでいる。後記で、栗山理一は「国の言葉のみだれ」に触れて、「その言葉をつ、しみ正すことによってのみ、民族の志気を奮ひたたせ、国民の信をも繋ぐことが出来よう。」と述べ、「国のあるかぎり大和言葉は失せぬし、大和言葉の栄ゆくかぎり、言霊の妙なる幸はひは疑ひもない。」と決意を披瀝している。清水も、「何も思ひのこすことはない。わが心清々しいといふところである。」と言い、三百の会員達に対し、「さういふ方々の愛情の瞳を常に我々の上に感じつつゐたのでなければ、我々はとてもあんなに愉しくあんなに感激に充ちて仕事を進めてくることは出来なかったであらう。」と感謝の言葉を捧げている。

（補注5）蓮田善明が、第二回の応召時同人に託した草稿の一編である。署名は巻頭に掲げた古今集の次の一首に由来する。

　百草の花のひもとく秋の野に

思ひたはれむ人なとがめそ
（古今、秋上、二四六）

蓮田は、執筆動機をその序で「わが古文学をたのしく語りたいと、実は心だけで思ってゐることを、つひ或事の端に書いてしまったことがあったのを、目ざとく見つけて、懇篤《こんとく》に慫慂《しょうよう》されると、うかと話にのってしまったのであるが」と記している。三十編の小文よりなり、日頃愛してやまない古典の抄出と解説（時に口語訳）の形式をとっている。この著について、あとがきを書いた栗山理一は「君が構想やうやくに熟せる皇朝文学史第一編ともいへるが、しかも未完といふよりはそのままに円成せる君が皇朝文学観の昇華でもあらう。大君の醜《しこ》の御楯《みたて》といでたつその直前に擱筆したものであれば、これは君が近来の所思の一切を託さうとした悲願の書とも知れるし、また愉しさ充ちて書きすすめられたものとも伝へ聞いてゐる。」と記す。

【解説】

今回は十九年七月分の翻刻注記となった。戦局は、いよいよその苛烈さを増し、サイパン玉砕、小笠原上陸、北九州爆撃等の記事が示すように最終段階に入りつつあった。日常生活も、慢性的な食糧難、日用品の払底、物価高騰が庶民を襲い、健康も維持できないほどのぎりぎりの生活であった。それらのことがこの日記には詳細に記録されてあって七十年前の日本のおかれた現実を知ることが出来るのである。

今回は、特に皇太子の教育内容作成に苦慮する過程が一字一句もらさず記録されていて、貴重な証言となっている。十九年七月時点での「東宮殿下御教育案」の原案を知ることができるとともに、戦後における皇室のあり方と対比して興味の尽きないものがある。また清水がしばしば言及している明治天皇側近元田永孚の存在も大いに気になるところである。

『文藝文化』の終刊は、大きな出来事である。清水は「これでいよいよなすべきことをなし終へた」（7／22）「何も思ひのこすことはない。わが心清々しといふところである」（終刊号後記）と記すように、七年間の文学運動に満足しつつも、今後の飛躍もその後記に「寧ろこれからだといふ勇往の意気に奮ひ立っている」と書き加えることを忘れてはいない。

この度も色々宿題をもらったような気がする。関連する資料を広く観、調査を今後も継続したいと思う。

【参考文献】

『日本近代文学大事典』講談社
『国史大事典』吉川弘文館
『復刻版　文藝文化』全七冊（第一―七〇号）雄松堂　昭和四十六年六月十日
『文藝世紀』（第六巻第七号）文藝世紀社　昭和十九年七月一日
『三島由紀夫事典』長谷川泉・武田勝彦編　明治書院　昭和五十一年一月二十五日
『平安時代物語の研究』松尾聰　東寶書房　昭和三十年六月五日
『山梨勝之進先生遺芳録』財団法人水交会内　山梨勝之進先生記念出版委員会　昭和四十三年十二月十七日
『天皇明仁の昭和史』高杉善治　ワック株式会社　平成十八年一月二十三日
『ノンフィクション天皇明仁』牛島秀彦　河出書房新社　平成二年十月四日
『回想　初等科とともに』福田正一郎　学習院総務部広報課　平成七年二月一日
『元田先生進講録普及版』徳富猪一郎　明治書院　昭和十九年二月一日
『花のひもとき』蓮田善明　河出書房　昭和十九年十月二十日
『明治天皇御製集』宮瀬睦夫編　第一出版協会　昭和十九年六月二十日
『吉田松陰選集』武田勘治　読書新報社出版部　昭和十九年四月二十日

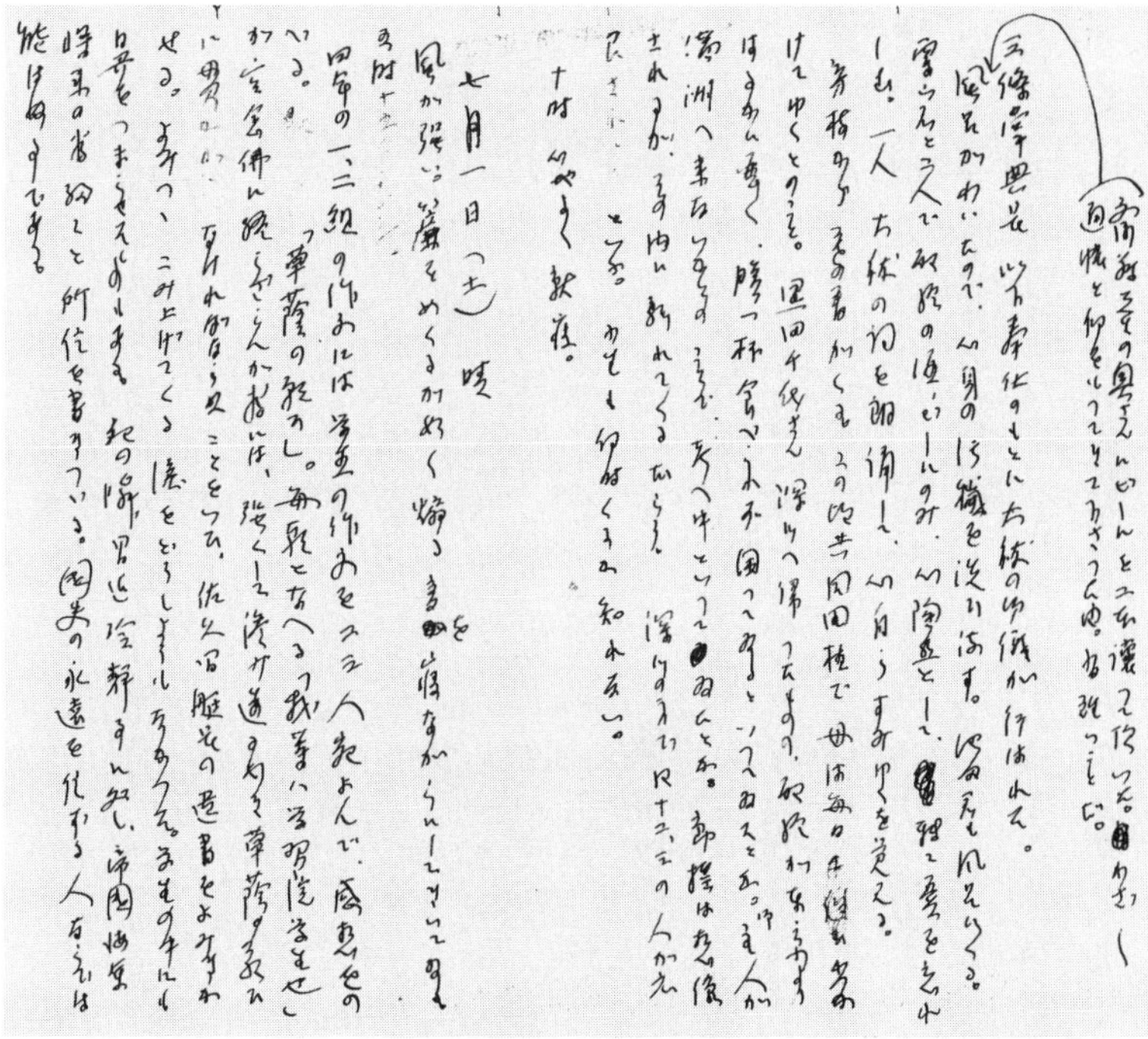

昭和19年７月１日の部分

清水文雄「戦中日記」昭和十九年八月〔四十一歳〕

八月一日（火）晴

学生の起床は六時であるが、我々は五時過ぎに起きる。学生もそろ〳〵起きてきてゐる。掃除、整頓、朝礼、体操の後、七時十五分揃って作業場へ出発する。その前六時四十分頃、今日の食事当番十名をつれて一足先に出る。昨夜来腹痛を訴へてゐた木村勝彦をのこす。朝食は七時五十分。殿下八時三十分御着。作業開始八時三十分。休憩は午前、午後二回。午後の休憩は三時より。その時田奈部隊長黒川海蔵少佐のこの部隊の概念につき御進講あり。終りて、隊内御見学、或所までは御徒歩にて、それからは御自動車にて、広大な地域に亙る校内作業場、火薬庫等を御見学遊ばさる。部隊長の御案内で、中川中尉主として御説明申上げる。火薬庫は絶対安全ときき安堵する。四時五十分御休憩所に帰られ、暫時御休みの上、五時御帰還。これにて殿下の御作業は終り。昨日からは午前中だけ学習院に御登院、渡辺末吾教授より教練の御進講をきこしめされ、更にその後菅原助教授より体操の御指導をうけさせらる、筈。夜、今夜は皆静か。池田仲渋、鈴木清和消灯後他室へ行かんとするをとらへ来り、一同で訓戒す。窓をひらけば、十日頃の月皓々たり。十時半頃就寝。
本日、星大佐、木村帰京。山本氏よりは電報来らず。
今日は宏輔の誕生日。

八月二日（水）晴

今日も朝から大変暑い日。あとできくと、九十三度*1まで昇ったとのこと。星野、飯田両名をのこす。午後二人を見に帰る。星野は今日長沢科長と共に帰京させることにする。午後二時五十分部隊門前発のバスにて長沢科長出発、途中寮前にて星野を乗せて帰らる。夕食後そのま、部隊内に居残り、七時半より第一休憩室に於いて主として勤労奉仕の学徒のために映画会が催された。「雪の結晶」「火薬」「相撲夏場所」。九時二十分終了。月光白き道を隊伍と、のへて宿舎へ。十時四十五分就床。

八月三日（木）晴

十時三十分頃、いつものやうに作業場で火薬を白絲でたばねてゐると、工員の一人から、只今学校から電話があったと告げる。急用があるからすぐ学校へ帰れといふのである。山本氏からと思ひ、早速作業を中止して、一旦宿舎に帰り、身支度して、再び部隊に引きかへし、十二時門前発の軍用バスで長津田駅に向ふ。往きと逆コースで、学校についたのは二時二十分頃。てっきり山本氏が待ってゐてくれると思ひ、中等科教務へ行くと、今日山本氏は休みだといふ。をかしいと思ひ、博物教室に行ってゐられる科長に電話したところ、事務官と打合せしろとの

（1）華氏温度。

ことで、早速事務官室に至る。日光行のことであるが、一日の朝田奈部隊へ電報うったのに何の音沙汰もないからどうしたことかと、一同一方ならぬ心配をされたといふことである。山本氏も二日夜おそく拙宅にわざ／＼出向かれ、小生がまだ帰宅してゐないのが分って、まだ連絡がとれてゐないことを知り、帰宅された上で児玉氏にその事を告げ、児玉氏岩瀬事務長官室に電話して、明日早速清水に連絡つけるやう依頼したといふことである。そこで板橋の本廠から直通電話で以て通ぜられたといふのである。結局電報は小生の手許に届かなかった訳である。今日の内になるべく発つやうにとのことで、時間表調べると上野発五時廿五分しかない。時計を見ると三時。一旦帰宅して出かけるとすると、到底間にあひさうにない。それに切符が簡単に買へるかどうかも分らぬ。あきらめて明朝七時三十分発十二時日光着ときめた。配給の白ズックの靴庶務にて受取る。十一文三分。三円何がし。馬鹿みたいな値段。住宅手当も受取る。公用証明書をもらひ、目白駅の駅長室に入り、日光までの切符を求めんとしたところ、日光まででは売らぬことになってゐるといふ。致し方なく宇都宮迄と訂正してもらひ、そこまでの切符求む。五時前に帰宅、十一時就寝。それまで明日傅育官に提示すべき書類整理する。

八月四日（金）晴日光付近曇

四時三十分起床。五時四十分出発。上野駅に至ると丁度改札をはじめたところ。七時一寸過ぎてゐる。早速行列の後に連る。楽々とのれる。然し宇都宮まで立通しである。宇都宮九時五十五分着。そこで切符を買ひかへて、十時五十五分発、十二時日光着、直ちに電車にて田母沢御用邸へ。巡査の姿が見えたので、てっきり春宮様*1はそちらと思ひ御別邸の方へ行き、中

（1）皇太子明仁殿下。

に入ってきくと、御本邸の方と分り引き返して、十二時半頃石川傅育官のお顔を見てやっと安心する。駅まで迎への車をお出し下さったのだと分り恐縮する。山本、児玉氏は背広服で一室に座し、食事を終ったところであった。話題は電報の手ちがひのことで一しきりにぎはふ。昼食頂き、一時三十分辞去。協議は今夜七時頃からするといふことである。帰途二荒神社*2、東照宮に詣でる。東照宮に争へぬ格の低俗さを今更ながら痛感する。社務所に立寄り宮司渡辺氏に会ふ。児玉氏の姻戚に当る方ださうで、雑談の後、社務所の襖絵を見せてもらふ。岳陵*3、南風*4、寛方*5の絵が大部分をしめ、二階に一間だけ太陽を写した大観*6の絵があった。太陽の間と呼ぶさうである。階下に之に対して月の間がある。岳陵の筆である。何れも左程感銘をひくものではなかった。只大観の太陽だけは流石と思った。

四時半頃宿の小西別館に帰る。神橋の側、山手の傾斜地に立つ。夕食をすませ徒歩にて御用邸へ。昨夜は皎々たる月明で、二人共神橋のあたりまで下り、月を楽しんだといふのに、望月の今夜は姿をちっとも見せぬ。加ふるに、むし／＼した風のない夜である。七時五分昼間通された一室に落ちつくと、流石《さすが》谷間からしのび来る冷気に肌がひんやりする。緞子《どんす》の布をかけた卓子に石川傅育官、山田傅育官と我々三人が対座したところへ、サイレンが鳴り渡る。その座を一寸外した石川氏がやがて、警戒警報第一種七時発令と報じてくる。早速仕人が廻ってきて、雨戸をしめる。山本、児玉両氏は今朝の会談で、各学科内容まで、各自分担の分を説明したといふので、今夜は主として小生の分担、国語、文典、作文（習字、和歌は今省く）の内容につき話すことにする。但し、作文は余り調べがいってゐないので、後日を約束す。両傅育官に申上げたことは、大略左の如し。

（2）二荒山神社。日光連山への山岳信仰を起源とし、中世、武門の信仰があつかった。

（3）中村岳稜。大正・昭和期の日本画家。法隆寺金堂壁画模写に参加、大阪四天王寺金堂壁画制作。

（4）堅山南風。大正・昭和期の日本画家。横山大観に師事、日本美術院再興に参加。

（5）荒井寛方。明治—昭和期の日本画家。アジャンタ壁画や法隆寺金堂壁画模写に参加。

（6）横山大観。明治—昭和期の日本画家。橋本雅邦に師事。菱田春草、岡倉天心と交流、日本美術院を再興し、中心画家として活動。

〔国文〕

一、国体に関する事項

国体の万邦無比なる所以と御親《みずか》ら之を御継紹遊ばすべき御身分なることを御自覚願ふ。

二、歴代御聖徳に関する事項

国体の護持と臣子の安泰を念じ給ふ御祖宗の御聖徳発現の迹をお慕ひ願ふ。御徳沢は洽《あまね》く臣子の上のみならず更に溢れて諸外国の人々にまで及びし事実を御了解願ふ。総じて天祖の道の発展拡充を昼夜念じ給ふ歴朝の御聖蹟を欽慕遊ばすやうに願ふ。

三、臣子の忠誠に関する事項

古今に亙り、臣民が、天皇を現御神《あきつみかみ》と仰ぎ奉り忠誠を捧げし行実をあはれみ給ふやう願ふ。

四、惟神《かんながら》の国振《くにぶり》に関する事項

（二）（三）調和して国の風俗となる、之惟神の国振なり。之を「みやび」と呼ぶ。「みやび」を写せる文章により、わが国振の如何なるものなるかを御体認願ふ。追記（「みやび」は平時にあっては花鳥諷詠の如き優しき姿をとるが、一旦事ある時は伏敵の利剣となる。「みやび」が夷狄を討つとはこの事なり。）

五、敷島の道に関する事項

「みやび」の伝統の神髄としての敷島の道が、皇室に最も正統に伝へられてゐることを、御製、臣下の歌により御了解願ふ。そのために御製並に臣下の歌を一貫せる方針の下に選択編纂する。

六、国土、自然に関する事項

わが国土、自然を賛美せる詩歌、文章を輯録し、わが国の花鳥風月趣味がいかなるものなるかを御了解願ふ。

七、他学科との連関

修身、歴史との連関を考慮すること、但し、修身とも歴史とも異る国文独自の使命のあることを教科書編纂並に直接進講に当る者が十分心得おくこと。

（備考）

抄本―太平記、古事記、万葉集等

〔漢文〕

根本方針としては、天祖の道を大本とし、その発展拡充のための資を漢文にとるといふことを堅持する。その方針の下に左の如き事項を御習学願ふ。

一、人君の道に関する事項

二、道徳彝倫に関する事項

三、支那の人情、風俗に関する事項

四、日本及び支那の歴史に関する事項

（備考）

抄本―日本外史、近古史談、十八史略等

尚、材料は和漢に偏することなく、漢文も国語内といふ見識の下に輯録する。

〔文典〕

一、口語文典は之を用ゐず、文語文典のみ高学年に於いて御習得願ふ。

二、作文、作歌、講読の実用の立場より、重点的に要目を定める。
三、実用に供しつゝ、国語に宿る言霊を御体得願ふ。
〔備考〕
富士谷成章の脚結抄などは参考となるべし。（以上）

右に対して、主として石川傅育官より述べられた御意見は大体次の如くである。
〔国文〕
大体今述べた方針で結構と思ふが、若干気付いた所をいふ。
一、皇国の道の宣揚は当然なるも、教材として修身の項目の如きもののみを並べないやう注意すること。コチ〳〵にならぬやうにすること。
二、直接皇国の道を説かなくても、花を歌ひ、水の流れを写してもその底ではこの道に連ってゐるのであるから、その見地より、俳句なども入れる。又川柳（これは山田氏提示）、謡曲の類も入れる。総じて「風情」の世界を考慮に入れる。
三、文学史は高等科に於いて考慮する。
四、抽象的ならぬやうに心がけ、その意味より抄本など用ゐる。
五、書簡文、現代文も入れる。
〔漢文〕
一、格言を入れる
二、時文は高等科を考慮する

〔文典〕
至極尤もなり
〔作文〕
特に書簡文の歴史的意義の見地から重視する。これに現れる御身分の区別をはっきり御分り願ふやうにする。
（以上）

尚、修身については、以後の仕事として、項目に書いてみること、又宗教に対する御見識をしっかりお養ひになるやう考慮すること等を付言される。

大体右の如き内容の会談の後八時五十分辞去。御玄関にて御銘菓を賜はる。門前は近衛兵、警官の警戒活潑にして物々し。心強さを感ず。曇天なれど、十五夜なれば、うす明りの道を三人つれ立ちて帰る。

尚、今朝十時より十一時半迄に亙り山本、児玉氏が両傅育官と会談されし内容は大体次の如し。
一、歴史、地理について児玉氏別紙の如く説明
二、数学、物象について別紙の如く説明
三、諸学科に関し石川傅育官の意見
○修身
なるべく御身近の事例について、御年齢を考慮して立案のこと、御授業に当る者は余り老年の者よりか若い者の方がよいこと、中学校教授要目には個人道徳が欠けていること

○図画
日本画と限定しない方よからん
○国史
実物について御進講申上げる（絵巻物、埴輪等）
○神祇史
「祭祀事項」と改めた方よし。
○後期の御利用
学習院御利用のまゝ、おやりになるやう考慮すること、
その間陸海軍の学校に行かれるは合せて半年位でどうか、（その残りの期間を高等科の文科を主として理科を加味する――これは児玉）
四、同山田傅育官の意見
研究会等に於いて色々お話申上げることも考慮すること（以上）

小西別館に帰り、雨戸を開け放ち、涼風を入れつゝ、十一時就床。あすは明朝七時二十五分発の汽車にて、ともかく帰ることにし、切符を宿に依頼する。児玉氏は道中寄るところありとて、少しおくれて出発、山本氏は約束の人東京より来るとて、居のこることになる。月はまだ出てゐない。夜通し顔を見せなかった。

八月五日（土）晴

五時起床。六時半宿を出て、駅前の小西旅館支店で買ってもらってある目白迄の切符受取り、七時廿五分日光駅発。宇都宮、赤羽にてのりかへ、十二時半頃帰宅。午後一時頃警報解除。新聞によると、硫黄島父島に敵艦上機十機来襲せりと。父島沖にはまた巡洋艦、駆逐艦が遊弋《ゆうよく》しありと。

昼寝二時間位。夕刻野菜に水をやる。

夜月清し。月にうかれて、池田君のところを訪ふ。無人。その足で高藤君のところへゆく。昨夜宿直だったとのことで熟睡中。夫人が蚊帳の中から出てきてさういふ。遠方のところを気の毒だから起さうかといふが、もと〳〵月に浮かれてきたのだから、迷惑かけてはいかぬと思ひ、あわて、それを制して帰る。帰途もう一度池田君ところへ寄る。宮井君一人ゐる。先刻郷里へ向けて立ったといふ。今夜の十時の大阪行急行にのるのださうである。空しく帰り、テーブルの机の中の物を整理する。少年の頃の和歌、俳句をよみ、われながら、佳品（？）あるのにおどろく。あの頃から見れば、今の方が心が荒れてゐるかも知れぬ。少くとも意識してする不自然さが今の自分にはあるやうに思ふ。

十二時半、円月天空に満ち、その眺めを独占して、暫しは寝る気になれない。電灯を消すと、蚊帳の隅まで白々と月光がさす。

書きおとしたが、高藤君のところへ入る小路―一方が住宅の生垣、一方が竹藪―は丁度真ともから月がさし、恰《あたか》も黄金の流れを溯る如き感あり。

八月六日（日）晴、時々曇

五時起床。南瓜四個交媒。

十日の夜出発して帰郷することにきめる。

朝九時頃時雨の如き夕立あり。地面は湿るといふところまで行かず、間もなく強烈なる太陽が照りはじめる。

一昨日日光にて両傅育官に説明した事項を整理するために一日か、る。午後例により二時間半ほど昼寝し、四時半頃より風呂をわかす薪を鋸でひく。日光から買ってきた風鈴が強風のために一日中鳴りひゞく。さういへば今日は荒れ模様が終日つゞいた。晴れたかと思ふと曇り、又晴れた。とうもろこしが大分実のってきた。矢の如き帰心を抑へて、身辺の整理をすっかりしておいてからときめた。

　夜風邪気味なので十時頃就床。朧月夜、深夜厠《かわや》に立つと、月光が白々と廊下にさし込んでゐた。

八月七日（月）雨、風
五時二十分起床。どんよりとした曇天。風あり、朝から荒模様。児玉幸多氏に借用せし「元田永孚」（海後宗臣）＊1を読了せしにより左に其の中より感奮せし個所を若干抜いておく。（「」は元田翁の文章、他は海後氏の文章）＊2
○「永孚窃《ひそか》に惟《おも》ふに、方今《ほうこん》宇内列国盛大雄強の日に際し、我皇国蕞爾《さいじ》＊3たる一島国を以て帝国と尊称し、各国と対峙して未嘗て侮《あなどり》を受ざる者其故何ぞや。豈政理の相対する乎、人智の相比する乎、学芸の相侔《ひとし》き乎、兵力の相敵する乎、皆未だ然る能はず。然ば則神胤一系万古

（1）日本教育先哲叢書。文教書院　昭和十七年九月三日。
（2）傍点引用者。
（3）ちっぽけ。

不易、宇内《うだい》*4に超越するの故を以てするに非ずや。是正に臣子の感仰《かんぎょう》服事是暇《いとま》あらず。平素喜泣悦躍頃刻《けいこく》*5も忘れるべからざる者なり。」　（「君徳輔導《ほどう》の上言」）

○「夫天皇の心を輔導する、須《すべから》く天下第一等の人を択び、水魚腹心の親みありて、而後薫陶啓《けい》沃《よく》*6の益あるべし。」　（同）

○この『小学修文訓』は和漢洋の格言名句を集録したものであって、最初は中庸の一句が書き下し文体で示されてゐる。かゝる東洋思想に基く編纂をなし、児童が今直ちに解し得ない句であってもこれを諳誦せしめて徳化の基礎とすべきであるとした。　（五八頁）

○「それ天祖の誠心をもって立つ。君臣の大義明《あきらか》なり。父子の至親《ししん》敦きなり、これを拡充するに孔子の道徳をもってし、これを補益《ほえき》するに欧学の格物を以てす。」　（「国教論」）

○「永孚御存知の如く漢学者にて孔子を信じ候へども、当世の漢学者は一人も取るに足らずと存じ、日本の国体日本の道徳を推尊《すいそん》*7致し候へども、神道家国学者の流は素より信用致さず、西洋家の心酔流は最も嫌ひ候へども、西洋に活眼《かつがん》*8ある人は大に信用致し候、仏法家は一切取り不申《もうさず》、耶蘇の其上帝を云は尤に思はれ何もかまひ候こと無く候へども、日本人にて天祖天孫以降此君上《くんじょう》を尊崇して道を履む者の、神上帝を信じ候は大ひ成る迷ひなる故、甚《はなはだ》之を笑止に存じ、どこ迄も之を開帳致させ度《たき》存念に候故に永孚は何学何流にも片拠り不申、日本人にて日本国の道徳を身に行ひ、人に教へ度思ひ候人にて、もはら簡にて愚見も御聞下され度願ひ申候。」　（「倫理教科書につき意見書」）

○「扨日本国の道徳は、何を主として云ふ歟と御尋ねに候へば、日本国は教の書と云者なければ、只之種の徳一つを本にして、其註解に孔子の書を取り用ゐて十分なりと存じ候。今世に

（4）世界。
（5）しばらく。
（6）臣下が心に思うことを全て君主に申し上げること。
（7）あがめたっとぶこと。
（8）物事の道理を識別する眼識。

ては其余に西洋の哲学も取舎する所ありて宜しく候。只教科書は中学生徒の眼《まな》こを開かせ魂を定めさするが第一の肝要なるを以て、倫理の中にて本末先後の秩序を明かにし、綱領と条目とを燦然《さんぜん》たらしむるを要し、今少し簡単にして明確ならんことを欲するなり。是永孚が愚見なり。」　（同）

○「顧みるに本邦は万世一君、覆幬《ふくちょう》の下に親和密合離るべからざる無二の臣民にして、反って輓近《ばんきん》*1欧風を外慕《がいぼ》し、報本反始《ほうほんはんし》*2の我を忘れて、浮薄軽佻の俗に浸漸《しんぜん》*3するを免れず。而して各国の其国文を先にする教育、未だ行はれざるは、余輩の痛嘆に堪へざる所なり。余輩は夙《つと》に本邦の文学を研究し、皇室の尊厳なる所以、国体の鞏固なる所以を掲示し、人情の基く処、風俗の由る処を説明し、国民をして国家に忠愛なる徳義を深厚ならしめんことを希ひ、前に生徒を養ひ、講筵を開き、本邦の典故文献を講究する方法を設けしも、規模猶未だ大ならざる憾《うらみ》あり。今や機運方《まさ》に至り、資金も略《ほぼ》備はるを以て、茲《ここ》に国文学校を設立し、以て国史国文国法を攻究する所となし、首として本邦固有の倫理綱常を闡明《せんめい》*4し、之を拡充するに孔子の道徳仕義を資用し、定学定業を勉めて空論虚説を戒め、進みて人文の発達を追ひ、世務《せいむ》*5の必要に応ずるに至りては、泰西支那古今百科の学皆網羅兼修して、此文学の全備進歩を計り、其人の才器品等に順ひ、益々精微を尽し、広大を致して中庸に由らんと欲するなり。」　（「私立国文学校建設趣意書」）

（教育勅語して）

○「此度之勅諭者則末文之通に万古不易之道を御親喩被遊候事故、当世の風潮に者決し而御顧《こ》念《ねん》*6無之被仰出可然と相考へ候に付、老極にも百世を待而不疑之存意に而立案致し置候」

（1）最近。
（2）天地や祖先の恩と功にむくいること。
（3）程度、状態が次第に進むこと。
（4）隠れた道理や意味を明らかにすること。
（5）現在の世の中が必要とすること。
（6）後の事を心にかけること。

（明治二十三年八月廿六日付井上毅《いのうえこわし》*7宛書簡）

○「若し不得已《やむをえず》して各国に取るべき等の事あらば、文部卿能く其意見を尽し、精択して其取るべきものを取り、徒に偏すること勿れ。」（勅喩大意）

○「国体に由りて道あり、道に由て教あり、教育は我国人を養成する所以なり、我国人を養成せんと欲して我国体に本づかず、我皇道に由らず、我祖宗の志に率《した》がはずして専ら異国の文物理学を采用するは、猶魂魄なき人を粧飾《しょうしょく》するが如し。国利を索《もと》めて将に魂魄無《なか》らしめんとす、国利の害是より太甚《はなはだ》しきはなし。今独逸人をして仏蘭西人に模擬し、露西亜人をして英吉利国人に模擬せしめんとせん乎、其国の損害火を見るが如くにして、其決して模擬するを欲せざるは論を待たざるなり、嗚呼我日本人にして、亦自ら甘んじて異国人たらんと欲して可ならんや。」（教育大旨）

朝七時頃より雨降り来り、一時止み、八時頃より風交りの本降りとなる。

七月廿日発行の「文学報国」にサイパンの悲報をきいて書かれた諸氏の感想文あり。佐藤春夫氏（補注1→256頁参照）と保田與重郎氏のもの一番心をうつ。保田氏の文章の一部分を引く。

「・・・こゝで我々は、かゝることに当っての心を如何にせよと、申さんとするのではない。さしたる言挙げをなさず、かゝるときには思ふ心持ちの混沌が、全日本人に共通することを確信し、その無言の結合に絶対の土台を考へる。その混沌の心の中核はかの辞に唱へられた『皇国の必勝』である。全将士討死の日のこの遺言の確信には、理も説もない。これを思へば、その混沌を文字にうつし、国のためとする文学の務めは、また重いものがある。

（7）明治前期の官僚・政治家。伊藤博文の下で大日本帝国憲法・皇室典範の起草にあたり、教育勅語の起草にも参与。

十九日夜集まる者十数名、某所で激動する時代を痛感しつゝ、サイパン殉国の歌の放送をきく。作者大木惇夫《おおきあつお》氏*1もその中にあり。一瞬前の座談の談論慷慨を忘れて忽ち粛然たる思ひを遠きにいたす。わが心清澄にして余念なく、しきりに落涙し、歌曲の大半を聞き得ず。大木氏嗚咽して泣く。

その歌詞の巧拙を覚えず、歌曲のことはさらに知らず。その歌詞の一句に、武器とりて起ち得る者は、武器とりて皆戦へり、しりへには大和撫子、くれなゐに咲きて匂へり、とあり。大和撫子くれなゐに咲きて匂へりの句、我は忘れざるべし。サイパンのこと自若として忘れざるべし。即ち一首

いづことてわが大君のしろしめすみいくさなれば思ふことなし

七月廿五日の「国民座右銘」に疎石（夢窓）*2の左の句あり。以て自戒となさん。

本《もと》を得ば末《すえ》を愁ふることなかれ

午後一時より二時三十分迄は新方式による待避訓練。

「国文読本巻一」よむ。これでは何としても堅すぎ、むつかしすぎである。新読本は余程考慮を要すると思ふ。これを実際はどのやうにして取り扱はれたか、飯島氏に糺してみたいと思ふ。

夕刻郵便局に至り、蓮田君の「花のひもとき」の序とあとがき（栗山記）の初校を河出書房に送る。それから駅前の「赤ぢばん」洋品店で、宏輔、仲二郎、邦夫三人の帽子を買ふ。衣料切符合せて十点。更に徒歩にて成城堂書店に至り、土井への土産として「国を護った三少年」（二、〇六）を求め、みを子等へ千代紙鉛筆を求む。なほ「国語小辞典」（〇、四二）も買ふ。

（1）明治二十八年生。昭和五十二年没。詩人。広島市生まれ。第一詩集『風・光・木の葉』。その後、『海原にありて歌へる』『神々のあけぼの』等の愛国詩を書く。

（2）鎌倉末・南北朝時代の臨済宗の僧。正中二年、上洛して後醍醐天皇に説法、南禅寺に住す。著に『夢中問答』等あり。

一日中荒模様がつゞく。雨と風とが伴ったり、どちらか一方だったり。

「文藝春秋」八月号の「をみな蹶つべし」（広瀬敏子）の文章中に、「この役（元寇）は神風を待つまでもなく、既に国内の一致協力が、その戦前に早くも勝利を啓示してゐる。」〔傍点引用者〕と、またしてもいってゐる。秋山六郎兵衛教授の先日の愚説とは、直接関係ないかも知れぬが、関係ないだけ、一層よろしくない現象である。

睡魔におそはれ、十時就寝。風はまだ強い。

八月八日（火）

五時半起床。風雨は今朝もなほつゞいてゐる。照代さんはこれは神風かも知れませんね、といふ。南瓜の蔓がまくれて、ごちゃ〳〵になった。六時半から小磯首相の大詔奉唱と引きつゞき「謹みて大詔に応へ奉る」の放送があった。大詔の御精神を今更《あらた》めて国民の前に明かに掲示して、国民の奮起を要望したもので、忠誠心に貫かれた熱弁であった。

九時半家を出る。豪徳寺で玉電にのりかへ、三軒茶屋下車、世田谷局にて蓮田の送りし金子五十円受取る。夫人へ送付しようとして為替にはくんだが、書留受付の窓口が余りこんでゐるのでやめた。渋谷へ出、書店で子供らへの本を買ふ。五反田駒井医院へ廻り、久しぶりに健康診断してもらふ。血圧が大分上ってゐる。調子がよくなってきた。謝礼のことをきくと、受取らないといはれる。たっていふと、後日考へておかうといふこと。学校に出頭すると、もう十二時半過ぎ。中等科建物北口の階段下で岩田教授にあふ。皆君を待ってゐるといふ。どうして、ときくと、四年の作業が今日から三日間行はれることになったといふ。廿四、五、六日の三日間に互り行はれる筈だったのが、時局の逼迫その他から急に予定を変更したのだといふ。院内にある壕を修理し、掩蓋を作る仕事だといふ。控室に行ってみると、宮原学生監から改めてその事をきく。先日田奈へ電話されたとき、作業のこともつけ加へたのだが、その事だけ通じなかったものと分る。帰郷の事で忙しければ出なくてい、といたはってくれられたが、出発は明後晩だから、明、明後二日の作業には出る旨答へる。自席の机の上から東條先生の「国語学新講」*1とペン軸をとり、目白警察にゆき、旅行証明書もらふ。又学校に引き返し、防空宿直代理を伊藤庁仕にたのむと、生憎小生と同班なので、一緒に草をとってゐた太田庁仕にたのんでもらふ。十一日夜、十五日夜、廿日昼の三回。ともかく誰かゞ代理つとめると伊藤がいってくれるので、安心する。帰途目白書房で「少国民の友」八月号をとり、戸部種子店で大根、ホーレン草、小松菜等の種を求める。又新宿に下車して伊勢丹で傘の修繕とってゆく。祖師谷では宮井君のところへ寄り、警察の証明渡し明朝伊勢丹で切符を買ってもらふやう依頼する。

夕方浅海氏のところへゆく。昨年末と今年初の雑誌をもらってくる。近日中に製本屋に出すため。白靴墨買ふ。

夜、古写真の整理で十二時二十分迄か、る。殿下関係のものを先づ整理して一冊のアルバムに貼り、更に今後貼りついでゆかうと思ふ。もう一冊には昨年の白馬登山の写真をはる。この方は丁度一冊になった。あとは数百枚あり、とても一夜や二夜では片付きさうにないので、中止する。

八月九日（水）晴

（1）昭和十二年五月十九日刀江書院刊。

五時起床。六時半家を出る。出るとき過日教練科で借用した木銃＊2二丁持参。玩具など買ってくるつもりでルックサック背負ひゆく。作業は壕の掩蓋作り。材木は院内の森のを伐る。今日一日で大半片付く。十一時終了。十一時半散会。図書館で「月雪花」＊3借りる。庶務課に旅行届出す。石井教授官舎に至り、預ってもらってあった品の内、感光紙の使ひのこりをもってくる。玩具屋にゆき舟二艘と兎とを買ひ、小箱屋で裁縫小箱四個買ふ。三個は我が娘へ、一個は土井のよし子さんの娘への土産のつもり。女子大裏の書店に立寄り、山本修氏にきいた「貞観政要」＊4（国訳漢文大成中）を求めようとしたが、見当らぬ。帰宅すると、宮井君が切符を買ってもってきてくれてある。十五円預けたのに急行券と合せて十六円五十銭かゝってゐる。迷惑かけて相すまぬ。

夜帰郷荷物、整理、黒カバンとルックサックと手提カバンの三つにつめる。十二時過ぎまでかゝる。田奈で僕のために買って帰って下さったビスケット一袋を村松氏よりもらひ、先日田母沢御用邸で頂いた御紋菓と合せて、よき土産となる。蓮田から夫人宛に五十円の送金あり。通信文記載欄に蓮田の筆蹟で「三児と力を合せて国を守るべし」といふ意味の短信あり。＊5

蓮田書信

一同変りなきや、当方相変らず無病息災、

内地も緊張しきってゐるだらう、三児神国男子として

心合せて国を守るべし

（2）木製の銃。銃剣術などの練習用。

（3）芳賀矢一。文会堂書店明治四十三年（冨山房昭和二年）。これか。

（4）中国の政治規範の書。唐の呉競著。唐の太宗と侍臣との間で交わされた政治上の議論を編纂。

（5）欄外に次の書信写しあり。

八月十日（木）雨、後晴

夜明前しきりに雨音がする。この分なら今日は作業はあるまいと思ひゆっくりねることにする。四時過ぎ便所に立ったとき、たま〳〵眼をさましてゐる気配のする照代さんに、今日は雨で作業がないからゆっくりでい、といって、またねる。その内に五時頃になり、雨は上ったらしい。空は段々明るくなる。五時半になり、あわて、起き、昨日秋山氏より速達がきてゐたので、それをみると、雨天でも一応集合とある。お茶をわかすひまもないので、冷飯と香の物をかきこんで大急ぎで家を出る。六時半。小生の直接関係した二つの壕は大体掩蓋をし了へたので、十時四十分頃、猿木氏にす、められ、今朝宮原氏にも諒解えてあるので、失礼して早退する。亀有へゆく日なので、その方へ廻る。今日の話は「言挙《ことあげ》」＊1のつゞき。帰宅すると隣の内山氏の父君昨晩逝去との事で、栗山君と二人分の悔みにゆく。栗山君は明朝七時に上野着と電報がきたといふ。万端の用意と、のへて、照代さん心づくしの弁当もらひ、六時二十分頃家を出る。相当重い荷物である。霜降《しもふり》夏服＊2に、配給の白靴。昨夜白靴墨をつけ過ぎたので、歩くたびに、ぷん〳〵と粉が立ち、あとには周辺の白い足跡が点々とのこる。妙にうれしくなる。隣へ万事依頼する。宮井君にはとう〳〵不足金を支払ふことが出来なかった。何度も寄ったのに留守だったから。東京駅に七時半つく。乗車までの要領が前と大分異ってきた。すぐにホームに上るのである。何しろ二時前だからと思ったが、もう已に蜒蜿《えんえん》長蛇の列である。その行列の一本の尻につく。暗いホームに呆然と一時間半立つ。九時になり列車入る。座席はどうやらある。連日の睡眠不足でいつの間にか、うつら〳〵眠に入る。

（1）口に出して言い立てること。

（2）黒または紺・灰色系統の地色に細かい小点が斑にある夏服。

八月十一日（金）晴

夢現の中に、車輛のコトく＼といふ音をきいてゐると、車掌が入ってきて、「只今警戒警報が発令されました。防空服装にお改め下さい」といふ。時計をみると十二時二十分。早速ルックサックの中からゲートル出して、身支度をすませ、さうして又うつらく＼してゐると、二時十分、同じ車掌が今度は空襲警報発令を報じてくる。車掌の命で今までしめてあった窓のカーテンを全部あける。硝子戸もあける。まもなく電灯も消える。戦闘帽をかぶり、水筒を肩にかける。星明りに、段々と周囲が分るやうになる。暫くはかうして灯火管制されたまゝ、汽車は田野の中を走ってゐたが、やがて浜松も近いと思はれる辺りで、急にピタリと停車して了った。窓外にはすぐ近く民家が見え、子供らも皆起き出でたらしく、声があちこちからきこえてくる。その内に窓外の誰かの声で、列車の中で煙草を吸ってゐる人があると注意をする者がある。三時十分空襲警報解除。間髪を容れず、汽車は発進する。間もなく浜松につき、やがて名古屋につく。車掌と駅助役との会話をきくと、警戒警報も解除になったといふ。

すがく＼しき朝となりぬ
警報とけし朝はわけてたのしきかな
我白靴はきて勇みてわが家へ―
あ、妻子《めこ》たち待ちあぐみて
駅頭に我を迎へん
うからの顔ばせ一つく＼
うかみくるかな。

読売新聞を隣の学生に借りる。

受刑者造船部隊へ

学習院の愛児

正木さん「信頼行刑」に点睛

といふ見出しで、二年の正木薫（十五）（司法省。行刑政局長正木亮博士長男）、父君の信頼行刑の生きた証拠として、受刑者と共に今、毎朝五時に宿舎の床を蹴って起き、造船の作業に熱中してゐるといふ。三面の初頭に大見出しで取扱ふ。

昨夜見た熱海沖の弦月、月影海上に写り、漁火点々。久しぶりに静謐《せいひつ》な風景に接し、却って妙な予感にとらはれたが、数時を出でずして、警報が発令された。

午後弁当売出しを女給がふれてくる。食券をもらひ食堂に買ひにゆく。箸が入ってゐないので、食べず持ち帰る。岡山あたりから大分すいてくる。

今暁の空襲はどこであったらうか、気にかゝる。

蓮田君の「花のひもとき」の校正万葉の前迄見る。やはりいろ〳〵教へられる。一番触れるものをもってゐる。テキスト持ってゐないので、本文に不明のところ若干あり。

瀬戸内海の静穏な風景に接するのも幾ヶ月ぶりか。心なごめてくれる。蓮田君の文章の中で、女は花のやうなもので、男の心を誘ひ、狂暴ならしめるところが女の女たるところといふ。弱さの持つ強さ。

予定より一時間半位遅れて、五時半頃広島着。その足で愛宕町の叔父*1の家を訪ふ。先づ元気な祖母*2の姿が店の間に見えた。土間に入ると叔父の裸の姿が奥の縁側に見える。靴を

（1）山廣民五郎。

（2）山廣セウ。

（3）　山廣いね。

脱いでゐると叔母*3がいそ〳〵と出てきてくれる。上ってみると、叔父は左膝に繃帯を巻きつゝある。きくと、先達て、家の前の防空壕に落ちて捻挫したのだといふ。その繃帯を巻いてゐる右手を見ると、その薬指と中指とにも白い繃帯をしてゐる。この方は捻挫よりも早く、ベルトに廻き〔ママ〕込まれかけたのを、あわてて引き抜かうとしてねぢった為にこれも指の関節をくじいたのだとのこと。顔も随分やつれてゐる。「もう無理はできんよ、それにいっちゃいけんが、うまいものがないけんのう、は・・・」といった。その笑ひ声にもうつろなものが感じられた。淋しかった。

暫く裸になって休ませてもらふ。六時半頃駅に出る。叔母が乳母車で荷物を駅に運んでくれる。六時五十八分発で帰る。汽車は乗客が割合少い。白い夕の雲が太田川の清流にうつってゐる。故里は美しいなあ。

薄暮の駅にみを子が迎へにきてゐてくれた。途中まであさ子、伸二郎、はる子、邦夫、宏輔が次々とくる。母の病後のやつれが目立ち、いた〳〵しい。病気のためばかりでなく、随分子供らの事で心配かけてゐるので、何とも申訳なし。久方ぶりに風呂に入り、それからうからららにとりまかれて、心づくしの夕食をいたゞく。

八月十二日（土）晴

早暁すでに母は起き出でて、何所かへ用足しに出かけた。子供らもラヂオ体操にいった。起きいでて見ると、野も山もすが〳〵しい。

十時頃より伸二郎をつれて方々へ挨拶かた〴〵廻る。先づ第一に村役場に寄り、杉原氏と桐本君に挨拶する。それから国民学校に行き、子供らの受持の先生に会はうとしたが、三人共ゐられないで、日直の女教師が一人ゐられる。それから橋本軍一氏の御宅へゆく。御主人夫妻は不在で敏之君兄姉がゐる。主人は購買組合の方に行ってゐるとのことで、そちらへゆく。そこは小学校の同級橋本信雄君の家。今一寸外出してゐるから暫く待てとの女店員の言葉で、待ってゐる。庇の方でこと〳〵物を運び出すらしい音と、誰かと話合ふらしい声とがきこえてくるのは、信雄君のらしい。道路の方へ出たところで物を言ひかけ、何年かぶりに久闊《きゅうかつ》を叙す＊1。色々と話してゐる内に、小学校同級の故をもって、買物などで家族の者が特別の眷顧《けんこ》＊2を蒙ってゐることが分り、うれしかった。同級生の消息をあれこれときく。平岩は配給所に、桐本は役場に、松村は組合の支部に、池田は応召、山手は消息不明、その他・・・そこへ軍一氏帰り来る。敏之君のことあれこれと依頼をうける。それからはる子の受持の久保岡先生の泊ってゐられる院内の木村へゆく。久しぶりに薬師様の釣橋をわたり、宏壮な二階造りの木村家を訪れる。生憎《あいにく》帰省中とのことで空しく帰る。帰途下の橋畔《きょうはん》の広沢先生（みを子受持）を訪うて、様子をきく。教室での態度はよく、勉強もよく出来るが、身体が少し弱い。然しこれも初ほどではなく、今頃は大体村の子供と大差なくなったといはれ、安心する。女学校進学のことは、まだ具体的になってゐないが、二学期の様子をみて目的校の決定の相談をしようと思ふといはれた。下の橋を渡る。狭い橋だけれど、伸二郎は一人わたるといってきかない。落ちたらどうするかといふと、「ちゃんと泳げるから大丈夫」といふ。山村さんところへ寄る。奥さんが膝まで着物をあげた形（田植や田の草取のときの身なり）で土間にゐられたが、急いで出迎へられる。座敷の奥からは黒田夫人が出てこられる。挨拶して帰る。十二時過ぎ。

（1）無沙汰の挨拶をする。
（2）情けを掛けること。

午後亀《ひさし》＊3がくる。和子さん＊4の姉婿が因ノ島から鯵を持ってきてくれたといふので、それをからく煮たのと、鶏肉を煮たのとをもってきてくれる。今夜来いといふことだったが、行かなかった。

子供の成績表見る。皆大体よい。みを子は裁縫、工作、体操が良上、他は皆優。あさ子には良も一、二まじるが、主要なものは優。はる子も良上三つ。あとは優。皆夫々特色がある、その特色を房枝は認めてはゐるものの、その特色がかへって心配の種となるらしい。ま、よ、皆段々と田舎者らしくなるのがたのもしい。はる子は大分変り者で、こちらに帰ってからなほ輪をかけたやうだ。父親と一緒にゐないせいだと房枝など片付けて了ひがち。それも大いにあるだらう。然し好むと否とに拘らず、工夫してその欠点を補ふやうにせねばならぬ。

（3）弟。
（4）亀妻。

八月十三日（日）晴

朝の内、はる子一人をのこし（妙なことですねて途中まで遅れてついてきてゐたが、杉原の所に止って了ふ）子供らをつれて裏道から亀崎神社に参拝する。これも久方ぶり。みを達は毎日この産土神《うぶすながみ》＊5に境内及び社殿の掃除に上ってくるといふ。い、ことだ。絵馬堂に上ると、子供時代と殆ど同じ位置に、同じ物がか、ったま、だ。どれもこれも見覚えのあるものばかり。なつかし〳〵。子供の頃競って登った松の古根に、今子供らが同じしぐさで登ってゐる。白い真砂の境内に、松葉が点々と落ちてゐる。清らかな水のやうな静けさ。同じ道を下る。行きにも多少とったが、帰り途にカタロ柴＊6を沢山とる。母が団子を作ってやるといふので、出来るだけ大きい葉をとる。みを子とあさ子は一足先に下り、山村で昨日すしを入れてもらった弁

（5）生れた土地の守護神。
（6）さるとりいばら。

当箱をかへしに行く。

夕六時頃招かれて橋本軍一氏宅へゆく。大層な御馳走になる。敏之君来春医専へ受けさす故、万事よろしくたのむと、無理やりにたのまれる。特に夫人の熱心さは格別。九時過辞去。途中まで帰ってゐると、敏之君が提灯をもってきてくれる。それをさげて国民学校前迄帰ったところへ、敏之君兄姉が自転車をもってきてくれて、これにのって帰れといふ。提灯を左手にもち、それにのってかへる。

八月十四日（月）晴
朝敏之君汽車で自転車とりにくる。

今日も暑い。今日から明日へかけてお盆である。朝亀一家がくる。午前中に宏輔と伸二郎つれて、亀一家と墓参。まだ時刻が早いので一二墓掃除をしてゐるのが見えるだけ。途中女郎花、萩等を折ってもつ。柴を折りとりて塋域《えいいき》*1を掃き浄め、墓石に水を灑ぐ。皆の写真をとる。

帰宅して学校へゆく。黒川校長に会ふ。主としてあさ子の事きく。別に心配は入らぬとの事にて安心。筆記の方はしっかりしてゐる、きけば口答も出来る。只積極的に言はないだけだといふ。校長はおっとりしてゐる方で、あさ子のためには良師なりと思ふ。

昼食後亀ら帰る。夕刻母の外打揃って墓参。みを子が女郎花を小路のほとりでしきりに折りとる。かうして八人打揃ひ墓参するのも、或は最後となるかも知れない。胸があつくなるやう。

夕刻近くなったので、墓参の人が引きも切らない。村人の美しい姿の一つだ。

帰途、今年から作りはじめたといふ山畑（子供の頃線香段々とよんでゐた所）を子供らに案

（1）墓地。

内されて見にゆく。三段になり、上二段は薩摩芋、下一段は大豆、上の薩摩芋は新開墾地としては割合によく出来てゐる。長く雨がないので、少々お湿りが足りない嫌ひあり。それよりも、この畑の上に立ち、うからら〔ママ〕を右左にして望む上庄盆地の美しさは何とも云へない。正面は金明鉱山*2の作業場に向ひ、その下を流れる三篠の清流は、蜒蜿たる竹藪の蔭にかくれて見えないが、その流れにうるほされてゐる美しい稲田の波は、点々たる白亜の土蔵や、黒い屋根瓦と共に、美しき限りであった。折柄夕陽は斜にこの盆景を照らし出し、こんな美しい故里の姿を見たことがなかった。この山畑での増産もさることながら、ここから子供らの折々見る故里の姿は、何らかの感銘を植ゑつけないではおかないと思ひ、よいことだと思ふ。広島から誰か来はしないかと予感があったが、仲々見えないので、あきらめて今日配給の酒をのんでゐると、貢さん*3が墓参をすまして寄られる。久しぶりに話し合ふ。「久しぶり」が多く、誰にあってもなつかしい。故里がこんなになつかしくなったことはない。

母の健康は気にかゝる。痩せたのはよいとして、それが衰弱のあらはれだとすると、いけないが。

（2）主として銅採掘。

（3）山廣叔父（文雄母チカ弟）。

八月十五日（火）晴

今日は三時頃迄はずっと家にゐる。昼食後金明山で産業戦士慰問の演劇があるといふので、上の三人の子供は近所の子供らとゆく。房枝は下の三人をつれて川端へ遊びにゆく。母と二人留守居。昼ねして起きたら母がどらやきを作ってくれる。たべてゐるところへ房枝たち帰る。どらやきをわけてやる。母の温い心づかひが身にしみる。然し子供らの手前恥ずかしいやうな気もする。川端は涼しいからあそこで本を読みなさいといふので、宏輔と伸二郎をつれてゆく。二人に水遊び砂遊びをさせておき、三四日たまった日記をかく。故郷の清流を前にして子供らの嬉々として遊ぶ姿を見てゐると、何も思ふことはない。その姿二三枚カメラに収める。

　夜、おそ蛍が二四、水田の上をすい〳〵とよぎる。

八月十六日（水）晴

朝二番の汽車で、母一人をのこし、一同海田の児玉*1へゆく。まだ下の方の子供はねむってゐるのをた、き起してつれてゆく。八時過児玉着。お土産は子供らへ舟と千代紙、三家へ牛蒡、田中*2へ五目、児玉仏前へ五円。一家揃って児玉訪問は今の人数になってからは始めて。或はこれが最後となるかも知れないといふやうな感傷もまじる。

　母とたつ子さん*3待ってゐる。勝君*4は田中の妹と耳の治療に広島に行ってゐるといふ。汗をふいてゐるところへ、桶谷《おけだに》*5の清君がくる。朝が早かったので、ねむい。二階で少しねむらせてもらふ。房枝は下の方で久方ぶりに母とねころんで話してゐる。子供らはたつ子さんにつれられて裏の川へ水遊びにゆく。昼御飯にお酒が出る、おすしが沢山出る。子供らも大喜びでいたゞく。午後も二階で又ひるね。広島を七時五十一分発の芸備線で帰るつもりで、こちらをい、加減に切り上げねばならぬので、四時頃から一同で墓参に出かける。行きに桶谷に寄る。姉は脊髄カリエスで先達来ブラ〳〵してゐるといふ。大分やせてゐる。それから田中へ。兄*6は年のせゐで、どこにも出てゐないとのこと。豆腐汁（豆腐になる前）の御馳走になる。それから近くの墓所へ田中兄に案内されてゆく。近頃こちらへうつしたといふので、地所も広

（1）房枝実家。
（2）房枝姉雪枝嫁ぎ先。
（3）房枝妹。
（4）房枝弟勉の子。
（5）房枝姉月江嫁ぎ先。
（6）田中弥市。

くてい、ところ。一番右に祖先の合塔《ごうとう》＊7、その左に勉君＊8の立派な墓石、一番左に正人兄＊9の木標。十日に遺品が帰り、十一日に寺で村葬が行はれたのださうだが、こちらからは誰も参列出来なかった。

桶谷で塩鯖を三匹もらふ。切符はたつ子さんが買っておいてくれたので、楽だった。予定通り帰宅。三千枝＊10と三人の子がきてゐる。昼は山廣本家の叔母＊11と操さん＊12が墓参のついでに寄ったといふ。

(7) 遺骨を合葬した墓石。
(8) 房枝弟。昭和十四年没。
(9) 房枝兄。正登の誤り。昭和十八年没。
(10) 妹ミチエ、葉畑に嫁ぐ。
(11) 山廣静夫妻きみよ。
(12) 山廣昇姉。

八月十七日（木）晴

午後二時頃、愛宕町の叔母墓参のため来る。今朝八時に出たのださうだが、広島駅で切符が買へなかったといふ。昨日の本家の叔母達も、朝六時に出て三時にきたといふ。大変なことだ。つれ立って山廣の墓に参る。これも久方ぶり。

夜高下群作さん話しにくる。これも久方ぶりに楽しく話す。

八月十八日（金）晴

七時頃家を出て可部迄ゆき、葉畑＊13の自転車借りて広島へ出る。七時五十分発。西筋を通って横川へ出、九時過ぎに観音町の山廣本家へゆく。昇さん＊14に会ふ。過日の徴兵検査は甲種合格とのこと。入隊の日がきまる迄こちらにゐるといふ。林茂敏先生＊15御宅も近傍なので伺ふ。丁度宇都宮の部隊にゐられる二男の陽君に面会のため十二時半の汽車で発たれようとするところ。もう十一時近く。十分位お邪魔して引き返し、貢さんのところへゆく。昨日菓子の

(13) 妹ミチエの嫁ぎ先。
(14) 山廣静夫長男。
(15) 中学校恩師。

配給があったといふので、子供らにやってくれと二袋戴く。十一時半頃文理大へゆく。先刻山廣の隣で電話をかりて土井先生＊1の御出勤の有無をきいて、十時から十二時迄講義があるといふ副手（あとで木原君と分る）の答へに従って少し早目だが出かける。江藤助手と偶然廊下であひ、学生控室に入り話してゐるところへ、土井先生講義を終へられて、開襟シャツに半ズボンといふ略装で教室から帰って来られる。知人の消息などきいたり言ったりしてゐる内に、副手の木原君一寸座を外したので、例の件の内文典の問題につき御意見を承りにきた旨切り出す。その内にお茶がきたので、一緒に弁当つかはせてもらふ。食事後種々有力な教示（詳細は二十四に記すを見よ）にあづかる。その内に女児二三人の声と足音とが扉外にする。木原君起って扉を排すると先生の令息令嬢が来られたのである。午後ニュース映画につれてゆく約束だからといはれる。一時過お暇をつげる。

鷹野橋停留所のところから大通りを比治山へ、つき当ったところを川副ひに稲荷町電停へ、電車通りを広島駅前まで、それから右折して愛宕町へ。叔父は今日から出勤したといふ。水筒二つもらひ、三時一寸前出て、今度は思ひ出の道＊2東筋を帰る。落合村国民学校の下から玖村へ出て帰る。つかれて夜は早くねる。

（1）土井忠生。広島文理大在職。

（2）夜間中学時代、自転車通学。

八月十九日（土）晴、夕立

明朝出発の予定なれど、母達が明日は日曜ではあるし、もう一日とまれとしきりにす、める。村の人が懸命に働く姿をみると、一日もぢっとしてゐられない気がする。どうしようかと迷った末、一日のばすことにする。午前中、子供らを川端へつれてゆき遊ばす。午後昨日のつかれでのらくら。これではいけないと校正をはじめるが、少しもはかどらぬ。やっぱりのんきにしてゐなくてはいけないのかも知れない。午後亀が手打うどんが出来たといってもってきてくれる。米田への土産として母が可部のうどん製造所にたのんでもらったのである。夕方風呂をたいてゐると、沛然《はいぜん》*3として夕立来る。伸二郎が裸を雨にうたせながら、里芋の葉にたまった雨玉をいぢってゐる。スコールにうたれる南洋の子供の姿がみえる。

深夜またはげしい驟雨がくる。めづらしいことだといふ。

八月二十日（日）晴

今日一日は心こめた最後の一日としたい。日記かいてゐると、佐々木兵衛さんが鍬をかついで野良行の途中立寄る。「えらいゆっくりぢゃのう」といふので、一寸気がさす。都会人らしい顔をしてのらくらしてゐられないやうな気がする。別に皮肉でも何でもなく云った言葉が妙にいたくひゞく。

十一時二十分郵便局へ速達出しにゆく。蓮田君の校正。帰途平岩君に逢ふ。家の事たのむ。西塚の岡田の納屋があいてゐるといふ。話してみてやるといふ。

午後四時三十分警戒警報発令、四十分空襲警報となる。次のやうな情報がラヂオを通じて極めて敏速的確にもたらされる。心強き限りだ。

「西部軍司令部発表。敵機数梯団にて東進中、十七時前に九州北部に侵入の見込」（十六時五十分）

「呉鎮守府管区空襲警報発令」（十七時）

（3）雨が盛んに降る様子。

「まもなく侵入のおそれあり」（十七時十分）

「西部軍情報。十七時三十五分迄に少くとも五機撃墜」

まもなく空襲警報解除、ついで警戒警報も解除。

夜半、戸外から「清水さん、警戒警報ですよ」と声をかけてゆくものがある。西田の正幸君らしい。あわて、管制用電球*1にかへさせる。十二時前である。ラヂオを入れると、まもなく佐鎮*2発令の「空襲警報」を報ず、ついで西部軍司令部のも、呉鎮のも。夜間の報道も昼間同様テキパキと行はれる。此度は要所を発見しえず、空しく遁走せりと報ず。昼間のは若干の被害ありたる模様。落下傘降下の敵兵概ね捕獲の報もあり。これは撃墜された飛行機から飛び下りたものであらう。

結局殆ど眠らず。うつら〳〵して夜をあかす。母は二時頃から起きて小生のために弁当をつくってくれてゐる音がする。この弁当は房枝が作るといふのを「うんにゃ、わしがつくってやる」といって、つくってくれてゐるのである。餅米を入れて御飯たき、握飯にしてキナコをまぶしてやるといふ。有難し〳〵。三時頃房枝切符を買ひに駅へゆく。邦夫がおきたので、途中から母が代ってくれる。その間ねむらうとあせるが、仲々ねむれない。初は広島経由は、途中事故があったので不通のため、上り姫路行（六時半発）を利用せよと駅員が言ったさうだが、結局五時三十四分発の広島行にのって差支なしといふことになり、急いで支度して母の買ってくれた切符でのる。大阪の土産うどん二包と、東京への土産牛蒡、玉葱、馬鈴薯、味噌、梅干、きなこ等をリュックサックに収める。母が負子で荷物を負うて駅頭まで送ってくれる。はる子が発車間際に駅に出てくれる。物かげからはづかしさうに見送る。この子らしい、といふより

（1）開戦後、日没より日の出まで灯火管制がしかれ、電球に塗料を塗った物を使用。
（2）佐世保鎮守府。

も小生の幼時の姿をみるやうな気がして、胸がふたがる。家の戸口には房枝が立ってゐる。広島発六時四十六分。大体定時。随分すいてゐる。広島を出るなり、林富士馬氏の「千歳の杖」*3によみふける。面をあげて野や山や畑や農家のた、ずまひをみてゐると、子らの姿がちらついてたへられぬ。それで頭をあげないやうにしてよむ。やはり稀有の詩人だと思ふ。さう思ってよみつ、、しひてひたぶるに子らを忘れようとする。昔の人はか、る時忘れ草をかざしもったのであらう。

三時半、大体予定の時刻に大阪着。直ちに米田*4へ向ふ。昨日行くと葉書を出してあったので、心待ちに待ってゐたとのこと。一風呂あび気持ちよくなる。慶司*5肺門リンパ腺がはれ、工場での勤労作業は休み、学校で芋掘りなどしに通ってゐるといふ。万さん*6も肺浸潤と診断されたといふが、何れも大したことはないといふ。疎開はせず、今のところ現在地に居のこるとのこと。夕食の御馳走になり、十時頃、例によってダットサン*7で送ってもらひ、大阪駅に向ふ。十一時三十分発東京行にのるためである。すでに蜒蜿長蛇の列。十一時改札をはじめたので切符を出すと、指定証がないと乗れないといふ。二番改札口で証明もらってこいといふので、印を捺してもらひ急いで元の所へゆくと、次の0時四十分の東京行にのれとはねつけられる。やむなくまつ。

八月二十二日（火）晴

定時より二十分おくれて一時発車。門司発だから相当こんでゐる。然し京都で席が出来る。大阪駅で待つ内、半島人*8の婦人が地下待合所の隅の方にシーツ様のものをひろげ、三児を

(3) 昭和十九年七月二十日まほろば発行所。

(4) 妹トシコ嫁ぎ先。

(5) 米田長男。

(6) 米田主人、萬次郎。

(7) 日産自動車の小型車のブランド。日産支援者の頭文字に「脱兎」を掛けた。「サン」は大陽。

(8) 朝鮮半島出身の人。今日から見れば差別的意味合いが含まれる。

ねかして、その一人々々の上を日の丸の扇で煽いでやってゐる姿に、妙に心ひかれた。美しいと思った。改札間近になると、行列中からその夫らしい一人の男がそこへ行って、真中の子を背につけ、それに女の方が帯をかけてやってゐる。そして、女の方は一番下のを背負ひ、一人で帯を器用にかける。それを、例の日の丸をやたらに使って自分の胸に風を入れながら、見てゐる。その男のひょうかん＊1らしい風丰《ふうぼう》も仲々いいし、女の櫛目のきちんと入った髪も、口を結んだ小ぢんまりした顔も、つ、ましくてい、。

愛知県のどこかで、左の車窓から、真赤な日の出を見、思はず手を合せたいやうな気がした。二時半品川着。山手線で新宿へ、それからわが家へ。大して変ったことはない。庭は、トマト豆類、キウリ等がとり払はれ、たがやされてある。

日記を記したり、荷物の整理をしたりしてゐると、十二時になる。

八月二十三日（水）曇後晴、一時驟雨

七時起床。廿日の毎日新聞に、米大衆雑誌週刊「タイム」の八月七日号に掲載されてあるといふ同誌サイパン特派員ロバート・シャーロッドのサイパン邦人最期の報を転載してゐるのを見、いたく心うたれた。その中に在留日本婦人が敵前で斎戒沐浴《さいかいもくよく》＊2して、従容《しょうよう》＊3として晴着にきかへ、黒髪をくしけづって、女同志手をとりあって殉忠の死の海に入水《じゅすい》＊4していったといふやうな所もある。米人記者はこれを驚いて見てはゐるが、とり扱ひ方が劇的で、軽薄な精神に裏打されたものだが、その事実は彼らの観察や感想を尻目にかけて崇高で清浄で美しい点で、もう神々のものだ。内地の人々の感傷や泣言やをふきとばして了ふやうな逞しい精神の閃

（1）　剽悍。たくましい。

（2）　飲食・行動を慎んで心身の汚れを除く。

（3）　ゆったりと落ちついた様。

（4）　投身自殺。

きを見る。この美しき神の姿に対して、恥づるなき者幾人ぞ。一億全みそぎの秋《とき》！これ我が絶叫し来れる所なり。米田でもらった砂糖、海苔、スルメを深川へ送る。

午後学校に至る。東京には一度も空襲警報が出ず、伊藤、太田両君は大して御迷惑かけなかったらしい。俸給もらふ。教務にゆくと、科長室に長沢科長、宮原学生監、江本教授がゐられる。早急に左の事がきまったといふ。（一）中一は小田原の工場へ、九月一日より。（二）二、三年は内原訓練所へ九月五日より。（三）四、五年は九月一杯玉川下丸子の東京無線工場へ、勤労作業、あとは院内工場にて作業。果して一貫せる永遠の計の上に立ってなされた決定だらうか。平岡公威君がかつて「学習院は最後に立上るところにい、所がある」といった言葉も意味深いものと思はれる。最後に悠々と立上ることの出来ることは、容易ならぬことである。

帰途、清文堂でみを子の「国史」求む。地理付図はまだ出来て来ないといふ。局で百五十円為替にくみ、房枝に送金。戸部種子店で、ふだん草、大根、チーフー白菜の種求めてかへる。

まだ学校にゐるうちに夕立来る。その後パラ〳〵と思ひ出したやうにくる。祖師谷に下車して薬店の前までくると、斎藤先生の奥さんにあふ。先生は去る十四日に御渡鮮*5、浅海さん十六日に応召、九州別府の原籍へ旅立たれたといふ報告もあり。おどろく。二十日が入隊の由。日本文学の会の事務は留守中の浅海夫人令弟に託しておいたといってゐたとのこと。明日でも行ってみよう。浅海さんは栗山君と同年配だから栗山君の方もいつくるか分らぬ。夜日記を書いてゐるうち一時になる。むし暑い。

八月二十四日（木）曇、時々驟雨模様あり

（5）当時京城帝大教授。

新聞の報道によると、天皇陛下には廿三日午前十時、今般地方長官会議に参列の小磯首相、大達《おおだち》内相*1外五十四名を召させられ西溜《にしたまり》の間に於いて、列立拝謁仰せつけられ、左の如き御激励の御言葉を賜うた由である。

戦局危急皇国ノ興廃繫ツテ今日ニアリ汝等地方長官宜シク一層奮激励精衆ヲ率ヰ官民一体戦力ヲ物心両面ニ充実シ以テ皇運ヲ扶翼スベシ尊き御軫念《しんねん》*2誠に〳〵畏しといふもおろかなり。

「国史」「婦人倶楽部」九月号、半紙、原稿用紙等を深川へ送る。振替の住所をここへうつす手続をする。秋山氏が大村氏と小生とを招待するといふので、今日その場所をいふから十一時頃学校へ電話せよと葉書があったので、局で電話する。十二時半にもう一度かけるやうとの交換手の話で、再びかける。五時前に新宿青梅口で待合せることにしたいとあり。

風あり、時々夕立あり、変な天気。

去る十八日土井先生からきいた御意見を左にまとめておく。

○現行中学文典は国語を通して生活指導をなす、そのために国語からはじめる、殿下にはその必要なし

○平安時代の物語などよむと、御身分に於ての御言葉と、私的な御言葉とは書きわけてゐる

○認識としては一般の文法をときながら、中心は歌道のためとする、品詞は普通の取扱による、但し現行文部省教科書は文法学的に形がと、のってゐる、その点は十分考慮を要す、形にとらはれぬ方よし

○日本語の特色を説明するやうに取扱ふ、例へば代名詞は、西洋語は形式論理的、日本語は倫

(1) 大達茂雄。内務大臣。

(2) 天子が心に掛けること。

理的要求をみたすやうに出来てゐる、西洋語は一般に饒舌、日本語は言葉ををしみつ、使ふ、形式にとらはれぬ、日本語は明確さの点からいふと不十分、それを補ふのに漢文脈、欧文脈がとり入れられた

○個々の説明と共に、概説的なものを加味する、縦には国語史、横には文字、語彙、文体等。外国のものをとり入れながら本来のものは自主的に守り生かされてゆく

○文体のことをいふとき、和歌が文体の中でどういふ位置にあるかを史的にとく

○急所々々を抑へて簡明にとく、一般に最高を望みながら、現在のお力に相応したものを作る

○参考―三矢重松氏の文法書*3（明治書院発行）よし、歌のよみあやまりなどとく

午後四時頃家を出て、浅海氏宅へ行く。留守。日本文学の会の書類等もらって来ようとしたのであるが、無駄だった。それから五時前迄との約束に従ひ新宿青梅口に至る。秋山氏まだなし。金物屋に至り、安全剃の替刃買ひ、もとの所にくると、秋山氏来てゐる。バスにて鍋屋横町まで至り、成吉思荘*4に入る。かつて一度来たことのある所。大村氏の知合といふ。数寄をこらした離れ座敷で、支那料理をいたゞく。戦前の美味と豊富とをしのばせる料理。たんのうする。秋山氏持参の白米の飯も美味。便所に立つと、窓の障子の破れが千鳥や木の葉の形の紙で繕貼《つくろいは》りしてあるのに心ひかれる。大村氏に注意され、店中にしつらへられた蒙古式のパァオ*5をのぞいてみる。仲々よく出来てゐる。九時引き上げ、十時頃帰宅。小田急にのってから雨がひどく降り出す。祖師谷に下りてもまだふってゐる。風呂敷をかぶり、溜水を用心しつ、帰る。途中溝が溢れてゐるところにふみ込む、早速靴をぬぎ跣足になる。

とっておいてくれた食事をすませ、十一時就寝。

（3）明治・大正期の国語学者、国文学者。折口信夫の師。『高等日本文法』明治四十一年刊。

（4）赤坂にあった松井肉店が昭和十一年に開いたジンギスカン料理を主とする支那料理店。

（5）蒙古人が住む、丸い移動式テント。

八月二十五日（金）曇時々雨

六時十分起床。曇天、時々ぱら〳〵とくる。

蓮田夫人より来信。新夫君*1が西瓜をたべすぎて腸カタルをやったとあり。税金のことあきらめて納入したが、折あらば当ってみてくれと、納入告知書送ってくる。蓮田君の保険証書来る。これは小生郷里へ送っておかうと思ふ。蓮田君の戦争死亡傷害保険証書も先日深川へ送っておいた。

午後二時頃家を出、浅海氏留守宅へ至る。会の書類等留守居をしてゐる夫人令弟より受取る。雑誌発送用の封筒は三分一位書いたまゝで応召になったのださうだ。それをそのまゝもらって東陽印刷へゆく。終刊号は数日前に出来上ってゐた。とり出された一冊を見ると、驚いた、表紙が前号のと同じである。どうした間違ひかと色々しらべさせると、印刷職工の独断と僭越が折角新たらしく出きた銅版を無視してかゝる始末となったことが分る。今更憤慨してもどうにもならぬが、残念至極だ。社長以下恐縮する。封筒が足らぬので、東陽のを百四五十枚もらってくる。

総頁数本文七十八頁広告二頁。扉は棟方氏の「万朶華仏女」（版画）、試みに目次を記せば、終刊のことば、終りを知る（垣内松三）、遭遇（佐藤春夫）、世阿弥の能楽論について（久松潜一）、偶感（斎藤清衛）、池田勉を送りて詠める長歌並に短歌（今田鐵甕）、文人の道（保田與重郎）、寂厳（棟方志功）、終焉（林富士馬）、夜の車（三島由紀夫）、朴春秋（南蛮寺万造）、皇都の古意（池田勉）、歌枕（栗山理一）、衣通姫の流（清水文雄）、おらびうた（蓮田善明）、

（1）蓮田善明三男。

文藝文化第七巻総目録、編輯後記、表紙のことをのぞけば、先づ〳〵上出来。紙質は随分悪いが、これも却ってよい。これからは、この発送、上司への種々の手続、会員への会費返還等のことを滞りなくすますばかりだ。さすれば、われらの雑誌「文藝文化」は、いよ〳〵我々の手をはなれ昇天するであらう。五十五冊もらって帰る。途中で内務省と神田局へ二冊と一冊送付する。これと合せて五十八冊。駿河台の角で、万年筆のペン先を入れかへてもらふ。二円六十銭。池田君のところへ一冊おいてくる。まだ本人は帰ってゐない。宮井君も留守だったが、玄関においてた。五時過帰宅。

夜、雨の音をききながら、封筒かく。十二時までか丶る。それでもあと二百枚もか丶ねばならぬ。あすのことだ。

雨がふり出すと仲々上らない。土はこれですっかりしめったが、郷里の水害の事が心配になる。

東京新聞の夕刊を見ると、ルーマニヤ国王と国内自由主義者が蘇聯と単独講和をしたといふ記事がある。同時に国民政府組織され、抗戦をつゞける旨の言明もあり。

八月二十六日（土）曇時々雨

今日も雨。

午前中、雑誌発送用の封筒かく。結局午前中すっかりか丶る。印刷総数七〇〇、執筆者へ二〇、会員へ二〇八、寄贈一一七、日配へ三〇〇、諸司へ六、先生外同人へ十九、残部三〇。

午後一時過ぎからその封筒をもち東陽印刷へ赴く。途中大蔵局にて執筆者ソノ他数人への寄贈の方を発送。執筆者へは二冊宛、一冊の方は郵税二銭、二冊の方は四銭。

　刷違ひの表紙四〇部ばかり、刷り改める（後に保存のため）といふことを古川氏言ひ出す、若しさうしてもらへれば有難いと、その言に従ひたのむ。終刊号でなければよいが、十年の交渉の最後がけがれてはと古川氏に気が一寸さしたらしい。発送を依頼し（三二六部分）、神田駅に出て帰る。帰途神田駅近くにて、はる子のために硯一基求む。

　往きは水道橋駅下車、東陽まで歩く。途中、中等教科書売捌店《うりさばきてん》あり、そこに外国地図があったので、売るかときくと、一冊位ならといふので、みを子のために求めておく。これは六年用の地図がまだ来ないので、その代用にとの心組である。五時頃帰宅。

　神田駅にて求めし「東京新聞」夕刊を見ると、反枢軸軍パリに侵入、目下独乙軍との間に市街戦が行はれつゝありとあり。凱旋門付近も戦火の巷と化したとのこと。ルーマニアの反旗につぐこの報道、独乙の直面せる事態の容易ならぬことを感ずる。その影響は東亜に及ばざるをえず、我国の前途を塞《ふさ》げる艱険《かんけん》は、もはや文字でも言葉でもあらはしえないものである。

　この頃新聞の報ずるところによれば、一年半前に皇軍の転進をとげたガダルカナルのジャングルの中に今なほ残留せる日本軍の一部が、頻りに敵を脅威しつゞけてゐる由、外電の報ずるところを伝へてゐる。

　夕刊に下の如き西尾都長官の告諭〔省略〕がのってゐた。その中に「輦轂《れんこく》の下*1皇都都民たるの光栄・・・」とあり、時にとりて、適切なる言葉なり。今更「皇都都民」たるの自覚を促すとは、時遅れも甚だしいが、言はざるよりはるかにましなり。近頃官吏の堕落をきくことしきり。慨《なげ》かはしく、いきどほろし。

（1）天子のお膝元。

夜ねむく、古事記（郷里よりの帰途よみはじめしもの）下巻よりよむも、どうにもならず、十時就寝。

午後あたりより荒模様となる。

八月二十七日（日）曇後晴

六時十分起床。まだ曇ったまゝ。然れども時と共に空ははれゆき午後に至り清々しき秋日和となりぬ。何日風〔「ぶり」とよむカ〕なりしならむ。

朝刊をみるに、別紙〔省略〕の如き記事あり。この日頃官吏の不徳のとかく世人の口に上ること多くなりたるは、唯に苦々しき事とのみ言ひてはすまされぬことなり。聖慮は畏くもここに及ばせ給ひしものと拝受し、恐懼《きょうく》にたへず。諸公果して自責の末慚死*2を思ひしもの幾人ぞや。

平岡公威君より来信*3。「サイパンの玉砕が詳報され、近頃はその話でもちきりの世の中ですが、この神話だけはどこまでも大切にして、あの「うちてしやまん」の濫用による冒瀆の、同じ轍を踏ませぬやう、きびしく清らかに守りつゞけたいものでございます。巌頭に立って髪梳る《くしけず》女性の姿は、弟橘姫《おとたちばなひめ》の神話の心をそのまゝでした。」*4とも記してゐる。

午前中古事記をよみ、十一時過読了。古事記は何度にてもくり返しよむべきものと思はる。

午後一時過高藤君のところへゆく。古川君が「文藝文化」終刊号が出たので、皆を招待するといふことだったので、何日がよいか、その都合を伺ひに行きたるなり。月曜か火曜ならばよからんといふ。

（2）恥じて死ぬこと。

（3）八月二十五日付け封書。

（4）傍点平岡。

帰宅、栗山君と畑を作る。その前に図上作戦をねり、区画をきめる。何はどこと位置をはっきりさせ、それに従ひ、大根、牛蒡、小松菜、ほうれん草、結球白菜等を新たに蒔き、葱、わけぎ、生薑《しょうが》を移植する。跣足《はだし》にて土に下り立てば、長雨にてうちしめりたる土壌の感触は魂を蘇らせる如き感あり。

空うら、かに晴れわたり、夕暮は雲の姿は殆ど見えなくなった。半月中空に浮み、すが〳〵しき夕暮なり。

六時半までに食事をすませ、六時四十分頃家を出て、今朝電話で都合をきいておいた宮原氏の官舎にゆく。帰郷その他にて、九月以後の中等科の行事計画がはっきり分らぬので、それにつき具体的に説明を求め、旁々《かたがた》健康すぐれざるを理由として長くお手伝ひを怠り勝ちであったことを詫び、大体健康をとりもどした故、何なりと用命願ひたしと申出る。九時半頃、宇佐の海軍航空隊にゐる御長男英一郎君突然玄関のベルをならして、帰る。電報をうった由なれど、それがつく前に本人がついたのでこれを玄関に迎へられた母堂は吃驚《びっくり》されたといふ。その声が二階まできこえてくる。一寸前に、英一郎君佩用《はいよう》の軍刀が新装なったとて見せてもらひ、同君幼時よりの写真も同時に見せられた直後だけに、不思議なやうな気がする。間もなく辞去。半月西空に傾き、外気は冷え〴〵として心地よし。車中にて「夢かぞへ」＊1よむ。美しき文章なり。今少し早く読むべきであったと思ふ。

帰来ると、机上にパイナップルの缶詰をあけたものと見え、二切れ皿に入れておいてある。久しぶりに賞美する。

浴衣が畳の上においてあったのを、ふととりあげると蟋蟀が一匹とび出した。

（1）野村望東尼著、新文庫12、春陽堂書店、昭和十七年七月十五日。

十二時就寝。

八月二十八日（月）晴

日和ときまればまたいつまでもそれがつゞく。日中は暑いといへ、朝夕はもはや秋冷をおぼえる頃となった。風鈴の音にも秋を感ずるやうになった。朝食の折栗山君としみ〴〵とさう語り合ふのであった。それにしても戦局は開けず、鬱屈せるまゝで、大宮島、テニアン島への爆撃は熾烈になりまさる。危険と思ひつゝ、どうにもならぬまゝで、安易に流れてゆくのが一番恐ろしい。昨今望東尼の「夢かぞへ」をよみつゝ、思ふことが多い。国運をとざせる暗雲を見つめつゝ、望東尼が憂へ憤り慨《なげ》く姿が日記につぶさにうつされてゐる。ともすれば卑《いや》しく汚くなりゆかうとする心を、歌をよみ日記をしるすことによって清めようとする尼の自戒が美しい泉となってこの文章を貫いてゐる。あの頃と比較にならぬほどの国難に遭逢《そうほう》しながら、尼ほどの憤りが胸からつき溢れて来ないといふのはどうしたことか。己れの至誠に於いて未だ足らざる所なきか。省みて正に慚死に値するを覚える。

七時三十分迄に登院。八時から修練査定会があるので、四年の主管だけがその前に打合せをしておからといふので三十分早く行った訳である。八時から十一時過ぎまでかゝって、一年、五年、四年の三ヶ学年をすます。中食後暫く学校に居のこってゐる。二時頃東陽印刷の古川氏に電話する。招待は明日にしてくれるやういふと、今日でなくては駄目といふので、早速栗山君の学校に電話しようとしたが、電話番号を忘れたので、急いで帰宅、大蔵局で立華高女へ電話する。もう帰ったあとといふ。高藤君は夕刻古川氏へ電話することになってゐるので、連絡がつくことと思ひ、只栗山君が早く帰ることのみ待つ。池田君はまだ帰京してゐないらしい。その内四時前栗山君が帰ってくる。丁度い丶。五時までに数寄屋橋際の会場にゆくことになってゐるので、四時過つれ立って出る。五時二十分頃行きつく。古川氏や、遅れてくる。高藤君は電話を東陽印刷へかけたらしいが、古川氏の出たあとで、連絡つかず残念。久しぶりに鰻とてんぷらの御馳走になり、両人満足する。七時過ぎ退去、八時過帰宅。すると、家には生ビールが五六合ひやしてある。これは隣の園田氏の会社で配給があったのをそ丶分けしてもらったといふ。早速それもいたゞく。今日は胃の腑がおどろく日。

ほろ酔ひの、勿体ないやうな機嫌の肌に、涼風を入れてゐると、鬱屈の心が自らにとけゆくをおぼえる。月が中天にか丶ってゐる。七八日頃であらうか。小便をしに、庭に下り立てば、夜気はひえ〴〵として裸の肌に快し。

十時過ぎ就寝。

八月二十九日（火）晴

五時に起床。帰京後はじめて早く起きる。冷水まさつをして、神拝すると、心清々しくなりまさる。

七時頃家を出て、八時学校につく。今日は二、三年の修練査定会。十時過ぎ終り、あとは中食時まで訓育部会。修練査定会の終の方で、修練の成績を優、良、可、不可であらはすやうなってゐるのを、今回の査定会では優、良上、良、良下、可、不可の六段階で行った。ところが、学生に渡す通知表には依然として優、良、可、不可でゆくといふので、折角こまかくつけたのだから、そのま、知らせてやる方よろしかるべしと山本修氏のべ、小生も賛意を表したところ、老人連中は、あまり詳しくすると、あとで父兄からつっ込まれたりしてのっぴきならなくなるといふ理由で、がへんじない。こまかくあらはさず、大まかにあらはすのがよいといふことは、それでい、が、さう主張する動機が平田氏のいふ如く意見の相違といふよりも、父兄から責められるといふ理由が先に立ってゐることを知ったので、甚だ卑怯と思ひ、かたくなに反抗する。然し、最後は先方の勝手にいふま、にまかせておく。責任回避の思想がここにも巣くってゐる。日常の戦ひの場は、至るところにひらけてゐる。我らはかういふ夷狄《いてき》思想を撃滅せねばならぬ。

中食後院長に呼ばれて、旧院長室にゆく。広島文理大の漢文の先生は誰々か、手塚良通氏は学生の評判はどうか、佐藤某といふ僧名の五十才余りの漢文の教授はゐないか、それらについてきかれたが、手塚氏には少しも習はぬので、知らぬ、佐藤某氏のことも知らぬ、只在学中習った先生のお名前だけはあげることが出来た。

二時過ぎ学校を出、帰途につく。高田第五国民学校裏の文房具屋で筆巻を求め、光影堂に寄り、写真の焼付が出来てゐるかきくと、まだだといふ。三時頃帰宅。四時から五時頃まで昼寝。久方ぶりに風呂に入る。栗山君は裸で庭に下り立って、畑いぢりをしてゐる。南瓜の古蔓も全部とりはらはれ、とうもろこしの古木は今日昼間照代さんにとりのぞかれてあったので、急に庭面が明るくなった。今庭の畑にはびこってゐるのは、薩摩芋、茄子、里芋である。薩摩芋の蔓のはびこり方は正に傍若無人といふところ。

深川からは小生帰京後、まだ一本も書信が来ない。母の健康も気になる。薪や野菜の供出に弱ってゐることだらう。

夜、月清し。栗山君は裸で縁側にねころんで、ひま*1の葉越しに、月を見てゐる。金色の雲が月をかすめて通過ぎる。月が生き物のやうに見える。

今日蔵書印が出来てくる。渡辺末吾教授の親戚の方に作ってもらったのである。仲々いい字である。全く気に入った。栗山君に見せると、い、印だとほめる。

八月三十日（水）晴

五時三十分起床。

侍従長百武三郎*2海軍大将退官、後任に現明治神宮々司藤田尚徳《ひさのり》*3海軍大将が任ぜられた。又明治神宮々司には鷹司信輔《たかつかさのぶすけ》*4公爵が親任された。その旨昨日発令。

今日は第一学期成績報告科会のある日。例年とちがひ、夏休暇中の修練を全部終へた上で、最後の成績記入をなし、その報告を行ふのである。院長は途中から出席。後で教務、訓育上の報告あって、会を閉じる。

午後三時過に帰宅。帰途目白で深川へ送るためのジレット*5と替刃を求め、種屋で大根、小蕪《こかぶ》青、小松菜等の種子を求める。写真屋に寄ると、まだ出来てゐないといふ。

夜、隣の下條夫妻*6来宅、十一時近くまで話す。主として演劇の現状、将来のことにつき話し合ふ。結局情勢のみに左右されない本当のものを守りつゞけてゆかねばならぬことを、しみ〴〵語り合ふ。

「国語読本」読みつゞけてゐるが、文章の選定は仲々容易なことではない。

明月皎々。この夜頃、清光に心きよめられつゞけてゐる。有難いことだ。

（1）唐胡麻。

（2）一八七二―一九六三。昭和十一年侍従長就任。その後枢密顧問官。

（3）終戦時の首相鈴木貫太郎、米内光政海相とは、攻玉社出身、海兵同期という関係。

（4）一八八九―一九五九。初代宮司。鳥類学者。日本鳥学会会長。

（5）ジレット社製の安全剃刀。

（6）俳優下條勉夫妻。

八月三十一日（木）晴

六時五分起床。妙に頭が重い。空はからりとはれ、朝顔の花は実に瑞々しい小鉢をひろげてゐるけれど、頭の内に霞がかゝったやうな気がする。然し、冷水まさつをし、鬚を剃ると、いくらかはれ〴〵しくなる。亀有へ行く日なので、十時頃家を出る。大蔵の駅で新垣氏に逢ふ。車中で中田欽一郎君の母君に久方振りに逢ふ。欽一郎君教官として横須賀（？）にのこってゐる由、日曜毎に帰宅するさうだから、遊びにきてくれるやう名刺を渡しておく。

亀有行は気がひける点がないでもない。然し、現在の所謂産業戦士*7といはれる人々の志操上に相当憂慮すべきものが見える所から、小生の如き者のいふことが、多少なりと、その浄化に貢献するならばとの微衷《びちゅう》*8もあるのである。今日は「志」といふ題で話しかけ、結局のところ、吉田松陰*9の最後のところを語ることで終った。履歴書出せといふことで、出す。

帰途、学校により、住宅手当もらひ帰る。

肥桶を方々探すが、仲々いゝものがない。

今日は朝から気がすゝまぬ日。そして結局事志と違ふ日であった。

十時頃、うたゝねしてゐるところへ、照代さんが入ってくる。盆にのせてさゝげたものがある。見ると、小麦だんごと、青い小豆とである。急に目がさめる思ひ。栗山君も書斎から出てき茶の間の廊下に座る。小生もその盆をさげてそこにゆき、はからずも月見団子といふことになる。電気を消すと清光が廊下に流れ込んでくる。ヒマの影がその廊下にくっきりとうつる。しばし、うっとりした空気の中ですごす。虫のこゑが此の頃日増しにしげくなる。

（7）徴用された労働者は戦場となった国土において、第一線の将校と変わらぬ決死の覚悟を持って生産に挺身する「産業戦士」であった。

（8）そうせざるを得ない、私の立場。

（9）一八三〇―五九。幕末期の尊王思想家。長州藩士。佐久間象山に師事。米国密航企ての罪で幽閉。松下村塾で維新の人材育てる。

元気をもり返して、国語読本巻参を読了。これで国語読本の方は全部詠み了へる。大いに参考にはなるが、このま、では今日は勿論、当時とてもどうであったか、気にか、るものがある。今日で八月は尽きる。

（補注1）佐藤春夫（一八九二〜一九六四）詩人、小説家。和歌山生。生田長江、与謝野寛、晶子に師事し、堀口大学は終生の友。小説に『田園の憂鬱』『都会の憂鬱』、詩集に『殉情詩集』、評論集に『退屈読本』あり。

【解説】

この八月の日記で話題になっているのは、次のようなことである。箇条書きで記す。

①「東宮殿下御教育案」をめぐる傅育官との協議
②元田永孚の言説
③広島への帰省
④「文藝文化」終刊後の残務整理
⑤土井忠生先生の教示

等々。

【参考文献】

『学習院百年史』第二編学習院百年史編纂委員会編　学習院発行　昭和五十三年三月三十一日
『国語学新講』東條操　刀江書院　昭和十二年五月十九日
『野村望東尼夢かぞへ』八尋瑞雄校註新文庫12　春陽堂書店　昭和十七年七月十五日
『草稿詩集千歳の杖』林富士馬　まほろば発行所　昭和十九年七月二十日
『花のひもとき』蓮田善明　河出書房　昭和十九年十月

二十日
復刻版『文学報国』不二出版社　平成七年二月二十四日
「斎藤清衛先生略年譜並びに著書論文目録」「国文学攷」二十八号　昭和三十七年五月
『決定版三島由紀夫全集』38書簡　新潮社　平成十六年三月十日
『アジア・太平洋戦争辞典』吉川弘文館　平成二十七年十一月十日

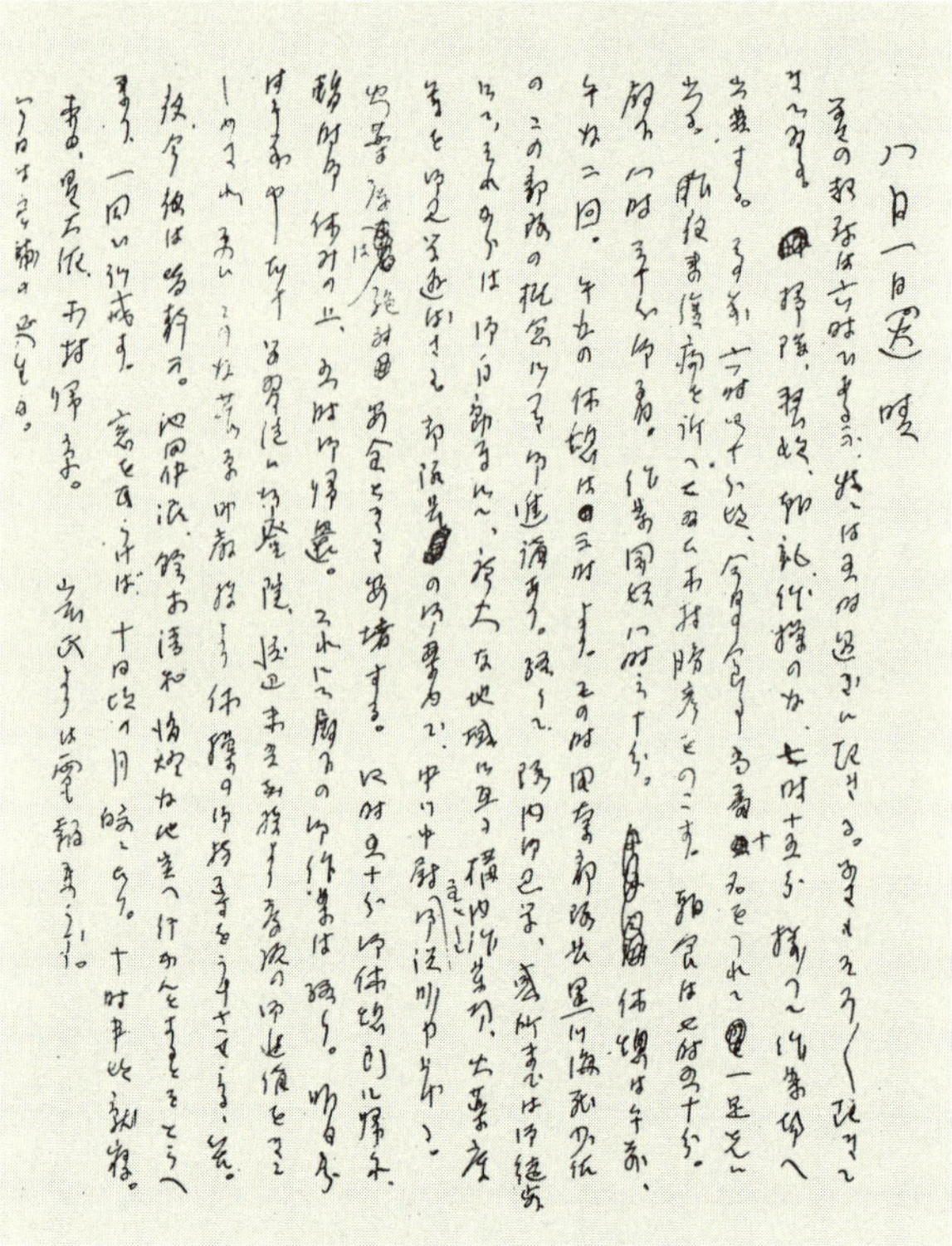

昭和19年８月１日の部分

戦中日記

（その2）　昭和19年9月〜20年8月

清水文雄「戦中日記」昭和十九年九月〔四十一歳〕

九月一日（金）曇りがち、夜晴

いつしか暦の上でも秋となった。昨日までとちがひ、いくらか天気がくづれ加減である。関東大震災記念日。

通知表渡しの日で、七時一寸前に出かける。「夢かぞへ」の姫島牢屋生活のはじまるあたりから、惻々《そくそく》*1として胸をうつものが強くなる。

八時から各教室で、主管として、第二学期の初頭に当りての心構へ、作業上の諸注意事項、一学期成績総評を行ひ、通知表を渡すと、九時近くなった。九時から正堂に入り、院長と科長の訓辞あり。そのあとで、長沼氏にあひ、俊彦王殿下の御成績表持参の件、作業中の御行動の件、等につき種々打合せる。御成績は明日午後三時半持参といふことにして、今日午後長沼氏帰邸の上妃殿下に言上《ごんじょう》*2して御許しを得ることにするといふことで、その結果は今日午後一時頃電話してもらふことにする。大体拝謁仰付けられた際、御下問に奉答する心構として、左の諸項を心得てゐてほしいといふことである。（一）、御健康が向上して来られたこと、（二）、

（1）身にしみて感じるさま。

（2）上位の人に対して申し述べること。

修練の御成績について、(三)、御自身一般学生並の御自覚をおもちになると共に教師の方でもその積りで御取扱ひ申上げてゐること、(四)、一学期御成績一般言上、(五)、士官学校の要求に基く御学習について等。

明日は下丸子東京無線株式会社に於ける四、五年の勤労がはじまるが、一般学生は七時四十分までに現場付近の神社内に集合といふことになる。殿下は明日は特に八時半御成りといふことである。第二日からは一般学生と同じく、八時までに現場に御到着遊ばされる筈である。

中食後、千葉一夫教官室に来り、種々話してゆく。九月廿日に大竹の海兵団*1に入団するとのこと。

三時前退院。帰途光影堂にて写真をとってくる。手札形にひき伸したもの十二枚。古郷の姿がまざ〳〵と写し出されてゐて、いつまで見てゐてもあきない。

夜晴れ上り、月明かなり。

（1）海軍の新兵教育機関として半年程度の教育を受けた。終戦時には十六個の海兵団があった。

九月二日（土）晴

五時五分起床。四年の作業の付添として下丸子の東京無線電機株式会社にゆかねばならないので、六時十五分家を出る。大蔵駅で目黒までの切符を買ひ、帝都線経由でゆく。工場前の神社境内に七時四十分集合ときめられてあるので、大体一時間半みこんで行ったところが、丁度七時四十分迄に到着した。科長以下概ね集ってゐられる。境内を出て道路上に整列させ、点呼する。その場で本荘中尉より敵捕虜の話がある。それは同中尉の戦友が某捕虜収容所にゐるが、その語るところによると、英捕虜は日本と大した利害関係はないので、殆ど戦意はないといってゐるが、米捕虜は、自分等は必ず勝つといひ、そしてやがて日本本土に上陸してくる味方を信じてゐるといふことである。その理由は工場で働いてゐる日本人を見てその怠惰な働きぶりを見、これは大丈夫だと思ったといふのである。その点からも、純真な学徒の勤労が如何に重大な意義があるかといふことをよく胸においておけといふ話であった。小生が昨日四年二組の学生に話したことも結局主旨は同じことであった。

其処で工場側の人に学生を渡し、その指揮号令によって、列をくんで工場へ行き、正門内の神社に一同参拝する。これからは朝と夕と二回拝礼をせねばならぬ。終りて外に出、俊彦王殿下のお成りを堵列《とれつ》*2してお迎へする。同じ工場に已に入ってゐる都立八中及び日の出高女の学生も、路上に堵列して奉送する。その時、学習院学生に奉迎の号令をかけるのを本院学生にさせようといふ話らしかったので、横から口を出して、学校の立前はどこまでも殿下を学生として御参加願ってゐるのだから、宮様の思召しも体して、表立った奉迎は好ましくない、してみると、もと〳〵今日のや、表だった奉迎は工場側の発意に基くもの故、工場に已に学生を渡した以上、工場側の指揮者に指揮を委せたら如何と申出る。いろ〳〵言ってゐたやうだが、結局さうなる。その理屈は理屈として、宮家の思召しも、工場側の赤誠も、学校の方針も、夫々理由あり、自然であり、有難い国柄だと思はせるに足ることであった。御少憩の後工場内御巡覧、宮原学生監、秋山学生主管、本荘中尉、小生が本院側よりお供する。佐々木副工場長の御先導、伊勢課長の御説明。学生は正門前青年学校二階を控室とし、そこに弁当持物等おき、その階下で鑢《やすり》作業続行中、そこへ合流遊ばされる。最初に御作業振が写真にをさめられる。昼は工場側の幹部と院側職員と本館二階にて会食。殿下は十二時半御出発御帰邸。目下湿疹をやん

（2）垣のように並び立つこと。

でゐられるので、余り汗が出てくるといけないとの思召しで、当分午前中で切上げられる御由《おんよし》*[1]に承る。

本日午後三時半妃殿下に拝謁仰付けられる御旨《おんむね》*[2]をうけてゐるので、少し早いが一時に工場を出て宮家に向ふ。目黒から渋谷に出、そこに下車、まだ時間が相当あるので、宮益坂を上りつゝ、書店をのぞいてゆく。渋谷駅付近の家屋疎開の跡は、旧態を想起せしむるに困難なほどである。大正十五年の「太陽」臨時増刊の「日本之自然美」といふ菊倍版の書物買ふ。青山七丁目で新橋行の電車にのる。六本木下車。なほ時間があるので、交差点の書店で内務省神社局編著の「神武天皇御紀謹解」*[3]一冊（三十銭）を求め、そこから徒歩にて宮邸に赴く。六本木の次の三河台町の停留所と旧飯倉片町の停留所との中間あたりから左に上る舗装道路を上っていく。御門に参着したのが三時にまだ五分位あるとき。三時半まではまだ相当時間があるが、案内を乞ふ。見知らぬ御老人が出て来られ、来意をつげると直ちに一室に招ぜられた。間もなく長沼氏が見えて、おしぼりをお持ち下され、上衣をぬいで汗をぬぐふ。そこへ事務官も挨拶に見える。やがて三時二十五分頃長沼氏お奥の御都合を伺ひ、正三時三十分に奥の一室に伺ふ。すでに妃殿下、俊彦王殿下は御出ましになってゐる。恭《うやうや》しく御成績表を提出し、それについて御下問に奉答し、特に修練の内容については、詳しく申上げる。それから御体位が向上遊ばされたこと、進んで一般学生と同様に遊ばされようとなさる御思召しに一同感激致してゐること、士官学校の要求に基き、御苦痛でも修練作業の間も学課の御補習をつゞけていって頂きたいこと、等を言上する。種々有難いお言葉等頂いて、感激の裡に四時少し過ぎに御前を退居する。元の控室で長沼氏と十分位話し、過分の御菓子料、御菓子を御奥よりといふので頂

（1）「由」は理由。
（2）「旨」、事のおもむき。
（3）昭和五年五月十八日、内閣印刷局。

いて、退る。

六本木まで歩きそこで電車にのり、渋谷から帝都線で下北沢を経て帰宅。

日本出版会*4と神田郵便局とから葉書がきてゐる。前者はまだ発行届が出てゐないので至急出せといふ報せ。後者は第三種郵便は四ヶ月も休刊がつゞくと取消すことになってゐるから、至急出頭せよといふ報せ。なれぬ事務に渋滞が出来たのである。神田局は四月号が今までのび〳〵となった旨返事しようと思ふ。又出版会への発行届は様子が分らぬので、誰かにきいて出さうと思ふ。

夕食後、今日頂いたお菓子を三人で分けて頂く。雑談してゐるところへ、池田君がふいとくる。買物袋にビールを一本入れてゐる。枝豆のゆでたても入れてゐる。今朝帰京したばかりといふ。夫人の衝心性脚気*5が思はしくなく、今まで暇どったのだといふ。まだ寝てゐるが一先づ出てきたとのこと。七月以来一進一退で、一時は危険状態に入ったさうである。注射薬のよいのがあればよいが、それがないため、困るといふので、栗山君の校医にたのんで、B1剤注射液を分けてもらはうといふことになる。何処も同じ困難があるが、重病人をか、へた池田君が一番気の毒である。

月が大変よい。明晩が満月といふが、もう見たところまん丸だ。東籬《まがき》の丈高の薄《すすき》の葉が月光に白くぬれてゐる。栗山君が立って、電気を消すと、月影が縁側一杯に流れ込んで、新聞でもよめるほどの明るさ。栗山君が据提灯《すえちょうちん》を持ち出して、座敷にするゐる。ほんのりと、夢のやうにあかる。月光と調和して、心をなごしてくれる。菜園の作物の葉がしっとりと月光に酔へるが如く、ぬれてゐる。ビールの栓をぬき、枝豆をくひながら話ははづむ。今日栗山君が玉川学園

(4) 昭和十八年三月、国家総動員法・重要産業団体令によって出版事業令公布され発足した統制団体。出版社の整理統合、雑誌の整理をすすめた。
(5) ビタミンB1欠乏症による心不全のこと。

でもらってきたといふトマトも出る。このやうな静謐な夜をねらって敵機はくるかも知れない。この美しき国土を寸分でも汚させてたまるかといふやうな気がする。やがて提灯の蠟燭が絶えさうになったので、起ってふっと吹き消すと、再び月のみの明りとなる。その月光にひたり、月の面を眺めてゐると戦ひを忘れて、夢を見るやうな気持になってゆく。三人、照代さんも加って四人共、ともすると無言になりがちなほど、心がうっとりなってゆく。

十時、池田君辞去。一寸机に向ったが一日の疲れでねむくなったので、十一時頃、就寝。蚊帳の中まで明るい。その光の中で、いつしか眠に入る。

八月分総費用九十八円二十九銭。


九月三日（日）晴。

五時三十分眼がさめる。

東文彦遺稿集「浅間」（補注1↓323頁参照）を送って下さった厳父東季彦氏に対し左のやうな礼状出す。

拝啓　故文彦君遺稿集「浅間」平岡君を通じ確かに拝受致しました。早速拝見、誇らしき文学の「青春」を自らの胸に熱く喚びさましえたる歓びと感動を禁ずることが出来ませんでした。一体このやうな体感は何年ぶりだらうかとも思ってみました。今は一「東文彦」の死を悲しむ思ひよりも、「詩人東文彦」の完璧の姿をいつまでも「花」と仰ぐ歓びにひたってゐたいやうな気が致します。そしてかういふ不世出の「詩人」の生成に陰ながら力となられた少数の方々の美しき魂をも同時に忘れることが出来ません。何れ一々の作品について愚感をのべて、文彦君の霊前への供物と致したいと存じますがとりあへず御礼申述べました。
蓮田君から池田君へ葉書来る。

　魂会へる友共に夢に会はむとて

嘗見之京方人黒玉乃夜夢爾谷相語乞
京人許已二会奈婆吾而乃何左婢為利止目頬次美世武
京婢之吉美乎迎婆天人下四我如思保延武鴨
朝暮仁溢《ハカリ》而立留雲見者常爾恋毛京方人
京人相者詠左牟其歌乃今與羨敷所思可聞
風流無見片思《したひ》而京人布佐爾詠座牟宇田伎去継奈
春秋乃跡状母不知遠島比奈二須武和我恋流君哉
現爾毛思婆正丹座如見留吾世子伊目尓逢社

その夜正に見て

由目谷戸恋志吾勢古念如麻左之尓相而朝目懽毛
夢乃内二世子乎見多礼婆天放鄙山尚見奈具家布加奈

（以上）（補注2→324頁参照）

深川へ小包発送。昨日頂戴致した御菓子、ビストール、安全剃刀、種子等を入れる。
午後三時頃、中田欽一郎君突然くる。今日あたりくるかも知れないと、心待ちにしてゐたところだった。見ちがへるほどよく肥えてゐる。目方をきくと、十七〆あるといふ。立派になってゐる。今年五月に任官し今横須賀の通信学校の教官としてのこってゐるといふ。朋輩が皆前線に出てゐるのに、ひとりのこってゐることを不本意に思ってゐるらしい。毎週宿直の夜をのぞき土曜夜帰り、日曜夜帰校するのだといふ。四時になると、時計を見ながら慌てたやうに、また来ますといって帰って行った。

夕食は池田君も一緒にする。今夜は満月なので、月見をも兼ねようといふ訳。酒は一滴もないが、照代さん心づくしの小麦団子と塩あづきそれに池田君の畑に出来たといふ枝豆を今夜ももってきてくれる。昨夜に比べて、余り澄みきった月とは云へないが、それでもまん丸な月が中天高く登ると、灯火を消した座敷の中まで光が流れ込んで、静謐な月夜の景観が、心を鎮め和めてくれる。今夜は食事を小生の部屋と対蹠的な部屋でする。昨夜は小生の部屋でビールをのんだ。

池田君は十時頃帰宅。明朝早いので、まもなく就寝。

九月四日（月）晴時々薄曇

五時起床。六時二十分出発。大蔵駅で小田原行の切符を買ひ、登戸行にのって、登戸で小田原行をまつ。新宿を六時四十分の分にのるのだから、約三十分も暇がある。電車は定時の七時七分にくる。車内は相当こんでゐる。買出し＊1の婦人連中もゐる。新松田辺までは立ちづめであった。小田原の一つ手前の足柄下車、前以て示された地図に従ひゆくと、左手の丘に国民学校＊2があり、その下を道路に沿って流れてゐる、大変清らかな小川がある。国民学校の学童が一人その清流にしゃがんで、しきりに手を水にひたしては頭をひやしてゐる。横顔を見ると、青ざめてゐる。教室からは本をよむ子供らの声がきこえてくる。日本の直面してゐる難局

（1）物資不足と配給制度実施に伴い、食料品など生活必需品の産地買い付けが、市民の生活手段として広く行われた。

（2）戦時体制に即応した「皇国民錬成」を目的に従来の小学校に変わるものとして設置。

の姿をここに見たやうな気がする。地図が間違ってゐて、道をとり違へ、九時十五分過ぎて湯浅蓄電池工場につく。遅いので江本、菊池両先生が待ちあぐねてゐる。九時に授業が始まるのだが、遅刻した訳だ。今日は太平記の「阿新殿《くまわかどの》のこと」＊3をよんで了る。九時五十分迄。

本日は故北白川宮永久王《ながひさおう》殿下＊4が蒙彊＊5の地に戦死遊ばされて四周年祭に当る。だからいくらも授業お出来なかった。文憲王殿下、李玖殿下をはじめ、皆の元気の顔を見て心強い。二時限、三時限は猿木教授。同教授は一電車おくれて来る。午食は両殿下も御一緒。朝夕食は小田原海岸の御宿舎の川島家別荘でとられることになってゐるといふ。午後は十二時五十分より五十分小生、あと二時間猿木教授。午前中は第二班、午後は第一班。四時に雑炊の間食。五時半入浴。六時二十分夕食。

職員事務室は風がよく通り、大変涼しい。午後の授業後午睡をとると、あとは気がせい〳〵した。

宿舎は正門の横にある第一寄宿舎で、新築の匂がまだあり、工場寄宿舎としては上等のものである。砂利をしきつめた庭一面に南瓜が植ゑられ、石原にごろ〳〵と実がいくつもころがってゐる。

天気がいくらかゆるんできた。夜は北風が肌にひやりとする。

十時一寸前、少し早いが就寝。立派な夜具にねごこちよい。

九月五日（火）晴

五時二十分起床。北向きの窓をひらくと、足柄、箱根の連山がまむかひに見える。山々は薄

（3）第二巻。正中の変以来佐渡の流されていた日野資朝が斬られたが、佐渡へ渡った資朝の子阿若は父を斬った本間三郎を刺し殺し仇を討った。

（4）一九一〇―四〇。北白川宮成久王第一王子。陸軍砲兵大尉として赴任中のモンゴルで戦死。

（5）中国の旧チャハル・綏遠両省及び山西北部の称。

靄に蔽われてゐるけれど、空は今日はすっかりはれた。

九時より第一班の漢文の時間。但し、昨日丁度故永久王殿下の御四周年祭がとり行はせられたと新聞に報じてゐたので、それに関連して、若宮道久王殿下*1の御事を話し、そのあとで日記の書き方につき心得を話し、更に「清明」*2第一号の中から「海」（岩城隆行）「ボート」（池上利光）の一篇をよんできかす。それで一時間とって了った。

午後第一時は第二班に対し同様。それが終りて、一時五十分寄宿舎を出で、小田原駅に向ふ。二時四十分発の新宿行にのり、四時四十分頃帰宅。

蓮田夫人より為替の送付の礼状来てゐる。その中に蓮田君より来信、敵機と交戦し、小銃でその中の一機を撃墜とあったと報じてある。

一昨夜栗山君いふに、先日新聞に、戦局の個々現象に一喜一憂するなといふのは無理で、一喜一憂するのが当たり前だといふ意味のことが出てゐたが、全くその通りだと。然し、愚《ぐ》思ふに、「一喜一憂するな」と叱咤することは必要と思ふ。丁度息子が戦死して、母が泣くのを、父が「馬鹿！何故泣くか」叱りつけつゝ、自分も泣いてゐる、あれだ。その時「汝の悲しい心持は分る、俺も悲しい、だが悔んでも仕方がないから、勇気出して行かう」といはれたとしたら、同情ある言葉のやうだが、それでは一緒に滅入って了ふ分でも、決してお互の心に勇気は生れない。馬鹿・・・と叱られながら、その叱咤の奥に、深い愛情を感得するところに、むしろ勇猛心もわき起ってくるのだ。只問題は、今の政治家が国民と一緒に泣きつゝ、「馬鹿！戦局の一々の現象に一喜一憂するな」と真実に叱りうる人があるかどうかといふことである。この言葉は個人の言葉でなく、悠久の信念が言葉となって、迸《ほとばし》り出たものでなくてはならぬ。そ

（1）昭和十二年生。父永久王と三才で死別、第一王子として北白川宮家継承。
（2）学習院中等科機関誌。

こに政治の要諦がある。このやうな言葉は昔からあるものだ。古《いにしえ》からあるものが語りつがれてきたものに間違はない。間違があれば伝はらない。自然と口をついて、古来の言葉が出るのは一等確かである。心配なのは、妙に冷静ぶった合理主義である。それと、国民を、時機を得て叱咤して、国民がそれに応じて勇進の意気を振ひ起すことの出来る大政治家の出現こそ、真実待望するところである。

この頃の配給に野菜の欠乏してゐることは甚だしいものがある。魚類に至ってはもう久しいこと配給なし。如何なるところにひっかかってゐるのだらうか。

東君の「浅間」は、殊に最後に近づくほどい、。あらはに時局などのべてゐないが、（時には故意にさけようとしたところも見える）、日本の大きな息づかひと、ぴったり呼吸があってきてゐるところが見え、むしろ非常に逞しい意欲のやうなものを感じた。それはこの頃の小説家の小説などに感じられない、潑剌《はつらつ》たるものである。前によんだ「凩」などにもそれがいくらか見えてゐるが、「午後の時」「好日」「虫」などにそれがはっきり出てきてゐる。

夕食をすました所へ栗山君帰宅。元玉川で同僚だった高桑氏（ドイツ語教師）に誘はれて日比谷のリッツといふ食堂で夕食をとってきたといふ。その時高桑氏の語るところ、すべてこれ敗戦思想で、実に驚いたと憤激して語る。最近三木清＊3、戸坂潤＊4あたりと参謀本部後援で英文の外国向け雑誌を創刊することになってゐるといふが、憂慮すべきものがある。一部人士の間にこのやうな敗戦思想が彌漫《びまん》してゐるといふことは重々察してゐたが、かうはっきりとしてくると、憤りの情圧へるすべがない。それを信念としてゐるところ、始末に困ると思ふ。アメリカの戦後経営のことに言及し、「皇室はのこすかも知れない」といったといふ、言語道断

（3）一八九七―一九四五。昭和期の哲学者。西田幾多郎に師事。マルクス主義の人間学的基礎づけを試みる。治安維持法違反で検挙。

（4）一九〇〇―一九四五。昭和期の哲学者。唯物論研究会創設。治安維持法違反で検挙。

の言辞といふべし。更にいふ、この大戦の結果米蘇*1が一等国としてのこり、日本はまあ三等国として位のこるだらうと。莫迦！我々は米英に非ず、此奴等と闘はねばならぬ。いや此奴らを撃滅せねばならぬ。

十時、就寝。月清し。月見ればわが心すが〳〵し。

九月六日（水）晴

五時五十分起床。すが〳〵しき朝とはなりぬ。

昨夕のけがらはしき話のせゐか、昨夜の悪夢のみつゞけであった。

八時五十分家を出で、亀有に向ふ。明日が学校なので、日時変更を願ったところ、今日の第四、五限といふことになった。十時三十五分頃着。四十分からはじめる。都合で全部一緒、それに現場の工員も加って二百人ばかり。吉田松陰の最期に臨んでの淡々たる心境はどこからきたか、これは神勅相違なしの信念からきたことをのべて、「志」のことに及び、楠公父子*2の訣別、北白川道久王殿下の御事を語る。今日は人数の多かったせゐもあるし、朝から気分がよかったためもあり、非常に気持よく話せた。中食すませて帰る。二時帰着。

瀬川昌治から手紙が来てゐる。「文藝文化」終刊号をよみての感想を記した部分が大部分である。若々しい感動をもって、文藝文化の生命をつかんでゐてくれるのがうれしかった。その中にかういふ所もあった。

「戦局の変転に伴ひ一喜一憂し、或は肩を怒らして戦時下の心構へを説き、或は鐘や太鼓で飛行機増産を絶叫する最近の言論機関の中にあって、たゞ『恋』について語り、たゞ『みや

（1）米国とソ連。
（2）父楠木正成は、後醍醐天皇の建武政権下で異例の昇進を遂げ、その後湊川で戦死。「忠臣」として称揚。その子正行が後を継ぐ。

び』について説いて来られた文藝文化は、又それだけに其の超俗の精神の高さに於て、又其の言説の裏に秘められた憂国の情の激しさに於て、我々の心をはるかに強く搏《う》つものを持ってゐました」

そして最後に自分のことに及び、

「当特別甲種幹部候補生の採用通知は先日参りましたが、今日入隊通知と兵科が通達されました。僕は一月十日入隊、兵科は船舶兵、入隊地は広島宇品港とのこと。船舶兵に廻されたことは一寸意外でもあり、又残念でした。外の連中は、大概歩兵砲兵等敵と戦闘のし得る兵科であるのに、船舶兵とは如何にも地味で残念だったのです。然し、学校から帰りの電車の中で『僕は此の大みいくさの礎になるのだ』『下積みとなって潔く死ぬんだ』と自分で自分に言ひ聞かせて居る中に、思はず泣けてきました。人が誰もが嫌がる船舶兵に僕が廻されたといふことが、もう神の思召しによるものとしか、思はれなかったからです。僕は又新しい力が漲《みなぎ》るのを、感じました。来年一月十日迄、最後の学生生活を、心残りなく過す決心で居ります。」

覚悟やよし。それで往け。

午後四時半から文報国文学部会例会があり、その席で北京大学教授佐藤幹二氏*3の談話もきいた。三時半家を出て下北沢、渋谷を経て地下鉄で虎ノ門まで行き、それから徒歩で文学報国会に赴く。橋本進吉*4、折口信夫*5、佐藤幹二氏その他塩田*6、藤田*7氏らも来てゐる。初に佐藤氏の北京に於ける文学報国会の活動状況につき悲観論的な報告あり、それから話は進んで北京のみならず支那一般に於ける日本政府の政治の拙劣さが口を極めて語られた。ノートした断片をそのま、記しておかう。

（3）明治二十八年生。女子学習院教授・図書課長歴任。

（4）一八八二—一九四五。大正・昭和期の国語学者。上代特殊仮名遣いの発見、中世音韻組織の解明等に業績あり。

（5）一八八七—一九五三。大正・昭和期の国文学者、民俗学者、歌人、詩人。筆名釈迢空。柳田国男に触発された。著に『口訳万葉集』『日本文学の発生』『海山のあひだ』等あり。

（6）良平。

（7）徳太郎。

○文化人は功名争ひしてはならぬ。一人が一つの井戸をほる。次の人は又新しい井戸を掘る。もとの井戸は折角のよい泉が涸れる。この弊が外地（支那のみならず、比島＊1でも馬来＊2でも）で非常に目につく。内地に於いても然り。実業家と違ふことを誇を以て自覚すること必要。○支那及び支那人を知らねばならぬ。転向者＊3などが支那に行って新しい思想団体などの長となると、支那人は信用しない。その前期の著書を全部読んでゐるから。（藤沢親雄《ふじさわちかお》＊4、林房雄＊5等）○儒教は支那で絶えてゐる。大学にもない。日本がそれを興さうとしてゐる。○物が物を追っかける。唯物思想がはびこりはじめた。○物価が猛烈に高い。テーブル二千円。大学教授の月給七八百円。畳にぢかに茶碗をおいてたべてゐる。○この戦局になり日本語熱は極度にさめた。○農民に供出を強ひる。上下をあげて反感。サイパン失陥以来物が目茶苦茶に高くなる。○軍や官吏は石炭一頓＊6十円、生活苦をしらぬ。大学教授はじめ一般は二千円。怨嗟《えんさ》の声巷に充つ。○新中国建設は先づ大学の把握が大事。そのためには支那人の大学教授をこちらのものにすることが必要。然らば学生もこちらにくる。今は良い学生は卒業後皆重慶＊7にゆく。○支那人で、どんなに貧しくても生活費が月六千円かゝる。等々。

内も外も「大変」だといふ感を深くし、暫し暗然となった。夕食に握り飯が出、その後で新入会員の報告があり、朗読文学の現在までの応募者の名をよみあげた。九時帰宅。月が明るい。今日一日嵐の気味。

十一時過ぎ就寝。それまで深川の手紙をよみ返し、みを子に手紙かき、佐藤氏の話をよび起しなどして、徒然《つれづれ》とすごす。然しいつしか心は昂ぶり眼は爛々とかゞやいてゆく。

（1）フィリピン。
（2）マレー半島。
（3）「転向」は、主に昭和期の共産主義運動・思想からの離脱の現象をさす。拘禁の苦痛や運動上・思想上の懐疑などに加えて、「家庭愛」が転向理由の上位を占める。
（4）一八九三―一九六二。国民精神文化研究所嘱託、大東文化協会理事、大政翼賛会理事等歴任。
（5）一九〇三―七五。小説家。プロレタリア作家として出発。獄中転向後、大東塾客員となり、日本浪曼派に接近、歴史小説で成功。
（6）「トン」のあて字。
（7）一九三七年十一月二十日、国民政府は重慶移転を宣言し、対日持久戦の意志を表明。

九月七日（木）曇時々雨

夜明け近く夢現の中にきけば、雨が風にあふられてばた／＼ときて、すぐにやんだ。荒れ模様は昨日のつゞきである。起き出るころも時雨のやうに風に送られて雨が落ちる。朝食後一二度雷がなり、夕立のやうな雨が強くふった。このやうな嵐に近い天候の中に、朝顔だけは、凜《りん》とした美しさを守り通してゐる。その可憐の強さは、今の自分の心をいたくうつ。

十時から卒業式予行があるので、九時頃家を出る。先刻猛然たる夕立がきたが、一時上ってゐる。三田屋の前には缶詰の配給をうけやうとする主婦達が黒山のやうに集ってゐる。今年の卒業式の御差遣《おさしつかわし》宮殿は朝融王《あさあきらおう》殿下＊8と公示されてある。正堂に集合して式当日の順序に従ひ一通《ひととおり》予行をなす。平岡公威文科の首席にて卒業、種々ノ代表トシテ立ツコト多シ。理科首席は井手幸三。十一時半より北食堂にて輔仁会＊9主催の卒業生送別会あり。会務委員は古沢清久、千葉一夫、草鹿履一郎の三名。皆かつての青雲寮々生なり。草鹿司会をなし、古沢開会之辞、千葉送別の辞をのぶ。千葉の朗読は早口なりしが、よく若者の思ひを伝へてゐた。これに対して平岡公威起って答辞を述べた。送る者と送られる者との距離がなくなったといったところは我人共に同感であったと思ふ。それが時代である。全体として良いことを言った。院長、両科長の挨拶についで、主管教授松尾、井上両氏の挨拶あり、会食に入る。戦時食にて、一鉢に盛り切りの御飯、南瓜、卵子の煎りつけ、先づそんなところ。ここにも並々ならぬ時代を思はせる。已に昨年とも雲泥の相違。皆黙々としてそれを食べてゐる。会食終りて、卒業生有志、及び在校生より指名される卒業生の挨拶あり。神州男子＊10を一同合唱し、野村科長の発声にて卒業生万歳三唱ありて会を閉づ。

（8）一九〇一―一九五九。久邇宮邦彦王第一王子。昭和天皇の義兄。

（9）学習院の文武活動の中心機関として、明治二十二年に創立された。会員には在学中の皇族、院長、教職員、学生が含まれる。

（10）昭和初期から歌われている学習院学生歌。「神州男児の心より匂ひいでたる桜花かざしてここに愛城の若草もゆる丘の上に」と歌い出される。

会のあとで、運動場にて、青雲寮々生古沢、瀬川兄、千葉、草鹿、千坂と会ひ（後から秋山教授も）、来る十二日（火）夕食を共にし、入隊者、海兵入学者の壮行会を兼ねて青雲寮懇親会を第三寮にて開くことに相談をきめる。五時半に第三寮に集合。米一合持参。炊事との交渉は千葉がすること。尚その他、十五日には第一回生のみ集りたしとのことで、これは小生に紀伊国屋を交渉せよといふことになる。よし、愛する彼等の行を壮《さか》んにしてやらう。

三時過ぎより山本修教授につれられて昭和寮に赴く。何の意味か最初は分らぬ。只途中で、「学習院に大あらしが吹き初めましたね」とだしぬけにいはれた。全然見当がつかぬ。「学習院の運命に関することですか」ときくと「さあ」と答へたきり。それ以上きかない。旧舎監に入ると、富永、桜井、白鳥、西崎、児玉、松尾、柳谷、豊川八名の顔が見え、それに我ら二人、暫くして磯部氏来る。合計十一名。富永氏先づ口をきり、今日緊急に集ったわけを話す。驚くべき事実ばかり。大様を左に録せん。

一、高等科長野村行一氏科長を辞し、宮内省御用掛兼学習院教授となる。宮内省御用掛はやがて東宮御学問所設置の場合はその事務総長となることを前程とす。かゝる結果を導くに陰より大いに奔走せるは、かつて野村氏の教え児たる現東宮傅育官山田、村井氏等、又皇后宮事務官入江相政《いりえすけまさ》氏＊1なりし由。野村氏は一度は辞退（本人は「固辞」といふ語を使用せられし由）せられしも、再度の懇請あり、故郷の御両親に相談されたる結果、一身一家の名誉として受諾致されたるものといふ。

一、高等科長後任として長沢現中等科長就任す。

一、中等科長後任として岩田九郎教授就任す。

（1）一九〇五―一九八五。昭和天皇の侍従、侍従長を務める。生家は冷泉家の流れを汲む「歌の家」。歌人、随筆家として著書多数。

一、山本直文教授先達《せんだつ》て（前月末頃か）その言辞災をなして、検事局に引致《いんち》され目下取調中なる由。その理由は町会長として或会合の席にて不敬と戦争妨害とにわたる言辞を発せられたる事、町会員某の密告により憲兵隊の知るところとなりたるなりと。この山本教授の件につき、桜井学監穏当なる語もて高等科長の責任を糺したる所、「自分には関りのないことだ」と恬《てん》として＊2責めを感ずる様子なかりしといふ。

一、この人事は院長、高等科長、岩瀬事務官の三者の間に劃せられたるものにして、長沢中等科長も最近迄は全然関知せざりしものなりといふ。尚、岩田教授を中等科長に持って来たるは、やがて野村氏事務総長として立ちし時、意のまゝに従ふならんとの底意《そこい》＊3ありたるものといふ。されどこは憶測なるべし。

一、右の人事移動の発表は来る十二日（火）午後三時より高中合同の職員会に於いて発表せらる、予定といふ。大様右の如き報告があった。右の報告により、

一、野村氏の不信行為に対して一同憤怒に燃ゆ。

一、岩田氏の中等科長就任は意外の人事にして、全く不適任なり。如何にもして之を阻止せざるべからず。

といふやうな点に議論集中しゆき、さしむき岩田氏にこの任を受けさせないやうに諫告しようといふことになり、富永教授にそれを委嘱した。それも明日といはず、今晩の内に自宅へ行ってもらふこととなった。そこで富永氏は寮の夕食を一人だけ食べて六時頃一足先に昭和寮を出る。その他の人も所用あって、それより先に帰った者も数名あり。あとに数名のこり、西崎学生監の官舎で炊いて下さった馬鈴薯を食べて暫く話す。其の際小生より、今度の事は一中等科

（2）平気な様子で。

（3）内心。

長の問題よりも寧ろ野村氏が事務総長につくことが不可であるといふ点が数倍重要な問題である。それはその思想上よりも言へると共に、今後の発展の如何は別とするも一応不敬罪に問はれた山本氏の件に恬《てん》として責めを感ぜざる如き人をか丶る重要なる位置に据ゑるのは「節義」*1の上よりも許すべからざる事だといふ意味のことをのべた。皆同意してくれたがこの事はなほ議論を沸騰せしむるに至らず、七時頃解散。途々《みちみち》も考へ、帰宅後もその事のみ考へ、考へつかれて、この日記も書きさしたま丶で就寝した。

(1) 節度を守り、人間としての正しい道を行うこと。

九月八日(金)雨

今日は下丸子の工場行き。六時十五分家を出て、下北沢、渋谷を経て、東横線にのり行く。今日から三ヶ所に分属していよ／＼他校生徒や一般工員と並んで作業することになる。四年五年合せて旋盤に十名、組立配線に三十名行き、他は伊勢課長受持の第二工場へゆく。殿下は第二工場御所属。工場への往復は他校のやうに整然と行かず。遺憾の点多々あり。四時三十分終業。

雨は一日中降る。今日の当番職員は岡教授と小生、長沢科長も午前中来られた。行住坐臥昨日の事が気になり、色々考へる。

掃除の監督をすませると五時十分頃となる。目蒲線、省線で目白に帰り、学校の正門にゆくと、西村巡視が、山本修教授よりの言伝だといって、すぐ渡辺末吾教授のお宅へゆくやうにといふ。その前に磯部氏に一度逢っておきたいと思ひ、官舎に電話すると丁度在宅で、松尾教授も来談中といふ。そこで官舎に立寄り、二三十分話す。その要旨は、昨夕小生が昭和寮で最後に数名の人に話したことを特に強調し、院長に直接ぶつかる外なしといふと、両所とも賛成してくれた。三人で近く院長に会見しようといふことにまでなる。そこまで運んでおいて、渡辺氏宅へ赴く。赤井君もきてゐる。山本、赤井、渡辺末、猿木、小生の五名。二階で夕食の御馳走に与《あずか》る。小生の食事中階下応接室で山本氏より他の人達に事件の概略の説明あり、小生の食事終りて、もう一度二階に上り、食事をした部屋でいろ〳〵論議する。その内話しが行きづまって了ったので、をかしいと思ったら、山本直文氏の件が報告されてなかったためと分る。そこで、何れその内に一般に分ることだからと、その事を山本氏に言ってもらふ。然る上で小生の持論を持ち出す。その主旨には皆賛成だが、さて今後の方策として如何にすべきかはまだ判然たる域に至らなかった。小田急の終電車に間にあはないといけないので九時五十分辞去。山本、赤井両氏と目白まで歩く。両氏は更に武蔵野電車まで徒歩。終電車にやっと間にあふ。

このやうな事件に心を捉へられてある間に、今日の新聞は昨日畏くも天皇陛下の御親臨を仰ぎ奉り第八十五臨時議会の開院式が挙行され、その時左の如き全く異例の勅語〔切り抜き省略〕を賜ったことを報じてゐる。特に「憤激ヲ新ニシ団結ヲ鞏《かた》クシ奮テ敵国ノ非望ヲ破砕シ以テ皇運ヲ無窮ニ扶翼スヘシ」といふ一節に至り、その上に「卿等宜シク衆ニ先ンシテ」とある語を忘れて、国民の一人として、恐懼《きょうく》にたへなかった。いつまでも眼はこの節に釘付けにされてゐた。又今日は大詔奉戴日。而して学習院には重大問題が惹起《じゃっき》されてゐる。容易ならぬ時代をひし〳〵と感じた。

本日富永、櫻井氏も院長に会ひ、山本修、児玉両氏も院長に呼ばれてあったといふ。小生も探して居られたさうであるが、工場に行ってゐたためその出頭出来なかった。山本、児玉両氏に対しては、失望したらうが、今命じられてゐる仕事はつゞけて行ってくれといはれたといふ。そして、野村氏が事務総長の任につかれることは院長はもと〳〵賛成でないやうであったといふ。その理由は我々のいふところと多少異るであらう。

九月九日（土）晴

朝霧が深い。庭に下り立てば露をふくんだ朝顔が、霧の中にほんのりとうかんでゐる。今日は高等科卒業式。七時二十分頃家を出る。学生は八時半登院。今年は小生には何も役がふり当てられてないので（後で何かに当てられてあったことが分ったが）ゆっくり行く。本来は八時迄に行くことになってゐた。それでも八時五分頃には教官控室についてゐた。昨日から今日へかけて陸海軍諸学校の合格者が通知されて、本院からも左の学生が夫々合格の栄冠を得た。

陸士―荷見虎雄、島名孝吉、吉積基之（何れも高一）

海兵―清水昭、八代健輔、阿武令一（以上中五）、尾崎福盛、長昭連、醍醐忠久、徳川宗英、石本一雄（以上中四）

海機―原和夫（高一）

九時三十分御差遣宮朝融王殿下御着といふので、職員、学生（学生は高等科全部、中等科四、五年）門内に堵《と》して御着を待つ。然るに、御予定の時間より約十分も早く御着のために、指揮者も軍楽隊も気付かず、一部の職員が挙手にて御迎へしたるに留り、唖然たる裡に御車は玄関に着御《ちゃくぎょ》。玄関先にお出迎へした者も院長外一二の職員にすぎなかったと。甚だ遺憾のことであった。学の紀綱が弛緩してゐる時には、それがこんな重大な場合にえて現れるものだ。一同恐懼自責の念にたへぬ。式は滞りなく進む。在校生徒代表送別之辞古沢清久、卒業生代表答辞前田宰三郎。御下賜品拝受者平岡公威（文科）井手幸三、前田宰三郎（理科）。十時三十分御差遣宮殿下を奉送申上げ、一同校庭に引き返し、近く入隊入営する学生、それに陸海軍緒学校合格者も交へて、全院の壮行式を行ふ。院長訓辞の後、草鹿履一郎切々として青年の熱情と憂国の忠誠心を綴りたる壮行之辞を述ぶれば熱涙滂沱《ぼうだ》＊1として溢れ来るを禁じえなかった。それに対して出陣学徒総代堀越勉簡単に決意をのべて答辞とする。その後で神州男子を合唱する。その歌をききつゝ、涙はまたしてもはげしくながれ来る。院長発声の聖寿万歳三唱、野村科長発声の出陣学徒万歳一唱で式を終る。ついで図書館で卒業生送別の午餐会。卒業生代表平岡公威の挨拶も仲々良かった。一皿にもった昼食と他の小皿に盛った三個の生菓子、他に全職員学生に配られた干菓子が机の上に並ぶ。有難さ身にしみる。一時頃終る。

ついで、三三五五《さんさんごご》昭和寮に集る。一昨日の人々の外に猿木、渡辺末両氏加はる。合計十三名。富永教授の岩田教授に会はれたことの報告、今朝岩田氏より富永氏に手交《しゅこう》＊2された封書の公表等あり、善後処置につき協議する。

富永氏報告の大様。

一、岩田氏宅訪問、率直に皆の意のあるところを披瀝すると、岩田氏は全部きかないで、それと察し、固《もと》より小生その任にあらざるにより、明朝早速院長に会って、就任を断る、院長がたって受けよといふ場合は、今更事実上何ともならぬ所まできてゐる以上、一旦うけて、短期間だけやってみる。若しさうなれば、皆の積極的援助を得ることが困難なら、せめて妨害だけはしないやうにしてほしいといふ意味のことを返答された。

（1）涙が止めどなく流れ出る様。

（2）直接相手に渡すこと。

一、今朝受取った手紙は表書に「富永先生外各位」としてあり、その大意は、極力考へた末、次のやうな結論に達した。この際ともかく中等科長の役を受諾する。そして来年三月には必ずやめる。その間は虚心坦懐に援助してほしいといふにあった。

右の報告に基き、論議は依然として中等科長の問題に集中し、結局来年三月では新学期の準備に差支へるから、一月にはやめてもらふやう改めていふことになる。それから問題は一転して小生の発言で、野村氏のことに移り論議再び沸騰する。

その結果大体次のやうな所におちつく。

一、宮内省御用掛を一旦うけられることはやむをえない。但し、御用掛時代になるべく早く辞任されるやう種々の方法により本人に諫告し、その決意を促す。その諫告は出来るだけ近づきの深い人が入り替りなすこと。

一、それと共にこのやうな人事に偶々表面化した本省本院を貫いて流れる背後の不健全なる思想絶滅のために、我々のとるべき具体的手段としては、本院の教育を立派にすることによりて、之に抗議するより外ない。

野村氏の問題で院長の責任を問はうとしたのは、このことは学習院の問題をはなれてゐることが分ったので、中止することにする。小生としてはあくまで「節義」の問題をふりかざして、最初から御受けいたゞかないやうに、直諫《ちょっかん》*1すべしとしたが、磯部氏の発言などが動機となり右のやうになる。然し、小生としてはまだ満ち足りぬものがある。六時頃辞去。あとに富永氏外二三のこってゐる。

帰途渡辺末、猿木両氏と宮原氏官舎訪問。この問題につき宮原氏の関知するところをきく。

（1）相手をはばからず直接にいさめること。

意外にも、宮原氏はこのことにつき院長からはまだ一言も言はれてゐない由。これまでの経緯を語ったが、結局要領えず辞去。

夜、疲れ、早く眠る。

九月十日（日）晴

すが〳〵しき秋晴。すみきった空の色にも拘らず、机に向ふも心すこしもはれず。よって、登戸に行く。来る十五日夜、青雲寮第一回寮生の会合のことを紀伊国屋に交渉にゆく。十五日休とのことで、十七日にする。帰途御料地の芋畑を見にゆく。蔓はびこり、仲々よく出来てゐる。周囲の蔓を返し一寸探ってみると、親指よりももっと大きいのがついてゐる。二三個所ともさうである。これで、いくらか気がはればれとして、帰途中、大空を仰ぎながら口笛でもふきたい気持で大道闊歩《かっぽ》*2する。

「文藝文化」終刊号に対する反響がぼつ〳〵ある。今日きた一つに水内鬼灯《みずうちほおずき》氏*3の葉書は心をうたれた。『『たゞ地下ゆく水の姿に、保守の所をかへたにすぎません』と聞かされて急に胸がつまって、いくさのきびしさが一入身に沁みました。云々」とある。

中食後、一時より三時過ぎまで昼寝。これで気分がさっぱりし、七日以来たまってゐる日記を夕方までか、ってかく。栗山君は例によって午後畑の仕事に熱中する。

今日もまた池田君と夕食を共にし、そのあとで例の件につき考へてもらふ。先づ小生より先月初日光に至りたる時のことを報告する。その結果別紙の如き覚書を得たり。これは当るべきものに当り、後日整序しようと思ふ。今夜の会合は非常に有益であった。

（2）　堂々と大股に歩くこと。

（3）　一九〇七—四九。俳人。句集に『朝蝉』『石苔』『集雲抄』等あり。

明朝は在郷軍人の第一回暁天動員*1が五時を期して行はれる。定刻迄に砧国民学校に集合するといふので、四時半にここを出ようと相談きめる。

九月十一日（月）曇

四時十分起床。身支度して隣の下条、福田氏をさそひ、栗山君と四人で砧国民学校に行く。まだほのぐらい道を辿って、召されてゆく思ひで、向ふ。各班別に整列し、宣戦の大詔の奉読、五条の郷軍滅敵の誓を斉唱し、そのあとで、木銃操作を行ひ、更に分会長、町会長の挨拶あって、六時三十分終了。分会長の詔書の奉読には到る所に誤読あり、甚しきは「明治十六年十二月四日」などと読む。不謹慎も極まれりといふべし。むか〳〵してゐるところへ、滅敵の誓の範読に於ても、幾個所も間違ふ。加之、時間が二三十分で終るといふことであったのに、一時間半もかゝり、今日小田原へ行く時間に到頭間に合はず、一電車おくれて了った。先方に心配かけてゐるだらうと気をもんだが、行ってみると、石井教授が先に行ってゐて、已に授業を始めてゐてくれて、ほっとした。一日中うっとうしい曇天。夕刻より漸く雨となり、夜通し降り通した。水槽に黄、赤の水蓮が一輪づつひらいてゐる。可憐の極み。

九月十二日（火）雨

今夕の青雲寮出身者会は、帝都及び近県の徹底的灯管のため、支障を来すこととなるが、何とかして、一寸でもやりたいと思ふ。然し連絡つかず、気をもむのみ。秋山氏がうまくやってくれ、ばよいが。食事のことも心配。集会人員が減少しはしないかと思ふ。

（1）昭和十九年九月十一日より毎月一のつく日に実施。

昼食の時、食堂の拡声器が突然伝へる、今夜の灯火管制演習は中止すると。神の恵みと喜ぶ。雨は仲々やみさうもない。

午後の授業は五分早くきり上げて、一時三十五分やめる。六人学生の病人がゐるので、それを東京へつれて帰ることを託される。学生は工場の自動車にのってゆく。泥濘の路を小生は徒歩でゆく。傘を持参しなかったので、岡本氏のを借りて帰る。足柄駅乗車、割合すいてゐて、数駅の内に小生もかけられる。雨はもう上ったらしい。青空も所々見え出した。益々好都合である。学生は下北沢で三人、新宿で三人のりかへる。小生はいきなり目白へゆく。四時半頃第三寮にゆくと、すでに古沢、瀬川、高橋の連中がきて会場を作ってゐる。伊藤庁仕が大体のことをやってくれてゐた由。その内に学生が追々集ってくる。

今日午後三時から高中合同の職員会があり、院長より左の発表があった由。高等科長野村行一氏は皇后宮御用掛となり、中等科長長沢英一郎氏が高等科長へ、岩田九郎教授が中等科長へ転ぜられた。尚野村氏は本院教授は現職のま、である。何事もなるやうにしかならない。この上は己の身の処し方を潔癖にし、御奉公の一念をいや堅めてゆくより外ない。然し、明日新科長に訓育部勤務を罷免していたゞくやう申出ようと思ふ。それは先日来自分の岩田氏に対してとった態度を省みて、現任のま、ゐることが自分の気持として相すまぬからである。その他にも理由がたとひあったとしても、男子として口にすべきでなく、この理由一点張りでゆかうと思ふ。石井、猿木両氏も辞任を決意したらしい。

五時四十分頃院長来院。埃まみれの旧舎監室に招じ入れる。今日の人事については、口数多くふれられない。随分心を労せられたらしい。苦悩の影が御面差《おもざ》しにうかゞはれる。六時より旧共同自習室に三列にならべられた机に一同つく。院長、秋山、小生両舎監の外、青雲寮出身者四十数名一堂に会す。旧院長室との間の戸も外し、花瓶が二つすゑられて広々としたよき会場となった。瀬川昌治司会し、開会の辞についですぐ会合に入る。食事は副食物なく、醤油を入れてたいた御飯のみ。それに学生有志の持参した缶詰、するめの類が少々あって、それが皆にまはされたのみ。簡素そのものであるが、心足らへる集ひである。食後瀬川の指名で先づ院長起ちて感想をのべられ、とても気持のよい会合である旨をくり返しのべられ、本当にたのしさうであった。次いで秋山舎監、それから小生。小生の時は、自席が三列の机の中央辺に院長と向きあってゐるので、皆の顔が見えない。そこで立って皆の顔が見える所に位置をうつした。別に改っていふべきことは何もない。只、皆との生活によって自分の胸の中に蘇ってきた青春の燃*1がきえないやうに、今でも油をそゝぎつゞけてゐる、そして立派になりまさる君達の姿を見失はないやうに、懸命の禊《みそぎ》*2をつゞけてゐる。第一着手としてこの三月に国家の要請に基いて家族を全部田舎に帰して、身辺を整理し、それ以後は毎日を悔いなき日たらしめるやうに心を注いでゐる。先づそんな風なことを述べた。又過日の草鹿の壮行の辞が立派であったことをのべ、その中に水漬《みづ》く屍《かばね》草むす屍をのりこえて云々とあったのから聯想して光平《みひら》の「益良雄の屍草むす荒野らに咲きこそ匂へ大和なでしこ」の歌を板書して掲げ、出陣学徒諸君に送る。あとは何をいったか忘れた。それからあとは、学生が瀬川の指名によって交々《こもごも》起った。高橋、古沢、中島達のいふことが一等しっかりしてゐる。皆はげしいものだ。特に中島は二度も立ち、立派になってゐるのにおどろいた。三人共、まだ／＼学生の中に、愚劣な連中のゐることをひどく憤激してゐた。又高橋は過日米人が日本軍人の髑髏《どくろ》を故国の愛人に贈り、愛人なる

(1) 後出の「燃」は「ほのほ」とルビふる。
(2) 身に罪・穢れがある時や重大な神事などに従う前に、川や海で身を洗い清めること。

一少女がそれをつくゐにのせて物思ひ顔に坐ってゐる写真が日本の新聞にのせられたことを不見識も甚しいと憤りの燃《ほのほ》を心頭から発してゐた。たのもしき奴だ。八時頃院長御帰りになる。その後も話がはづみ、九時半に及ぶ。そこへ写真屋が来たので、席を直し、記念撮影をなす。そのあとで、青雲寮之歌を歌ひ、先刻小生の発案たる会名「庚辰会」（青雲寮の出発が紀元二千六百年の庚辰の年であったことに因む）が皆の賛成を得たので、秋山旧舎監の発声で庚辰会の万歳を三唱し、そのあとで、小生の発声で出陣学徒の万歳を三唱する。それで別れようとすると、皆が寄ってきて秋山旧舎監と小生とを胴上げして了った。なほまだ名残はつきさうにないが、電車がなくなるので、十時一寸過ぎ、あとは、伊藤庁仕にまかせて解散した。帰途の電車の中でも古沢、瀬川、草鹿其他と一緒で、先刻来のぼうっとした昂奮がまださめやらない。小田急は終電車となる。

九月十三日（水）晴

午前中十一時迄授業、第四時限は正堂に乃木祭＊3があげられる。中央正面に故乃木大将の肖像を掲げ、その下に祭壇を設け、供物を載せてある。山梨院長前面に進みて拝礼し、職員学生之に倣う。そのあとで院長の乃木大将について短話あり。今日は四、五年のみ出席の日で、随分淋しい。午后は五、六時限が平素の如く行はれる。四年の課業は国語（小生）、幾何（猿木）、物象一（秋山）、英語（宮原）の四課目である。それに教練が二時間。然し今日は乃木祭で一時間とられた為、教練は一時間しか出来ない。第三時限があいてゐたので、かねて決心してゐた訓育部勤務辞任の件岩田新科長に申出る。それは新科長就任に当り、我々有志十一名が

（3） 明治四十年陸軍大将乃木希典が第十代学習院院長に就任。命日の九月十三日に遺徳を偲ぶ儀式が執り行われた。

その就任に反対した、その手前新科長の、いはゞ幕僚として現任のまゝゐることは潔《いさぎよ》しとしない、さういふ理由からであった。それに対して岩田科長はこの際自分の苦衷も察してくれて、さうながくない任期の間、荒浪を立てないで、そっとしてゐてもらひたい、その申出は再考してほしいといふことであった。そこで結局、もう一度考慮してみるといふことにして引下る。今日猿木教務部参与も申出た模様だし、石井訓育部参与も小生の下院（三時半頃）後申出るといってゐた。なるほど岩田氏御自身のことを思ふと忍びないところがあるが、今沈滞しきってゐる本院を救ふ道として、この際少くとも、教務部、訓育部の陣容を一新する必要を痛感するので、これは何としてもおして行かねばならぬと思ふ。
久しぶりに明るい内に帰る。

九月十四日（木）曇
十時頃亀有に向け家を出る。午前一時間午後一時間話す。今日は「みやびの心」といふ題で、主としてゆとりある心につき話す。帰途、宮原学生監に会ひ、一応、昨日科長に申出たことを報告し、尚あの時のべた理由の外左のことも理由として付加へて話さうと思ひ、通用門で教務部と官舎に電話したが、ゐられない。夫人の話によると、午後下丸子の工場に出られたとのこと。空しく帰る。その理由としては、卒業式当日の欠礼といひ、山本直教授の事件といひ、その他最近の人事異動の拙劣さといひ、沈滞の一路を辿りつゝあった本院を最後的奈落に陥れるものと直覚する。この際人心を一新する意味に於て少くとも教務、訓育両部の陣容を編成替へする必要ありと認む。この見地より、先づ我が身をひきたし、といふ意味のことをいはうと思ふ。今日はその機をえなかったので、近い内にその機会をえようと思ふ。

夜、急に冷気加はり、浴衣の下にシャツをき込む。梅雨のやうな雨がひえ〳〵として降る。その冷気の下で虫が淋しさうな音で鳴きつゞけてゐる。心頭いやすみゆくべきに、疲労のためか、眠気を催して、殆どたへられぬ。毛布かぶり転寝《うたたね》して起きふりやらうとするが、駄目。十二時過ぎねぼけ目をこすって、床をのべ、ごろりと横になり、本格的にねる。

九月十五日（金）雨、一時晴れ

五時半起床。下丸子行き。目蒲線は猛烈な混雑。高等科文科一、二年、理科一年が加り、控室は大人数となり、昨日から、机、腰掛を四周に寄せ、中間を板の間にして、そこに坐らせて昼食をとらせる。高等科の教官は桜井学生監、久野教授、中等科は菅原助教授と小生、午後岩田科長も見える。殆ど入れ替りに桜井学生監帰院。三時頃から太陽が顔を出し初める。殿下は御腫物御治療のため午後一時御帰殿。

今日は高等科文二の古沢、瀬川、中島、角谷、今園、永山の連中が作業に直接つかず指導監督として全中等科学生の各職場を見廻り、激励指導してくれたので、見違へるほど皆緊張してきたと、伊勢課長が云ってゐた。明日からは一層うまくゆくだらう。

四時半全部作業終り、例によって各職場毎に主任に挨拶して控室に帰る。途中、門脇の神社に拝礼することも例の如し。学生当番の掃除を監督して、それも終り、当番を帰して後、岩田科長に呼びとめられ、教官控室にて過日小生の申出た件につき、前言を翻してくれるやう懇請《こんせい》される。そこで昨日宮原氏に対してのべようとしたやうなことを述べて是非辞任を御許し願ひたいといふが、岩田科長の曰く、自分は弱腰のへな〳〵のやうに思はれてゐるかも知れぬが、今少し見てゐてほしい、新構想をねってゐる際でもあるし、現職のまゝ、積極的に助けてほしいと。それに対して自分は、勿論今迄以上に積極的にやらうと思ふからこそ、辞任を願ひ出たのである、自分の目論見《もくろみ》を積極的に実現するためには、現職のまゝよりも野《や》にあった方がより効果的である、その点からも平教授に返らせて頂きたい、とくり返しのべるが、ともかくもう一度よく考へてもらひたい、自分も考へてみる、といふことで別れる。宮原学生監の所へ行って一昨日科長に申出た件を報告しようとしたが、気のりがしなくなったので、そのまゝ、帰宅する。目蒲線、東横線、帝都線、小田急、どの線もすしづめの満員で、終ひには貧血を起しさうになった。たまに通ふ自分の如き者も一日でこり〳〵であるが、毎日通勤する女学生などは、身体に蒙る害は大きいものと思ふ。時差出勤とか何とか、よい方策はないものか。

梅雨のやうなうっとうしさがこの頃つゞく。稲にはよくあるまいに、困ったものだ。

檀一雄の「花筺《はながたみ》」*1をよみはじめたが、面白くない。十時就寝。

今日下丸子の工場で、桜井学生監が話してゐたことだが、去る十二日科長更迭の発表があった夜千葉一夫が昭和寮で西崎学生監に向って、高等科長は今度誰がなられましたかときいて、長沢教授といはれると、何とも云へぬ悲痛な顔をしたといふ。それから中等科長が岩田教授ときかされたときは、暫くだまってゐたが、やがて涙を一二粒おとして、「まゝい、や、僕らでしっかりやるんだ」と叫んで、そこを去ったといふ。

房枝の手紙によると、母が先日顔がはれてぶう〳〵してゐたのが、この頃よくなったといふ。はれるのはよくない、心配だ。早速医者に見せるやう云ってやる。あさ子の手紙も同封してあ

（1）短編集、昭和十二年七月、赤塚書房刊。

る。表に花の模様をかき、裏にこんなことをかいてゐる。

お父さん　お元気ですか　くにをちゃんはいつでも　おにんぎょうさんをあかちゃんとい
って　ねんねんと　たたきます。もうくにをちゃんは、ひいちゃんのことを　じいちゃん
といひます。家の下の畠にいものこ*2がありました。

九月十六日（土）雨

五時三十分起床。今日もうっとうしい曇天に明ける。湿気を十分に含んだ朝顔の花は、妙にひえ／＼とした感触を与へる。今日は何処へも出ないですむ日だから、午前中は、先日栗山、池田両君と話し合った例の件につき一応まとめておかうと思ふ。

八時過ぎから雨がおちはじめる。さむざむとした雨である。廊下の硝子戸をあけておくと肌寒く感ずるので、五寸位明けて、空気流通の道とし、家にこもりすごす。かうして雨の音をききながら、心静かに仕事をしてゐると、邪念はいつのまにか去って、心自らに澄みゆくをおぼえる。かういふ日を出来るだけ多くもちたい。これは我が儘ではない。今のやうな重大な仕事に従ってゐる際はなほ更である。

この頃学徒勤労隊*3の報償金のことが問題となってゐる。政府もその支給についての具体案を立て、先日公表してゐる。然し、学徒の出動はもと／＼愛国の赤誠から出発してゐる。金銭のことが度々問題にされると、純真な学徒の心に投げかける陰をおそれる。学徒の心が、金銭にけがされ始めるともうお了ひである。報償金が出るなら出てよろしい、それを学校と父兄との間で明朗な処分をすればよい。

（2）「芋の子」か。こいも。

（3）昭和十八年六月、「学徒戦時動員体制確立要綱」の閣議決定後、軍需工場への勤労動員が本格化。その後、一年の三分の一に相当する期間をそれにあてるようになる。

夕刻栗山君の買ってきた「東京新聞」の夕刊に「天も許さじ目前に見た米鬼の悪虐」と題して、涙なしには読めぬ記事をのせてゐた。それは過日サイパン島の壮烈な地上戦闘がまだ激しく続けられてゐるさ中、機帆船〇〇丸（一三〇トン）が戦乱の真只中にある〇〇島から某基地に向け疎開する老幼婦女子七十七名を輸送中敵潜水艦の襲撃をうけ、執拗なる四度浮上の大虐殺に拘らず奇蹟的に生還した七名の中に十九と十二のうら若き女性があったが、その二人の女性の内、十九の方は、目下福島県河沼郡野沢町の某家に身を寄せてをり、同郡本郷村出身の舟木ハツエといふ名であった。その女性の血涙と共に談るところが、殆ど二分の一面に亙り報じられてあるのである。前後七時間に及び、猫が鼠をなぶり殺しにするにも似た残虐鬼畜にもまさる所業は、我らをして目を蔽はしむるものがある。ハツエさんは六十三の老父四十二の母、十六、十一、五つになる弟、十二と三つの妹と共に遭難したが、三つになる妹を最後まで敵の銃砲撃から守り、翌朝味方の救護船の姿を認めた頃から妹の身体は弱りが著しくなり、まだその船に救護されない内に息を引きとったのであった。他の両親、弟妹は無論とっくに海底の藻屑となってゐた。生き残った船員達は息を引きとった三つの妹をいつまでも手はなすまいとする自分の腕から、強ひて引きとって、他の死んだ人と同様にこの死場所に葬らうと云って海中に投じた。然し海に流されたその妹はまた波にのって姉のところへかへってきた。一度、二度、三度までもかへってきた。姉はたまらなくなって、もうすっかり固くなった小さな四肢を抱きしめた。そして云った。「義子ちゃん（妹の名）、お父ちゃんもお母ちゃんも、それからふっちゃんお兄ちゃんも、それからお姉ちゃんのゐる所にいらっしゃい」といって放してやった、波間にきえた可憐な妹の屍はもう帰って来なかったといふ。―米鬼の本性はざっとかくの如しだ。

うぬ！驚きはせぬぞ。

午後十二時半家を出て、学校へ行く。先づ俸給もらひ教務に行き、金田一京助の「明解国語辞典」＊1代金五円はらふ。又学生の教科書代が集ったので、それを依田書記に渡す。それから帰途目白局で深川へ百五十円送り、目白書房で子供らへ「少国民の友」「良い子の友」各九月号を買ってくる。又島田春雄氏の「国語論集　日本語の朝」（二円九十銭）＊2を買ふ。いきなり登戸にゆき紀伊国屋へ明日の人数を二十名と申出ておく。帰途成城堂書店で、「日本皇室の御仁慈」（三円四十銭）＊3を求む。「日本皇室」は不満だが、中身は今してゐる仕事に関係があるので買った。学校で垣内先生の御宅に電話し、明日一時三十分頃伺ふやう申出て、許しをえる。

東宮殿下御使用国文教科書編纂につき、従来考へ来ったこと、又過去数回に亙り栗山、池田両君にも相談にのってもらひ種々意見などきいた所に基き、左に一先づ私案としてまとめてみることにした。

国文教科書編纂に関する私案（の更に案）

一、根本方針

（1）儲君《ちょくん》＊4たるの御自分を御自覚遊ばさる、やう教材選択に当って特に配慮すること。

（2）英聖文武の君徳培養に資すべき第一級の文章を古今に亙り選択すること。

（3）皇神の道義そのものを説かれたる文章よりも寧ろ皇神の道義が言霊の風雅として表はれたるものを重要視し、修身教科書編纂の見地と異る独自の見地を堅持すること。

（4）一貫せる文学史観に立ちて編纂すること。

（1）表紙に「金田一京助編」とあるが、実質的には金田一の教え子見坊豪紀がほぼ独力で編纂、山田忠雄が補助、アクセントは金田一春彦が協力。昭和十八年五月初版発行。

（2）昭和十九年六月二十日、第一公論社刊。

（3）糸賀三郎著、昭和十九年八月十日、研文書院刊。

（4）皇太子たるべき皇子の、立太子までの称号。

（5）教材の選択に当りては晦渋《かいじゅう》＊1にわたるものは之を避け、御心を温く開き奉る如きものをとるやう心掛け、特に排列には御年齢を考慮し、又初等科及び高等科に於ける教材との連絡をはかること。

二、国文読本（飯島忠夫御用掛編纂）の検討

（1）一般に晦渋にわたる文章多し。
（2）御年齢につき考慮を払はれたる跡少し。
（3）一貫せる文学史観なし。
（4）国史観に於て覇道史観に偏したる嫌ひあり。少くとも覇道史観に立ちたる学者の文章を多くとりすぎたり。
（5）和歌の選択に当りて、一般に筋道のみのものを多くとり、御心を温く開き奉る如きものの少し。
（6）教材排列が不自然なり。
（7）太平記鈔一冊、雑纂三冊、これらを実際御教授に当りて如何に運用せるものなるか、見当つかず。合計四冊を内容に応じ適宜塩梅《あんばい》交用したりとせば、その繁雑さ堪へ難きものありしならむと想像せらる。
（8）個人的見解を述べたる文章多し。（例えば巻壱の「三種神器」―北畠親房―は親房の三種神器に対する解釈なり、それよりも三種神器の由来を写せる古事記の文章をとりたる方、御感銘が直接的にして、且つ御理解正確なるものあらん）

（1）表現が難しくて、何を言おうとしているのか、よく分からない様子。

（9）一般に説明の文章多くして、描写せる文章少し。

三、内容上の分類

（1）国体に関する事項

国体の万邦無比なる所以と御親《みずか》ら之を継紹遊ばすべき御身分なることを御自覚願ふに足る文章。

（2）歴代の御聖徳に関する事項

国体の護持と臣子の安泰を念じ給ふ御祖宗の御聖徳発現の迹《あと》を叙べたる文章。

（3）臣子の忠誠に関する事項

天皇を現《あき》つ御神と仰ぎ奉り忠誠を捧げし臣民の行実を記せる文章。

（4）惟神《かんながら》の国振に関する事項

八紘を掩ひて皇風麗しき宇と為むの御仁慈あつき天祖の御神意を紹がせられて歴朝の御徳沢は洽《あまね》く臣子の上に及び、臣子また父祖の志をつぎて大君の辺にこそ死なめの忠誠に生く、是惟神の国振なり。之を「皇風《みやび》《都》」（宮び）と呼ぶ。「みやび」は泰平の御代にありては花鳥諷詠の如き優しき姿をとるも、一朝この神意の発揮を阻む者あらば忽ちにして撃攘の利剣となる。「みやび」が夷狄を討つとは之を云ふなり。「みやび」を写せる文章を広く輯録す。

（5）敷島の道に関する事項

「みやび」の伝統の神髄としての敷島の道が、皇室に最も正純に伝へられてゐる事実を御製及び臣下の詠により御体得願ふやう、古今の和歌を一貫せる方針の下に撰録す。

（6）国土、国民性に関する事項

わがうるはしき国土、国民性を讃美せる詩歌文章を輯録す。

（7）抄本

○和歌読本

和歌に関する文章を適宜に挿入しつゝ、上古より明治に至るまでの和歌を一貫せる方針の下に輯録し、抄本＊1といふよりも読本《とくほん》＊2の一冊たらしむるやうにす。そのために（5）を独立せしむるも可。独立せしむと雖も他の普通読本にも適宜の個所に和歌を挿むことは変りなし。

○太平記抄

大体飯島御用掛の編纂せられたるものに準拠す。

四、教材選択順序

（1）列聖の詔勅＊3、宣命＊4、宸翰＊5の類（天皇御親らのもの）

（2）和歌（御製及び臣下一般のもの）

（3）其の他

五、教材選択上の注意事項

（1）御製の謹抄に当りては、御製が世を照らすといふ事実を明かにすること。特に国家の

（1）書き抜き本。抜粋本。

（2）講読・授業などに使う教科書。

（3）天皇の意志を表示し命令を伝える文書。

（4）古代、天皇の命令を口頭で読み上げること、またはその文書。

（5）天皇の直筆の文書。

一大事に際して多くの御製の現はる、ことを明瞭にすること。
（2）詔勅の渙発《かんぱつ》*6は天皇の尊厳に於ける皇神の道義の中外への宣明なること、御製は詔勅の御精神の言霊の風雅として顕現せるものなることを明かにすること。
（3）詔勅の謹輯に際しては、その詔勅の渙発せらる、に至りたる事情を語る如き文章をも併せ掲ぐるやう心掛くること。
（4）和歌、俳句の輯録に当りては、時には和歌を生む心、俳句を生む心をあらはせる文章をもとり入るること。
（5）一般に御年齢に応じて、御心を温く開きまつる如きものを選録するやう心掛け、徒らに難読晦渋に亙るものは避くること。
（6）写真図版等も適当なるものを選びおくこと。

六、教材排列
（1）一学年一冊とし、合計四冊とす。
（2）御年齢と教材難易の度とを併せ考へ、無理のなきやうにす。
（3）特に初等科に於ける御教材と緊密なる連繋を保つ。
（4）写真図版等は本文中に挿入するもよく必要により別冊としてまとむるも可。

（以上）

蒲池文雄、豊川昇両氏より文藝文化の礼状来る。

（6）広く天下に発布すること。

九月十七日（日）

朝霧が立ちこめてゐる。五時半起床。霧がはれて、青空が見えはじめる。然しまだ湿気が空中にただよひ、すっかり霽れきるところに至らず。

今朝は四時頃床の中で目がさめ、一つの構想に昂奮を覚え、到頭眠らず了ひ。その構想といふは、学習院有志による、有事の際の皇城防衛隊の組織についてである。先づ、古沢、瀬川の二人を近く呼んで、意中を打ちあけ、彼らに学生の同志を募らせ、小生は先づ高等科の磯部教授を説き二人が中心となり、山本修教授も相談相手として参加してもらふ。有事に際しては武装して皇城に駆けつける。その団体結成に当りては程々の障害があることは自明なれど、慎重にその障害の在所を極め、決意と熱意とを以てそれを排除して邁進せねばならぬ。職を学習院に奉じ、学業を学習院に受くる者の、報恩の道は此の外にないと信ずる。その隊名を自分流に命名するとすれば「清明隊」と呼ばん。上に「学習院」と付する必要はなからう。清明隊の結成及び任務遂行に当りては十分の自信がある。

九時半頃、橋本敏之君来宅。大分尋ねあぐねたらしく、汗を一杯かいてゐる。来る廿五日頃から来年三月迄鶴見の某造船所に勤労報国隊として入ることになったと報じてくる。寄宿舎に入るので、新しく下宿を探すこともいらなくなったといふ。新しい仕事に対する熱意と希望をいだいてゐるのはたのもしい。来年度の医科受験は新京の医大*1にしたいといってゐる。試験なく、中学校の推薦によるのだといふ。その時きくと、五年間無欠無遅刻を通したとのこと。勤勉な男だ。十一時半頃帰る。

（1）当時の満州国首都新京（現長春）にあった新京医科大学。一九三八年国立新京医学校が大学に昇格した。

午食をすませてすぐ栗山君、池田君と共に淀橋区百人町の垣内松三先生*2を訪ふ。昨日已に御都合を覗ってあったので、我々の参上を御待ち下さってゐた様子。すぐ応接室に招じ入れられる。一番下の令嬢が八月に海軍大尉と結婚されたといふことで、大変喜んでゐられた。その結婚式の夜警報が出はしないかと心配したとか、御馳走が思ふやうになくて困るとか、それから多摩川を越えて買出しに出かけるとか、そのやうな話がつゞき、それから令嬢の結婚に因み関係者の祝辞を芳名録に書いたのを出して見せられたり、御自分の還暦への祝辞を集められた一冊の帖を出してきて見せられたりした。東京高師附設の傷痍軍人教員養成所の学生のリポートに戦場体験の上に立った立派なものがあるといふやうな話は心をひらくものがあったが、概していへば、以前の垣内先生と大分変って来られたと思った。垣内松三老いたりの感が深い。淋しかった。一時半頃伺ひ、二時半頃御暇をする。その足で佐藤春夫*3氏を訪ねようといふことになり、新大久保から目白まで省線、目白から高田老松町までバス、そこから二三丁徒歩で、関口町の、蔦に蔽はれた鬼ヶ島のやうな門のある佐藤邸に至る。掘抜井戸の側を通り、玄関前に立つと半分ひらかれた玄関の扉のかげから女用の靴が数足のぞいてゐる。案内を乞うて奥の応接間をのぞくと、婦人の客の顔が二つばかり薄ぐらいなかから見える。やがて佐藤氏自身玄関に現れて来られた。生憎来客中で・・・との御話で、いいえ文藝文化の御礼に来たのです、といってすぐにお暇した。また遊びにいらっしゃいとうしろから声がする。今度は目白駅まで歩く。途中公衆電話で、棟方志功氏*4の都合をきくと、い、から来いとのこと。小田急の参宮橋駅下車、徒歩にて四時一寸過ぎて棟方邸に到りつく。一人来客があったが、すぐ僕等を河井氏（補注3→324頁参照）の陶器の夥しくならべられた客間に招じ入れてくれる。近作の日

（2）「戦中日記」十三年三月四日の補注1（→37頁参照）。

（3）「戦中日記」十九年八月七日の補注1（→223頁参照）。

（4）昭和十八年一月一日の条参照。

本画の・巻十数本を次から次へと見せてくれる。それから油絵、彫りかけの板画も見せてくれる。「國」にぴたっと身を寄せて、國のいのちを自ら息づいてゐる。神業を思はせる作品である。垣内、佐藤両氏に面接して、正気の衰弱を直覚した我々は、ここに於いて、溌剌《はつらつ》として、益々旺んな大棟方の面貌《めんぼう》に接し、胸を熱くひらかれる思ひに、法悦を味ひ、勇進の意気自らにたぎり来るをおぼえた。もうこの人以外には今の自分達の心をひらき導いてくれる人はゐないと思った。最近から悪三郎といふ号を使ひ出したことも、この人の今ゐる心の位置を示してゐると思ふ。もう一歩踏み出しうる自信が出来てゐるとも言ってゐた。紀伊国屋で庚辰会＊1第一期生のみの会があるのだが、その時間を気にしながらも、どうしても罷《まか》ることを言ひ出しえないほど、熱烈な、第一級の言葉がつゞいてゆく。久方ぶりで、生をふき返した思ひ。これで暫く大丈夫だ。五時半頃辞去。参宮橋から登戸までいきなり電車にのる。電車の中で千葉一夫にあふ。五時半集合といふことになってゐたので、六時半頃ついた時はもう秋山、山本修両教授の外学生十六名集り、今夜来る筈の者は我々を最後として全部きた訳である。合計二十名間もなく料理が出はじめる。それと前後して、外は大荒となる。雨も一時猛烈にまじるが、やがて雨ははれ、風のみとなる。途中で電灯がきえる。風は仲々やみさうもない。祭礼の時の提灯《ちょうちん》がともされて、隣室と兼ね用ゐるやうに、間の廊下につるされ、もう一つ、紀伊国やと記した小田原提灯＊2が室の中央に一つ置かれる。学生の顔がぼうっと温くてらし出される。小田原提灯といっても一方に手に持つやうに上から下へ貫いた大きな桟のやうなものがついてゐるので、その方側にゐる学生の顔は見えない。却って趣のある会合となったと皆喜ぶ。

　歌が仲々出ないので、皮切のつもりで、小生が豪傑節＊3を先づ歌ふ。次々と出ると思った

（1）九月十二日の条。

（2）円筒のように拵えられた提灯。折りたたむと懐中に入る。

（3）「田原坂」として有名。「雨は降る降る人馬は濡れる越すに越されぬ田原坂」と歌い出される。

が仲々出ない、その内に追々軍歌や童謡なども出はじめる。もう一度指名されて、乃木大将の山川草木*4を吟ずる。千葉が今日親戚でつくってもらったといふ赤飯の握りめしと、栗のうでたのとをもってきて皆に分ける。千葉は明十八日夜もう広島県大竹の海兵団*5に入団するのである。とう〳〵最後迄電灯はつかずじまひ。料理も三種類位しか出ない。くらくて料理が出来ないのだといふ。蠟燭もたえてきたので九時半頃引き上げる。引き上げる時梨を一つづつもらってゆく。二十世紀のい、ものである。外は風はまだ荒く、星がふるやうにギラ〳〵光ってゐる。

遅くなったので山本氏は小生宅に泊ってもらふことにする。丁度明日は一緒に下丸子の工場へゆく日である。ともしい蒲団を分け合ってねる。風があらくこちらは殆ど一夜中熟睡が出来なかった。山本氏はねむったと、翌朝いってゐた。

〔欄外に大本営発表の新聞記事切り抜きあり。省略〕

（4）乃木希典作「金州城下作」。「山川草木転た荒涼、十里風腥し新戦場。征馬前まず人語らず、金州城外斜陽に立つ。」

（5）前出。九月一日の条。

九月十八日（月）晴

四時半から防空演習。四時半直ちに警戒警報に入り、四時五十分空襲警報発令。山本氏はねせておいて、小生だけそっとおきる。一度焼夷弾落下処置の演習ありしのみにて終る。嵐もをさまり、すが〳〵しき秋晴となる。例によって六時十五分頃つれ立ちて家を出る。午前中星大佐と宮原学生監来場、四、五年の野外教練日取決定と関連して、出勤日を如何にするかにつき伊勢工務課長等と相談致される。結局、来月八日迄出勤、野外演習はその後といふことになる。午後は山本氏と学校のことにつき、話し合ひ、時間の経つのも忘れた。二階の我々の控室は西日がさし、湿気の多い、風の通らない所で、汗ばみつゝも、熱心に語り合ふのはたのしい。

千葉、内山外二名の高等科生が大竹海兵団にむけ、今夜九時半の汽車で発つので、それを山本氏と見送りにいきなり東京駅へゆく。工場で夕食を出してもらひ、蒲田経由で東京駅に向ふ。六時半前といふにもう相当集ってゐる。千葉だけ大分おくれてくる。時間のそごで、送り方に多少間のぬけたやうな感じあり。七時半入場。帰宅すると、田中の姉上＊1より来信。先日房枝が男の子三人をつれて海田に行ったとき、邦夫が片言でいふのが可愛いとあった。お父さんは―ときく、へーといって一方を指さし、お姉ちゃんは―といふと又へーといって同じ方を指さす、それが可愛らしいといふ。子供についてのかういふ報道は心を明るくする。先日のあさ子の知らせもよかった。

昨夜、安眠出来なかったので、今夜は十時に就寝。

九月十九日（火）晴

すが〳〵しい秋晴。風でひま＊2など大分折れてゐる。

隣の園田さんに招待券もらって、園田夫人と共に、照代さんは九時半新宿東宝に向け出かける。そこで上映される古川緑波の「敵は幾万ありとても」＊3を見るためである。そのあとで、斎藤先生の奥さんが来られる。これから野村医師に一郎さんの診断書をもらってくるから、渋谷の勤労動員事務所へ持っていってくれとのことでおうけする。昼御飯の支度と洗濯をして一段落ついたところへ奥さんが帰って来られる。診断書と徴用の出頭命令状を預る。中食を早目にすませ、十二時頃家を出て、渋谷の右事務所に行く。徴用日時は明日の午前八時迄となって

（1）房枝姉田中雪枝。八月十六日の条。
（2）トウゴマの漢名。
（3）「古川ロッパ」が芸名。一九〇三―一九六一。コメディアン。エノケンこと榎本健一と人気を二分。この時期の映画に「突貫駅長」「勝利の日まで」等がある。

ゐるが、本人病気の際は前以て出頭不可能なることを申出ておくやう注意書にあったので、その要務をおびて行ったのであるが、明朝八時三十分までに徴集場所渋谷国民学校に申出るやうにとのこと。明日学校があるので、栗山君にでも頼まずばなるまい。

学校に行く途中駐在所や駅で「只今警戒警報発令中」の札をかけてゐるので、練習にしてはをかしいと思ひつつ学校につく。それといふのも、サイレンも何もそれらしい合図がきこえなかったからである。学校の門衛にきくと、十二時二十八分かに警戒警報が発令されたことがはじめて分る。

約束の午後一時半から少しおくれて新皇后宮職御用掛野村行一氏登院される。山本氏と二人で玄関脇の旧応接室で待ってゐるところへ来られる。これからは毎日水曜に栄木事務官と共に本院に出張されることになったといふ。早速用件に入る。院長の話で、今まで我々のところで調査立案中であったものを、一先づ現在のところまでを報告せよとのことで、今日野村氏と初めての会見をした訳である。山本氏と小生より「学科種別表」「学科時間配当表」の二表につき説明する。頼りないことおびたゞしいものがある。将来若し我々がこのことに些《いささ》かでも関係してゆくとすると、新たなる闘ひの分野がまた生じたことになる。よほどしっかり心をきめて当らないと、とんでもないことになるやうな予感がある。野村氏との会談が終り、そのあとで院長室に二人で出頭する。二時半である。すでに防空服に着替へされて、椅子に座ってゐられるが、二人が顔を出すと、すぐに「早く解除になったね」と仰有る。警報が先刻解除されたのである。案外に早かった。院長の話は（一）将来は今までの皇族教育委員会に今山本、児玉、清水のやってゐる仕事を合流せしむる方よろしからん。（二）栄木事務官、山田傅育官と会談する機会を作り、思ひ切って意見を申述べてもらひたし。（三）御教育担当者の決定は火急の事ながら、何ともならぬものあり、その候補者につき君らの考へるところを遠慮なく書き記して自分迄提出してほしい。大体こんなやうな話であった。話が略〻《ほぼ》終ったところへ野村氏入り来る。隣室には中等科長、平田、宮原両主任、小田原から帰った江本、菊池両教官が、小田原工場に於ける一年生の状態を報告のため待機してゐる。三時少し過ぎに退出。その足で高等科の教官室に行き、山本氏と、先刻の院長の委嘱につき意見の交換をなす。結局おちつくところは、我々がよほどしっかりして行かねばならぬといふことである。四時頃目白館に東條先生が宿泊してゐるらしいので、二人で訪れる。宿の女将はけげんな顔をして、泊ってゐられないといふ。そこで空しく引き返す。

夜六時半から灯火管制の演習がある。八時から四十分間空襲管制で、電灯を全部消す。同時に睡眠不足をとり返すべく臥床。九時二十分に警戒管制はとけたがそのまゝ、起きないで通す。

九月二十日（水）晴

午前中、四、五年生は教練。その間で身体検査も行ふ。午後は下院。来月中旬に教練査閲があるので、その練習のため、普通授業を止して、今、来週の水曜は午前中教練を行ふことになる。午前中手がすいてゐたので、昨日野村氏に依頼された「学科種別表」「学科時間配当表」を清書する。又赤井、猿木両氏にもあひ、今日午後一時よりある科会には学校立直しの立場から思ひ切って意見をのべるやうにしようと約束する。一時から三時迄かゝった科会では、結局下丸子工場、小田原工場、内原訓練所の報告に費して了った。その他の意見は問はれる機会もなく了った。これからは科会などと四角ばらない、ざっくばらんの例会のやうなものを定期にでも開いてほしい。

明日の暁天動員のために、教練科で木銃二丁かりてくる。

夜十時就寝。夜は殊の外ひえびえとする。単《ひとえ》一枚では寒くなったので、シャツを一枚下に着込む。

九月二十一日（木）晴
すがすがしき秋晴。空にかゝる白雲の輝きがことの外美しい。
小田原行きの時間に差支がありさうなので暁天動員は出ない。栗山君も出なかった。七時二十分家を出て小田原に向ふ。今日は前回迄と異り、日帰りである。午前午後二時間宛授業することになってゐる。今日は富士や箱根連山がくっきりと界線を劃してゐる。十一時頃岩田科長が工場に見える。二時四十五分寄宿舎発、足柄駅に向ふ。帰途、荒物屋で釜の中にしく簀《す》を一個買ふ。照代さんに頼まれたのである。足柄は三時二十二分発である。随分こんだが、途中からやっと空席が出来て坐る。然し途中で工場退場の時間となり、狛江などでの乗込みはひどいものだった。
夕刻、斎藤先生のお宅にゆく。昨日栗山君が、一郎さんの徴用令状の件につき渋谷国民学校に行った時、診断書不備のため、あと二週間余裕をおくから、その間に医師に改めて詳細に病状を書いてもらって、警視庁四階動員課徴用係まで提出せよといふことで、その旨を奥さんに通じる。

六時半頃、服部直人氏来宅。今度改造社の「短歌研究」＊1が「日本短歌」＊2に合併され、短歌総合雑誌が新たに出ることになったので、その編輯委員に、栗山君か小生かを国文学畑から出るやう出版会から指名してきてゐるから、相談して入ってほしいといふ意味のことを言ひにきてくれたのである。栗山君も途中から座に加はり、同一の事をきいたが、あとで相談することにして即答はしなかった。そのあとで、女子教育のことにつき三人で語り合ふ。

今日電車の往復中、昨日池田君にかりた「やさしい俳句」（水原秋桜子）＊3を読了。子供向きの俳句入門書として仲々い、ものと思った。

鹿児島の五反田嘉吉氏が二百五十円送金し、今春鹿児島医専に入学した令息の教科書を買って送ってくれといふので、多量の教科書の名と発行所名、定価が目次のやうにかいてあった。三軒の書店は皆本郷なので一日足を運んできかねばなるまい。とりあへず承知の旨返事かく。この日記をかいている内に十一時二十分となる。そこで就寝。この頃、冴え／＼とした頭にならぬが、遺憾。

〔欄外に大本営発表の新聞記事切り抜きあり。省略〕

九月二十二日（金）晴

日独徹底的撃摧《げきさい》を呼号し、ケベック会談が去る十六日終了。そこでルーズベルト、チャーチル共同声明書が発表され、その中に日本を指して、「太平洋の野蛮人」といってゐる。その「野蛮人」の神威を今に見ろ、見せてやるから。

桑田忠親氏の「日本人の遺言状」＊4の後記をよんでゐると、次のやうな戦国時代の名医曲《マ》

（1）短歌総合雑誌。昭和七・一〇〜十九・七。

（2）短歌総合雑誌。昭和七・一〇〜三〇・九。日本短歌社発行。

（3）養徳社。昭和十七年初版。

（4）昭和十九年四月二十日、創藝社。

直瀬《ナセ》道三《どうさん》*5の言葉が引いてあった。

「養生スルハ死ヲ善クセン為ナリ。不養生ノ者ハ死スル時気ヲケシテウロタヘマワリ、善死スルコトハナラヌ也。心得違イノ者ハ養生スレバ天命ノ定数ヲモノブルト思フ。大ダワケ也云々」

九時過ぎに出て、亀有に向ふ。途中新宿の住友に寄って、会の金を三百五十円出してゆく。今日は機械科一部は実習で工場の方へ行ってゐるので、第五時限は休み。第六時限のみ。「遺言」といふことを話す。中には他の学科をやってゐる連中もをり、不愉快だが、今少し様子を見て厳重に注意しようと思ふ。

帰途学校に寄る。会計で、所得税が四十二円隣組を通してか、ってきてゐるので、会計より出してゐてもらふのとどう関係があるかを本郷書記にきく。総合所得税で学校から納入してゐるのとは別だとのことであった。小田原で高木氏から預った手紙を教務部のおばさんに渡さうとしていくともう帰ったあとなので、女給仕に渡しておく。帰宅して、直ちに、御料地の芋畑へゆく。明日彼岸の中日なので、新芋を供へるためである。もう少し大きいのが入ってゐると思ったが、案外小さかったので、二本だけさぐり掘りして数個を得たのみで、やめる。付近にさいた萩と薄ををりとって、手提籠に挟んで帰る。帰途成城堂書店で「公論」*6九月号求む。特価七十銭。保田與重郎の「鳥見《とみ》のひかり」（祭政一致論序章）がよみたかったから。帰ってから早速よむと、やはり卓抜なもの。今年は恰《あたか》も甲申の歳に当り、神武帝の鳥見靈畤《まつりのには》大祭*7より二千六百年目に当るので、鳥見靈畤の山下に生れ、少年時代をそこで送った保田氏の郷人としての感動から、惟神《かんながら》*8の祭について俗見を正さうとした憂国の文章である。中に曰

（5）一五〇七—九四。織豊期の医者。李朱医学を学んで、戦国大名に重んじられる。

（6）昭和十四年創刊、第一公論社。

（7）第一代天皇で皇室の祖先である神武天皇は、天下を平定し海内無事を以て詔し、鳥見山に皇祖天神を祀った。（「日本書紀」巻三参照）

（8）神代から伝えられてきて、神慮のままで人為を加えない誠の道。

く、「・・・時局は今年の旧正月頃より熾烈のものがあり、しかも人心必ずしもこれについて深く畏み慎むすべをさとらずといはれ、我らの携る言論文学の面に於ても、却って一段と暗然たるものがあったが、時局の世界的激化の根柢には、人為人力を以てこの世界戦争を落着せしめんとせる内外の所謂戦争の指導者等のその人力の限界をすでに戦争状態が突破したといふ事実を思はせるに足るものがあった。戦争がその指導者と称する者の人力の限界を越える時に到って、戦局の内外が苛烈化し、即ちそれらの人々が、合理的に世界戦局を通観し、これについての指導方針といふものを立て得ないといふ時は必ず来る筈である。この際に不動心を失った言論政治は狼狽頽廃し、疑心暗鬼の状態に陥るのである。かうしてあくまで人力で超えようとした者が、その限度に必ず到る時、そこに現出する人力の頽廃が、しかも戦争の人為的終結を企てて、こゝに想像を超えた混乱と激化の相を呈するであらう。かゝる日に世界時局を支へ護るものが、実に神州不滅の信念である。神州不滅の信念は、生活を離れた単なる観念ではない。祈るだけでは神風は吹かぬなどといふ者は、神州の生活を知らぬ者なるゆゑに、わが神と祭について、わが土俗草莽《そうもう》の生活と歴史を一応語っておきたいといふ願望もあった。」＊1「祭りについて申す上でも、私は別して難渋の観念を申さうとするのではない。われらの草かげの民の生活と生計とが神と一つになり、祭りを中心に営まれてゐるといふ先祖代々子孫変りない事実の信を申せば足りるのである。それは幾百年をくりかへし、年毎にうけついで、何一つ変りないものであった。その歴史こそは万代不変の生活であって、浮世の政治権力の歴史上の有為転変を後目《しりめ》にして、不変一貫のものを中心に、祭りのための一年をつみ重ねてきた永遠の歴史である。生活も生計も、神の事寄さしに仕へ御恩を謝す一年の祭りの内にあった。」＊2

（1）全集二十巻、四二七頁。

（2）同四二八頁。

九月二十三日（土）晴

昨夕は、神棚に新しい水と堀り立ての新芋とを供へた。桝を梅村さんところで頂かうと思って行ったが留守だったので、もらへなかった。物故祖父母、父の霊前にも御料地でをりとった薄と彼岸花と新芋とをさゝげた。今朝はいつもより斎戒沐浴をきびしくして、心身さわやかに神前、霊前に立った。柏手の音もいつもより高らかに鳴った。只何を祈るといふのでなく、たゞ神前に額《ぬかず》いてゐれば、心自ら清明になりまさりゆくを覚える。さうすると、皇運と歴史の永遠不動の信念が湧然とたぎり立ってくる。只それだけでよろしい。他に何の必要がありや。増産のために、又戦略のために神を祭るといふのは、抑々《そもそも》神威への冒瀆《ぼうとく》である。神代以来のてぶりに従って、先祖代々うけ伝へられてきた神祭のしわざのまにまに、只、神を奉祀すればよい。その自然のしぐさの中に不知不識《しらずしらず》の裡に不動盤石《ばんじゃく》の信念が養成されてくるのである。

午前中、この清々しき思ひの中に、「国文読本編纂につきての私見」の草稿をかく。大体去る十六日の日記にかいた項目を本にして、種々考慮を加へる。

午後栗山君は玉川学園へ所用ありてゆく。小生は二時間ばかり昼寝して、四時過、池田君ところへ、右の原稿をもっていって意見をきく。他人にきくと色々反省させられるところがある。その時自作の畑でとれたといふ大形の芋の御馳走になる。話半ばに、照代さん御来客ありといふので迎へにくる。名刺をみるとI、Mの母親である。何の用件か見当がつかない。早速帰ると、二人共玄関で待ってゐる。ともかく座敷へ上げて用件をきくと、去る十九日午後I、Kと共に無断で工場から早退したことが判明し、翌日岡、菅原両教官に叱責されたが、今日は四人の保証人が打揃って菅原助教授のところへお詫びに行き、その帰りにこちらへ寄ったのだといふ。その不心得を遺憾とし、今後極力家庭に於いても注意するやう厳に言ひ渡す。その後、池田君来宅。散歩のついでによりたる也。

夜平岡公威君来る。*[1]大学は十月一日から始まるとのことで、それまで心安らかな日々を長いもの*[2]を書きつゞけてゐるといふ。若い者は仲々元気がある。ともかく林富士馬君といひ、平岡君といひ、発表欲の旺盛なのにおどろく。発表欲といふよりも印刷欲といった方がい、かも知れぬ。これは然し、すぐれた文人の共通性かも知れぬ。

夜路が暗いので、提灯さげて三河屋のところまで送る。

あとは、『公論』九月号の懸賞論文「庭燎」（餘木亀致）を読む。餘木氏は神宮皇学館出身者で伊勢皇大神宮に奉仕、その内応召、目下戦傷を養ひつ、ある白衣の士である。神官の天職の自覚の上に、神ながらの大みまつりのわざのいのちとするところをかしこみつ、しみて述べたもの。その中にかういふ一節が目をひく。「民の一人一人が、みまつり、つかへまつるよろこびとつ、しみを、そのいのちによみがへらせる日の為に、神のみをきき拝しつ、、世のみをつくしたててゆくのが神づかさのつとめなのであった。」と。又その最後に引抄した左の古語も心をひくものであった。

凡年穀登《みの》らずして調庸減少せば、先づ供神《ぐしん》の料を割き置きて、遺る所を宮司《みやのつかさ》の俸料并に諸使の禄に量り充てよ。若し遺餘《のこり》無くば必しも充てざれ。　延喜式巻第四、伊勢大神宮

九月二十四日（日）曇

（1）九月二十一日付清水宛書簡あり。
（2）『中世』か。

下丸子の工場へ付添としてゆく。だら〳〵した不心得者が若干ゐることは遺憾至極。中等科にも高等科にもそれがゐる。それといふのも学校の態度が煮えきらないためである。これでは学校は上下を挙げて士気沈滞の一路を辿るのみである。深憂《しんゆう》すべき事なり。

今日の付添は、高等科から西崎、鍋島両氏、中等科から菅原氏、小生、教練科から木下氏。

今夜は池田、栗山両君、小生それに照代さんを加へた四人で紀伊国屋で夕食を食べようといふので、帰途を南武電車を利用して登戸に出る。電車は割合すいてゐて気持がい丶。これからは下丸子の帰途はこれを利用することにしよう。紀伊国屋は日曜の事で店が混み合ってゐる。鮎が一尾出ただけで、あとは魚肉皆無。只酒が一本づつと、あとで梨が三個づつ出たのがせめてもの御馳走であった。九時過辞去。空はすっかりはれ、星かげの清らかな夜。

昨日午前十時、フィリピン共和国、その光輝ある独立を擁護し、祖国防衛のため米英に対して、宣戦を布告す。比島東方海面にはいよ〳〵敵の大機動部隊あらはれ、彼我の間決戦の神機《しんき》*3正に至らんとす。頼もしき哉、わが陸海軍。絶大の信を皇軍にかけて、心をしっかりひきしめてゐればよい。

房枝から来信。母の顔の腫れは腎臓などでなく、頭部の出物のせゐであらうといふので、注射を三本してもらったら、すぐに直ったさうである。ねてもさめても食物の心配で、気の毒なともある。春子の担任の先生が福木の方へ転住（同時に深川校を辞す）のため、その家族の借りてゐられた家があいたが、子供づれには貸さぬとのこと。院内の木村の母屋の二階である。ま、運命のまに〳〵まかせるより外ない。親ゆづりの家におちついてゐるのが定めであるかも知れぬ。内原訓練所に入ってゐる学習院勤労隊員の大久保孝道（三年）から元気のい丶、便りあ

（3）神の行うような不思議な働き。

り。句一つあり、「筑波根も見ませ目白の健男子《をのこ》」と。そこで返事に駄句一つ加ふ、「天高く目白健男子の眉清ら」と。

九月二十五日（月）曇

一日中在宅。千葉胤明氏の「明治天皇御製謹話」＊1をよむ。どの章をとってみても、聖徳の有難さに感動しないものはない。「御愛馬金華山号」の中に出てくる金華山号の逸話《いつわ》の数々には、自ら涙の出るのをおぼえた。それにもまして、明治天皇のこの御馬をいつくしませらる、御うるはしき御心は拝するだにかしこき極みである。

鞭うつもいたましきまで早くよりならし、駒の老いにけるかな

房枝に、斎藤先生の保険証書と去る廿三日清書した「桜井の訣別」＊2とを送る。阿曽沼紀、大久保孝道両学生にも返事出す。

一日中家にゐると、心おのづからなごみ、勇進の意気沸々とわき上るのをおぼえる。さるにても、学園の現状は心痛のたね。昨日も西崎教授と同車した時の話だが、平田、宮原両主任は近く辞任するとかさせるとか、二人がやめるのはこの際当然だが、それだけではまだ解決しない問題がある。それは磯部氏が最近院長に会見した時院長の話されたといふ言葉に「若い者のくづ〳〵いふのは抑へつければいゝ、五・一五事件＊3の時自分は海軍次官だったが、結局おさへつけて了った云々」と。根本の病弊はこの辺にあらう。院長自身この点に気付かないとしたら、嗚呼遂に度し難し矣。

籬《まがき》の一叢薄《ひとむらすすき》がたばねられたまゝで穂を出しはじめた。一旦出た分は先達の嵐でふきをられ、

（1）昭和十三年二月二十日、大日本雄弁会講談社。

（2）西国街道の桜井の駅で楠木正成・正行父子が訣別する逸話。その後正成は湊川の戦いで戦死。

（3）昭和七年五月十五日、海軍青年将校を中心に陸軍士官候補生、農本主義者橘孝三郎等が参加した集団テロまたはクーデター未遂事件。首相官邸などを襲い、犬養首相を射殺。

そのあとから又二三本出てゐる。然しこれも腰を折られて、まともにのび〳〵と、あの銀色に光る穂をもたげたものはないのはさびしい。

夕食をすましたところへ、池田君来る。栗山君に煙草のそ、わけを願ってくる。まあ上れといふので、上げて、三人で一時間許し話す。話は棟方氏のことに及ぶ。一級の芸術品の内に座臥する氏は王侯の贅沢を擅《ほしいまま》にしてゐる訳だが、この贅沢感が氏の芸術に一つの大きな極を与へてゐるのであらう。羨しき存在なる哉。

池田君帰りし後、又千葉氏の本よむ。十時就寝。

九月二十六日（火）曇

空鬱然と曇り、嵐あり、天気は夜の間に荒れ模様となる。今日も終日在宅。午前中千葉氏の本読了。何度よむも、よめばよむ程良き本なることを知る。一本をやがて殿下に献上して御精読願ふ機会もあれかしと熱願す。万巻の書にまさる良教科書なりと信ず。

高殿の窓てふまどをあけさせてよもの桜のさかりをぞみる

皇太子殿下御教育の眼目（発想）は正にこの御製に明示し給ふところによるべし。

中食をしてゐるところへ、学習院より富士川書記の使で、伊藤庁仕来る。封書を持つ。抜《ひら》けば、過日野村行一氏より依頼されたる御教授要目案の写しを至急入用につきこの者に持たせてくれるやうにとの文面。已に清書ずみとなってゐたので、早速封入して持ち帰らす。

午後は一寸午睡《ひるね》して、渡辺幾治郎氏の「明治天皇の聖徳　教育」＊4をよみはじむ。心にとまりし点左に抄記す。

（4）昭和十六年九月十八日、千倉書房。

故左大臣二〔一の誤か〕条忠香《ただか》第三女寿栄姫《すえひめ》勝子、後の昭憲皇太后が幟仁親王に入門して歌道を御修行遊ばさる、につき、慶応三年五月廿六日左の如き誓書を呈してゐられる。

ちかひの文

和歌の道をしへをかうふり候うへは、いささかも疏意有べからず候、つたへ下され候条々、みだりに口外申まじく候、此みちながくこころをそめ習練いたし可申候、もし違背候はゞ、両神の御罰をかうふるべく候、あなかしこ

慶応三年五月二十六日　勝子

國民もこゝろひとつにあふぐらしめぐみかしこきしき島のみち
万代《よろずよ》もかげはつきせぬことのはのみちあるみよぞかしこかりける

ビールの配給が久しぶりにあった。一人に二本宛だが、今日は一人分だけとってきてあるので、栗山君と一本づつのむ。やはり気持がいゝ。栗山君は明朝八時上野発で長野へ立つといふので、家を六時きっかり出るといふ。それで今夜はおそくまで荷物をまとめてゐた。

九月二十七日（水）晴

すが〳〵しき晴天。昨日の荒れ模様はどこへやら、全くうって変った日和となった。陸稲*1の垂穂が黄金色を段々おびてくる。次第に色づきゆく稲穂を見てゐると、少年の頃がなつかしまれてならぬ。刈取りに近い稲田の一隅をおし分けて、道の両側に秋祭の幟を立てるので

（1）畑地に栽培する稲。おかぼ。

あるが、祭から約十日位前に部落の若連中が夜業に数ヶ所毎年きまって立てる位置へ立てて廻る。翌朝起きてみると、風にはた〳〵とはためく大幟の頂上には椎の葉が竹筒にさ、れてゐる。太鼓がどこからかとり出されて、子供らは一日中どん〳〵とた、いてくらす。上庄《かみじょう》部落と下庄《しもじょう》部落*2との境の所はたしか一本は上庄、一本は下庄で立てることになってゐた。大きな棒杭をかけや*3でうちこんで、太い孟宗竹の竿に幟の乳《ち》*4を通して立てる。その時に、その棒杭に縄を以て、昔のしきたりに従った結び方で、く、りつける。その結び方が上庄と下庄とでは少し流儀がちがってゐたのが子供心にも面白く思はれた。今は戦時下で、秋祭ももう近づいたが、幟が昔のやうに道の両側に立つかどうか。立つとすると、子供らが喜ぶだらうが、どうも立たないやうな気がする。秋祭といへば、十月廿五日が村社亀崎神社の祭で、その夜宮《よみや》*5に相当する祭が尾和《おわ》の八幡様で行はれた。古式の神楽が奉納され、尾和若連中自慢の花火があげられる。流星、笠火、大筒、次々とあげられてゆくのを、火の子〔粉トモ〕をさけて青木の下などからそれを見るのである。今年は花火がよかった、誰のが特によく出来てゐた、などと、村人は帰りの小道で批評しあふのである。その神楽と花火は、きまった部落しか奉納出来ず、それが子供心にも羨しくてならなかった。その夜宮には上社と下社とは同じ、下深川《しもふかわ》字の小字同志の尾和へ、俵と短冊をつけた笹竹とをもち、てんでに模様をぬり出した提灯をさげて若連中が一団となって、木やり歌面白く、祝ってゆくのである。境内に入ると、見物人の中を押しわけて揉み、あげくには、拝殿の中へ揉んで入って、おしまひとなる。—そのやうな少年の日のことが胸底から温くよみがへってくるのである。

登院の日。但し査閲前で今週も学科はなく、教練のみで午前中終り、午後は授業なし。中食

（2）当時、安佐郡深川村大字下深川は、昔からの通称上庄・下庄・尾和の三地区に分れていた。
（3）木槌の大きなもの。
（4）竿などを通すために付ける小さい輪。
（5）よひみや（宵宮）の約か。祭日の前夜に行う小祭。

後、院長に呼ばれて院長室にゆく。第一の問題は、過日山本氏と二人で院長室に行った時話があった、皇族教育案起草委員会の改組のことであった。問題の起りは、山本、児玉、清水三名の今後の立場につき、同情ある院長の懸念によるものであるが、本省内にも東宮殿下の学習院御利用に反対の潮流もある折柄、新しく生れるべき御学問所と三人との関係は益々不得要領のものとなってゆく。この際、学習院御利用を既定方針として、学習院の責任に於て、御学問所の諮問に答へ、又積極的に建言もすることの出来るやうな機関を設けておきたいといふのが院長の考であった。そこで委員長は誰がよからうかときかれたので、院長御自身が適任と思ふと申上げると、即座に賛成された。あとは大体今迄の顔ぶれにして、必要あらば必要な人に臨時に出席してもらふとして、余り人数は多くない方がよからうといふと、これも賛成された。そこで、それを文面に表して差出せといはれるので、書いて見ますとおうけした。そのあとで、今度の中等科長、野村御用掛の問題につき、君らに重々不満があることは知ってゐるがこの際、却って、他から全然知らない人をもってくるよりも、いはば内輪の人を持ってきた方が気心が分ってやり易いと思ふから、多少の不満は我慢して次善をとってもらひたいといふ意味のことを言はれた。ともかく、岩田氏のことはともかく、野村氏の就任につきては、先日山本、児玉両氏より申上げたやうな気持を自分も打消すことは出来ないと申上げて引下る。

帰宅して、御料地へ芋掘りにゆく。先日は気がつかなかったが、今日見ると、畑がひどく荒されてゐる。方々掘りとられてゐる。それでも、相当大きいのを十個ばかりほってさげてかへる。

夕刻斎藤先生宅へ伺ふ。一郎さんの診断書出来てゐるかをきくと、まだとのこと。明朝奥さんが野村医院にもらひにゆくといってゐられた。
明日は、小田原行なので、比較的早く就寝。

九月二十八日（木）晴

今日も心躍るほどの晴天。新宿七時二十分発の電車に、登戸で待ちうけてのる。工場にゆくと、門から真すぐに通じてゐるコンクリートの通路の左側の、真紅の鶏頭がとても美しい。すみ切った秋空の下、その赤さはまばゆいほどだ。休憩時間に李玖殿下に「今日は富士が見えませんね」と、所々わき立った雲を背にして稜線を劃してゐる箱根、足柄連山の方を見ると、「今朝は見えてゐました」と答へられる。無理解な父兄がゐて、軽い病気の学生を、無理やりつれて帰ったものがあるといふ。さうかと思ふと、母親から薬入の缶に砂糖を入れて送り、剰《あまつさ》へ、脱走をそ、のかすやうな手紙をよこした者もあるといふ。言語道断といふべし。学校が余ほどしっかりしてゐないと困ることになるだらう。

帰宅すると、昨日掘ってきた芋をむしてくれる。とてもうまい。三つばかりたべたところへ、池田君来る。六時頃である。来月一日から寮がはじまるので、一日夜の月見には来られないといふ。それでは三十日の夜にくり上げようといふことに、一応しておく。夕食する間待ってもらって、そのあとで、教授項目について、意見をきく。

「国文教科書編纂ニ関スル私案」中、「大方針」ノ条下ニ、「一貫セル文学史観ニ立チテ編纂スルコト」トアルガ、コノ「文学史観」トイフ個人ノ立場ヲ表ス如キ言葉ハ不適当デアラウトイフノデ、成ル程ト思ヒ、コレヲ「古今ニ亙リ一貫セル文ノ道ニ立チテ編纂スルコト」ト改メ、

「教材選択上ノ注意事項」ノ第一ニ入レルコト、スル。
又、飯島御用掛編纂ノ「国文読本」ヲ池田君ニ一読願ッテアッタノデ、ソレニツイテノ意見ヲキク。過日中間デ一寸キイテオイタコトト併セテ左ニ箇条書ニシテオクコトニスル。

一、巻三ハ大体ヨシ、巻一、二ハ難渋。
一、論ガ多スギル。
一、徳目ハ立派ニ揃ッテキル。然シソレハ儒教倫理ノ徳目デアル。言霊ノ風雅—文ノ道ノ上デ明カニセラレテキナイ。日本デハコノ道ガハッキリシテキル。ソレ故、論トシテハ筋ガ通ッテキテモ、国文ノ教材トシテハ不適当デアル。
一、神代以来文ノ道トシテ伝ヘラレテキルモノ、ソノ上カラ教材ヲ選ビ出スノガ本当デアル。立場ノナイ通リ伝ヘルノガヨイ。（例ヘバ「高倉天皇ノ御聖徳」ノ如ク、読ンデ自然ニ感動スル、コレガ本当。）
一、普通学科以上ノモノトシテ詔勅類ヲ一冊ニマトメルコトモヨイ。
一、覇道史観ノ学者ヤ明治初年ノ極端ナル文明開化主義者ノモノハ排除シタ方ヨシ。
一、古事記デハ天孫光臨、神武天皇、景行天皇、（天岩戸）等ヲトルベシ、日本書紀ハトラヌ方ヨカラン。

（以上）

十一日頃の月は恰も中天に冴え、得がたき良夜である。遠くで祭の太鼓の音がする。十時頃、池田君を送りかた〳〵月に浮かれて戸外に出る。畑の黒々とした土に生ひ出た菜が、月に光ってゐる。立木が大きく地面に陰をおとしてゐる。足は不知不識《しらずしらず》、神明社の方へゆく。近づくに従ひ、太鼓の音はあらぬ方にきこえる。神明社の祭と思ひ込んだのは、今日秋祭のためといふので、池田君の隣組あたりで、酒を集めて歩いたといふことから錯覚をおこしたのだった。神明社の祭でないことは、すぐに分ったが、亭々たる[1]大杉の間を通ずる石畳の歩道を通って、奥深い感じの神前に立ったときは、この方が却ってよかったと、しみ〴〵と有難く思はれた。二人のうつ柏手が虫の音のみの幽暗の神域に高々とひゞいた。見上げれば、高い杉の木の間を渡る月影が清く美しい。恍惚とした思ひに誘ひ込まれた。幾日ぶりに味ふ静謐であらう。

帰宅して、暫くして就寝。電気をけすと、硝子戸を通して、月光がさし入り、ほんのりとした明りが室中を占領する。夢を見るやうな思ひの中に、いつしか深い眠に入ったらしい。

（1） 高くそびえ立つ様。

九月二十九日（金）晴

午前中在宅シテ、「国文教科書編纂ニ関スル私案」ヲ改メテ書キ直ス。書キ改メテヰル内、次第ニハッキリシテクル。然シマダ〳〵色々考ヲ精シクスベキ所ガアル。

中食後、学校ニ至ル。用事ハ山本氏ニ面会シテ、院長ノ命ニヨリ起草セル左ノ草案ヲ提示シテ意見ヲキカウトイフコト、、モウ一ツハ栄木氏トノ会見ノ日時ノ打合ノタメデアル。栄木氏ノ方ハマダ出張カラ帰ラナイノデ要領ヲ得ズ、草案ノ方ハ今出張中ノ児玉氏ニモ見セタイトイフノデ、山本氏ガ預ッテユク。

皇族教育調査委員会

従来学習院御在学ノ皇族ノ教育ニ関シ皇族教育案起草委員会ナルモノ設ケラレアリシガ、今回ソノ名称ヲ頭書ノ如ク改ムルト共ニソノ任務、組織及ビ役員ヲ左ノ如ク定ム

一、任務

皇太子殿下及ビ学習院御在学ノ皇族ノ教育ニ関スル調査研究ヲナス

一、組織及ビ役員

委員長　山梨勝之進

幹事　児玉幸多、岩瀬主一

委員　岩田九郎、川本為次郎、東條操、
山本修、清水文雄、竹沢義夫、杉山勝栄

右の内、名称ヲ第二案トシテ「皇族ノ御教育ニ関スル委員会」トシ、委員ノ中ニ、東宮殿下ニ関係深イ秋山幹氏ヲ加ヘタラトイフ山本氏ノ意見デ、名称ノ第二案ヲ横ニ併記シ、秋山氏ノ名ヲ加ヘテオク。ソレヲ児玉氏ニ見テモラッタ上デ院長ニ提出スルコトニスル。

高等科教務室デ会ッタノデアルガ、ソノアトデ、磯部、松尾両氏ト科長ノ問題、野村氏ノ問題ニツキ話ス。過日磯部氏ガ入江相政氏ニ会ヒ、野村氏ノコト、岩田氏ノコトヲ、率直ニ話シテキタトイフ。二人ニツイテハ入江氏ハドチラモ良イ方面ノミヲ知ッテキタノデ、大層驚イタトイフ。今度ノコトハ大体入江、山田*1両氏ガ中心トナッテ動カシテキタトイフコトデ、或危険ナモノヲ感ズル。然シ、世代ガ若イダケ、胸襟ヲヒライテ話セバ、分ルヤウナ気ガスル。学校内ノ畑デトレタ芋ヲフカシテ教務室ニ出サレタノデ、三ツバカリ熱イノヲ頂ク。

（1）山田康彦。東宮傅育官。入江相政氏とは学習院同期の間柄。野村行一氏は恩師。

帰途、目白書房デ、房枝ノ「婦人倶楽部」トッテクル。

夜八時頃、栗山君沢山ノ荷物ヲモッテ帰ル。林檎ヲ沢山モッテクル。デリシャスト紅玉、電灯ノ下ニトテモ美シク新鮮ナ肌ヲ見セテキル。暫シハウットリ見トレテ食ベルノヲ忘レテキタ。

今夜ハ雲ガカヽリ、月ハ見エタリカクレタリ。十一時半就寝。「文藝春秋」九月号ヨム。火野葦平*2ノ「勇気について」ガ面白カッタ。ビルマ戦線ケン丘ノ一隅カラ書キ送ッタモノデ、吉村軍曹トイフ頭脳明晰デナイ百姓出身ノ兵ノ驚クベキ勇気ニツイテ語ラレタ文章。

外で、学校のうるさいことなどしゃべり合ったあと、とても不愉快である。これからは一切自然のなりゆきにまかせよう、すべて／＼神意のまゝに。

九月三十日（土）晴

洗面の後池田君のところへゆく。まだねてゐる。月見を今晩といふことにしたのだが、藤井悦雄君が明晩わざ／＼長野から出てくるといふので明晩にのばしたいといふことを言ひに行ったのである。然し、明日が開寮の日で、外すことはむつかしいが、九時就寝の後一寸顔を出すといふことで、それならさうしてくれといってかへる。

此の頃思ふのだが、朝のお互の話題は、清浄明朗なものでありたい。でないと、一日中不愉快がつきまとふやうに思はれる。朝間《あさま》の話は清談でなくてはいけない。でなければ無言もよい。

九時家を出る。渋谷に出て地下鉄で虎の門へ、そこからプラタナスの広葉が風にふきまくられる街路を警視庁迄徒歩。四階動員課徴用係の所へ出頭、一郎さんの診断書を提出する。つれてきましたかときいただけ、そのまゝうけとった。それから都電にて小川町に出、十五銀行に

（2）明治二十九年生。昭和三十五年没。昭和十二年日中戦争で応召、従軍中『糞尿譚』で芥川賞受賞。『麦と兵隊』『土と兵隊』『花と兵隊』の兵隊三部作あり。

ゆかうとして、見ると、向ひの帝国銀行に合同といふので、その方へ電車線路を渡ってゆく。東陽印刷への支払ひの金を五百四十円引き出し、そこから徒歩で東陽印刷所へ、五百三十六円〇八銭、終刊号代として支払ふ。これで東陽へ文藝文化印刷費としての支払は完了。号を重ねること七十号、顧みて感なきをえない。神田駅から山手線で目白へ。中食をすまし、臨時勉励手当と住宅料をもらふ。手当は百六十七円の内、貯金が十二円六十銭、所得税が十七円七十銭、差引百三十六円七十銭受取る。そのあとで、控室で雑談。賄《まかない》のをばさんが銀杏《ぎんなん》をやいてくれる。青くさい味と臭がなつかしい。空が曇ってきて、や、険悪。

一時過から山本修氏と二人が客となり、渡辺末、猿木両氏の宅へ赴く。途中新書堂で「日本書紀伝二巻」「少国民の日本書紀」「忠誠心とみやび」＊1を求む。「忠誠心とみやび」は蓮田君の著だが、僕らが校正し、僕が跋文《ばつぶん》をかいたが、一冊もよこさなかった。奥付を見ると発行が六月となってゐる。不義理も甚しい。斎藤先生が放送出版協会は性が悪いと話されたことがあるが、この度でよく分った。

渡辺氏のところでは、初内原の二、三年の生活についての報告があり、色々参考になった。ともかく土の中で精一杯やってゐることが、彼らの将来のためどんなによいことか、想像以上のものがあると思はれ、学習院教育立て直しの鍵がこゝら辺にあるのではないかと思はれた。渡辺氏が風邪で臥ったとき、宮家から御見舞として頂いたといふカステイラを我々にもそゝわけしてもらひ四人でいたゞく。夕食まで御馳走になる。その時今先配給をうけてきたといふので、御酒までいたゞく。二階で話してゐると。時折黒い雲が時雨のやうな雨を屋根に落して通る。七時半頃辞去。新宿の駅のホームで、東京新聞の夕刊をよんでゐる人のを、思はずのぞき

(1) 六月六日の条参照。

込んでみると、大宮島、テニアン全員戦死の活字が目を射た。「銘記せん、九月廿七日」ともある。「同胞一万五千」が国難に殉じたといふに至っては、もう、言葉も何もなし。

栗山君の点呼が来月四日にあるといふので、坊主になってゐる。＊2〔欄外に書き込みあり〕

（2）文藝春秋九月号に「日室毘大尉陣中遺稿」がのる。その終りの方に、「統御とは部下に対して細かく心をつかふよりもむしろ正しき道に向って己一人直往邁進《ちょくおうまいしん》する事である。只部下が落ちさうになった時、救の手をさしのべてやればそれでよいのである。人の心を捉まんとせばその人の心になってやらねばならぬ」とある。又「統率者という者は身に楽しみを求めてはいかん」ともある。

（補注1）東文彦（一九二〇—一九四三）本名健（たかし）。幼時より病弱で、学習院在学中も療養を繰り返す中で、文学に志し「輔仁会雑誌」に作品を寄稿した。昭和十五年一月坊城俊民と共著『幼い詩人・夜宴』（小山書店）を出版し、初めて筆名文彦を使用した。室生犀星にも師事し作品の添削をうける。同年十一月、五歳年下の平岡公威（三島由紀夫）と知り合い、以後文彦の死まで頻繁に文通する親しい仲となる。同人雑誌「赤絵」を徳川義恭、平岡公威と発行。昭和十八年十月八日急逝。昭和十九年七月父君の手で『浅間東文彦遺稿集』（私家版）出版。これには三島の追悼文「東健兄を哭す」（昭和十八年十二月二十五日「輔仁会雑誌」）が載せられている。その文に曰く、

私は兄から、文学といふもののもつ雄々しさを教へられたのである。文学は兄にとってあるひは最後のものではなかったかもしれぬ。しかし文学をとほしてする生き方が、やがて最高の生き方た

り得るといふ信仰を、身を以て示された兄の如きに親炙することによって、わがゆく道のさきざきに常にかがやく導きの火をもちうる倖せが、こよなく切に思はれるこの大御代にあって、唯一の謝すべき人を失ふとは。

戦後、三島由紀夫の序文を付した『東文彦作品集』（昭和四十六年三月三十日講談社）発刊。その序文では、戦時下に於ける「静かなヒロイズム」の存在が強調されている。東文彦宛三島の書簡は、『三島由紀夫十代書簡集』（平成十一年十一月二十日新潮社）として出版された。その最後の方に、「東文彦弔辞」（昭和十八年十月十一日執筆）が載せられている。

（補注2）万葉がなで記されているので、かなり読み辛い。誤読をおそれず、次に訳文例を示す。

かつて見しみやこべ人ぬばたまの夜夢にや相語りこそ
みやこ人ここに会ひなば吾との何さびせりとめづらじみせむ
みやこびのきみを迎へば天人下りしがごと思ほへむかも
朝暮に溢りて立つる雲見れば常に恋ゆるもみやこべ人
みやこ人相へば詠まさむその歌の今よともしき思ひ聞くべし
みやびなみ行きしたひてみやこ人ふさに詠ませむうたきこつぎな
春秋のたづきも知らず遠き島ひなにすむわが恋ふる君かな
うつつにも思はば正にいますごと見る我がせこいめに逢ふこそ
　その夜正に見て
ゆめやと恋し吾がせこ念ふごとまさしに相ひて朝目うれしも
夢の内にせこを見たれば天さかる鄙山尚も見なぐけふかな

（補注3）河井寛次郎（一八九〇―一九六六）大正・昭和期の陶芸家。大正九年京都五条坂に窯を築き、中国、朝鮮の古陶器に学ぶ。大正十三年柳宗悦を知り、用器の美に目覚める。以後、浜田庄司、富本憲吉等と共に地方窯や民芸を研究。作品は世界的評価を受けた。棟方志功とは、昭和十一年四月棟方が国画会展に版画「大和し美わし」を出品した際出会った。同年五月京都の自宅に同道、四十日間滞在させ深い影響を与える。

棟方について次のように言う。

　君と逢ってからの日は浅いが、吾々が交わった深さは深い。この春の君の大作「大和し美わし」の絵巻はその契機であった。それから「熊の子」と君を呼んで吾々は敬愛を現わして来たが、今こそ君は真当に熊だったことを吾々は知った。

（「棟方君」昭和十一年十二月。『火の誓い』講談社文芸文庫所収）

一方、棟方は河井から得たものについて、

　物に存する本能の綺麗さを真正面に眺めた時、又その物に眺められた時、人は本然の私を知るとの事、わたくしはその気持も始めて解った様な気が致しました。

（「河井寛次郎先生」昭和十七年十一月二十三日『板散華』所収）

と述べている。

【解説】

この九月の日記で話題になっていることを順を追ってみてみよう。

①勤労動員の付添と指導（小田原の湯浅蓄電池）（下丸子の東京無線）

目白と小田原・下丸子の往復もかなりきついものがあったことがうかがわれる。ある時は、小田原の工場へゆく途中見た一学童の姿に「日本の直面してゐる難局の姿をここに見たやうな気がする。」と感想を漏らし、またある時は、だらけた生徒について、「それといふのも学校の態度が煮えきらないためである。これでは学校は上下を挙げて士気沈滞の一路を辿るのみである。」と学校のあり方への不満も記している。

②学習院の内紛

科長人事をめぐる若手グループの異議申し立てという形をとる。「このやうな人事に偶々表面化した本省本院を貫いて流れる背後の不健全なる思想絶滅」のために抗議している。高等科長を「節義」の上から許せないとも言う。また、生徒の反応も「何とも云へぬ悲痛な顔」とか「涙を一二粒おとして」去った様子も書き留めている。

③学習院高等科卒業式

④青雲寮懇談会

⑤庚辰会一期生の会

これらは一連のことである。手塩にかけて育てた学生達、しかもその多くが出陣していく運命にあるということがその場の空気を張りつめたものにし、今生の別れの場になっている。粗末な食事を前にしても、心は高揚している事が伝わってくる。清水も「只、皆との生活によって自分の胸の中に蘇ってきた青春の燃がきえないやうに、今でも油をそそぎつづけてゐる」とはなむけの言葉を贈る。

⑥東宮殿下御使用国文教科書編纂案

その中で、「言霊の風雅」を重視し、「御心を温かく開き奉る」教材を選ぶことを強調する。「みやび」については、それは「太平の御代にありては花鳥諷詠の如き優しき姿をとるも、一朝この神意の発揮を阻む者あらば忽ちにして撃攘の利剣となる。」と述べ、その「みやび」の神髄としての敷島の道が正純に伝えられている御製や臣下の詠を御体得願うとしている。

その他は列挙するに留める。

⑦東文彦遺稿集

⑧蓮田善明の便り

⑨敗戦思想の瀰漫と対決

⑩「文藝文化」終刊号への反響

⑪サイパン疎開者の悲劇

⑫学習院有志による皇城防衛隊の構想

⑬垣内松三、佐藤春夫両氏への失望

⑭棟方志功の魅力

⑮保田與重郎「鳥見のひかり」

等々であるが、この九月も今までと同じように月光の美しさが清水たちの心を慰め恍惚とさせていて、読者である我々も又そこでほっと息をついて一緒になって月を眺めているような気になる。

【参考文献】

『夢かぞへ』八尋瑞雄校註　新文庫12　春陽堂書店　昭和十七年七月十五日

『神武天皇御紀』内務省神社局編纂　内閣印刷局　昭和十五年五月十八日

『浅間』東文彦遺稿集　私家版（未見）昭和十九年七月

『東文彦作品集』講談社　昭和四十六年三月三十日（その後平成十九年四月十日　講談社文芸文庫で再刊）

『十代書簡集』三島由紀夫　新潮社　平成十一年十一月

二十日
旧版『三島由紀夫全集』第二十五巻評論Ⅰ　新潮社　昭和五十年五月二十五日
「清明」第一号　学習院中等科　昭和十八年十一月二十五日
『国語論集　日本語の朝』島田春雄　第一公論社　昭和十九年六月二十日
『日本皇室の御仁慈』糸賀三郎　研文書院　昭和十九年八月十日
『火の誓い』河井寛次郎　講談社文芸文庫　平成八年六月十日
『板散華』棟方志功　講談社文芸文庫　平成八年一月十日
『日本人の遺言状』桑田忠親　創藝社　昭和十九年一月二十日発行同年四月二十日再版
『保田與重郎全集』第二十巻　講談社　昭和六十二年六月十五日
『明治天皇御製謹話』千葉胤明　大日本雄弁会講談社　昭和十三年二月二十日
『明治天皇の聖徳　教育』渡邊幾次郎　千倉書房　昭和十六年九月十八日

昭和19年９月17日の部分

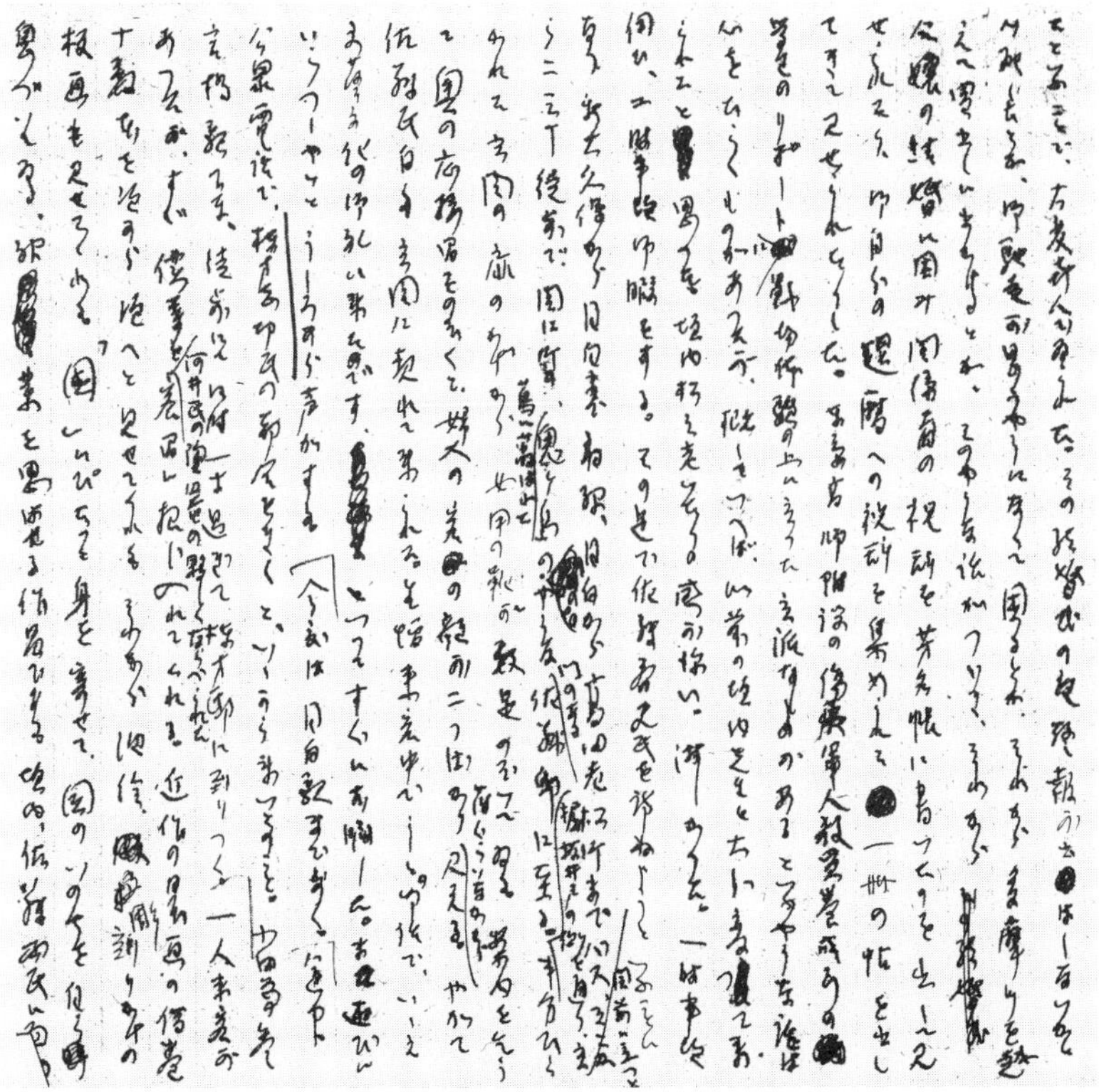

右の続き

清水文雄「戦中日記」昭和十九年十月〔四十一歳〕

十月一日（日）雨

今朝は暁天動員に出ようと思ひつゝねたので、早暁目がさめる。然し雨の音がかなり強くしてゐる。すまないが気がすゝまず、失礼しょうと思ひながら目をつむると、いつからとも〳〵すゐる。然し気になると見えてまた眼がさめる。雨の音がきこえない、耳をおこすとやはり低い音だがしてゐる。時計は四時をうったから起きれば今だが、と思ひながらゐると、また雨音が高くなる。その内に硝子戸が段々白さを増し、五時も過ぎたらしいのであきらめる。今日からいよ〳〵十月。

今朝の新聞には大宮島、テニアン島の詳報が出てゐる。

大本営発表（昭和十九年九月三十日十六時三十分）

一、大宮島及「テニヤン」島我部隊は其の後孰れも一兵に至る迄、勇戦力闘したる後遂に九月二十七日迄に全員壮烈なる戦死を遂げをるものと認む

同方面の陸軍指揮官は陸軍中将小畑英良にして大宮島の陸軍部隊指揮官は陸軍中将高品彪、

海軍部隊指揮官は海軍大佐杉本豊、「テニヤン」島の陸軍部隊指揮官は陸軍大佐緒方敬志、海軍部隊指揮官は海軍大佐大家吾一なり

二、両島の在住同胞亦終始軍の作戦に協力し全員我将兵と運命を共にせるものの如し

尚情報局総裁談として発表せられたるものによると、本年七月下旬敵の攻撃開始せらる、や、凡そ戦ひ得る者は悉く皇軍に協力し、優勢なる敵を邀《むか》へて勇戦力闘したりしが、テニヤン島在住同胞約一万五千名の中十六才以上四十五才迄の青壮年男子約三千五百名は義勇軍を編成して数個の部隊に分れ、それ〳〵皇軍諸部隊に配属し、軍と一体となりて最後迄奮戦し全員壮烈なる戦死を遂げたり。老幼婦女子等の多くは戦火を避けて同島カロリナス地区に集結し、皇軍の奮戦を援けつ、ありしが、敵が最後の防禦戦に迫るや敵手に渡るを潔《いさぎよ》しとせず、悉く自決して最期を遂げたる模様なりといふ。又大宮島在住の同胞は約五百名なりしも、これまたテニヤンに於けると同じく皇軍に協力し敵を撃ち全員皇軍将兵と運命を共にせるものの如しと伝ふ。又大宮島最高指揮官最後の電報として伝へられたるものは左の如し。

「精兵は至難の環境に在りても常に冷静にして士気極めて昂盛《こうせい》なり。月余に亘る砲爆撃下惨烈の極所に立つも尚朝夕軍人勅諭を奉誦する将兵の声は凜々《りんりん》として樹間に木霊《こだま》して、神霊に触るるの感あり。」

「当部隊の苦闘が作戦全局に大なる寄与をなしつ、あるを聞き光栄之に過ぎず、死処を得たるを悦ぶ。」

テニヤン指揮官電報

「将兵の勇戦にも拘らず遂にテニヤン守備守備の重任を果し得ず、光輝ある軍旗と共に最後を飾らんとす、茲《ここ》に謹みて御詫申上ぐると共に最期に亘る懇切なる御指導と激励とに対し深甚なる感謝の意を表す。最後に遥かに御皇室の弥栄《いやさか》と帝国の隆昌とを切に祈念す。」このやうな報道をきくとき、もはや「この憤激から戦力を生め」など、居丈高《いたけだか》の号令など空々しいものとなってくる。黙として語なしといふところ。噫《ああ》。

四五年が富士裾野の野外教練に出発する日。九時学校集合なのでそれまでに登院。出発は十時といふので、それまで磯部氏に伴はれて同氏官舎にゆく。話題は本院教育根本的立直しの問題に自然に初から限定される。現在折角よき芽が、限りなき弊竇《へいとう》＊1の堆積の下から幾つも出かけてゐる、この芽をたやさないやうに、すく／＼と育ててゆかねばならぬ。その具体的方策の一つとして、数名の秀れた学生を収容した寮に於て、徹底した教育を施し、学習院教育立直しの中核体とすることを磯部氏のべたに対して、自分はこれに賛成し、そこから、たとへば目下全然体をなしてゐない本院防空態勢などに望をかけず、進んで皇城を守護し奉る如き赤誠を直ちに実行にうつしうる人物を養成したいとのべ、その点に於ては全く意見の一致をみた。そこで時間がきたので話はそのま、になったが、現在内原訓練所で予想外の成果をあげてゐるといふことであるから、ここの成果は立直しの一つの有力な機となると思ふ。ともかく一つの機運の向いてきたことは事実である。十時に俊彦王殿下をはじめ奉り、四五年学生の出発を送り、それから帰宅する。午前中は雨つゞき、さむ／＼とした感じ。

午後、雨がやんだので御料地へ芋掘りにゆく。高藤君が僕の名義に於て開墾したといふので、実地を見るために同道する。また芋が掘りとられてある。全体の半分以上は盗まれてゐる。掘

（1）弊害の存する点。「竇」は穴。

りつ、むしゃくしゃする。その心根をにくむ。三メ目位ほり、ルックサックに入れて背負って帰る。

夜、月見の会。曇天で月は姿を現さないし、本当の名月は明夜だが、日曜ではあるし、今日にきめておいた。客は、長野の藤井悦雄君がくる筈だったが、見えず、又その令弟で栗山君の学校に絵の教師で勤務してゐる人も一升もってくる筈だったのに、これも見えない。それから藤井悦雄君がくるといふので、今日入寮式をすましたばかりの新舎監池田君も子供をねかせた後、八時過ぎにくる。途中で一緒になったといふので、木俣修《きまたおさむ》君＊2もくる。ビールが四本のみで、あとは何もなし。皆おそいので栗山君とはじめてゐるところへ二人がきたのである。結局四名で十時頃まで語り合ふ。雨月はまぬかれたが、無月の夜たれこめて清談するもまた愉快である。

（2） 明治三十九年生。昭和五十八年没。歌人、国文学者。歌集に『高志』『冬暦』、研究に『昭和短歌史』あり。

十月二日（月）曇

小田原行。新宿発六時四十分の電車に稲田登戸で乗る。箱根連山には雲まき起り、空模様険悪の体。学生の顔色がどうも目立って悪い。元気もない。このまゝではいけない。石井氏も今日授業があって、あとからきたが、内原＊3の学生の顔と見較べて格段の相違があるといふ。むしろ都合さへ許せば一年の学生も内原へ合流するとい〻、と思ふ。

富士を見ぬ日ぞ面白き、だが、やはり見えないと淋しい。曇天の下ながら工場構内の鶏頭の真紅が美しい。帰途電車の窓から見ると、今夜の月見にそなへて、縁側に薄を立て、芋、栗、柿などかざった農家のあるのが見える。途中で乗る子供も薄をとってゐるものが多かった。

（3） 十月十五日の条参照。

日本の土俗の根強さをみ、たのもしい気がした。買出しの婦人連のため電車が混雑をきはめてゐながら、目前のさういふ不快な光景をおしのけて、土俗の美しさが、温く心を領していった。五時過ぎ祖師谷駅下車。今日で切れる定期券を買ひ足す。六ヶ月分で、四十七円五十銭也。夜ねむく、八時半頃就寝。今夜は月明るく、名月の名に恥ぢぬ良夜。その月にそむいて、いつしか夢路に入った。

九月分費用九十二円二十八銭。それに照代さんへ五円。

十月三日（火）晴

朝の間霧がうすくかゝり、やがてすが〳〵しい秋日和となる。土黒々として、大根葉の緑がとても美しい。

午前中、清々しき思ひにて「国文教科書編纂に関する私案」の補正をなす。栗山、池田両君の注意など参考として考へ直す所などあり、思ひをひそめると、色々問題がわいてくる。国土、国民性に関する問題や、人倫に関する問題は特に深慮を要するところ。人倫は日本に於ては年中行事その他の習俗の意味に拡大深化して考へぬといかぬといふ栗山君の意見は尤もである。国土、国民性も美しさの讃美に終るのでは静的に過ぎるといふ同君の意見もその通りである。それらの意見を参照して書き直してみたが、これでよいといふところまでゆかぬ。

午食後、照代さんをつれて御料地へ芋掘りにゆく。殆ど当ってゐないものはないほど、荒されてゐる。それに対して不平を言ひ〳〵掘る。全部を掘らないで、四分の一位のこす。隣の畑では平田氏が稲をこいでゐる。手製の稲こぎ機で、莚がないのできれをひろげてこいでゐる。

餅米が一斗位とれようといってゐる。三時半頃約五〆目の芋をルックサックにつめて小生が負ひ、少しのこったのを袋に入れて照代さんがさげる。帰りに平田氏から大根を三本もらふ。ほっておいたといふのに、太々と出来てゐる。帰宅し、生えの悪いほうれん草を蒔きかへる。

夕食の時、栗山君の話によると、長野に行ってゐる家族を近く全部一応引き上げさせようかといってゐる。さうすると、小生もここにゐられなくなるので、昭和寮の都合を当ってみようと思ふ。

夕食を終へて話してゐるところへ、高藤君来る。芋掘りにゆくからルックサックを貸してくれといふ。九時頃まで話して帰る。今晩は月がない。雨が近いらしい。

十月四日（水）雨

夜の内に雨になってゐた。栗山君は点呼で六時前に家を出る。駒沢国民学校であるのだといふ。

七時頃学校へ。第一、二時限に、幼年校の準備の国語、作文をやるためである。今日は昭和十八年度の幼年校入試問題をやらせる。作文の方へは手が廻らなかった。そのあとで、高等科に磯部氏を訪ひ、先達の話が中途半端であったので、そのつゞきをする衝迫《しょうはく》*1にかられたためである。話してゆく内、決心においてなほ弱く、眼界《がんかい》*2に於てなほ狭きもののあるをさとった。然し、非常に純粋な一本気な人なので、その点たのもしい人である。中食後東條先生から電話がかゝり、過日葉書を差上げて、昨日か今日出京された上でお会ひしたいと申込んであったので、今から会はうといふことで、高等科教務部へゆく。直ちに別室に入り、先づ「文典」

（1）人の心や感覚を突き動かすこと。衝動。
（2）考えの及ぶ範囲。

の件につき先生の御意見を承る。即座に左の如き要綱を御示し下さる。

一、国文典《（法）》の発達

○国文典《（法）》の歴史の概叙

○国文典《（法）》はテニヲハを中心とした詠歌の道から発達したもので、それが江戸時代の国学者の苦心によってはじめて体系化されたこと、而もかゝる一貫した言葉の道があって、それに西欧文典《（法）》の形式をとり入れて今日の如きものとなったことを明かにする。

○その立場より品詞の分類、活用、テニヲハ等現行文典《（法）》の体系をも略叙する。

二、国語の妙用《みょうよう》＊1（言霊《ことだま》の妙用）

○国語の特質を最もよくあらはすものとしての助詞、助動詞について詳説する。

○時代的に分けてもよい。

三、国語の尊厳

○国語の世界に於ける位置を明かにする。外国語に比べていかに卓越せるものかを、言葉の道の上から明かにする。

○特に敬語の問題には重点おき、敬語法が我が国独特のものとして、神、皇室を仰ぐ民の至情に根ざして発達してきたことを明かにする。

○天皇御親《みずか》ら、御自身の御事に敬語を御使用遊ばされる。

○（書簡文の中に自然に現れたる天皇の御身分をあらはす語法。）―清水追記

大体以上の如きものであった。なほ、（三）の項に、東條先生の「国語学新講」の結語の所説を援用して付加しておく。

（1）極めて優れた作用。

○国語の音声の明朗正雅は国民性の優秀さをあらはす。
○名詞に性を表す形式なく、動詞、助動詞における時制の表現の簡単なことは、古来理知を斥《しりぞ》け言挙《ことあ》げを喜ばぬ国民性の表れなり。
○文章に接続詞を使用して長篇の章を重ね娓々《びび》＊[2]の性を写し出す点、又同音語を利用して秀句、掛詞、枕詞等を、用ゐた点は、共に主情的、文学的な国民性をあらはす。
○国語が多数の外来語を摂取しながら、文典の根幹に於ては純正を失はない点は、国民性の卓越せる同化力と保守性とを物語る。
○特に世界無比の敬語法の発達は、名分を尊び、長上を崇敬するわが国民性の発露として、世界に誇るべき日本語の特質なり。

なほ、「国文教科書編纂ニ関スル私案」も御一読願ったところ、（二）「内容上ノ分類」の（4）「惟神ノ国風ニ関スル事項」ノ表現ガ他ト異ナリ説明ニ堕してゐること、同（7）（8）（9）の人倫、武事、学芸等を一つにまとめる方法なきや等について御注意頂く。自身でも不満をもってゐた個所であるだけ御意見痛切にひゞく。

二時頃、田中雄平君来る。十月十日豊橋予備士官学校＊[3]に一入学するので、国検に署名を依頼にきた。そのあとで、来る七日下丸子の工場で壮行会をひらいてもらふので、その答辞をよまされることになったから、その原稿を見てくれといって差出す。奥の教官室でそれを直してやるが、どうもうまくゆかぬ。全然構文を改めることもよからうといって、再考を促す。

夕食の後で、今日東條先生からきいた御意見を話すと、栗山君も同感の意を表した。

（2）飽きずに、いつまでもつづける様。

（3）日本陸軍の軍学校の一種。兵科予備役将校となる甲種幹部候補生への集合教育を行う。複数校設置。昭和十九年十月より「特別甲種幹部候補生」（特甲幹）という。

みを、あさより来信。

お父さんお元気ですか。

もう稲もだん／＼うれて来ました。この間は大風が吹いて大水が来ましたが下の方へ少し来ただけで家までは来ませんでした。そのかはり大風がひどく吹いてかはらがみなとんでつぶれた家も二階の屋根がとんだ所もありました。十五日には行軍で六年はぎをんのお宮まで歩きました。行き帰りで六里ありました。太田川橋を始めて通りました。こちらにはもう柿が一っぱいあります。もすこし立てば冬柿をお父さんに送るといってゐます。くに夫ちゃんはもう一人で御飯が食べられるやうになりました。今日は学校でをどりがあるので見に行きます。ひいちゃんしんちゃんはうば車をひいてよく遊びます。今朝はひがんなので家へ出きたとうきびでだんごをこしらへてきなこをつけてたべました。家の山田のおさつ*1がこの前掘りに行ったら大きな子があったのでおかゆに入れてたべました。お父さんが作ったのはどうですか。大阪から地理付図をおくって来ました。くに夫ちゃんは一人も下へおりられるやうになったのでよろこんですぐ道ろの方へ行くのであぶなくてし方がありません。

では御体に気をつけて。

さやうなら

お父さんへ

みを子

（1）サツマイモをいう女性語。

みを子からもう一通きてゐる。

お父さんお変りありませんか。

もう十月に入って稲もうれ刈るのが近づきました。こちらには二三日前からひいばあさんが来てをられます。まだとても元気です。柿も栗もよくうれました。柿はこの間の大風でみなおちてしまって木にはさうなってゐません。大風が吹いた時に大水が下の方へ少し来ましたがこちらまでは来ませんでした。学校では野菜増産のため一人一坪以上しやくし菜*[2]をまきました。この間は水がなくて稲が植ゑられなかった山田にそばをまきました。そばが出きたらだんごをしてたべさしてあげると先生がいはれました。明日は学校でうどんの給食があります。それはいろ／＼の勤労奉仕をしたりしたので、それでいただくのです。お父さん達が植ゑたさつまいもには子がありますか。うちのはもう掘っておかゆに入れて食べてゐます。今日は道つくりでおばあさんは早くからやまば*[3]まで赤土をとりにゆかれました。このごろは毎日山へこくま*[4]をなぜに行きます。

ではお体を大切にさやうなら

みを子

（2）体菜。アブラナ科。漬け菜の一つ。
（3）「山場」か。山の方をいうか。
（4）松の落葉。

○

おとうさんお元気ですか。この間ぼうふうがありました。瓦もいっぱいとびました。とひもこはれてしまひました。その時は家がゆるぎました。ひいちゃんたちはこはがりました。こんど私たちは槙田先生といふ先生になりました。この間学校でおどりがありました。三人で見に行きました。ちゃわんやさらをならべて、みよとうかいのそらあけといふ歌をたたきました。とても上手でした。学校に大きないもが出きました。それは青年学校のいもです。こんど四年生のいもが出来たらゆでてたべさしてもらひます。冬にはみそしるにいれてもらひます。今家にはつるし柿がしてあります。ほし柿も、もうたべました。すいかったです。それでもおいしいです。家の山田には、いものこがありました。下の畠にもこがありました。

さやうなら　をはり

十月一日

あさ　より

みを子の前の手紙は、お彼岸といってゐるから、二十三日の筆だらうと思はれる。後の分はあさと同日の十月一日の筆であらう。封筒に、三人の名をかいて、はるのだけはけしてある。或ははる子だけは入れようとして、何かにすねて、やめたのかも知れない。

夜、東條先生の御意見を中心にして、文法のことをこの日記にまとめ記す。雨はしと〳〵とふりつゞいてゐる。

十月五日（木）雨

亀有行き。今日は「所感」といふ題で、文章を書かせる。どんなことを考へてゐるのか、それを知りたかったのである。然し書いて出した所をざっとみると、皆うはづってゐて、魂にあつく喰ひ入ってくるものがない。や、失望した。七、八、九月分の俸給として二百拾円もらふ。雨がふりつゞき、亀有界隈の道のわるさといったらない。

帰宅、俸給袋を神棚に供へる。

房枝からの手紙。中に母がこの頃とても痩せて、骨と皮とになってゐて、食欲がぐっとへってきたとある。医者に見せようとするが、どうしてもきかぬといふ。針をしてもらひに毎日いってゐるといふ。針は危険だからやめさせねばならぬ。何れにしても心痛の種。せめて一人で楽に暮させたいと家をさがすが、ない。掘立小屋たてても千円はかゝる、どうしたらいゝか分らぬとある。尤もである。そのやうな気持ですごすと、自然うかぬ顔になり、子等への影響も悪い。近くにどこか家があれば、全部引きとってもよい。母に申訳ない気が強くする。そこで夕刻斎藤先生お宅へ一郎さんの見舞に行った帰りに岡田さんところへより、夫人の父君の逝去の御悔みをいひ、ついでに、家がもしあったらとたのんでおいた。先日一軒あいたさうだがすぐふさいだとのこと。

帰ってきてゐると、池田君突然来り、郷里から夫人の病気が悪化したのですぐ帰れと電報がきたので、今夜九時の汽車で帰るといふ。電報は昨日きたのだが、前日申告で、今日でなければ切符が買へないのださうだ。その心事や想察するに、気の毒の至り。先刻栗山君宛電報がきたのを照代さんにきくと、台湾の叔父君の逝去の報といふ。どちらを向いても、心痛の種ならぬはなし。これが日本の今遭遇してゐる運命の姿なのだ。どうあってもこれを乗り切らねばならぬ。一人でも弱気を出してはならぬ。

夜心、うっくつし、九時半頃就寝。雨はしと〳〵といつやむとも知れない。

十月六日（金）雨

幼年学校受験生のための補習授業を行ふ。そのあとで、院長に出頭、過日委嘱をうけてゐた皇族教育調査委員会の規約起案の件、大体文案が出来たのを山本修氏に渡して児玉氏より院長に差出してもらふやう依頼してあるが、どうもまだらしいので、別に書いて持参する。それでよしといふことになり、科会か何かの時にこの事を皆に発表しておくといってゐられた。

院長室を出て、戸部種子店に至り、二年子大根の種一円ほど買ってくる。帰途、目白書房で「日本書紀伝巻四」＊[1]を一冊もとめる。

中食後、田中雄平君再度来院。答辞の原稿書き直したから見てくれとのことで、見てやる。今度は大体筋が通ってゐる。

一時頃から、宮原学生監に伴はれて、宮原氏の官舎にお邪魔する。先方の申出によるのである。科長問題の起った頃以後の事情を詳細に話される。両主任は近く退陣する、あと若い者でしっかりやってくれといふ。その若い者の中に小生なども候補の一人として入ってゐるときき、困ったことだと思ふ。何とかして断らねばならぬ。断る理由として帰る途々考へたことは、第一、両主任の退陣の然るべきことを科長に迄申出たのは小生であり、その立場からも気持の上で引きうけられない。第二、自分は縁の下の力持的存在に止るのが、力を十二分に発揮しうることは体験に得たる信念である、表面に立つことは不向きであるばかりでなく、義のためにもよくない、この位のことである。

三時半頃辞去して、神田に廻り、中等学校用の世界地図を一冊求めてくる。

秋雨がさむ〴〵としてふりつゞく。夜一人机前に座せば、しのびねのやうな雨の音をぬって、神明社の祭の太鼓がひゞき来る。明日が例祭で、今夜は夜宮である。太鼓のテムポからいふと、神楽をあげてゐるらしい響きであるが、この雨で果たしてやってゐるのだらうか。心ひたすらに、母や妻子のことに引きよせられる。うれはしき事だ。いやこれにも堪へねばならぬ。

中河与一氏の近著「日本文藝論」＊[2]の寄贈をうける。講談社から直接に送ってくる。

（1）鈴木重胤、会通社、昭和十九年五月十五日再発行。

（2）昭和十九年九月刊。

十月七日（土）雨

終日在宅。猛烈な風雨。これなら方々に水害があるに相違ない。午前中、「をだまき」*3の原稿かく。「衣通姫の流」の第二稿。和泉式部正集の「観身岸額離根草云々」の詩句によりよみたる一聯の連作*4につき書く。七枚ばかり。大部分は歌で埋まったもの。然しこの方が低級なあげつらひよりも、はるかに気楽である。無責任な意味で言ふのでなく、安心してどこへでも出せるといった感じである。

午後風雨を犯し、油紙の合羽をきて、栗山君の長靴をはいて原稿を出しに郵便局迄ゆく。珍しい荒れ方だ。通路は滝の如き渦波だ。

一日中の荒れ模様に対抗するために神経が疲れたか、夜眠くなったので、八時半頃ねる。夜も風雨はやみさうにない。

（3）中河幹子主宰の短歌雑誌。

（4）二六九～三一一番歌。清水文雄校注『和泉式部集・和泉式部続集』（岩波文庫）参照。

十月八日（日）晴後曇

久しぶりに天気が恢復したやうである。然しまだ雨具が必要な程度に霧雨程度のものが降ってゐる。下丸子行の日で、六時二十分頃家を出る。電車の故障で一時間以上も電車が来なくて、到頭遅刻して了った。行きついた頃には天気は大分持ち直ってきた。高等科には西崎、磯部両学生監、戸沢、溝口、上田教授、小林書記、中等科には山本教授と小生が出勤。高等科は今日が最後の日で加給金の分配に忙殺されてゐる。

中食時間に、海洋吹奏楽隊の吹奏楽が講堂であった。殿下も成らせられ、学生と御同席にて熱心にきこしめさる。

午後殿下の御供をして、化学研究室の見学をなし、花井化学課長の御説明をこれまた熱心にきこしめさる。

夜、田中雄平、杉浦欣介等の特用幹＊1の連中が東京出発だが、非常に疲労を覚えたのと、夕食が遅くなったのとで、行けなくて残念だった。

夕焼が美しかった。然し、夜時雨のやうな雨が一しきりした。また天気が悪化するかなと思ってゐる内に、上った。明朝は小田原行き。

今日下丸子よりの帰途、下北沢で高藤君にあふ。近い内今の家を出なくてはならぬので、どこか家はなからうかときくと、近くにアパートが一軒あいてゐるからきいて見ようといふことで、たのんでおく。流浪者はかういふ時に困る。他力本願はいけないとつく／＼思ふことだ。相手は冷淡でも何でもないのに、こちらのひがみで、妙に冷淡に見えたりして、自分の小ささを反省させられる。元田翁の所謂「包荒の度＊2と憑河の勇＊3」とがほしいものだ。斎藤先生の大きなる人格も学ばねばならぬ。自己本位の物の考へ方は根絶せねばならぬ。自らを責めるといふ点に於ては、どこまでも峻烈でなければならぬ。自己の卑低さのために、これまでうけた恩まで忘れかけようとするのは、とんでもないことだ。気づいてはっと、一人顔赤らめることがある。もと／＼自分は卑小な性だから、人一倍つとめねば「包荒の度」など、えられさうもない。小節にとらはる、なき人物とならねばならぬ。この頃、小学校の修身の徳目めいたものを自己の規範として仰ぎ見るやうになったのも、不思議なやうであるが、また自然でもあるとこの頃考へるのである。かりそめにも人を責めるといふ根性は、どんなに弁解しても、卑小なものに違ひない。「言挙せず」と人にはときながらまだ／＼自分には足りない。

（1）陸軍予備士官学校の「特別甲種幹部候補生」（特甲幹）と同じか。
（2）人の言葉を聞き入れる度量。
（3）無謀な勇気。

十月九日（月）晴

晴朗なる秋日和。久しぶりに見る空の紺碧。たまらなく心はおどる。小田原行の車窓から初雪をいたゞいた富士がのぞまれ、足柄、箱根連山はくっきりと稜線を描いてゐる。稲穂はあらしの後で、横なびきになってはゐるが、その豊かさを毫も傷つけられはしないぞと、ふさ〳〵した青を朝日の光の充満した中にかしげている。

新聞を見ると、東日本一帯水害が相当あったやうだ。

今日は俳句をつくらせる。仲々い、ものが出来た。

食堂の南瓜も尽きて秋深し
秋晴や空一ぱいに赤とんぼ
秋晴や松の木かげの曼珠沙華
ふとんをば日暮までかぶる夜寒かな
片隅に木犀にほふ雨の後
雁渡る影も美し月の前
朝風に鵙《もず》の声きく床の中
鶏頭やうら、にさける門の内
山鳩のく、ると鳴くや椎の木に
稲の穂に秋の光はをどりけり
からかみに馬追の影うつりけり

今日は石井教授と組合せである。右の句にあるやうに鶏頭が正門から真直に奥へ通ずる舗道の左側に頭を並べてゐる。仲々い、ものだ。かと思ふと、その向ひ側には筑波嶺朝顔《つくばねあさがお》＊1が桃色の可憐の花園をくりひろげてゐる。昼食の量が見違へるほど多くなった。野菜もつき副食物も豊富である。

宿舎で休んでゐると、玄関の辺り、「鼠の御馳走もってきました」と女の声。菊池氏に尋ねると、この宿舎で鼠が荒びていけないからその征伐をするのだといふ。荒びるばかりでなく、家だにを多量に撒きちらして、困るのだといふ。芋の中に猫入らずを餡に入れてあるのださうだ。この御馳走を天井裏におくと共に、午後になって、保健部から看護がき、寮母、学校派遣の看護婦も手伝って、各部屋の大消毒を行ふ。

夕刻よりまた曇りそめる。明日は雨かも知れない。

十月十日（火）晴

雨かと思ったのに、すっかり晴れた。然し、箱根連山は雲がかぶさってゐる。本来九時からの授業を八時からにしてもらひ、菊池、石井両氏にす、められて十時頃から小田原城址の二宮神社に徒歩で参拝する。約四十分位でゆきつく。蓮の葉の浮いた濠を渡って城址に入り、その西北端に位する神社に参拝する。「報徳」とは皇恩国恩に報ゆる、即ち徳に報ゆるに徳を以てすることといふ。社務所で「二宮翁夜話」＊2一冊（五十銭）と「二宮先生絵物語」三組、「報徳二宮神社絵葉書」一組（各三十銭）とを求め、スタンプを押して帰る。社前の古池に紫の蓮華がパッと、あてやかにひらいてゐた。伸二郎の眼を思ひ出した。帰途、種子屋で小松菜、小

（1）「衝羽根朝顔」。ペチュニアの別称。

（2）福住正兄が記録した二宮尊徳の語録。和文体で書かれる。

蕪、からし菜の種を買ふ。十時四十分頃帰寮。帰りも徒歩である。

午後は一時間すませ、二時二分足柄発で帰る。混雑の程度は、今まで経験したことのないほど猛烈である。家族をひきよせようなどと思ったことが改めて反省させられる。

昭和寮へ行かうか、それとも梅村さんところへ御世話にならうか迷ふ。栗山君は梅村さんところへ一先づ落ちついて、家を探せといってくれる。一寸さういふ方向が心が動く。明朝でもいってたのんでみよう。

長野高工の森本弥三八氏が内地留学で十一日から向ふ半ヶ月間東京に滞在するといふので下宿を世話してくれといったとかで、今日帰りに寄ってたのんできたといふ。部屋はまだあいてゐるとのことで、そこを借りようかとも思ふ。

十月十一日（水）曇

朝食前に、梅村さんところにいって部屋の都合をきく。一部屋位何とでもなるからいつでも来いといって下さる。それで一応たのんでおく。登院の日。電車がまたひどい混み方。つく／＼いやになる。八時前に学校につく。途中経堂で古沢と一緒になる。先達前橋の予備士官学校に入った木越隆が仲々えらいとほめてゐた。出発の汽車を誰がきいても全然言はなかったといふ。学習院にもかういふしっかりした者がゐるかと思ふとうれしい。大体東京駅などで出陣学徒を送る様を見ると純情とはいへ、めそ／＼してゐるところが見える。あれはやっぱりいけない。しらず／＼自分もその湿っぽい空気の中に入ってゐた。美しくない。

九時半頃から三十分位訓育部会。そのあとで、馬場にゆき、今朝たのんでおいた馬糞を炭俵に一ぱいもらひ、衛生課前の畑にはこび、先日抜いておいた草がい、加減枯れてゐたので集めて火をつけておく。午後種まくまでに灰にしておくつもり。

十一時過から東條先生にお目にか、り、「国文読本編纂に関する私案」をもう一度見てもらふ。今度はよいといって下さる。只、採択文の執筆者の人物を吟味する必要ある旨書き添へたらどうかとあった。成程とは思ふが、「君徳御培養ニ資スルニ足ル第一級ノ文章」と言へば、先生の御趣旨は全部この中に含まれて了ひはしないかとも思はれる。然し、案文がまだ練れてゐないところがあるやうだからそれを推敲しようと思ふ。文典、作文、漢文についても、案を急がねばならぬ。

午後一時から科会。訓育部、教務部から報告があり、そのあとで一時間半位、各地の勤労作業地より帰院してゐる教官から報告がある。その中で内原に行ってゐる二、三年を、十二月以後如何にするかについて色々意見が出る。小生は、現地の人達からの報告によると、学生が見ちがへるほど立派になったといふことだから、この際、折角芽生えたよき芽を枯らすことのないやうにのばしてゆきたい、それが学習院の教育を立て直す最上の機会である旨をのべる。それに対して、若い人々は賛成してくれる。然し平田教務主任などはその真意を解してくれず、相変らず常識論で押し切らうとする。大分のひらきのあることを感ずる。科会のあとで、庶務に出頭しろといふので行く。昇給の辞令をもらふ。年俸二千円下賜とある。例よりも一年早めての昇給ときく。

二時半頃終り、それから、畑にゆき、種をまく。今朝たきつけておいた枯葉は大部分もえないでのこってゐる。そこでそれを片方に寄せそのあとにさくをきざみ、馬糞をまき、その上に土をかけて、時なし大根、小松菜、ほうれん草をまく。帰途、高等科教務課に立寄る。西崎氏にあひ、昭和寮に案内してもらはうと思ったからである。丁度薩摩芋のふかしたのが出て、皆食べてゐるところで御馳走になる。四時半頃から、つれ立ちて、昭和寮にゆき、第三寮の内を見せてもらふ。仲々よい。はじめてみたので、立派なのにびっくりする。たゞ、炊事するのに不便があるので、本館の方の調理室を見せてもらふ。この方は広く、設備もよい。ここの瓦斯を使用させてもらへば、好都合である。隣組に一世帯として入り、配給物は西崎氏夫人にとってもらふやうに依頼する。明日は調理室のガス使用につき、事務官にきいてみることにする。

帰途も、電車がひどいこみ様である。電車通勤が益々いやになる。

夜、山廣昇君*1来る。明夜広島に帰るといふ。入学が間違になったらしいといふのである。その暇乞のためきてくれたのである。仲々元気さうでたのもしい。身体に注意して、しっかりやれと、月並の激励を送る。塵紙を一たばもってきてくれる。

（1）山廣本家の従兄弟。

十月十二日（木）曇

第三、四時限に幼年校の準備教育があるので、九時一寸前家を出る。空曇り、また雨近きを思はせる。時刻の関係上左程こまない。

午後帰途、事務官に会って、ガスのことをきくと、折柄西崎氏も来談中で、ガスは使用してよし、電灯、ガス使用料、室料と住宅手当の関係はなほ研究するといふことである。

更生会運送店に寄り、荷物運搬を依頼しておく。

帰宅してみると、池田君から手紙がきてゐる。九日のスタンプがある。

無事に帰宅しました　御心配して頂いてゐる病人はまだ生きてゐてくれたのでホッとした
九死に一生を得たといふよりも九死の中に漸くに一生を得ようとして喘ぎ〳〵病気と闘ってゐてくれたのはうれしかった　しかし強心剤の注射で去りゆかうとする生命をつなぎとめてゐる有様で吐く息ももう薬くさいこと妙にあはれに感じられる　今朝も徹夜で病人の手首を握ったまゝ、どうかすると弱くなって消えようとする脈はくを追ふやうに数へつゞけた　一夜に百本に近い注射でもう注射針の痛さも感じなくなったやうな肉体をみつめてゐると無惨で痛ましい　今は能ふかぎりの人工を尽さうとしてゐる、神助を待つばかりの人工を、さうして何とかして生かしてやりたいと努めてゐる、いや必ず生かしてみせるといふ不逞《ふてい》*1の気持さへむら〳〵とわき起ってゐる　この調子では早急に帰京できさうにもないから右御報告かた〳〵折あらば愚妻のいのちを祈ってやってくれ給へ

勉

文雄兄

理一兄

暗然として、言葉なし。早速井戸端に至り、手と口をすゝぎ、すゞりの水をかへて、左の返事を書く。

純情可憐の弥栄子夫人を争《いか》でか*2神の見捨つべき

人事を尽して神助を俟《ま》て　神威は畏きものぞ　ゆめ疑ふこと勿れ

十月十二日　禊して　神前に記す

文雄

（1）図々しいこと。

（2）どうして。

勉兄

これを封筒にをさめ、妙に勇気が出て、すぐに局に投函にゆく。帰途梅村さんところへ寄り、荷物のみを少し預って頂くやうお願ひする。さしむき、大卓子一個位をたのむことにしたい。

帝国在郷軍人会深川村分会から、職業調べの書類がきてゐる。明日、当地分会長の印をもらって、返事することにしょう。

「をだまき」七月号に書いた原稿料が二十円きた。

尚、本日の新聞によると、敵機動部隊による沖縄、宮古のわが南西諸島の爆撃があったといふ。いよ〳〵敵の毒牙はわが懐に入れられようとしてゐる。

十月十三日（金）曇

どんよりくもってゐる。雨気を一杯ふくんだ重くるしいものだ。肌寒さをおぼえる。

大本営発表（昭和十九年十月十二日十七時二十分）

本十月十二日七時頃より優勢なる敵機㊍*3台湾に来襲十五時頃尚彼我交戦中なり、我部隊の収めたる戦果中十三時迄に判明せる撃墜敵機約百機なり

琉球、台湾に向けられた機鋒に今や、皇軍体当りで行かうとしてゐる。

はる子より来信。

おとうさんお元気ですか。私は元気です。私は、毎日休まないで学校へ、通ってゐます。三年生の先生は、小田先生です。小田先生は、とても、やさしい。小田先生は、はじめに、二年生を、をしへてゐたのです。毎日、四時間で、おべんとうは、いりません。それから、

（3）機動部隊を略したか。

前、送って、くれた、おくわしが、とても、おいしかった。それから、広島のあたご町のおばあさんが、おととい来て、それから今日かへりました。おばあさんは、こしが、ずいぶんまがってゐます。おとうさんこんどのお正月に、また、ここへ来る。せい子ちゃんなんかは、もうひっこしてゐなくなったでしょ。ではさやうなら。

清水はる

十月一日

句読がちび〳〵きってあるのや、「……また、ここへ、来る。」「……もうひっこしてゐなくなったでしょ。」などに、はる子の面影やしぐさがたまらなく鮮明に蘇ってくる。手紙と同封で、防空演習の絵と、葉の模様の絵とを送ってくる。防空演習の方は、紺青の空と青野とを背景に、遠く二本の黄葉した木が立ち、近くの大木に梯かけて防空頭巾の婦人が三人でリレー式バケツ操作をやってゐる。空の色ははる子特有の眼のさめるやうな美しさを発揮してゐる。「はのもやう」といふのも、いつものやうなものだが、これも美しい。これで、水害があったかも知れないといふ心配も解消して、心すが〳〵しくなる。十日の消印があるから、水害はなかったものと見える。

中食後在郷軍人会砧分会長の石井国道氏のところへ、深川分会長から要求してきてゐる書類に印をもらひにゆく。生憎砧国民学校で今出征家族慰問演芸か何かがあり、その方へ行ってゐるとのことで、夕刻また来ると妻女に言ひおいて帰る。その足で御料地内の畑を廻ってみる。芋畑がまた荒されてゐる。成城堂書店で「愛国百人一首年表」＊1と「風土記と古代日本」＊2とを買ってくる。

夕刻再び分会長のところへゆき、今度は在宅で印をもらってくる。帰途高藤君ところへ寄り

（1）昭和十九年一月五日、日本文学報国会編、協栄出版社。
（2）昭和十九年一月、次田潤、内閣印刷局。

リュックサックをもらってくる。

夕食前、古沢清久君来宅。母堂の作って下さったといふ芋の油あげを一箱もってきてくれる。夕食をすまして、十一時過まで話す。昂然《こうぜん》*[3]たる若者の決心のたしかさ、立派に今更うたれる。その外、自分が中等科五年以来、指導的位置に立たされてゐることを心苦しく思ふ旨をのべたので、そのやうな心を起さず、天職と思ってわき目もふらず突進せよと激励する。提灯さげて夜寒の野路《のじ》を駅まで送る。終電車かも知れない。人は殆どのってゐない。空は星が美しい。あすは日本晴れだらう。

今日十一時三十分大本営発表があった。久しぶりに軍艦マーチと扶桑曲が前奏されて次のやう発表が歯切れよく行はれた。

大本営発表（昭和十九年十月十三日十一時三十分）

一、我航空部隊は十月十二日夜台湾東方海面に於て敵機動部隊を捕捉し夜半に亙り反覆之を攻撃せり、我方の収めたる戦果中現在迄に判明せるもの左の如し

撃沈　航空母艦一隻　艦種不詳一隻

撃破　航空母艦一隻　艦種不詳一隻

二、我方若干の未帰還機あり

更に夕刻次の発表あり。

大本営発表（昭和十九年十月十三日十五時三十分）

一、昨十月十二日台湾各地に来襲せる敵機は延千百機内外にして我部隊は其の約百十機を撃墜せり

（3）気負って意気の盛んな様。

二、敵機は本十三日朝来更に台湾に来襲、十二時頃尚彼我交戦中なり

十月十四日（土）晴

久方ぶりの日本晴。文字通りの日本晴である。清明の気が肌にしみ込むやうに感ずる。

九時頃家を出て、書物の一部を昭和寮に運ぶ。二室の掃除を簡単にして、本棚に持参の本をならべおく。西崎氏の夫人に挨拶しようとして、訪れたが、留守のやうであった。十一時三十分頃目白駅の駅長室に行き、明朝内原へ向け発つための切符求めようとしたが駅長は今日は不在、そこで出札主任のところへゆくと、行列に十二時から並んでくれといふ。致し方なく（これ正道をゆくのだが）、申告書を書き、行列の尾に列なる。百人余もゐようか。十一時五十分頃立ち、切符（猿木氏分とも）二枚買ひ了へたのが二時十分。二時間半近くも立った訳。然し邪道をゆくよりかこの方が気が楽である。猿木氏の分を封筒に入れて門衛所に預けておいて帰る。

夜ひえ〴〵と、肌に粟立つほどである。明朝五時半にここを立たねばならぬので、十時四十分頃ねる。

十月十五日（日）晴、後曇

五時起床。まだほの暗い。肌寒い。昨夜作ってもらった弁当もち五時半家を出る。ルックサックを背負ひ、祖師谷のホームで最近の「文学報国」＊1よむ。野口米次郎氏＊2の「護国の人柱―テニヤン、大宮の忠節」といふ詩をよむ。その一番初に「数千の赤不動よ」とあったので、

（1）昭和十九年九月二十日、第三十六号。

（2）明治八年生。昭和二十二年没。明治―昭和期の詩人。明治二十六年単身渡米。国際詩人として活躍。帰国して慶大教授となる。

びっくりする。棟方志功を思ひ出した。最近帰還した火野葦平のビルマ従軍記＊[3]にいつも乍ら心ひかれる。今度の「文学報国」は面白いものが多い。

　七時０五分上野発高萩行にのる。猿木教授は小生より先に改札口について行列に並んでゐたらしいが、小生が六時四十五分頃行っていきなり改札口から入るのを見てあとから追っかけて階段を上る。初は混雑してゐたが途中から席が出来る。初立ったま、握り飯くふ。土浦で大勢下車する。今日は日曜で航空隊へ面会にゆくのだらう。晴れた空と豊かに実のった稲田や取入れ近き芋畑などを左右に見ながら、明るい日ざしの中を汽車はす、む。九時四十分友部着。一回道をきいた丈で、坦々たる道を約一里快適な行軍をして、十時二十五分頃学習院勤労隊のゐる満蒙開拓幹部訓練所＊[4]の宿舎につく。今の当番教官は石井、渡辺末、長友、塚越各教授（塚越氏は去る十日任官）である。但し、渡辺教授は殿下の水戸地方御成りの御供をして出て、午後四時過帰舎の予定ときく。宿舎に至る道で先づ目につくのは、すでに宿舎近くなって左手に見える日輪兵舎、これは未だ見たことがないので、大変珍しく、この地方の自然と、加藤完治氏＊[5]の精神にふさはしきものと思ふ。それから右手に曲ってゆくと、すぐ右側に目につくのはすばらしく開濶高朗＊[6]な合掌造の建物、一目で講堂と分る建物である。自らに心をひらき伸ばしてくれるやうな、内原精神の神髄にふれたやうな感じがする。それと向ひ合せに左側に見える小形の皇族舎も合掌造りで、下部は周囲に赤煉瓦をよそひ、仲々高雅なものである。宿舎に至ると、先づ二年生が、便所の汲出しをしてゐる姿がある。塚越教授がそれを手伝ってゐられる。荷物を本部において、各宿舎（三棟六班）を廻る。皆生々とした目の色をしてゐる。今自習後の自由時間で、洗濯する者、針でつくろひ物をしてゐる者、将棋をしてゐる者等、思

（3）十九年三月、ビルマ戦線に報道班員として従軍、インパール作戦などを経験。

（4）茨城県内原（東茨城郡下中妻村）に設立された満蒙開拓青少年義勇軍の訓練施設。昭和十三年開所。所長は日本国民高等学校長の加藤完治。

（5）明治～昭和期の農本主義者、満蒙開拓移民の指導者、教育家。

（6）広々として明るく輝くさま。

ひ〳〵の姿勢でゐるが皆生々としてゐる。小田原と全然違ふ気配を感じ大変愉快である。

十二時中食。麦飯に味噌汁、するめの裂いたもの、茄子漬。量が多く、満腹する。学生も皆ペロリと平げてゐる。

食後、石井教授に案内されて、柔道場、剣道場兼講堂、訓練所本部等を見学する。本部では教練等色々お世話になってゐるといふ副島氏に挨拶する。講堂の前に先日月見の時に訓練所当局が出題で本院学生にも詠ませたといふ和歌と俳句の良いものが天、地、人、佳作として掲示されてゐる。訓練所の人達のもあるが、段違ひに本院の学生のがよい。試みに之を左に写しておく。

俳句

天、月まちのつどひ楽しき今宵かな　三年、真田幸一

地、明月や芋の葉陰に虫の声　二年、今泉秀臣

人、明月や大講堂の影くらし　三年、大河内菊雄

佳作、明月や天晴れおけの声の上　三年、浜尾文郎

和歌

天、天皇《すめらぎ》の御楯《みたて》とならむ身にしあれば
　鍬もつ腕も力みなぎる　三年、井原高忠

地、南海の孤島にありしわが兵は
　遂に玉砕我が胸いたむ　三年、井上正誠

人、月光をかすめとび行く一機二機

今宵もはげし夜間訓練　三年、瀬脇寿博

佳作、とこしへに御軍人《みいくさびと》は逝きましぬ
　うらみぞ深き大宮の島　三年、真田幸一

海原のはれ上りたる大空に
みいくさ船は進みゆくなり　三年、宣本〔實吉ヵ〕達郎

農場に秋の一日を働きて筑波の峯に
　陽は沈みゆく　三年、本間　孝

満蒙に骨埋めむと雄々しくも
　声勇しく今ぞいでゆく　三年、井原高忠

明月の〔三文字脱ヵ〕光は照すらむ
　戦の場《にわ》のますらをの上　三年、井上匡一

午後二時から各会対抗闘球試合あり。初めそれを少し見て、猿木教授と共に所内及び所外を一廻りする。広漠たる耕地、或所には香りですぐにそれと分る醤油醸造場あり、又或所には仔牛の群れ楽しむ牧舎あり、薩摩芋を掘ったあと、菜の青々とした所、稲穂の垂れた水田・・・天下の内原訓練所の名を恥しめぬ景観である。

五時夕食、食後日輪兵舎内の風呂にゆく。入るとき「頂きにきました」といひ、帰るとき「御馳走さまでした」といふ。仲々い、。

就寝前の点呼は厳粛そのもので、気魄に溢れ、全くからも変るものかと嘆賞せしめた。その

点に於いては完璧の観あり、それだけ今後の指導が重大であることを感ずる。

学生が就寝後、訓練所本部へ週番長の副島氏に招かれ一同趣く。九時のラヂオをき、つゝ、薩摩芋を薬缶でふかしたのを御馳走になる。「源氏」＊1と「金時」＊2。「源氏」のうまさは、絶倒《ぜっとう》的＊3のもの。思はず多量にいたゞく。

大本営発表（昭和十九年十月十五日十五時）

台湾東方海面の敵機動部隊は昨十四日来東方に向け敗走中にして我部隊は此の敵に対し

反覆猛攻を加へ戦果拡充中なり

現在迄に判明せる戦果（既発表のものを含む）左の如し

轟撃沈　航空母艦　七隻　駆逐艦　一隻

（註）既発表の艦種不詳三隻は航空母艦三隻なりと判明せり

撃破　航空母艦　二隻　戦艦一隻　巡洋艦一隻

艦種不詳十一隻

神機方《まさ》に臻《いた》りて、前古未曾有の一大追撃戦は、わが神兵によって、遂行されつ、あり。快絶、豈《あに》堪ふべけんや。戦果あがれ、ぐん／＼あがれ。全米鬼を撃滅せよ・・・星斗闌干《せいとらんかん》＊4、明日の晴天を想ひ心をどる。

渡辺末吾氏の部屋に寝る。

十月十六日（日）晴

五時半起床。三十分で掃除、洗面、手水をつかひ、六時広場で集って朝礼を行ふ。一天くま

（1）「源氏芋」。サツマイモの一種。芋は大きく、短紡錘形。皮は帯紅白色。肉は淡黄色。

（2）「金時芋」。「川越芋」の別称。サツマイモの一種。紡錘形で、肉質部は淡黄色。甘味に富む。

（3）感情が極度に達して倒れるばかりであること。

（4）星が光り輝くさま。

なく晴れ渡り、清明の秋の朝あけ。大講堂くっきりと青天にそびえ、神厳さ云はん方なし。何時見ても心ひらかる、思ひの建造物である。長友教授日直にて、壇上に立ちて朝礼を司会す。点呼、宮城遙拝、君ヶ代奉唱、教官へ敬礼、殿下へ敬礼、体操、終りて日直先生の今日の全般的注意、それまでに約二十分。それから武装する者はして、全員運動場に集り、清々しき大気の中で教練実施、塚越教授大隊長、水野訓練所長査閲官代理として、閲兵、分列あり、これも上出来である。七時三十分終了。直ちに朝食。味噌汁極めて美味。

八時三十分頃渡辺猿木両氏と皇族舎に参り、今日御所用のため御帰殿の殿下をお見送りする。それから三人でつれ立って青少年義勇軍見学に出かける。すでに副島氏より電話してもらってあるが、証明書のやうなものももらってあるので、持参する。途中、道を一、二度迷ったが、却って、赤松林や、栗林や、さては実り豊かな稲田を両側にした野趣にとめる道を歩きつゝ、久方ぶりに心清く温かになりまさりゆくを覚える。三十分位歩いたころ、向ひの赤松林の中に日輪兵舎が見え出した。渡辺氏があそこが義勇軍だと教へてくれる。十三四才の木銃をもった少年哨兵の立ってゐる通用門を、例の証明書見せて中に入る。門から真すぐにゆき、約一丁で土俵につき当る。そこを左斜に二丁も先に高い櫓と国旗掲揚塔が見え、その傍に他より少し大型の日輪兵舎が見える。あれが本部だと渡辺氏いふ。右手の運動場で軍隊が模型戦車に擲弾《てきだん》*5の練習をしてゐる。案内を乞ふと、義勇軍の一人（大人しく、声もひくく、義勇軍などいふ名称にふさわしくないやうな気がする）が案内して二階に導かれる。総務部長の江坂氏色々内部のことにつき話して下さる。又話の席に渡辺氏の切り出した学習院今後継続の問題につき、江坂氏は寧ろ歓迎する旨を答へられ、勇気が出る。江坂氏は学習院嘱託となってゐられる方だ

（5）比較的近距離の目標物を攻撃するための炸薬や化学剤を充填した、小弾薬。手榴弾、小銃擲弾の二種類。

が一度もお目にかかったことがない。それから、名は分らぬが事務の人に案内してもらひ、全体を見学する。醤油、味噌、豆腐、油揚・・・等の製造を見廻りつ、、それなら自給自足の態勢はと、のってゐると思ってきくと、米麦は勿論、加工品の材料も多くは他から仰いでゐるといはれ、一寸おどろく。本部に帰ると、今井副所長閣下あり（加藤所長は不在）刺を通じて一寸話して帰る。もう二十分もすれば「軽か」＊1で自らも訓練所にゆくから一緒にのってゆけといはれたが、田舎道をぶら〳〵歩くのも一興と思ひ断って徒歩で帰る。途中で栗を二十許り拾ふ。又三人草原に腰下し、色々学校の将来の事など話す。

帰舎すると、赤飯と豆腐汁とうまい沢庵とが待ってゐた。この内に、出征する人があるといふので、お祝ひの印に頂いたのだといふ。量が多く美味そのもの。豆腐汁も旨い。

一時半より一部は芋掘りの手伝、大部分は陸稲の刈入作業を行ふ。小生等も鎌を一挺借り久しぶりに稲刈りをする。途中二年戸田昇左手指に負傷し、出血が止らないといふので、宿舎につれて帰り、病院に行かせて治療をうけさせる。

夕食の配給がいつもより少いといふので、石井氏ら奔走したが、今晩は何もないからこれで我慢してくれとのことで、その事を学生にいひきかせて皆黙々として頂く。

就寝後、昨夜の如く副島氏に招かれて本部にゆき、また芋と牛乳の御馳走になる。昨夜よりも、もっと沢山頂く。美味〳〵。頬がおちさう。＊2

十月十七日（火）晴後曇、雨、

神嘗祭《かんなめさい》＊3で午前中の学課は休み。小生等は今日午後お暇を乞ふつもりであったが、折角こ

（1）「軽駕」か。速力のある軽車。

（2）〔欄外に次の書き込みあり〕

大本営発表（昭和十九年十月十六日十五時）我部隊は潰走中の敵機動部隊を引続き追撃中にして現在迄に判明せる戦果（既発表の分を含む）左の如し

（轟撃沈）航空母艦　一〇隻
戦艦　二隻
巡洋艦　三隻
駆逐艦　一隻
（撃破）航空母艦　三隻
戦艦　一隻
巡洋艦　四隻
艦種不詳　一一隻

（3）毎年秋に、その年の新穀で作った神酒と神撰とを伊勢の皇大神宮に奉る儀式。

こまできたのだから、西山荘*4見ていったらと、一昨日殿下のお供で同地を訪れた渡辺氏がいふので、急に思ひ立って、猿木氏と二人で七時半頃、宿舎を去って、友部駅に向ふ。朝礼だけはすませ、その席で激励の言葉をのべて、朝食を皆とは別に早くすませ、携帯食パンを三きれづつもらって駅へ急ぐ。大講堂の魅力があとから我々の心をとらへてはなさない。

友部発八時三十四分。切符は目白までと常陸太田まで往復と二枚求めておく。これで安心だ。水戸着八時五十六分、同発九時二分、水郡線にて常陸太田へ。太田着九時四十五分。直ちに徒歩にて約一里の道を西山荘へ。稲刈の人々田圃におり立ち、蝗とる子等の姿そこかしこに見え、のどかにも平和なる風景である。義公の命名したといふ桃源境を渡り、ゆくこと暫時にして、道は左に別れる。その道を伝ってゆくころより人家たえ、道は谷間に入りはじめる。別れ路のあたりで、左の彼方を見ると、山に上り口に「義公廟敷地入口」の立札が立ってゐる。来る道で道づれになった土地の人に教へられた山上の蔭のやうなものが義公廟である。帰りはあの道しるべに従って尾根伝ひにその廟へお参りしたいものとひとりぎめしながら行く。道の右手の山ふところのやうな所に「御前田」と立札した十坪位の水田がある。稲が最近刈りとられた跡が見える。かつて義公この田を自ら耕せしものといふ。別れ路から二丁位行ったとこが山荘の入口である。門を入り飛石伝ひに邸内に入る。山荘の裏手の土産物店の主婦に案内してもらふ。質素そのものの建物で、この偉大なる人物の日常の生活の匂ひがこもってゐるやうで、三畳の書斎にすゑられた桐の小机にも、老公の人物がしみ込んでゐるやうに思はれた。山荘略図、正《せい》気《き》歌《か》*5石刷（縮写）を求む。

帰途は先刻の立札の所から上り路を辿って尾根に出ると、早くも義公廟に達する。森厳の気

（4）徳川光圀（義公）隠棲地。

（5）藤田東湖の五言古詩。「文天祥の正気に和す」の題で、「天地正大の気粋然として神州に鍾まる」で始まる。

はなく、心ひかれるもの少しもない。これを後にして、太田の町の見える草原に腰を下し、携帯食のパンをひらく。十一時半である。パンの包をあけると、三切れある、その間には味噌がはさんである。パンもうまいがその味噌がとてもおいしい。食べ了るころから雨粒がぽつ〳〵おちはじめる。急いで荷物をまとめ、下山しはじめる。山といっても丘みたいなものですぐ下が太田高女で、作業してゐる女学生の姿がましたに見える。その女学校の横を通って、橋を渡り、先刻の道へ出る。大分降り出したので、足を早めて駅へ急ぐ。汗だくになって駅へついた頃には雨は小降りになってゐた。一時二十分発までにまだ一時間も間もある。待合室に退屈な一時間をすごす。水戸着十四時十五分、同発十四時三十分。汽車は割にすいてゐて、席はいくらもあいてゐる。上野着十七時三十分だが、日暮里で山手線にのりかへて帰る。小田急にのりうつった頃からまた雨がふり出した。祖師谷の駅につくと相当ふってゐる。制服の上から作業服を着し、帽子も作業帽で、リュックを背負ひ帰る。六時半。

房枝から葉書がきてゐる。母をやっと津田医院につれてゆき見てもらったところ、はっきりしたことはレントゲンにかゝらないと分らぬが、それまで薬をのんで様子を見ることになったといふ。榮が先日入隊したとのこと。房枝自身この頃奥山へ薪を負ひに行って、もう四十把ばかりたまったといってきた。まだあとに供出の薪を百五十把出さねばならぬといふので、「いそがしく、あります」とある。大分楽天的な葉書で、その内実は相当のものと思ふが、何だか安心のやうな気がする。母の病気もこみ入ったものでないらしい、と妙に自信めいたものが腹の底からわいてくる。鹿児島の五反田嘉吉氏が里芋を汽車便で送ったといってきた。いつまでも心あつき人である。医科の教科書が品切ればかりで、希望に副ひえず申訳ない。＊1

（1）〔欄外に次の書き込みあり〕
大本営発表（昭和十九年十月十六日十六時卅分）敵機動部隊の一群は敗退中の味方部隊収容のため別動して十月十五日午前比島「マニラ」を空襲せり　同方面の我航空部隊は此の敵を邀撃、同島東方海面に於て反覆之を撃破し左の戦果を得たり
（撃破）航空母艦一隻　（撃沈）航空母艦三隻、戦艦若くは巡洋艦一隻　（撃墜）三〇機以上　本戦闘に於て我方若干の未帰還機あり

十月十八日（水）晴

開院記念日。午前八時登院。正堂にて開院式あり。式後教練、午後院内工場にて作業を行ふ。明後日の査閲には教練の外、作業状態も見るとのことで、今日はその予行演習といふところ。

夜さそはれて、山本、児玉両氏と桜井学生監の官舎へゆき、御馳走になる。桜井氏は夫人令嬢を長野県へ疎開させ、こちらには令息と二人住で自炊してゐるのである。児玉氏芋、松茸、牛蒡等のテムプラをすれば、小生が松茸飯をたく。又大根をすり、たれを煮る。配給の酒五合ばかりあり。やがて、四人で男手になった料理に、却って清潔な満足を覚える。九時過ぎ御免蒙り帰宅。亀より葉書来てゐる。投函は房枝のと同じ十四日。一日おくれてついた訳。母を津田さんに見てもらったところ、胃癌にでもなると大変だから広島に行きレントゲンにか、るやういって下さったのである。とりあへず胃の薬をもらってのんでゐるとのこと。その内広島へつれてゆくといってある。よろしくたのむと、遠くはなれた身は合掌するのみ。

十月十九日（木）雨後晴

ひどい雨である。その雨をついて小田原へ。一電車おくれる。小田原へついた頃は雨が上ってゐた。おくれたといっても、十時を十分位すぎてゐただけ。学生の顔色が大分よくなってゐるのでおどろく。きくと、この頃食事が大分よくなったのと、間食を父兄が持ってくるので、それで栄養が足りてきたのだらうといふ。併し相変らず休養者が多い。菅原氏が一昨日から来てゐる。この年頃の少年には元気を発散させる方法を考へてやらねば駄目だといふ。同感である。今日は甚だ愉快な授業が出来た。帰りは空もはれ間を見せ、電車も今朝の雨で買出部隊が出なかったせゐか、全くこまない。今迄にない楽な日である。

大本営発表（昭和十九年十月十九日十七時三十分）

一、輸送船団を伴へる敵艦隊は十月十七日比島レイテ湾に侵入

同十八日午後以降同湾沿岸に対し砲爆撃を実施中なり

二、同方面の我部隊は陸海協同之を邀撃中なり

大本営発表（昭和十九年十月十九日十八時）

我部隊は十月十二日以降連日連夜台湾及「ルソン」東方海面の敵機動部隊を猛攻しその過半の兵力を壊滅して之を潰走せしめをり、本戦闘に於て

（一）我方の収めたる戦果綜合次の如し

轟撃沈　航空母艦　十一隻

戦艦　二隻

巡洋艦　三隻

巡洋艦若くは駆逐艦　一隻

撃破　航空母艦　八隻

戦艦　二隻

巡洋艦　四隻

巡洋艦若は駆逐艦　一隻

艦種不詳　十三隻

其の他火焔、火柱を認めたるもの十二を下らず
撃墜　百十二機（基地に於ける撃墜を含まず）
（二）我方の損害　飛行機未帰還　三百十二機
（註）本戦闘を台湾沖航空戦と呼称す

右と同時に栗原海軍報道部長談が発表された。『・・・この戦果が実に偉大な戦果であることは敵に与へた打撃、即ち撃沈、撃破の敵艦船、飛行機の数量から見ても大東亜戦争開始以来最大の戦果と申して差支ないと思ふ。・・・静かに戦果の拠って来るところを顧みると、当然のこと乍ら、偏へに御陵威《みいつ》*1の賜《たまもの》に他ならぬことをつく〴〵感ずる次第であるが、果して私自身の努力が御陵威に副ひ奉り得たか、前線将兵の努力に応へ得たかを考へると、誠に慚愧に耐へないのである。戦果の放送を繰返す度に戦果が大なれば大なる程自責の念に堪へ得なかった。かってサイパン島全員戦死の報道を私がいたしました時海軍の某工場に働いてをられる女の方々が「わたしたちがこんなに一生懸命働いてゐるのにサイパン島の将兵は何故戦死しなければならぬだらうか」と・・して語ったといふことを聞いたのであったが、何といふ大胆な、そして真実籠る言葉であらう。・・・私はこの話をきいて自分の努力の目標を何のはゞかることもなく「俺がこんなに働いてゐるのに何故前線においてうまくゆかぬか」といひ得る人になることにおいてきたのである。・・・』この談話は謙譲そのものの、真に日本人の純情に立返った言葉として、如何なる激励叱咤の声よりも、強く熱く肺腑をつくものがあった。この大戦果をきいて、心驕らず、黙々として已れの持場を守り抜く決意のみが、妙に自然に自分の腹の底からわいてきた。比島レイテ湾に新たに侵入した敵部隊に対しても、何時かはきっと大痛打を

（1）神・天皇の威光・威徳。

あびせることを信じ、心豊かなものがある。

十月二十日（金）晴

午前八時登院。教練査閲＊1。東京部隊兵務部長平岡力少将査閲官として来院。昨日は内原で査閲をすまして来られたのである。十一時頃教練終り、ついで院内工場にて作業の状態査閲。引きつゞき講評あり。「概《おおむ》ね優良」の評語頂く。左程上出来と思はなかったのに、この評語は意外だったが、純真な元気は大いに買ふべきものがあると思ってはゐた。然し、昨年の「可」に比べて、遥かに向上したもので、同慶にたへぬ。

午後作業なし。三時過ぎまで外出中の児玉氏帰るのを待ち、山本氏と三人で、来る三十一日午後初等科に於て、傅育官と最後会見を行ふにつき、打合をなす。明日から児玉氏郷里へ五六日帰ってくるといふので、互ひにごた／＼出入りして会ふ機会がそれまで少いので、大体どの程度の報告をなすかの相談をなしたが、明日午前中もう一度三人でよって、小生の書いてゐる報告書を見本として、打合せしようといふことになり、簡単に話をきり上げて帰る。

一昨夜の桜井氏宅に於ける会合の際、児玉氏いよ／＼来月初中等科教務部主任となることになった由、又訓育部主任が少しおくれて小生に廻ってくることを予告され、面食《めんくら》ふ。小生としては極力磯部氏を推して行かうと思ふ。桜井氏などは、磯部氏を中高兼任の学生監として、小生に中等科専任の学生監になれとす、めてくれる。然し、自分はそのやうな位置に立つ人間でないことをよく知ってゐるので、どこまでも断ってゆかうと思ふ。

鷗外の「仮名遣意見」＊2卓抜の意見として、推服させられる。

（1）学校教練は、陸軍配属将校によって指導され、年一回査閲を受けた。査閲内容は、閲兵・分列行進・徒手各個教練・分隊密集教練・執銃各個教練・小隊戦闘教練・学科試問などであった。

（2）明治四十一年の文部省臨時仮名遣調査委員会のおける演説筆記。歴史的仮名遣いの意味、沿革、それが少数者のものに過ぎないという意見への反論、その普及の不可能でないことを説く。付加して、純粋に発音による国語表記を深く研究せられたいとする。

故八代大将*3の嗣子五郎造氏より「八代大将の生涯」（大川周明述）*4といふパンフレットを贈らる。その中に日露開戦役運動旺盛なりし頃、上泉海軍中将を中心とした数回目の会合の時、それまで口を開かなかった大将が厳然といったといふ言葉が引かれてある。それは、

　諸君の議論を聴いて居ると、いつも勝敗を心配しての議論ばかりだ。屹度《きっと》勝つから戦争するといふだけならば、それは欧米流の侵略主義に過ぎない。自分は日本の面目を蹂躙《じゅうりん》し、東亜の保全を目的とする日本の使命を無視するロシアの暴慢を憤るものである。これまでに国家の威厳が蹂躙された以上、勝敗の議論は第二として、先づ奮起して戦ふ覚悟を決めねばならぬ。この会合の目的も、当局をして早く開戦を覚悟させる方法を執るためでなければ無意義である。然るに諸君は、会ふ度毎に戦略戦術の議論のみを闘はして、勝つか負けるかなど、今更言ひ合ってゐる。左様な会合ならば、自分は出席しても無益だから御免蒙むる。

恰も今の群盲を叱咤してゐる八代提督の姿が眼前にあらはれてくるやうだ。

十月二十一日（土）曇後晴

午前中授業、十二時より作業。第二時限があいてゐたので、児玉、山本両氏と会ひ、例の件につき打合を行ふ。

午後は早く帰る。帰途目白書房で「少国民の友」と「よい子の友」各十月号を求めてくる。それから戸部種子店で豌豆の豆を買ってくる。

夜、古今集の会のある第三土曜日で、三島、林両君、それから林君が同道して太田菊雄氏

（3）八代六郎。一八六〇―一九三〇。明治・大正時代の海軍軍人。日清・日露戦争に参加。大隈内閣海相、第二艦隊・佐世保鎮守府司令長官歴任、大将となる。

（4）この著は、晩年の大将に師事した大川周明が没後一年を経て、追慕して大将の生涯を叙述したものである。本文四一頁に、年譜（四二〜四六頁）が付されている。

（軍服姿）と三人で来る。こちらは栗山君と小生、合計五人で十一時近くまで、詩の話をする。佐藤氏、保田氏、伊東氏・・・話はつきない。林君の「曼荼羅」*1といふ詩のパンフレットをもらふ。久しぶりに詩の世界に遊びえた如き満足を覚える。

林君はワイシャツのない鼠色の背広に、カーキ色のズボンに巻ゲートル姿。三島君は大学生姿。「花ざかりの森」（補注1→386頁参照）の見本一冊出来たといふのでもってきてみせる。仲々見ばえのする立派なものが出来た。用紙は和紙で二百五十頁足らずなるに随分分厚な感じである。小生に献《ささげ》らる意味の言葉が最初に附してあるのは面はゆい。やはり若い人達のいふことをきいてゐると、勇気を腹の底からふるひ起されるやぅな気がして、うれしい。ひとりでゐる内にいつのまにか老い込んでゆくことは淋しいことだ。

十月二十二日（日）晴

今日は在院の学生のみ（高、中通じて）約二百名ばかりが午前九時喜多見御料地に集合、薩摩薯を掘ることになった。俊彦王殿下もわざ〳〵御参加下さった。もう相当人に掘りとられたあとで三分一位しかのこされてゐない。それでも各自が二メ平均位携へて本院に持ち帰ることの出来る位はあった。十時半頃終了して、全部引き上げる。殿下は御車にて御殿へ直接に御帰殿遊ばされた。正堂の前に全部集めて、各自に五百匁づつ持帰らせる。午食をすまして帰る。

午后は自宅で、国文典教科書案の起草に没頭する。国文教科書についてもまだ〳〵研究するところがあると思ふ。

夜栗山君から、国文教科書についての意見をきく。やはり得る所が多い。次いで過日東條先

（1）昭和十九年十月刊、同人雑誌。

生の御指示に従ってまとめた国文典についての草案についても意見をきく。一番問題は敬語のところである。二人で話し合った末その表現を左の如くしてみた。

特ニ敬語ノ問題ニ重点ヲオキ、敬語ガ皇神トシテノ御身分ノ尊厳ニ発シ皇神ヲ仰ギ慕フ臣子ノ至情ニ根ザシテ発達シ来レル我ガ国語独特ノモノナルコトヲ明カニス。

近日中に、この国文典に関する案文を東條先生に見て頂くやう山本氏に依頼することになってゐるので（東條先生御出勤の日小生は小田原行）、この敬語のことをのべた上の所に、左の如き文案を記して貼紙をしておいた。

敬語ノ問題ニ於テ、神々ヤ天皇ガ御自分ニ関スルコトニ敬語ヲ御使用遊バスコトハ敬語ノ本質ヲ最モヨク表スモノト考ヘラレマス。天皇ガ御自分デ敬語ヲオ使ヒニナルコトハ絶対尊厳ナル天皇ノ御身分ニ於ケル御表明デ、言ハバ天皇ノ尊厳ノ自己表現トデモイフベキモノト存ジマス。言霊ノ幸ヒトイフヤウナコトモコノ立場カラ一層ハッキリシテクルヤウニ思ヒマス。山田博士ノ説ナドハ首肯シ難キモノト存ジマスガ如何デゴザイマセウカ。

右ノ意味ヲ下ノ如ク書キ表シテ見マシタ。御叱正願ヒマス。

なほ、作文教授の件については仲々見当つかず、要するに、作歌と連絡をとって、御記、御書簡等の御稽古を願ふ程度のことしか今考へられない。又漢文教科書は、以前院長が申された支那の本体を御理解願ふといふことは「漢文」の教科書では無理と思ふ、漢文教授はどこまでも古典としての漢文を君徳御培養に資するためのものとすべきが正当と思ふ。院長のいはれる主旨は大事なことで、これは改めて支那学又は東亜学とでもいふべき学科を立てるべきかと思はれる。作歌、習字については今別に考へやうがない。

十月二十三日（月）晴

今は靖国神社例大祭と臨時大祭を兼ねた日で、宮内職員一同休暇を賜はる。そこで、終日在宅、引越しの荷造りをする。廿九日の日曜を利用して越すやうに、先達更生会運送店に依頼しておいた。引越しの荷造りはいやだが、大分要領はえてきた。

みを子達に「少国民の友」「よい子のとも」十月号を送る。夜はくたびれた。十時前に寝る。

十月二十四日（火）曇

今週は学校は午前中作業、午后授業となった。詳しくいへば、朝八時から十一時十分迄作業、十二時から三時十分迄授業といふことになった。来週からはまた別である。

午前中監督当番ではないので、自席で、漢文教科書案をねる。中食の時、山本氏より電話あり、東條先生が御登院になってゐるとのことで、中食を終へ、直ちに案文を高等科教官室に持参する。大体よろしいが、「国語ノ精華トシテノ文語」を「古典云々」としたらどうかと御注意があったが、文語はすでに古典であると考へられるので、これを改める気になれない。また方針の所で「国語ノ特質」とあるを「国文典ノ特質」とすべしだといはれたが、これも首肯しかねる。なるほど国文典の歴史を叙べた項目はあるが、それは国文典の歴史をのべつ、国語の特質を明かにすることになってゐるのであるから、ここも改める気になれない。只方針の（3）の「天皇ノ御身分ニ於ケル御表現ノ特殊性ヲ明カニスルコト」をここにおかないで、後に廻すべしとされる御意見は尤もと思ふ。

午后授業が二時間あり、そのあとで、山本氏と漢文教科書につきて案文をねる。それから山本氏執筆の物象、数学の教科書の案文をうけとる。来る廿九日迄に全部印刷にせねばならぬ。帰途更生会に寄り、廿九日たのむともう一度念をおしておく。帰宅後漢文教科書の案文を書く。一先づ形がと、のったが、仲々得心がゆかない。今日は朝八時から防空演習がつゞいてゐる。夜は九時で終る。夕食時から訓練空襲警報が出た。電灯を消すと八九日の月が明るい。

十月二十五日（水）晴時々曇

今日は郷里の秋祭の日。くさ〴〵の思い出があとから〳〵わき出てくる。子供等が生れて始めての郷里の秋祭を楽しんでゐると思ふとうれしいやうな気がする。

小田原行き。七時二十分家を出て、十時一寸前につく。先達作らせた俳句の内から、比較的上出来のものを二十句ばかり抜書してうつさせる。

天、秋風にとびが輪をかく川の上
地、浅宵の燈火親しむ自習哉
人、秋晴やキャッチボールの音高し

足柄駅に下り立った頃は、すっかり空が曇ってゐて、折から国民学校の前あたりの空を低く大鵄《とび》がゆう〳〵と一羽まってゐる。裂け羽が蕭殺《しょうさつ》*1の秋を思はせる。と、もう一羽左手の空から出てきた。合計二羽。天之部にとった学生のとびの句を思ひ出した。この句は措辞にどこか

（1）物寂しいさま。

不満の点がありさうであるが、句格が他に比べて高い所がやはり天位に入るものと思った。午前中の二時間目の漢文の時間に院長が見えた。工場長の案内で、福馬書記もついてきてゐる。中食前に学生一同を広場に集めて院長より訓辞があった。先達の査閲の講評をつたへ、皆の血色がこの前きた時よりも見ちがへるほどよくなってゐるといはれた。中食後事務所の応接室に院長に呼ばれて、こゝの学生の現状につき岩田科長に報告するやう数項目にわたり話され、その後で、平田教務主任が罷めて、児玉幸多教授が新にその任につく、その時期は十一月一日発令の予定といはれる。次の訓育部主任の更迭も考へてゐるが、その時期は大体十二月一日として、宮原主任の後任として小生がうけるやうにとの話があった。うす／＼そのやうな話が遠からずあるだらうとは分ってゐたが、小田原でその話が切り出されようとは思はなかった。その返答は暫《しばらく》猶予願ひたいと申して別れる。午後二時頃、修善寺の初等科疎開地へ向け発たれ三十日迄滞在されるとのこと。

帰途の電車中にて色々考へる。結論として断ること、その代案として磯部氏に主任兼学生監となってもらひ、小生も学生監として極力之を助けること、その理由は（一）小生は自ら表面に立つよりもいはゞ女房役として内から援助することが本来の持前なること、（二）磯部氏が卒業生、高等科との関係からいって好都合なること、等が、次々と浮んでくる。

夕食時、七時の報道で、昨日から比島東方海面に於いて、敵機動部隊に対するわが艦隊航空部隊の猛烈なる攻撃が開始され、目下なほ継続中、その戦果現在のところ、撃沈空母四隻、巡洋艦二隻、駆逐艦一隻、輸送船四隻以上、わが方巡洋艦二隻、駆逐艦一隻沈没と報ぜられた。艦隊決戦がいよ／＼始められたのだ。

食後栗山君に今日の院長からあった話を伝へ、相談する。長官の命として潔《いさぎよ》くうけろと激励してくれる。それで大いに勇気はわいてくる。

みをとあさの手紙がくる。丁度今日深川の祭の日に奇しくも手紙がきて、うれしかった。秋まつりには白米のおすしをつくってもらふともかいてある。

十月二十六日（木）晴

九時頃家を出て、昭和寮へ、茶道具とソース、油等こはれ物と書籍を持参する。それから亀有へゆく。山手電車は時刻が時刻とてすいてゐた。珍しく静穏な車内の感じに心なごむ思ひ。秋の日ざしが車内一ぱいにさし入り、心楽しく胸をどりくるのを感ずる。ふと前の椅子に老母が腰かけてゐる。黄菊と紫菊とを一束にしたのを左手に大事さうにさゝげてゐる。質素で清潔な感じのする中流以下の家の人らしい。とてもうれしかった。折が折、近頃あったことのないことで、ほんとにうれしかった。これで今日は思ひ切って楽しく話せるやうな気がする。

今日は先達の有馬正文少将*1の遺文中に「人の上に立つ者は文雅のたしなみがなければならぬ」とかいてあったのに基いて、「文雅」といふ題で話す。十月分俸給七十円もらふ。

帰途院に立寄る。院長から昨日科長へ伝言をたのまれた件を伝へるため科長室にゆく。四項目ばかり伝へて、そのあとで、昨日院長から切り出された件を科長から改めて言ひ出される。理窟ぬきにしてすぐうけるやうにとのことだが、結局明後日の朝まで待ってもらふことにする。

そこで一応宮原氏にもお話してみなければならぬので、電話したが、喜多見に昼から出かけてまだ帰らぬとの事。それでは明日改めてお伺ひする旨夫人に申上げて電話をきる。自分の決

（1）一八九五—一九四四。海軍軍人。十九年四月、第二十六航空戦隊司令官。十月十五日、台湾航空戦では司令官自ら体当たり攻撃し戦死。

心はほゞついてゐる。あれこれ女々しく弁解がましいことをいふべきときでない。然し一応先輩にお話を持ちかけなければ気がすまない。又礼儀にも合はない。さう思ったのである。帰途教科書編纂に関する案を刷るために、原紙七枚と鑢《やすり》、鉄筆をかりてくる。やすりはルックに入れてくる。

夕食には、栗山君が今日工場でもらってきた酒五合に久しぶりに陶然となる。比島方面の大戦果が発表になる。その詳しいことは明朝の新聞によってここに写さう。ともかく大したことである。その祝杯をかねて今宵の酒宴は更に心楽しかった。

夕食後、食前からしかけてある原紙書き＊1をする。山本氏草《そう》＊2の物象と数学とをすまし、小生の国文読本の初の方少しを書くと枚数が足りなくなった。ここで三十一日に石川、山田両傅育官と会談するための用意として、飯島御用掛編纂の「国文読本」についての感想を左にまとめておく。これは池田君の意見も栗山君の意見も入ってゐる。

一、方針

（1）方針としては皇道の上に立ってゐるやうに見せながら、事実は儒教倫理が筋金のやうになってゐる。

むしろ儒教倫理の徳目が立派にそろってゐる。

神代以来文の道として伝へられてゐるものがここでは断絶してゐる。

個々の教材をとってみると、立派なものもあるが、それらを貫く道がない。

（2）従って言霊の風雅といふやうな見地からすれば縁遠い所に編者は立ってゐる。

二、内容

（1）謄写版などの原版とする、蠟引きの紙に、鑢盤をしいて鉄筆で書く。

（2）草案。

（1）個人的見解をのべた論議が多く、描写が少い。（親房の「三種神器」）
（2）倫理的教材が多く、温く心を開く如きもの少し。
（3）覇道史観に立つ学者や明治初年の極端なる文明開化主義者の文章多し。それは斥ける方よし。
（4）和歌の選択に当りて倫理的徳目によったもの、又筋の通ったものをとり、御心を温くひらきまつる如きもの少し。和歌を軽視せる感じもする。
（5）一般に晦渋に亙るもの多く、御心を自然に温くひらき奉るもの乏し。つまり風雅が稀薄である。
（6）第一級の文章といふもの案外に少し。（詔勅は別）
三、教材の排列
（1）一般に排列が不自然。
（2）太平記抄一冊、雑纂三冊、之を実際運用に当りては如何せしか、見当つかず、よほど面倒なりしならん。全四冊を個々の教材の難易に応じて塩梅《あんばい》*3交用したりとせば、その繁雑さたへ難きものあらん。
（3）御年齢につき考慮を払はれたる跡見えず。
（4）詔勅を一個所に多く並べすぎる。これはむしろ一冊にまとめておいてもよい。
大体右の如し。「漢文読本」については別にいふほどのことなし。只巻一と巻二とが全然傾向を異にしてゐるが、これは全部とりまぜて、有機的に排列した方がよくはないかと思ふ。

次に「中等国文」につきて左に愚見をのべておく。

（3）うまく並べる。

一、方針

（1）すでに当初から編纂者の心のおき所が違ふ。一般臣下を対象せる編纂であるから、君徳御培養のための教科書と根本的に違ふ。個々の教材をとってみれば、そのまゝとりうるものもあるが、編者の立場が違ふことが大きな違ひ。

（2）今だ二冊しか見てゐないので、（一、三）よく分らぬが、教材が今のところ余程偏ってゐるので、編者の方針が奈辺にあるか不詳である。

二、内容及び教材の排列

（1）戦国以後の武士道に関する文章を殊に多くとってゐる。日本の武の道とは所謂武士道といふ如き狭いものではなく、大伴物部氏以来伝へられてゐる武の道が歴然としてゐる。

（2）第一級の文章といふところに至らぬもの多し。

（3）教材間の連絡が案外有機的にいってゐない。

今思ひ浮ぶのは大体右の如くである。そこで、今三十一日に両傅育官に説明する項目と順序をあげてみる。

国文読本

（一）「国文読本」の検討

（二）「中等国文」の批判

（三）「国文読本」を新たに編纂することの必要。

（四）案文の説明。

国文典
（一）新に文典を加へる必要と理由。
（二）「中等文典」を使用せざる理由。
（三）案文説明。
漢文関係
（一）「漢文読本」の検討。
（二）「中等漢文」の検討（日本人の漢文に偏してゐる）
（三）案文の説明。
作歌、作文、習字は可然《しかるべし》。
大本営発表（昭和十九年十月二十五日十六時）
我艦隊は昨廿四日朝来比島東方海面の敵機動部隊直下輸送船団に対し海空相呼応して之を猛攻中にして、現在迄に判明せる戦果次の如し
撃沈　航空母艦　四隻　（エンタープライズ型を含む）
　　　巡洋艦　二隻
　　　駆逐艦　一隻
　　　輸送船　四隻以上
撃破　航空母艦　二隻　戦艦　一隻　巡洋艦　二隻
わが方の損害　巡洋艦二隻　駆逐艦一隻沈没
いよ〳〵わが艦隊出動す。血わき肉をどる感あり。（補注2→387頁参照）

十月二十七日（金）雨

今朝の新聞第一面は神厳崇高、思はず目をみはり額づくやうな御写真が大写しに謹掲されてあった。それは昨日天皇、皇后両陛下が靖国神社に御親拝遊ばされたその御写真であった。その下には「太平洋決戦、戦果続々挙る」の大見出しで、レイテ湾内の敵艦船大撃滅戦の大戦果があげられてゐる。全く御陵威の下といふ実感を胸底に激《はげし》く喚び起してくれそうな新聞である。その御写真が他にまぎれて散佚したりするのは余りに物体ないので、ここに挿んでおかうと思ふ。

午前中作業。昨夜雨が大分降ったが、今朝は曇ったまゝながら一先づ上ってゐる。昨夜は山本氏起草の物象と数学教科書案を原紙に書いたので、今朝は小生起草の国文、国文典、漢文の案をかく。大体午前中かゝる。刷るのは給仕に依頼する。数学、物象は今朝たのんだので午前中に出来た。午後は喜多見の畑に勤労作業にゆくことになってゐるが十時過ぎから雨がふりはじめた。然しはれさうな気配もあるので、科長の判断で断行と決定。殿下は御帰殿遊ばされる。小生は昨日掲示を見なかったので、普通の服装のまゝきたため、作業服にきかへるべく一応帰宅する必要から一般学生は正午出発となってゐるが、十一時三十分発つ。小田急にのった頃から大雨となる。駅からびしょぬれになってかけつける。これでは到底作業はあるまい。併し今日作業のあった場合は、その後で一寸話したいことがあると宮原氏に申出てあったので、ともかく学校へ行かうと思って、火鉢を一個風呂敷につゝんで雨の中を出かける。所が駅近くまできて、下り電車をみると、作業服きた学習院学生らしい者がのってゐるのが見えた。この雨でも行くのかなあと思ひ、それでは自分も一応加ってみようと思ひ、成城までの切符かひ、乗車する。なるほど鍬をもった学生が沢山のってゐる。先生ものってゐる。雨はいくらか穏かになったが、これでは地面が悪く、作業が出来ないので、道具丈を永井氏宅に預けて帰すことにする。そこで一同徒歩でそれを運び、然る後その場で解散させる。成城駅についた頃から又しても豪雨となる。重い火鉢下げて再び学校へ。それから宮原氏官舎に赴く。

そして、一昨日院長より、昨日科長よりあった訓育部主任就任の件につき相談的に話す。宮原氏としては、御自身の後任として小生を推薦して下さったさうだが、第二候補として磯部氏をあげられたといふことである。小生としては宮原氏の御厚意に拘らず、主任をおうけすることは出来ない、磯部氏の出馬を促すやうにしてもらひたい旨の心持をのべる。下行く水が僕の身上である。姓からしてそれである。僭上《せんしょう》＊1することは神意に反することと思ふ。どこまでもこれでゆかうと思ふ。雨の中を夕刻帰宅。

十月二十八日（土）曇

午前中作業の監督日だが、出席をとって学生を現場に導いておいて岩田科長に一昨日来考へた結果として訓育部主任の件につき左の如く答へる。

訓育部主任は磯部氏に願ひたし。小生は学生監として磯部氏を助けて之と一体となり、学習院の訓育の根本的立直しに邁進する考である。この重大時機突破に際しては、陣容は出来る丈強力なものでなければならぬ。この陣容なら立派にやってゆける自信がある云々。それに対して科長は返事を留保し、九時から図書課長室で児玉新教務部主任と三人鼎座《ていざ》＊2でこの件につ

（1）差し出た行いをすること。

（2）三人が三方から相対して座ること。

き話すことになった。そこで九時に、菅原氏に監督の代理をたのみ、図書課長室へゆく。磯部氏を高兼中*1の学生監として、高等科との連絡に当ってもらひ、主任は小生がするやうにとの議もあったが、結局小生の案を二人共容れられ、三十一日に院長に話すところまでゆく。下ゆく水の木がくれてゆくことの自分に最も適した生き方であることをよく知ってゐる自分として、この申出は当然であると信ずる。又さうなるやう努力しようと思ふ。

午後の作文の時間をすませ、昨日の引越しの準備のため早退。帰途更生会に立寄り、もう一度念を押してたしかめておく。夜おそくまで本をく、ったが、つかれて十二時頃ねる。

海軍省公表（昭和十九年十月二十八日十五時）

神風特別攻撃隊*2敷島隊に関し聯合艦隊司令長官は左の通り全軍に布告せり

布告

戦闘〇〇〇飛行隊分隊長　海軍大尉　関　行男
戦闘〇〇〇飛行隊附　海軍一等飛行兵曹　中野盤雄
戦闘〇〇〇飛行隊附　仝　谷　暢夫
同　海軍飛行兵長　永峰　肇
戦闘〇〇〇飛行隊附　海軍上等飛行兵　大黒繁男

神風特別攻撃隊敷島隊員として昭和十九年十月廿五日〇〇時「スルアン」島の〇〇度〇〇浬に於いて中型航空母艦四隻を基幹とする敵艦隊の一群を捕捉するや、必死必中の体当り攻撃を以て航空母艦一隻撃沈、同一隻炎上撃破、巡洋艦一隻轟沈の戦果を収め、悠久の大義に殉ず、忠烈万世に燦たり仍て茲にその殊勲を認め全軍に布告す

（1）　高等科と中等科を兼ねる。

（2）　日本海軍が編成した航空機による組織的体当り攻撃部隊の総称。十九年十月のレイテ沖海戦で、海軍は第一航空艦隊司令長官大西滝治郎中将の主張を容れ、米空母を一時的に封じるため航空機による体当たり攻撃を実施。最初の一隊が関行男の敷島隊である。

昭和十九年十月廿八日
聯合艦隊司令長官　豊田《とよだ》　副武《そえむ》

神風攻撃隊は「敷島の大和心を人とはば朝日に匂ふ山桜花」＊3に因み、敷島隊、大和隊、朝日隊、山桜隊、それに物合の精神をくんだ菊水隊の五隊があるといふ。噫《ああ》、我等今や言なし。

（3）本居宣長（一七三〇―一八〇一）。『六十一歳自画自賛像』。

十月二十九日（日）晴

朝霧が深い。霧なら今日の天気は大丈夫だらう。果せるかな良天気となる。暑い位。午前中本のくゝりのこりを片付ける。用意万端と、のひ、まてどくらせど、馬車もリヤカーも来ない。リヤカーは早いから午前中にくると思ったのに来ない。三度ばかり途中まで迎へにゆくが来ない。あきらめて外にとり出した荷物を内にとり入れようかと思ってゐる時、やっとリヤカーがくる。三時である。ビールの配給をとりにゆかうとして出かけた照代さんが「先生、きましたよ」とかけもどって報告する。馬車のことは連絡とらなかったといふ。ともかくつめるだけつんでもらって三時二十分頃帰途につく。のこりはあきらめて全部元のところへしまひ込む。そして今夜昭和寮で山本、児玉両氏と会ひ、後期の御学科についてその内容を検討することになってゐるので、四時二十分頃出かける。更生会に寄ると、馬車屋は今朝天気を見合してゐたが、十一時頃出かけたといふ。さあ、事によると、今頃荷積みをしてゐるかも知れない。然し連絡のとりやうがない。まゝよ、なるやうにまかせよう。そのまゝ、昭和寮にゆく。本館二階の舎監室から児玉氏が「清水さん、こゝよ」と声をかける。一応三寮の自室へゆく。門村をばさんが今朝から待ちあぐんでゐたといふ。西崎氏も心配して出てきて下さる。食事が用意されてあったので、それをいたゞき、舎監室に入り、相談をはじめたところへリヤカーがつく。六時四十分。三時間二十分か、った訳。ともかく一部だけはついた。途中で馬車に逢はなかったといふ。それでは更生会の主人がいったやうに、途中故障が起きてやめたか、それとも余り遅くなったのでやめたかのどちらかであらう。心付二円やる。九時頃一応相談がついて、大体高等科の教科目に準じてゆくことになり、小生は明日迄に古典、芸術史についてその内容の大様を考へてくることになる。他の二人も夫々分担をきめる。訓育部主任の話も出て、小生が何故断るかと山本氏がつめよるので「別に大したこともないが、下行く水でゆくのが自分に一番適してゐると思ふから」といふと、「さう恋心をうちあけられるとたってとは云へませんね、それもい、でせう」といふことになる。

九時頃帰途につく。帰宅してみると、やはり馬車はきてゐなかった。若しかして積んでゐたとすれば、十時過ぎに昭和寮につくことになるので万一の場合を考へて、をばさんと星川庁仕にたのんで帰ったが。

十月三十日（月）雨

一日中ひどい雨。小生は授業はないが、勅語奉読式が八時からあるので、早くから登院。院長は修善寺の初等科疎開先に出張、長沢高等科長代読。式後西崎氏の官舎訪問。西崎氏は腹をいためたさうで、まだ在宅中なので、応接間に通され、色々話をきく。それから雨中を西崎氏に案内されて隣組長の工藤氏のお宅にゆき、西崎氏に紹介してもらふ。それから町会事務所にゆき、異同申告用紙と都民票用紙とをもらひ、記入して西崎氏夫人に託して帰る。

午後、一昨日までに給仕の刷ってくれた「教科書編纂ニ関スル案」の内、国文、国文典、漢文、数学、物象、それに今日刷ってもらった児玉氏担当の歴史、地理の案を加へて、一冊に綴じ合せる。その前に昨夜の約束の件を考へて、大様を書き記しておく。山本氏に逢へなかったので、今朝児玉氏より受取った後期御学科の内、歴史、法制経済の内容を記した書類を一緒にして、それをおばさんに山本氏に渡してくれるやう依頼して、宮原氏の官舎にゆく。石井、菅原両氏も一緒。訓育部最近の出来事、予定等の報告がある。薩摩薯と銀杏との御馳走になって、五時一寸前辞去。雨がひどい。

栗山君一家長野より帰ってゐる。仲々にぎやかでい、。子供のさわぐ声をきくのがとても自分の心を明るくしてくれる。風呂に入りすが〳〵しい心になる。明日の晴れの日のため垢をおとしておく。配給のビールを二人で三本のむ。い、気持。比較的早く就寝。むしあつくねぐるしい。。今日の銀杏のたべすぎかも知れない。終夜雨の音。

十月三十一日（火）晴
暁頃から雨の音はたえた。起きてみるとすが〳〵しい朝。次第に青空が見えてくる。気持もはれ〴〵足取りも軽やか。
午前中第一、二時限作文の授業あり、そのあとで郵便局と運送屋にゆく。運送屋には明後日間違なく運んでくれるやうに念をおしておく。それから栗山君の長野からの荷物が一日に渋谷の㊢につく予定なので、それを別の馬車で運んでくれ、その帰途小生の荷物の残部を運んでくれるやうにたのむ。これも承知する。三時限が終り、院長室に山本氏と出頭、本日午後初等科で石川傅育官等に説明すべきプリントを一部院長に提出、それに基いて小生分担の国文読本、国文典、漢文読本の編纂に関する案を説明する。長い間の労をねぎらはれる。児玉氏は小生の前に已にすんでゐた。小生の説明が終った時に、中食の時間となってゐたので、山本氏の説明は中食後といふことになる。午後0時四十五分頃、岩瀬事務官、山本氏、児玉氏、小生庶務課に集り、一時頃院長と岩田科長の御用がすんで、合せて六人自動車にのって初等科に赴く。一時二十分頃着。待つことほどなく石川、山田両傅育官、野村御用掛、栄木事務官が来られる。富士川属も従ふ。約束の一時三十分より傅育官室に一同集り、「教科書編纂に関する案」につき三人次々に説明する。院長は最初一寸挨拶して、所用のため辞去、三人の説明は主として石川、山田両傅育官に対して行ひ、それを野村、栄木両氏が傍聴といふことにして進められる。富士川氏も同席。先づ小生分担の国文読本、国文典、漢文読本について説明し、次に児玉氏の亜細亜史、欧米史、皇国史の教授案、それから山本氏の数学、物象学の教科書の編纂に関する案につきての説明がある。最後に石川傅育官の左の如き*1修身についての希望意見の陳述があり、終ったのが丁度四時。これで昨夏以来の小生等の重荷は下りた訳であるが、然し教科書編纂に対する熱意は野村御用掛にも栄木事務官にも殆ど見えず、時日がないといふことを口実として、結局現行文部省の教科書を使用することになるだらうといふ程度の腹が見えすいてゐて誠に遺憾である。協議中秋の陽光を存分に吸って、校庭の青草の青がとても美しかった。めもさめるばかり瑞々しかった。

省線で四谷より目白へ。三人つれ立ちて、赤坂離宮前の歩道を四谷駅の方へ向って歩くと、

（1）別紙不明。

プラタナスの葉が、あたり一帯にわたり、真黄になり、とても美しかった。山本氏はそのま、帰宅、児玉氏と小生は学校へ一旦帰る。門衛所に預けてあった松茸とビール一本と米少々の入ったルックサックを児玉氏の自転車にのせて帰ってもらふ。今夜は東條先生も来られ、それに桜井氏、小生もお邪魔して、主人側の児玉、山本氏を加へて五人で後の月見*2と洒落れようといふのである。その前に小生は磯部氏にあって話すことがあるので、電話で在宅をたしかめ、官舎へゆく。

今朝院長の所で、児玉氏が磯部氏を訓育部長主任に推薦したい旨の小生の希望を伝へてくれ、それに対して、院長はそれではそれでい、から清水と磯部とよきやうに相談してきめ、その結果を科長まで申出るやうにとの話だったさうで、それを予めきいてゐたが、院長からも改めてその事を仰有った。このやうに許しが出たので、今日は自分の赤誠を吐露して磯部氏を説かうといふ訳である。面会直ちに問題をきり出す。今までの交渉のいきさつを大体順序に従って報告し、小生は一番上に立つ人物ならず、その事は自分自身がよく知ってゐること、高等科との関係、卒業生との関係等から云って是非共貴下が出馬してほしいこと、その代り自分は学生監として貴下と一身同体となりて尽瘁致したきこと、今日本が遭遇してゐると同じ意味に於いて開院以来の重大事に学習院としても遭遇してゐること、この際お互に心を一にして決死の覚悟で本院教育の刷新更改に邁進致したきを、これらのことを述べ、只管《ひたすら》出馬を懇請した。即答はえられなかったが、希望はありさうである。二日晩小生が昭和寮に入るので、その時返事する旨約束してくれた。それで希望をつないで、児玉氏宅へ赴く。五時半頃つく。すでに東條先生も桜井氏も来てゐられる。次々と御馳走が出て清談数刻に及び、九時半頃桜井氏と共に辞去。

（2）陰暦九月十三夜の月見。中秋の月見に対していう。

東條先生は児玉氏宅に泊られるさうである。初め月が薄雲の陰にあって、その光に雲が透けて銀色にかゞやき、とても美しかった。やがてその全容を現し、すんだ明月となる。杯をおいては時々縁側から半身のり出しては屋根の上の月の姿をみた。然しそれも遅くなると雲が深くなって全く見えなくなって了った。歌仙*[1]でも巻かうといふ議はどこからか出たが、遂に実行に至らなかった。

(1) 和歌の三十六歌仙に因む。連歌や連句の一形式。懐紙の第一紙表に六句、裏に十二句、第二紙の表に十二句、裏に六句、合計三十六句続く。芭蕉の俳諧で盛行。

（補注1） 昭和十九年十月十五日、七丈書院刊。次の五篇の中短篇小説よりなる。

「みのもの月」→「文藝文化」昭和十七年十一月掲載。

「世々に残さん」→「文藝文化」昭和十八年三月～十月掲載。

「苧兎と摩耶」→「赤絵」第一号昭和十七年七月掲載。

「祈りの日記」→「赤絵」第二号昭和十八年六月掲載。

「花ざかりの森」→「文藝文化」昭和十六年九月～十二月掲載。この処女小説集の出版経緯については、清水の「『花ざかりの森』出版のことなど」（「ポリタイヤ」十七号昭和四十八年六月。その後『続河の音』所収。）に詳しい。それによると、

この小説集の出版は、富士正晴氏の尽力に負うところが大きかった。用紙の統制が厳しくなるにつれて、出版事情も悪くなり、そろそろ雑誌や出版社の統合問題も起ってくる頃であった。そういう時期に七丈書院主渡辺新氏を動かしたのは、富士氏の熱心な斡旋と慫慂だったと思う。私はこの事には直接関与せず、もっぱら三島君自身で富士氏との交渉に当っていたが、交渉の情況は彼からそのつど報告してきたので、間接的ながら、出版までの経緯は概ね了知し、ひそかにその実現を祈っていた。それとともに、富士氏の並々ならぬ好意に対しては、終始尊敬と感謝の念をいだきつづけていた。

と記している。この富士正晴氏は、戦後「帝国軍隊に於ける学習・序」「桂春団治」等の作品がある作家であるが、当時は伊東静雄の友人として「文藝文化」には計十五回寄稿していた。なお、出版記念会は、上野池之端の雨月荘で著者主催で開かれ、林富士馬、徳川義恭、出版元渡辺新、同人栗山、清水、それに三島母堂倭文重が出席した。

（補注2）ここまでの大本営発表とその感想を読むと、我が日本軍は台湾及びフィリピン方面に於いて大戦果をあげたことになっている。国民は狂喜し、米英への反撃を信じた。清水も「この大戦果を聞いて、心驕らず、黙々として己れの持場を守り抜く決意のみが、妙に自然に自分の腹の底からわいてきた。」（十月十九日条）「血わき肉をどる感あり。」（十月二十六日条）との感想を記す。伊藤整も「今までの戦果でも、これは、ハワイ開戦以来の大勝利で、敵方は発表にも狼狽のあとがありありと見える。」（『太平洋戦争日記』十月十八日条）と記しつつ、一方では「台湾沖航空戦では戦果も多分我方で確認したよりも大きいであろうが、我方の未帰還三百十二機という損失もまた驚くほど大きい。」（同十月二十日条）と述べ、この後のフィリピンでの決戦の行く末を憂慮する。しかし、事実はどうだったのであろうか。『日本人の戦争』（ドナルド・キーン著、文藝春秋刊、二〇〇九年七月十五日）によればこうである。

十月十二日から十六日の間に台湾沖と沖縄沖で行われた海戦で損傷を受けたのは、アメリカの巡洋艦二隻だけだった。アメリカの軍艦が一隻も沈まなかったのに対し、アメリカ艦隊を攻撃して帰還しなかった日本の戦闘機三百十二機の壊滅は日本から永遠に制空権を奪った。アメリカが大敗北を喫したと思われた後、現場に飛んだ日本の偵察機は、驚いたことにアメリカ艦隊がほとんど無傷であることを発見した。しかし、勝利のニュースを取り消すには遅すぎた。（同書七十一頁）

この間違いについて、キーンは、「戦争のこの時期、是非とも日本の勝利が必要とされていたからだ」と述べ、アメリカも開戦時、国の陰鬱な空気を一掃するために流した虚偽の発表に触れている。これも一つの見方であろう。真実が奈辺にあったか、それは今後の課題としたい。

【解説】

この十月の日記で話題になっている主な内容は次のことである。箇条書で記す。

①大本営発表

すでに補注で書いたように、連日の引用が逼迫した戦況を自ずと物語っている。

②学習院立て直し人事

清水等若手教員の希望が容れられ、教務部主任と訓育部主任の新人事が動き出した。清水は表に立つことを固辞し、下行く水で支え役に徹することを申し入れる。

③勤労動員

小田原、下丸子への往復勤務が依然として続いている。

④東宮殿下教科書編纂案

昨年の七月二十九日以来取り組んだ、カリキュラム及び教科書編纂案も今月を以て終了となる。児玉、山本、清水のこれまでの苦労もどうやら報われそうにない雲行きである。「結局現行文部省の教科書を使用することになるだらうといふ程度の腹が見えすいてゐて誠に遺憾である。」(十月三十一日条)の言には、怒りを懸命にこらえる心中が察せられる。その時、協議中に眼をやった窓外の自然の光景に心を慰める様が印象的だ。

⑤家族からの手紙

娘からの便りは、さぞ清水の心をなごませたことだろう。学校や家庭の生活の細々が記されていて、戦時下の家庭の一風景として貴重である。特に三女の手紙の細かい表現から気持を読み取るところはぐっと胸に来るものがあった。

⑥池田夫人の重病

池田の手紙には妻への愛情の細やかさが感じられ、清水の激励の返事には、短い文句の中に深い友情がこめられている。

⑦昭和寮への転居

⑧内原の満蒙開拓訓練所訪問

⑨『花ざかりの森』出版

⑩神風攻撃隊

清水の反応は、「噫、我等今や言なし。」である。伊藤整は、「日本民族の至高の精神力の象徴」(『太平洋戦争日記』昭和十九年十月二十九日条)と言い、横光利一も、「私はこの特攻精神を、数千年、数万年の太古から伝はってきた、もっとも純粋な世界精神の表現」(「特攻隊」「文藝」昭和二十年三月号→『日本人の戦争』より転載)とまで礼讃する。

【参考文献】

『国語学新講』東條操　刀江書院　昭和十二年五月十九日
『愛国百人一首年表』日本文学報国会　協栄出版社　昭和十九年一月五日
『八代大将の生涯』大川周明　四十六頁の小冊子　発行年月日不明（昭和六年六月頃か）
『林富士馬評論文学全集』勉誠社　平成七年四月十五日
『花ざかりの森』三島由紀夫　七丈書院　昭和十九年十月十五日
『日本人の戦争　作家の日記を読む』ドナルド・キーン　文藝春秋　二〇〇九年七月十五日
『太平洋戦争日記』伊藤整　新潮社　一九八三年十月十日
『復刻版　文藝文化』雄松堂書店　昭和四十六年六月十日
『『花ざかりの森』出版のことなど」清水文雄　「ポリタイヤ」十七号昭和四十八年六月（その後『続河の音』所収）

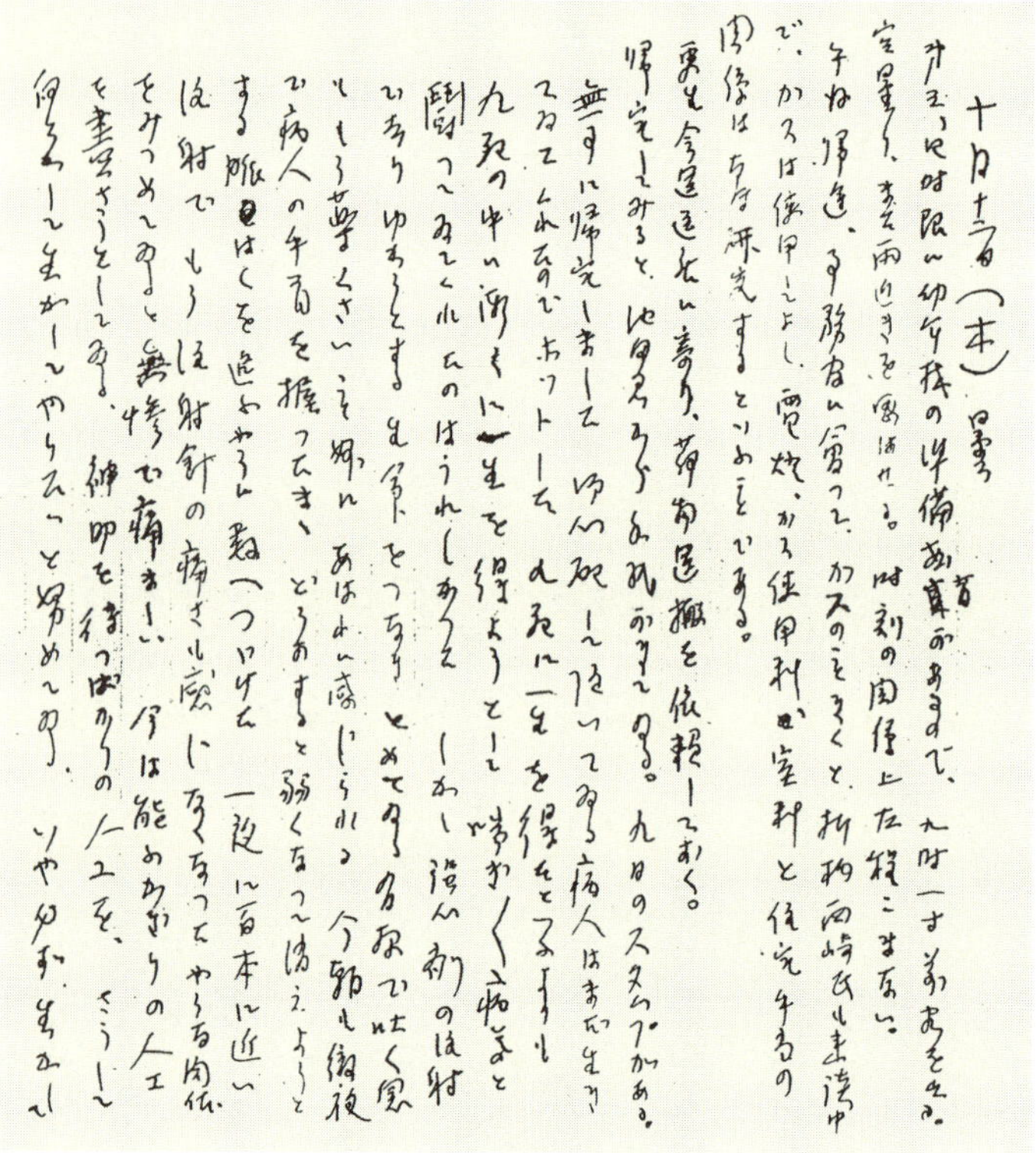

昭和19年10月12日の部分

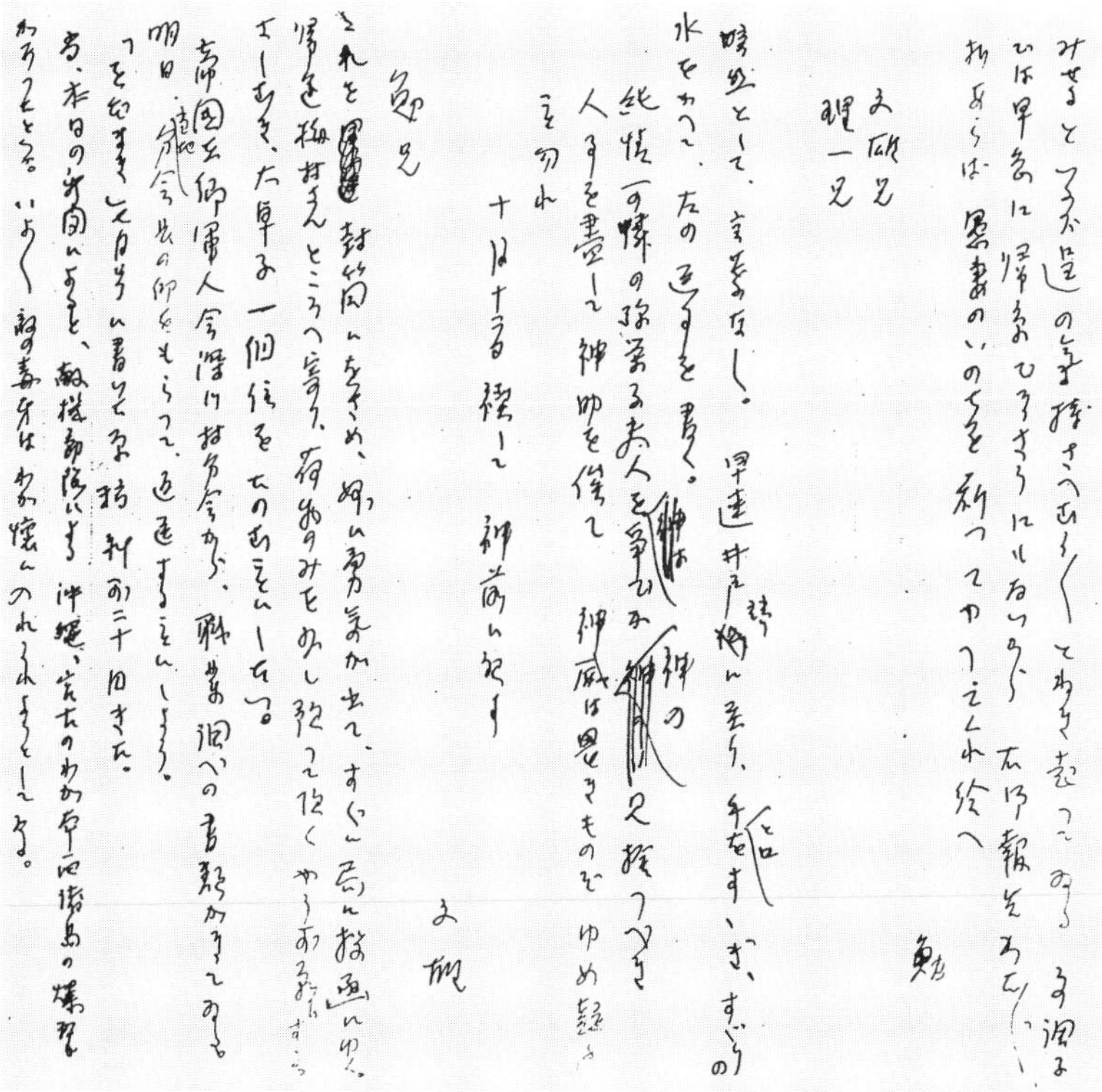

同

清水文雄「戦中日記」昭和十九年十一月・十二月〔四十一歳〕

十一月一日（水）晴

小田原行。すみ透った秋空の下で、ひらきそめた庭の菊が実に清らかで、すが〳〵しい。生きる歓びをしみ〳〵感ずる。小田原行電車はすみきった大気を切ってまっしぐらにす、む。この頃新聞がないので（廿八日にこちらを止し、証明書だけはもらってあるが、新たに手続がすんでゐない）折角めざましき時代になってゐるのに、不便である。小田原の舎監室に至ると、読売新聞に第二回神風特別攻撃隊のことが出てゐる。第一次の神風特別攻撃隊は敷島隊のみが出たと報じられてあったが、今度は第一次の残りの四隊とは別に、組織されたものである。その中にやはり五隊あり、忠勇、義烈、純忠、至誠、誠忠の諸隊である。この第二次神風特攻隊のあげた戦果が航空母艦を始め十九隻の撃沈破といふ。その数の多きをあへていはず。その精神の崇高さには、もはや我ら言なし。その出撃の様が報道班員の手で伝へられてゐる。隊員の秋晴のやうな明朗闊達な精神態度に比べると、司令官の姿も妙にめそ〳〵してゐる。その記事を殿下はじめ皆の学生によみきかせる。よみつ、、胸がつまってくる。

午後の授業の第一時が終りに近い頃、（一時三十分）突如空襲警報が発令された。サイレンが空警＊1か警々＊2か一寸区別がつきかねたが室外に出てきくと、空警とのことで、直ちに学生をつれて、作業場横の学習院学生用の待避壕に避難させる。御作業中なりし殿下も御無事に御待避遊ばされる。約一時間半の後空襲解除となり、警々に入る。ラヂオの報ずる所によると、京浜地区に二三機高々度で進入したといふ。然し幸に投弾は一つもなかった。解除ときいて直ちに出発、帰宅す。帰ってみると、警々も解除されてゐた。明日はこれで引越しが出来るだらうか。九時就寝。ねながらきくと、今日新聞で読んだ第二次神風特攻隊の出撃の様子をかいた文章をラヂオで朗読してゐる。九時三十分また警々が出る。いよ〳〵明日は引越しは駄目かも知れない。

十一月二日（木）晴後曇

亀有行を断って引越しをなす。朝曇り気味なので、どうだらうかと思って、一応登院して電話で更生会に連絡とると、今日行くといふ。そこですぐ引き返す。一時過ぎに馬車屋がくる。仲々来ないので途中まで迎へにいったら、向うからくるそれらしいのにあふ。この辺は地理が分ってゐるといふ。労働研究所＊3に度々来たことがあるといふ。今朝栗山君が更生会に出向き、もう已に長野からの荷が渋谷についてゐる筈だから、明日もう一度今日の馬車を出して渋谷に廻ってつみ込み、それを持って栗山君の宅へとゞけ、その帰り車に小生の荷物の残部をのせて帰ってもらふやう交渉してくれる。然し今日の一台に相当沢山つみ込んでくれた。あとには大卓子《テーブル》と客卓と本と物干竿だけのこった。本は相当重いから量だけでは分らない。近所に挨

（1）「空襲警報」の略。
（2）「警戒警報」の略。
（3）日本労働科学研究所。一九二一年倉敷紡績の大原孫三郎設立。戦時期には、工場労働者の栄養調査、女性労働調査、農業労働調査、炭鉱労働調査などを進めた。

拶廻りをして、こはれ物をルックサックにつめ、一部は手にもって電車で昭和寮へ向ふ。高藤君のところへも挨拶にゆく。斉藤先生のお宅は昨日以来二三度行ったが御留守。別の日にゆくことにして帰る。

馬車が出たのが二時二十分。昭和寮につくのは五時過ぎといふので、待ってゐるが仲々来ない。待ちあぐんで、六時過ぎ、大通りまで迎へにゆくと、そこへ向うから暗がりの中を馬車のくるのが見える。「加藤さん」と馬車屋の名をよぶと、それであった。そこからは道案内して一路寮へ。途々きくと、この馬は支那事変*1当初大陸に出征して、毒ガスのために両眼失明してゐるといふ。いはば傷痍馬である。再び飼主たる加藤さんのところへ帰ってきたとき、加藤さんの気持はどんなであったらうかと思ってみた。

荷下しを門衛所の星川君手伝ってくれる。二階にあげるのは手間がかゝるので、とりあへず下の一室と廊下に下しておいてもらふ。をばさんに藷をふかしてもらって星川君と馬車屋に御馳走する。そこへ西崎氏もきて下さる。

昭和寮第一夜である。栗山君の夫人が夜食のために握り飯をつくってくれられたので、それを出して、をばさんの部屋でたべる。をばさんがおかずを作ってくれる。熱いお茶が温い情を体内にそゝぎ込んでくれる。

十一月三日（金）雨

不思議に雨である。由来明治節*2といへば晴天にきまってゐたが、今年は時代の性格の如く、荒天である。それだけこの佳節《かせつ》*3にのぞみ、覚悟を新たにさせられる。正堂での挙式は

（1）一九三一～四五年の所謂「十五年戦争」は、当時の日本では、満州事変、北支事変、支那事変、大東亜戦争と呼称された。

（2）明治天皇誕生日。昭和二年制定。現在は文化の日。

（3）めでたい日。

いつものやうに崇厳《すうごん》＊4にとり行はれた。明治天皇の御尊像の大前で明治節唱歌＊5をうたってゐるととてもたのしい。朗々たる勇気がわき起ってくる。

午後磯部氏昭和寮へ来られ、正式に先達の返事をされる。（昨夜は都合で来られなかった）ともかく、主任をおうけ下さることになり、改めて共々協力して、この難関を突破しようと誓ひ合ふ。これで自分としても安心した。大いにやらう。

雨よふれ。びくともしないぞ。

十一月四日（土）晴

昨日と今日と暦が間違ったのではないかと思ふほど、顔の写るばかりの日本晴。四ノ二の作文の時間に文雅について先日の有馬少将の遺言のことを話し、更に武蔵＊6の「揺れやまぬ心といふ言葉についての話、斉昭＊7の「今よりは心のどかに花をみむ夕ぐれつぐる鐘のなければ」の歌の話、それから、一億の一人々々が、何時でも死ねる覚悟をきめておくべきだといふこと、これらのことを話し、それから、今度の作文に詩が数篇入ってゐたのがとてもうれしかったことをいひ、そのあとで、一篇森村の作（ショパンを讃へたもの）をよむ。それで時間がきた。

夜磯部氏宅に招かれ御馳走になる。夫人は今年末か明年始に御産といふ御不自由の身を以て甲斐々々しくもてなして下さった。いろ〳〵打とけて話す機会をえてうれしかった。またしても勇気が凜々と噴出してきた。

（4）容易に近寄りがたく、おごそかなさま。

（5）昭和三年制定。「亜細亜の東　日いずるところ　聖の君の現れまして　古き天地とざせる霧を　大御光に隈なくはらひ」と歌い出される。

（6）宮本武蔵。一五八四—一六四五。江戸初期の剣客。二天一流兵法の祖。兵法書『五輪書』がある。

（7）徳川斉昭。一八〇〇—六〇。江戸後期の水戸藩主。藤田東湖等を徴用し藩政改革。西洋流の軍事改革、海防強化などを進める。

十一月五日（日）晴

朝食後本棚の組立をやってゐる途中警戒警報が出る。時計をみると、九時五十分。ついで十時七分空襲警報発令。早速防空服をまとひ、鉄兜を被り、学校にかけつける。一機伊豆方面より帝都方面に向ひつゝ、ありとラヂオが報ずる。ぞく〳〵と本部に集ってくる。非常食の乾パンを一袋づつもらふ。十一時半頃空襲警報解除。石井教授に訓育部関係のことをこれまでの経緯大体話しておかうと思ひ、官舎にお邪魔する。五目飯の御馳走になる。二時十分警戒警報解除まもなく辞去。大体こちらの今後の考へをのべ、全面的に同意を得る。今帰省中の渡辺末氏にはこの水曜の夜でも会って話さうと思ふ。

帰寮してをばさんの畑の手入れをしてやる。寮生四人は壕掘をしてゐる。畑には豌豆、カラシ菜、小松菜まく。夕刻磯部、西崎両氏が現在寮生四名をつれてきて紹介する。それから二人で三十分位話して帰る。夕食後机に向ったが、シンが疲れてゐるのか、物がかたづかぬためか、ねむくなり、九時頃就寝。

昨日御紋菓*[1]を五箇頂く。

十一月六日（月）晴

房枝宛手紙出す。今日から新聞入る。授業なし。十時二十分警戒警報発令。早速殿下が帰殿遊ばされるかどうかを伺ふとこのま、授業をおうけになるといふことである。但し午後の作業はおやめになってお帰りになるとのこと。

暖い陽ざしの豊かな窓下の自席で塚越氏（在内原）への依頼状かく。訓育部参与として入部

（1）皇室の御紋章があるお菓子。

してほしいとの用件なり。

午後に入り間もなく解除。あとできくと、身方機の誤認であったといふことである。

十二時半より科長室で、主として内原の今後の問題につき凝議。岩田科長、児玉教務部主任、磯部氏、石井氏、大村氏、小生。大体、四月以後の中等科の方針として、農耕を本意としてゆくこと、二、三、四年生は出来たら内原にお願ひすること、一年は一年後にひかへた重大事にそなへるためこちらに少くとも一学期間のこし、基礎的な仕付《しつけ》をすること、このやうな根本の方針が大体皆の一致した意見であった。併し現在内原にゐる二、三年を十一月末に一旦帰して、来学期如何にするか、につきては、未だ定案がない。これは更に現地の他の人々の意見をきく必要がある。その上できめるやうにしたい。然し中等科今後の大綱はこれできまったやうである。

夜栗山君来寮。夕食を共にする。荷物は已に渋谷に一日ついているさうで、それを馬車でとりにいってくれるやう、更生会運送店に依頼に行った帰りといふ。

十一月七日（火）晴
朝登校の途中、更生会へよる。今日馬車が行ってくれるとのこと。中等科は午前中授業。午後作業。一時半頃突如警戒警報出る。殿下をお迎へに行くと、途中で、山本教授のおつれ申してくるのに会ふ。御うけして一旦御控室に御帰り願ふ。その内五分とたゝぬ内に高射砲の音がする。ついで空襲警報のサイレン。自分の鉄カブトをおかぶせして、御荷物をもち、図書館前の防空壕に御案内する。一機本院の上空を高々度で通過し、それを高射砲がおっかけてゐる。

但し、小生は壕に入ってゐて、その姿をみなかった。長沢氏に殿下をおまかせして、小生は四年の持場の少年寮に向ふ。大体学生は配置についてゐる。然しまだがや〳〵してゐて、遊び半分の気分があるので、廻ってゆき激励叱咤する。二時半空襲警報解除。まもなく警戒警報も解除。Ｂ29の通過したあとに美しい飛行雲が出来たといふ。はれた清らかな神州の空をけがさせたことに対して改めて憤怒の心がむら〳〵とおこってくる。

夜、寮に風呂がわくので、菅原氏をさそひ、はじめてここの風呂に入る。夕食もをばさんと二人の手料理で、菅原氏に御馳走する。

十一月八日（水）晴

〔以下十一月十四日までの記載なし。〕

十一月十五日（水）晴

例によって寝床の中からカーテンを少し押しやって外を見ると、ほんのりとした朝霧がこめてゐる。今日も上天気の秋晴れらしい。ここ三日ばかりこのやうな朝を迎へた。今日は晴れの任務につくべき日である。少し早目に五時四十五分頃起床する。昨晩は今朝の分まで御飯を食べて了ったので、今朝また新しく炊いた。久しぶりに御飯に味噌汁で朝食をすます。七時に加藤馬車屋に電話する。昨日に幡ヶ谷についたのが二時半だったので、それからゆくと遅くなるから中止して帰った、今日は・・に出かけるといふことである。ま、それならそれでよい。よろしくたのむと云って電話を切る。今日こそ全部荷物がきて安心出来るだらう。

大本営発表（昭和十九年十一月十四日十五時三十分）
一、我特別攻撃隊富嶽飛行隊は十一月十三日タルソン島東方の敵機動部隊を攻撃し戦艦一隻を撃沈せり　本攻撃に参加せる者次の如し。
陸軍少佐　西尾常三郎　同少尉柴田禎男　同米津芳太郎
同准尉　国重武夫　同曹長嶋村信夫
二、別に同飛行隊の陸軍中尉石川廣、同伍長宇田富福搭乗の一機は十一月七日ルソン島東方の敵機動部隊を攻撃し敵船に体当りせるものと認むるも戦果を確認するに至らず
陸軍特別攻撃隊の第二陣である。日増しに新聞はちはやぶる神言《かむごと》*1でうづめられてゆく。正に大神話時代の出現。我むしゃらに往け。神がゝりでゆけ。うれしい。とてもうれしい。去る十一日豊田聯合艦隊司令長官によって全軍に布告された第一神風隊三十七将士の内二名の学院出身があった。その名は植村眞久陸軍少尉と久納好孚海軍中尉であった。その植村少尉が留守宅の小石川区原町一三にゐる一子素子（一才）ちゃんに宛てた手紙（これは出陣前に認めたもの）を読み、熱涙の溢れ出づるを止めえなかった。別紙切抜の如し。
〔素子　素子は私の顔を見てよく笑ひましたよ、私の腕の中で眠りもしたし、またお風呂に一緒に入ったこともありました、素子が大きくなって私のことを知りたいときは、お前のお母さんか佳世子叔母様に私のことをよくお聞きなさい、私の写真帖もお前のために家に残してあります　素子といふ名前は私がつけたのです、素直な心のやさしい思ひやりの深い人になるやうにと思って、御父様が考へたのです、さういう人になると幸福はいつもその人の側について離れません、父は素子が幸せになることが一番嬉しいことです、私は

（1）神の言葉。人の口を介して託宣される。「住吉に斎く祝が神言と行くと来とも船は早けむ」（万葉集四二四三）。

お前が大きくなって立派な花嫁さんになって幸せになるまで見届けたいのですが、若しお前に私を見知らぬま、にしてしまっても決して悲しんではなりません、お前が大きくなって父に会ひたいときは九段へいらっしゃい、そして心に深く念ずれば必ず御父様の顔がお前の心の中に浮びますよ

父はお前は幸せ者と思ひます、生れながら父に生写しだし他の人々も素子ちゃんを見ると眞久さんに会ってゐるやうな気がするとよく申されてゐた、またお前の御祖父様御祖母様はお前を唯一つの希望にしてお前を可愛がって下さるのです、必ず私に万一のことあるも親無児などと思ってはなりません、父は常に素子の身辺を守ってをります、先にいった如く素直な人に可愛がられるやさしい人になって下さい

お前のことは万事につけ家の人人がお前の最も幸せになるやうしてくれます、父も安心して出陣するのです、お前が大きくなって私のことを考へはじめた時にこの便りを読んで貰ひなさい

昭和十九年初秋　父

植村素子へ

追伸

素子が生れた時オモチャにしてゐた人形は御父様が戴いて自分の飛行機にお守り様として乗せてをります、だから素子は父様といつでも一緒にゐたわけです、素子が知らずにゐると困りますから教へてあげます」

池田君へ左の如き葉書を出す。

貴著都の文学（補注1→442頁参照）を三島の花ざかりの森と同時に手にし感慨無量なりき

神風特別攻撃隊の神言日毎に至るの時、この言霊のさきはひにあふ　神国の民と生れたる歓喜、涙と共に至るを覚え候　この言霊の湧噴と共に令閨の御病患も立所に癒ゆべし　とりあへず御祝ひ迄

不一

高等科進入志望科類別届を出させて見ると、第一志望理科、第二志望文科といふのが相当ある。その心事はむしろ憐むべきか。

今日午前中に学生監交替の辞令が出る筈のところ、宮内省の手続がおくれ、午後となるといふ。承れば学生監の任免はかしこくも勅許を得るのだといふ。辞令が午後となるため、午前十一時三十分より科会をひらき新旧学生監の挨拶がある筈だったが、明日に延期。十二時学生を工場に送り、そのあとで、新教務部、新訓育部科長室に集り、当面の問題につき初会議をひらく。教務部主任児玉幸多教授、参与猿木恭経教授、菊池浩助教授、訓育部主任学生監磯部忠正教授、参与学生監清水文雄教授、参与塚越正佳教授、菅原鎌三郎助教授参集、科長を中心にして、職員、学生への新任者紹介の件、教務主任、訓育主任室移動の件、成績通知表改良の件等につき協議する。職員への紹介は明日中食後、学生へは明後日朝礼後に行ふこと、なる。教務、訓育両主任室は今の四年三組の教室に移し、五年一組を隣の空室にうつし、順次移動することとする。四時頃宮原、磯部、清水、塚越、菊池の五名院長室に出頭、院長不在につき長沢高等科長院長に代りて夫々の辞令を渡される。宮原氏は免学生監中等科訓育部主任の辞令をもらはれ、それに代りて磯部氏任中等科訓育部主任の辞令をうける。塚越氏は中等科訓育部勤務、菊池氏は中等科教務部勤務の辞令。石井氏は今日在内原中で、出頭なし。辞令は免中等科訓育部勤務

である筈だ。小生は左の如き二通の辞令をもらふ。
学習院教授正七位　清水文雄
兼任学習院学生監
叙高等官　六等
昭和十九年十一月十五日
宮内大臣正二位勲一等松平恒雄*1　宣
学習院学生監　清水文雄
中等科訓育部兼学生課勤務ヲ命ス
昭和十九年十一月十五日
学習院
帰寮直ちに神棚に奉供。
五時五十分頃、馬車が着き、荷物の残部を全部もってきてくれる。これで安心だ。馬車一台分なからうと高をく、ってゐたが、前回の荷より重かったといふ。さうだらうと思った。荷をすっかり一室にをさめて、サツマ芋をむしたのを御馳走する。加藤さんのいふところをきくと、昨年盲腸炎で十才の長男を喪ひ、朝夕まなかひ*2に面影がちらつくといふ。夕食後鮪の配給あり。夕食は五時頃すました。馬車夫を帰し、あとかたづけをして、自室に入り、今日の辞令をつく〲眺め、少年時代口数の馬鹿に少い、はづかしがりやであった自分が、よくもこのやうな任務をうけたことだと思ふ。亡き父のことなど、妙に切なく胸にせまってくる。明日は午

（1）一八七七―一九四九。大正・昭和期の外交官、政治家。旧会津藩主松平容保四男。親英米派の外交官として活躍。二・二六事件直後宮内大臣就任。
（2）めさき。

前中、磯部、塚越両氏と共に、宮城御前に参進、新任報告を申上げることになった。それから更に明治神宮にも参拝するつもり。

津田侃二国手《こくしゅ》*3から母の容態につき懇書《こんしょ》*4を頂く。経過は良好で、これなら安心と思ふ、但、持病としての胃病でなく、老後突然になった胃病は癌になる恐れがあるので、今後半年間位は極力用心するやうに、又急にヤセ衰へたり、胃病再発せぬかをたえず見守ってゐるやうに、等の御注意があった。そこで早速此の手紙を房枝に送ることにする。同時に津田氏へも去る十一月一日の胃けいれん発作のことを報じ（津田氏は御存じなかった様子）更に今後の事御願ひする意味の手紙かく。子供らへの手紙も、久しぶりに書く。

瀬川昌治君へ左の葉書出す。（明日投函）

　病患全快、近日より登院の報大慶至極。此の頃、神風特別攻撃隊の神言日毎に至る。正に大神話時代の出現。若人よ、皆神になれ。天つ空での神々の語らひ、思ふ丈でも美しく、羨しい。

　「清明」第二号をせい／＼十六頁のパンフレットとして出すこと、なる。君が特甲幹*5の通知をうけた時の思ひ（いつか小生に手紙くれたやうな）を二三枚に書いてくれぬか。別に改らなくてい、。二十日迄にかいてくれぬか。右よろしくたのむ。・・。


昨日学校の耕作地の西側から榊を折ってきて神棚の古いのととりかへた。祖父、祖母、父の戒名がどこに入ってゐるかと探しに探したところ、神棚の下の本棚の上に立てかけた棟方志功の板画のうしろにあったことが分った。而もそれは倒になってゐた。慌て、それを立て直し、心中詫びるところあった。今日荷物がきたのも、何か神の御怒のとけた印ではないかと、神威

（3）医師の敬称。
（4）ねんごろな手紙。
（5）十月四日の条、脚注参照。

をかしこむやうな心になった。

十一月十六日（木）雨

昼食後中等科会ひらき、訓育部主任及び勤務、教務部勤務の更迭の紹介が科長より一般教官に対して行はれた。それについで、宮原前訓育部主任の辞任の挨拶あり、それから磯部新訓育部主任の挨拶があった。次に小生、塚越氏、菊池氏が交々立って、只よろしく頼みますとだけ云って挨拶にかへた。

俸給が百六十六円なにがしとなってゐた。それに先月の追給が十一円十七銭添へてあった。昨日はよい日に引越荷物を運んだ。今日はもう雨で、どうにも仕様がなかったのだ。深川へ百五十円と尚志会へ六円（会費）広文館へ読書新聞代夫々送金する。

十一月十七日（金）晴

朝礼のとき、教務部、訓育部の陣容一新のことを学生に対して紹介することになる。岩田科長より初め更迭のことを発表し、そのあと科長に招かれて、平田旧教務部主任、宮原旧訓育部主任が壇上に立ち、一同より感謝の敬礼をうけた。次いで、児玉新教務部主任、磯部新訓育部主任及び小生、塚越、菊池三勤務が立ち、学生より敬礼をうけた。

夕刻山本修教授来寮。今日は風呂の立つ日で、一緒に入浴し、それから小生の手料理を山本さんに御馳走する。十時過ぎまで談話室で話して帰る。星空。

十一月十八日（土）晴

小田原行。こちらから始めての小田原行き。六時半頃寮を出て、新宿にゆき、切符を求む。まだ早くホームには誰もゐない。七時二十三分の電車で立つ。暫く見ない内に、沿線の稲田はすっかり刈りとられ、水田の面がさびしく光ってゐた。ユアサ工場の正門を入り、事務所方面に通ずる歩道の左側の菊が真っさかり。各種の菊花が妍《けん》を競ひ、その美しさ身も心もをの、くほど。久しぶりに「花」の美しさにみとれる。例の如く午前午後二時間づつやって帰る。今夜は昭和寮で訓育部の者が相談することがあるので、二時五十二分の電車で帰るべく、授業を少し早くやめる。午前午後第一時限は作文をやり、第二時限は国文をやる。作文の題は「僕の最も大事なもの」といふのである。時間内に書かせる。往きの途で、金物屋に立寄り、缶切と魚やき金網代用品を求める。

寮に帰ると、門衛所にもう磯部氏がきてゐる。塚越氏や、おくれ、菅原氏がそのあとでくる。炊事場にたのんであった食事が学生食堂にきてゐる。それを皆で三寮談話室に運び、さつま汁なので、をばさんに温めてもらってたべる。大変おいしい。四人の協議は火鉢で大豆をいりながらそれをかぢってす、められて行った。主として、朝礼を一新する件につき熱心な意見を出し合ふ。菅原氏が初め辞意を表明したが、四人が話してゐる内に、すっかり共鳴しあって、自然な気持の内に、団結が出来たやうである。十一時頃散会。

十一月十九日（日）晴

午前中、広文館書店へ本居宣長全集をとりにゆく。第六回配本の通知をうけたのだが、第五回もまだうけとってゐないので、さういふと、探し出してくれた。都合二冊うけとって帰る。その他巌谷小波《いわやさざなみ》のお伽噺を集めた「明治のお伽噺、上」（木村小舟編）*1を買ってくる。

午後荷物の整理。

十一月二十日（月）晴

衛兵監督のため朝七時十分寮を出る。七時二十分に正堂の所へ衛兵司令引率の下に到着、それを直ちに配置につけるのである。

十一月二十一日（火）晴

明日は放課後愛城句会*2をひらくといふので、その兼題*3が山本修の手で、黒板に書かれる。曰く、秋晴、秋の雨、蕎麦、百舌鳥、秋耕、秋冬雑詠。科長室でひらくといふところに無限の妙味あり。たのしみなり。

十一月二十二日（水）晴

昨日磯部氏出産間際の夫人の身を案じて帰ったので、今朝の衛兵監督はどうであらうかと思って、七時十分寮を出て正門に至る。然るに磯部氏已にきてゐる。様態は順当といふ。午後の作業が終り、学生を帰してから第一回愛城句会を科長室でひらく。集るもの岩田水鳥を始め、長沢、山本、児玉、磯部、宮本、塚越、渡辺藤、小生の九名。あとから福間氏来る。渡辺氏は披講前に所用にて帰る。塚越氏は披講了りて同じく早退。水鳥氏自宅より薩摩芋のおいしい料

（1）昭和十九年七月、小学館刊。

（2）学習院の教職員による句会。

（3）歌会・句会などで、前もって題を出しておくこと。また、その題。

理をとゞけられ、俳情湧出す。四時頃はじまる。五時までに各自六句迄出しあふことにきめる。五時になって、集った句を手分けして、六七句づつ清書し約五十句を得た。之を順次に廻し、六句迄選句する。それを各自一枚の紙にかき、提出したものを一枚々々小生がよみ上げる役を受持つ。すると、最初皆で清書した紙を皆が一枚宛わけ持ち、小生のよみ上げる句には○印をつける。その際その句の作者は名乗る。そして、それを宮本氏一々記録し最後に点数を計算するといふ手順である。そこで、採点表を、俳顔豊かな宮本氏よみ上げる。最高点は渡辺藤氏で十二点、次は山本氏、次は長沢氏。小生は第四位で六点。小生は碌々の号で出してゐたので、「碌々先生六点」とよみ上げられた時は、大変をかしかった。かくして、風流の神遊びは六時半頃終了。面白い会であった。来月もう一度やらうといふことになる。山本、児玉、小生の三名は弁当を持ってきたので、居のこり、それを認《したた》め、それから暫く清談して、八時頃帰宅。

十一月二十三日（木）晴

新嘗祭《にいなめさい》*4の日。すが／＼しくて穏やかな日。

鍋島教授昨夜始めて昭和寮に泊る。朝食は自宅でとるといって、七時過ぎに帰る。昨夜は寝心地を試みるためにとまったといふ。十一時頃迄か、って荷物をあらまし整理する。やはり二室は十分要る。十一時半過ぎから、児玉幸多氏宅へ赴く。教務関係の人を児玉教務主任が招待したのに小生も合流せよとのことである。昨日磯部氏と小生とにその話があった時、訓育部はまた改めて別に、と磯部氏に断ってもらった関係もあり、一応は断ったが、山本氏に用事がある顔をして来いとの事で、一寸悪い気持だが出かけることにした。小牛の肉もあり、大変御馳

（4）陰暦十一月中の卯の日に行う宮中の儀式。その年の新穀を天地の神々に供え、天子自らも食し、臣下にも賜った。

走であった。三時頃辞去。銀座の鳩居堂*1にゆく。棟方志功等の倭画会の展覧会が二十日から今日迄あるから見に来いと、棟方氏から案内状もらってあるので。然し、行ってみると、別の展覧会があり、倭画会のは昨日で終ったといふ。案内状にはたしかに二十三日迄とある。小生の外にも今日来た人があるといふ。下手な絵を不本意乍ら一巡してみて、水入と筆とを買って帰る。夜十二時までかかって荷物の整理を終へる。莫蓙をしいて、屏風をうしろに立て、日本机の前に座ると、急に落付いた気分になる。これでやっと住心地のよいものとなる。

今日は晴れて暖いよい日であった。

十一月二十四日（金）晴、後曇

今朝は鍋島教授と朝食を共にす。登院も一緒。中食後十一時半より四五年の級長を訓育部に集め、磯部主任から来週よりの朝礼様式変更の件につき、その主旨、方法等を話してゐるところへ、警戒警報が出る。十一時五十五分位。直ちに級長を帰し、全員服装をと、のへて集合、一応配備につき、防空資材を配付させてゐるところに、空襲警報がくる。時に十二時二十分。そこでそのま、配置につけ、自分は本部へかけつける。伊豆方面より波状攻撃第五回迄はっきりラヂオが報じたが、その後も編隊攻撃が度々ある。うろこ雲がいつのまにか一面の薄雲となる。風が出、木の葉が降るやうに落ちる。（二時十五分天覧台横の銀杏落葉の上に腰を下して之を記す）

何度もわが頭上を敵機が通る。併しわが目で実際にみたのは初の五機、次の十二機の二度であった。

（1）一六六三年薬種商として創業。その後、業態を転換し、香や文具を扱う。京都に本店、東京に銀座本店を置く。

大君います帝都の雲美しき空を醜敵に汚されて、遺憾この上もなし。俊彦王殿下は終始図書館前の壕に待避してゐられた。小生は学生を夫〻の位置につけてから本部につめてゐる。三時空襲警報解除。直ちに中等科前に集合。然る後学校作業場に向ふ。今日は最初配備につくときも、ついてから後も、それから解除になって引き上げる時も、大変うまくやった。その事を磯部氏皆に向って賞美する。四時工場終了、学生は全部帰宅。

帰寮して食事の仕度をしてゐると、今夕から寮食を我々ももらふことになったといふ。御飯をたきおかずも煮たが、そのまゝにしておいて、寮生四人と一緒に食堂で会食する。自炊が不要になると大変楽である。量も相当にあり、これなら大丈夫と思ふ。八時過寮生の松室がきて、鍋島氏と小生に四寮へ話しにきてくれといってくる。そこで、二人で出かける。丸山寮生の父が持ってきたといふ餅をやいてもらひ、又松室が今日外出して親戚でもらったといふドラ焼みたいなものも御馳走になる。談話室で、寮生四人に我々二人、合して合計六人、九時二十分頃迄歓談する。

や、おぼろの半月が、三寮の横の黄葉した銀杏の葉を照らしてゐる。山茶花がほんのりと玄関脇にうかんでゐる。少し肌寒いが、良夜である。

河出書房より「花のひもとき」（補注2→443頁参照）とゞく。八時少し前平岡公威君より電話。明晩の古今集の会に林富士馬氏別の会のため不参の由をしらせてくる。それから高藤君へ「花ざかりの森」を一部寄贈してやってくれるやうたのんでおく。山本修氏へ、明晩の会に出席してくれるやう手紙をかき、明朝をばさんにことづける積り。

房枝へ小包のとゞいたことを知らせる手紙かく。

十一月二十五日（土）曇後晴

五時四十五分起床。六時十分食事のベルで食堂に向ふ。食堂前で寮生と朝礼を行ひ、然る後会食。六時三十五分小田原へ向け寮を出る。小田急の中でたまった日記つける。横に座った人のみてゐる新聞のぞいてみると、昨日の空襲の事が大見出しで出てゐる。国民学校へ投弾、一人の死傷もなしなどいふ見出しが目をひく。曇ってゐた空が、途中からはれ出で、明るい陽が車内にさし入りはじめた。

十一時半頃警戒警報が出る。一時過ぎ空襲警報も出ないま丶で解除。今日は一時限は午前も午後も昨夜泊った塚越氏の授業。従って小生は二、三時限となり、帰寮の時間が遅れる。雑炊が三時から三時十五分迄で、それから第三時限がはじまるのである。それが四時五分に終るのであるが、それでは四時十五分足柄発の電車に間にあはないので、少し早目に引き上げて駅に向ふ。丁度今夜は昭和寮で古今集の会もあることになってゐる。今日は割合に混雑しない。六時四十分頃帰寮。まだ誰もきてゐない。然し間もなく瀬川昌治君がくる。それから山本修氏も来られる。平岡もくる。山本氏と二人は失礼して風呂にゆく。そしてとってもらってあった食事を一人すます。その間鍋島氏も加へて四人に談話室で待ってゐてもらふ。恋一の途中*1からはじめる。次に

片糸をこなたかなたによりかけて逢はずは何を玉の緒にせん

夕ぐれは雲のはたてに物ぞ思ふあまつ空なる人をまつとて*2

かりごもの思ひみだれて我こふといいもしるらめや人しつげずば

（1）古今集四八三〜四九〇。

（2）五句「人をこふとて」。

つれもなき人をやねたくしらつゆのおくとはなげぬとはしのばん　＊3
ちはやぶるかもの社のゆふだすきひと日も君をかけぬ日はなし
わが恋はむなしき空にみちぬらし思ひやれども行方もなし
するがなるたごの浦浪た丶ぬ日はあれども君をこひぬ日ぞなき
ゆふつく夜さすやをかべの松のはのいつともわかぬこひもするかな
ここまで、合計八首ゆく。やっぱり一緒によんでゐると、とてもたのしい。十一時過まで皆で話す。

十一月二十六日（日）晴

午前中在寮。結局何すとしもなく過す。この頃心労多く、頭脳のはりが無くなった。読書にも根気がつゞかぬ。棟方志功のお宅に電話かけると、夫子《ふうし》＊4自身が出てくる。今日午後一時頃伺ひたいといふと、在宅するからこいとのこと。会ふさきから勇気が身内に蘇ってくるやうだ。

十一時頃西崎氏より電話。今鍋島氏来談中なれば君も来いとのことで、出かける。十二時過ぎまで中等科の現状及び将来のことにつき話し、ビールの御馳走になる。日曜の昼食は丼につめてもらひ、寮にもち帰ってある。鍋島氏と二人で味噌汁つくり、食事する。少し遅れたが一時寮を出て棟方志功の所へ行かうとして、清水歯科医院の前まで行ったとき、警戒警報のサイレンがなりひゞく。直ちにひき返す。敵機一機帝都に侵入したと情報が入り、暫くして又一機敵機らしきもの伊豆方面より北進中とあったが、結局空襲警報は出ずじまひ。而も後の一機は味

（3）四句「おくとはなげき」。

（4）長者、賢者、先生などに対する敬称。

方機であった由。三時頃その警戒警報も解除となる。そこで棟方氏の所へ向かふ。今畳がへと台所建増しの普請中といふことだが、炉の傍に招じ入れられる。丁度そこは畳がへ中で畳が上げてあったので、美しい備前の花莫蓙をしいてくれる。宮様に献上のために岡山のさる製造所で調整した中から、献上品を選び、その残りだとのことである。実に美しい。座るのが勿体ないやうだ。平素よりも物静かに、然し真摯に、大事な話をしてくれる。先達来陸軍と海軍の嘱託となり、大本営の人達に時々呼ばれて話をするのだといふ。その話の中で、心にとまった事一二。

○巾のある仕事がしたい。巾が同時に深みとなるやうな仕事を。深みといふ点からいふと日本のものはゆきつく所までいってゐる。然し巾が足りない。深みから巾は生じない。

○玉砕もよいが、あれをきいて、何だかはかない感じをもつ。本当の命の燃焼はあんなにはかない感じを与へない。又戦争美術展*1の絵のやうに陰惨でもない。むしろ、我々に無上の歓喜と勇気とを与へるものだ。神風特別攻撃隊の人達の敵機に突込むまでの精神の最高の状態の持続―ぎり〳〵のところを持ちこたへる、あれが尊いのだ。突込む時よりもその方がたっとい。

久しぶりにからっとした気持ちになって帰る。

十一月二十七日（月）晴

今朝から朝礼を厳粛に行ふ事になる。八時予鈴にて天覧台前集合、八時五分朝礼始、八時二十分第一時限始まで朝礼の時間とする。五年週番の指揮の下に、整列し、服装点検、点呼を各

（1）公的な戦争美術の中心をなすのは陸海軍の依頼で描かれた「作戦記録画」と呼ばれる大型の作品群で、多数制作され全国を巡回した。

級長行ひ、週番に人員報告をなす。週番はそれをまとめて訓育部員に報告する。それから職員学生一同科長に対し敬礼を行ひ、そろって宮城の方に向ひ最敬礼。次いで科長壇上に立ち、週番音頭とりて学生訓を斉唱し、科長に敬礼して朝礼を終る。直ちに教室に向け前進、歩調をとって威武堂々と行進する。階段下で歩調止めの号令を級長がかけて、そのま、教室に引率する。教室内では起立のま、先生を迎へ、級長が人員報告をするのを先生がうける。それから着席。このやうにして、動作がきび/\と進むと、すが/\しい気持になる。只、形がと、のひすぎて、豊かさと潤ひが逸脱してはいけない。その方を十分に注意していくのがかくいふ小生の任務かも知れない。

十一月二十八日（火）晴

四年の三つの組で、「一筋の道」と題して大様次のやうなことを話す。芭蕉が幻住庵の記＊2の中で「この一筋につながる」といった、この一筋の道が、「此の道や行く人なしに秋のくれ」の「此の道」である。一筋は持続を意味する。芭蕉は一生を通して、守るべき大事なものを命を以て一筋に守り通してきた、これからもやはり守り抜いてゆから、その道の上に立った自分を省みて「この道や」とよんだのであらう。このやうな守るべき最も貴い大事なものをかたくなに守り通す、そこに道が自らに明かとなってくる。このやうな道が万古に通ずる道である。守るべきものをかたくなに守るとは、今日只今を一大事として一刻々を完璧なものとしてゆく生き方をいふ。杉本五郎中佐＊3が「一大事とは今日只今の事なり」といったのはそれである。（ここで杉本中佐の山西戦線に於ける最期の模様を大山澄太氏＊4の文章＊5により紹介す

（2）元禄四年七月刊『猿蓑』巻六収録の芭蕉の俳文。五段より成り、その五段で境涯の回想と現在の心境を語り、「終に無能無才にして此一筋につながる」身の「いづれか幻の栖ならずや」と、幻住庵に言いかけた一所不住の言葉で結ぶ。

（3）明治三十三年生。昭和十二年戦死。陸軍軍人。戦時中の死生観を示す『大義』が昭和十三年刊行され、大ベストセラーになる。

（4）明治三十二年生。平成六年没。宗教家、俳人。岡山県生まれ。荻原井泉水に師事。種田山頭火の顕彰に努めた。

（5）『杉本五郎中佐の尊皇と禅』昭和十五年五月二十五日、春陽堂書店刊。

る）他人から狂人といはれようが変人といはれようが、己れの護るべきものをかたくなに守り通すことが、お互に大事なことである。云々

十一月二十九日（水）曇後雨　十一月三十日（木）雨〔二日分を続けて記述〕

朝礼の形式につき、午後科会をひらき各位の意見や希望をきく。その結果先生全体に対する朝の挨拶がないからそれを科長への敬礼の前に入れようといふことになり、本庄中尉の意見で全部が前方に向って挙手の敬礼をすることになる。

夜、少し早めに就床した。夢現《ゆめうつつ》の中にサイレンをきいた。切れ目がない。警戒警報だ。警戒警報と分ったので、早速起床、身仕度する。仕度を終へた頃に空襲警報が出る。早速階下に下り、をばさんをせき立てて身仕度させ、電灯を全部消して、元テニスコート横の壕に手をひいてつれてゆく。已に丸山、渡辺両寮生と小林書記が入ってゐる。掩蓋《えんがい》もあり、中にはタコ穴みたいな横穴があり、仲々よく出来てゐる。間もなく爆弾投下の音がきこえてくる。地響きとなって、肉体につたはってくる。この地響きのつゞきに、雷鳴のやうにきこえてくる音は、初めはやはり爆撃かと思ったが、これは高射砲の音だといふ。折柄曇天で、敵は雲上より盲爆撃をしてゐるから注意せよとラヂオが伝へたといふ。その内に雨がふりはじめる。いつしか東方の空が赤くなったと、穴から抜け出た寮生の一人が叫ぶ。火災が起ったらしい。その火勢は見る〳〵内に拡大し、やがて火の手も見えるやうになり、炎々と空を広範囲に色どっていった。小林書記は丁度震災の時のやうだと、をばさんに云ひきかせてゐる。雨は段々強くなり、何度か待避信号によって我々は壕にしゃがんだ。敵機は爆弾と焼夷弾とを混ぜて落してゐるとのこ

とで、罹災地区の混乱状態が妙にあざやかに目前に浮んできたりした。敵機が去っても、雨がふるので、外に余り出ることが出来ない。出入口がぬかるみ、出入が大変困難である。夜がふけるに従ひ、冷えまさってゆく地冷が骨身に通るやうである。敵機幾編隊か来り又去った。二時五十分頃空襲警報解除。鍋島氏は本館前の壕にゐた。三人でお茶をのみ、もう一度就寝した。すると、再び警戒警報のサイレンである。時計をみると三時五十五分。直ちに起床。身支度して、下におり、まだ眠ってゐる二人を起す。四時五分空襲警報発令。待避信号は間もなくなりわたる。今度は鍋島氏もこちらの壕に入る。小林書記は今度も先に来てゐる。寮生は寮地下室に入ったらしい。夜明け近くで、冷え方は格別だ。雨は降りやまない。今度は先達の火勢は大分衰へてゐるが、その少し右方にまた一つ火の手が上った。先の程大きくないが、火の手ははっきり見える。やはり爆弾と焼夷弾落下とを混用してゐるのであらう。糞度胸が出来てきて、妙に豊かな気持になる。子供らは手足まとひとして、身近にゐないし後顧の憂はないやうである。後顧などと考へることもなささうである。まあいってみれば平常の心と変りない。故郷で家族達がラヂオをきいてゐるだらうかと思ってみたが、ないと気付き、思ひは自然に妻子の上から離れていった。約一時間の後空襲警報解除。まだ時間が少しあるがもうねなかった。

衛兵日直なので、七時五分頃家を出る。衛兵は雨中定刻に全部集った。たのもしかった。皆はりきった眼つきをしてゐる。磯部氏は今朝八時五十一分上野着で内原から二、三年生が帰ってくるので、その出迎へのため出向く。そこで小生が朝礼を指揮する。雨天なので廊下に並べる。玄関を中央として、左方に五年、右方に四年。少々混雑したが、大体うまくいった。形式は戸外と同様。岩田科長が居られないので、昨日も今日も児玉教務部主任が代って受礼する。科長不在の際の代理として朝礼をうけるのは教務主任がするのが当然だといふ説と、そんなことに拘らず、席次の着席の人がなすべきだといふ説と、両説あったが、その何れにするかは科長帰京の上きめるとして、先づ今のま、教務主任が代行してゆかうといふことは昨日の科会できまったのだ。朝礼の後その場にのこし、左のことを学生一同に対して述べておく。

昨夜から今朝にかけて、わが帝都は敵機の空襲をうけた。わが同胞を傷つけ、殪《たお》し、その住居を破壊する爆弾の音を銘々の肉体に実感したこと、思ふ。今や我々は、大人は大人なりに、子供は子供なりに覚悟をしっかりときめねばならぬ所へきてゐる。教室にあっても、いつ爆弾が頭上におちても恥しくないやうな生き方をしてゆきたい。ぎり〳〵の覚悟の上に立って、そこから学習院の学生らしい鷹揚さが生れてくる。これが本当の鷹揚さだ。お互いしっかりやらう。終り。

内原からは定刻には帰京しなかった。その時は連絡がつかなかったが、あとで、上野駅からの通知によると、空襲警報下なので、定時に出発出来なかったのは致し方なしとして、警報解除されたとしても、同日に帰京するか否かにつき議論があったさうだが、結局午後出発して、三時二十六分上野着で帰京することになる。今度は磯部に代って小生が迎へにゆく。宮原、児玉、猿木三氏と小生がゆく。章憲《あきのり》王殿下*1をはじめ、皆々逞しい眼光をかゞやかしながら帰る。実にたのもしい。上野駅で解散。帰りの電車の中で、訓育部員としての責任の重大さをしみ〴〵思ふ。今夜から山本修氏入寮、第十室に入る。昨日入ることになってゐたが腹工合が悪くて今日にのびた。夕食はお粥持参である。

(1) 昭和四年―平成六年。賀陽宮恒憲王第三子。

十二月一日（金）雨

今日も雨なので、朝礼は廊下で行ふ。この頃事務に追はれ、学生の作文をみても、よむ眼が上辷《うわすべ》りして、くひ入らなくなった。いけないことだ。併し自分が訓育部に心改めて入ったことは一つの大使命がある筈だ。その使命達成にはどんな困難をも克服して進まねばならぬ。なすべき事多く、逞しき意力、おのづから内にもり上りくるを覚える。

今夜から第三寮へ食事をもってきてくれる。正式に本省から我々の入寮が許されたのだといふ。

東陽印刷所付近が焼夷弾のため火災をおこしたときいたので、電話で見舞ふ。工場が二ヶ所焼けたさうだ。

十二月二日（土）晴

小田原行。新松田近くから、東窓に白皚々《はくがいがい》＊[2]たる富士の霊姿《れいし》＊[3]が実に神々しく見えてきた。心洗ひ清められる思ひがする。神州の自若たる姿をここにはっきりと見たやうな気がする。小田原行は今日が最後となる筈である。来週からは時間割と受持が中等科全体変り、小生の代りに大村教授が小田原へ出張してくれることになる。学生には最後の挨拶をしてくる。五時半頃帰寮。

夜第一土曜で、古今集の会をひらく。但し、瀬川が一人きたきりで、山本氏と小生と三人だけ。鍋島氏は昨夜来千葉の家族疎開先へ出向き不在。結局十一時過ぎまで文学の話しをしつゞ

（2）一面に白く見えるさま。
（3）よい姿。

けて、古今集の歌は直接やらなかった。然し、大変愉快だった。十二時過ぎ就床。

十二月三日（日）晴

実にはれやかな朝。はれた冬の朝は実にいゝ。南向きの窓下でたまった日記をつゞってゐると、陽光がさん〳〵とふりそゝぎ、風につれて窓外の銀杏葉が思ひ出したやうに、カサ〳〵と音を立てて、落ちつれてゆく。心なごかに*1午前中すごす。新聞をしみ〴〵とみる。

大本営発表「昭和十九年十二月二日十五時」

陸軍中尉中重男の指揮する我特別攻撃隊薫隊は十一月二十六日夜輸送機四機を以てレイテ島ドラグ及びブラウエン敵飛行場付近に強行着陸を敢行せり　我偵察機の捜索に依れば爾後右空挺隊は両飛行場の要部に決死突入大なる戦果を収めたるものの如し。

右の中には台湾、朝鮮の志願兵も参加してゐるといふ。さういふ人々もこめて、又々神兵の新たなる出陣。落下傘で降下するのでなく、大型輸送機で敵飛行場の真只中に大胆極まる着陸をなし、それから挺身一つ〳〵の飛行機に次々と飛到し、爆薬を装塡してゆくのだといふ。敵機を空中で撃墜する困難をさけて、巣ごもる小鳥をおそふやうに、敵中着陸といふ神業が、この度発表されたのである。我ら又、言なし。

亀から来信。去る廿七日母を広島の津田医師の紹介で胃腸専門医の所へつれてゆき二日に亘り徹底的にレントゲン検査をうけたところ、今のところ全然異常なしと分ったといふ。但し、胃部に一寸どうかと思はれる部分があるので、二ヶ月経ってからもう一度つれて来いとのことだといふ。何れにしても一先づ安堵である。原因は夏前の腸カタルだらうとのことで、老年故

（1）「和かに」か。ゆったりと。

恢復がおそくなったといふことである。出来たら小さい家を近くに見つけて、母を別居させたいとある。そのやうになれば一番い、。

亀有技術員養成所の安藤氏より十一月の俸給として七十円送ってくる。一度も授業しないのに変だが、まだ席があったのだから致し方あるまい。ともかくもらっておく。

午後山本氏の畑へ芋掘りに二人で出かけることになってゐたが、遅目の中食をすませたところへ塚越氏がひょっこり、部屋を見にきたといってやってくる。ハッタイ粉*2を三人でたべてゐると、二時一寸前頃警戒警報がなりわたる。塚越氏はすぐ帰る。小生等は身仕度を終へたところへ、いつものやうに空襲警報がくる。例のテニスコート脇の壕に入る。隣は西崎氏の御家族が入ってゐられる。度々待避信号がなる。半鐘がカンーカン／＼／＼／＼／＼／＼となる。その都度壕の中に入る。待避信号の間隙をぬって、壕内に板や枯草をもち込んで、足場をよくし、腰かけをつくる。美しい空である。実によく澄んで、こんな美しい清らかな空は見たことがないほどである。敵機は高々度をとって、何度もわれ／＼の頭上を通った。余りに高いので、白いその姿が見えたり、かくれたりするほどである。方向と光線の関係でさうなるのであらう。誠に腹の立つほど、敵機の姿が美しく見える。あんな姿をしてゐて、どうして爆弾など落すのだらうかと、不思議な位である。しまひにはさういふ不思議の気持ちもどこかへ消えてゆき、只美しい空と、その中を夢のやうに飛翔する敵味方の機影を、うっとりと追ってゐた。鉄兜の重みで頭がだるくなるので、時折ガクンと頭を元にもどしては休め、また仰向く。鉄兜を両手でか、へるやうにすると、いくらか楽なので、そのやうな恰好でふり仰いでゐる。併し西方二ヶ所に火災の煙が見え、事実爆弾投下の音響も、身にひゞいてくるので、不図現実

（2）米または麦の新穀を炒って焦がし、碾いて粉にしたもの。砂糖を加えたり、水や湯で練ったりして食べる。

にかへっては壕の中に入る。

四時一寸前空襲警報が解除となる。京浜上空に敵機なしと、ラヂオは報ずる。間もなく警戒警報もとける。

夜をばさんの室で、山本、鍋島氏と小生とそれにをばさんと、ラヂオをきく。七時の報道がある。大本営の十八時四十分発表は、今日の敵機来襲の戦果を報ずる。
一、本十二月三日十四時頃より十五時三十分の間B29七十機内外マリアナ諸島より帝都付近に来襲せり、我制空部隊の収めたる戦果中現在迄に判明せるもの撃墜十五機なり
二、我方の損害軽微なり
今日は七千乃至一万米の高々度をとってきたといふ。高々度は疾風ふきすさび、わが戦闘機も邀撃に困難をおぼえたといふ。先刻の空襲警報下、天空を仰ぐ我が目に、友軍機に撃墜されて、ひら〳〵落ちてゆく敵機の姿がまざ〳〵と見えた。高い〳〵所から落ちてくるのであるが、見てゐるこちらが気が遠くなるやうな気がする。

十二月四日（月）晴
大霜。霜柱が立ち、氷がはった。自室のカーテンを排すると、朝日が明るく清く温かにさし入る。静穏である。ほんのりと朝靄がおり、昨日空襲をうけた帝都と思へないほどである。西崎氏が下丸子の工場にゆくので、代りに小生が衛兵当番する。正門に至ると、一人の守衛が、昨日門内に高射砲の破片がおちた個所ををしへてくれる。二ヶ所ある。一寸掘れてゐる。他の一人の守衛は昨日特別教室の屋上から撃墜されて白煙ふいて落ちてゆく敵機の姿を目のあたり

見たと、得意に語つてゐる。

昨日塚越氏が昭和寮にきたときいた話であるが、四年一組の鈴木清純、同三組の鈴木清和の兄弟の家は、日本橋であるが、去る三十日の空襲（補注3→444頁参照）のとき全焼したことが本人の来院によつて、はじめて判明したといふ。母君は病臥中であつたといふがやつと助け出し、着のみ着のまゝで家族一同逃げのびたといふ。今母君は病院に居り、弟の方が母君につきそつて看護してゐるといふ。

夕刻宮原前学生監の官舎に招かれてゆく。石井氏も内原を引き上げて帰つたし、前訓育部員を全部招いて、辞任の挨拶を兼ねて夕食を共にしようといふ宮原氏の暖い心からである。集る者石井、菅原両教官と野村書記と小生。非常に豊富で新鮮な野菜料理が出て、大変満足した。石井氏が内原から土産に持つて帰つたといふ薩摩芋をふかして頂く。その内に昭和寮の山本氏から電話があり、高藤君が来てゐるといふ。来るといふ葉書はもらつてゐたが、まあどうかなるだらうと思つてそのまゝにしてゐたのである。先達逢つたとき野菜をもつてきてくれるといふ約束だつたのである。栗山君も来てゐるといふ。他の諸君より先に失礼して帰る。二人が待つてゐてくれた。高藤君の用事は野菜をもつてきてくれたこと、それ以外には大してない。栗山君のは雑誌「文藝文化」廃刊に伴ふ供与金の件につき、日本出版会から蓮田君宛にきた書類を持つてきて、それに対する返事に蓮田君の印が入用となつたからである。二人に御飯をたいてたべさせる。野菜は水菜、蕪菁、白菜と、豊富にもつてきてくれた。十時頃迄話して帰る。五時過ぎに二人共きてくれたのである。

八幡の叔父からとみを、あさから来信。叔父は新聞を見て東京空襲の見舞をよこしたのである。みをとあさからは近況を報じてきた。絵もあり、仲々面白い。一人で二通乃至三通かいてゐる。

日がちがふらしい。はるのは入ってゐない。あさの左の手紙特に面白いと思った。

お父さんへ

お父さんお元気ですか。おとといけいかいけいほになりました。私くしも田うちをしました。そしてまめが出きかけになりましたがすぐなほりました。くにをちゃんは兵隊さんがとほるとすぐ、しっけいといひます。もうくにをちゃんは、ちょっと何かくにをちゃんのものをいぢるとちょあ〳〵といひます。くにをちゃんにおとうさんは、どこにゐるといふと、とおきょといひます。自分のことを、にょうちゃんといひます。今日裁縫箱つきました。お菓子もつきました。お裁縫箱の、うらに、大きな、ゆびのあとがついて、ゐました。たいがいならおとうさんのゆびのあとだと思ひます。それから、おとうさんの、くつのなかへ引くものを買ひました。けが生えてゐてあったかいです。くつ下といっしょに送ります。

さやうなら

あさより

十一月二十一日

右の文章を二枚の半切原稿用紙に書き、二枚目の裏に絵をかいてゐる。道が手前からT字形に緑色で彩られ、左の半分には稲刈の跡が見えて、「はぜ」を作って稲が懸け干してある。右半分は黒土となってをり、大きな栗毛の馬が右から殆ど全身をのり出してゐる。後足が逆に曲ってゐるのも、芝居に出てくる馬のやうで面白い。黒土は耕された土を現すのだらう。T字形の上部もやはり黒土である。

十二月五日（火）晴

房枝から、小包とゞく。昨日あさ達が書いてゐた品々が入ってゐる。即ち靴下数足、大豆と米とを煎った非常食、靴の下敷、猿又二足。

夜桜井学生監の官舎に招かれてゆく。酒二升あり、その他思ひ〳〵の物を少々宛持ち寄る。高等科では富永、西崎両氏、中等科から山本、児玉、磯部三氏に小生。主人の桜井氏を合して七名。野菜料理が多量に出て、酒は甘し、ほんとに満足ゆくほど飲み食ひさせてもらふ。酒は工場の伊勢が自分へのものを廻してくれたとのこと。七人で二升ぺろりと平げる。然し、大体一等多く飲んだのは児玉氏と小生、それに次いで山本氏。十時過ぎまで御邪魔して帰る。まだ風呂がぬいてなかったので、入る。富永氏は今夜は寮へ泊るので、西崎氏、山本氏と四人で十一時過ぎの風呂に入る。大変気持よい。就寝は十二時過ぎてゐた。

四年の作文に「わが生ひ立の記」をかかせることにする。＊1

中食後、猿木教授と二人で四年一組々長佐々木行美をつれて、鈴木兄弟の仮寓先たる茅場町の小甚旅館を訪ふ。新宿まで学習院下よりバスでゆき、そこから都電で築地へ、そこで乗替へて茅場町までゆく。茅場町停留場に下りて見ると、その付近一帯焼野原となってゐる。焼跡をとりかたづけつつある人夫の姿があちこちに見える。惨憺たる様である。鈴木兄弟の更に弟が一人留守番してゐた。同級生が持ち寄った見舞の品々を届けて、帰る。茅場町の停留場に立って電車を待ってゐるところへ、鈴木（兄）が追ひかけてくる。外出から帰ったら我々が今帰っ

（1）ここから後十三行分は、十二月六日の記事に入れるべきか。

たときき、とるものもとりあへず後を追ってきたといふ。母君は飯田橋の日本医大付属病院で療養中で、いくらか持ち直したといふ。布団がなくて困ってゐるともいふ。併し当人は案外元気である。帰途神田橋に下車、東陽印刷を見舞ふ。神田橋から美土代町へかけた一帯が、これまた茅場町以上の広範囲に亙りこれ又焼野原となってゐる。東陽印刷の工場が二ヶ所焼けたさうであるが、事務所が二階にある本部の建物のある一角が不思議にも焼けのこってゐる。見舞の言葉をのべて帰る。

十二月六日（水）晴

午後警戒警報が出て、作業中の学生を一応配備につけしめたが、空襲警報に至らず間もなく解除。

十二月七日（木）晴

真夜中、一時二十三分空襲警報発令。防空宿直当番なので、一応三寮地下室に山本氏、鍋島氏親子と、をばさんと五人で待避したが、折を見はからって学校へかけつける。図書館前の壕に入ってゐる。何時の間にか壕内にはラヂオを備付け、電灯もついてゐる。電話も引いてある。七八名の人が已に入ってゐる。煙草の煙が濛々としてゐる。三時六分空襲警報解除となったので、宿直でない人と宿直でも官舎住の人は帰宅し、宿直の者だけ小使本部に行って警戒管制解除を待つ。四時解除となったので、帰宅、就寝。

都の教育局に照会したところ、七、八、九の三日間帝都中等学校の学生にして、勤労動員うけてゐない低学年のものは、臨時休業の命を発したとのことで、本院に於てもこれに準じ、二時間目授業終りて、二、三年生は直ちに帰宅せしむ。帰宅の前四、五年と二、三年を一緒に中等科前に集めて、科長よりその旨言ひ渡す。四、五年は一層緊張して増産に邁進せよとつけ加へらる。

大本営発表（昭和十九年十二月七日十六時三十分）

一、我高千穂降下部隊は十二月六日夜レイテ島の各敵飛行場に対し一斉に落下傘降下及強行着陸を敢行し、所在の敵と交戦中なり

二、我特別攻撃隊石腸飛行隊は十二月五日七機を以てレイテ島東南スリガオ海峡を並進中の敵艦隊を攻撃し巡洋艦一隻、輸送船五隻、艦種不詳一隻を撃沈せり

同日八紘飛行隊の一機及一宇飛行隊の三機亦レイテ湾内の敵艦船を攻撃せるもその戦果未だ確認し得ず

同　　（昭和十九年十二月七日十三時三十分）

仏印方面の我部隊は南寧方面より南下中の我部隊と策応十一月二十八日早朝ランソン付近に於て国境を突破し広西省に侵入所在の敵を撃破しつ、進撃中なり

山本氏と夕食を認《したた》めてゐると、突如警戒警報となる。醜敵の行動に一々左右されるのも癪なので、御飯だけは悠々とたべ了へる。たべ了へたところに空襲警報来る。鍋島氏親子は早く戸外の壕に行く。山本氏とをばさんと小生と三人は一応地下室に入り、山本氏折を見て、宿直のため学校へゆく。暫くして解除となったので、すぐ寝る。

十二月八日（金）晴

未明二時一寸前又々空襲警報が出る。再び山本氏学校へ、小生等二人は地下室へ。これも四時一寸前解除。敵は大規模の空襲を企図して準備的行動をとりつ、あるのか、それとも、所謂神経戦的な蠢動《しゅんどう》＊1をつゞけつ、あるのか判然せぬが、ここ一両日前から、いやにいら〳〵して敵に対してゐるやうな当局者の態度が見え、遺憾に思ふ。警戒は厳にすべきも必要以上に神経をとがらすことは大禁物なり。

午前七時三十分、帝国在郷軍人会宮内省分会第七班学習院班結成式を天覧台前に於て行ふ。満十七才以上四十五才迄の職員、学生全員朝寒の校庭に集合、職員隊の指揮は渡辺藤一教授、学生隊の指揮は古沢清久がとる。かうして、職員学生が身分と年齢を超えて一体となったといふ意識が、妙に自分をうれしくさせる。森々として国の生命のいぶきを身体に感ずる。院長へ一同敬礼、宮城遥拝、国歌奉唱ついで桜井和市班長の帝国在郷軍人に賜りたる勅語の奉読、同挨拶あり、次に配属将校星大佐の祝辞あり、最後に聖寿万歳を斉唱して八時散会。非常に気持がよかった。

今朝は朝礼を、はじめて院長御覧下さる。組長の号令、指揮の態度に稍々不満の所あるも、列中の者はよくやった。朝礼に引きつゞいて、大詔奉戴式。各級教室に向って前進。正々堂々と正堂に入り、静粛に開式をまつ。その神妙さがいぢらしくなったほどである。高等科が後からふざけ乍ら入ってきて今迄清浄であった空気が一寸汚濁するを感ずる。

昼休みの時間に組長を一同集めて、朝礼の事を中心に懇談中、又々警戒警報が発令される。

（1）取るに足りない者らが騒ぎ立てること。

正午である。学生を直ちに配備につけ、資材を配付せしめる。情報は一二機帝都に侵入したといふのである。然し余り逼迫した模様でもないので、作業につけることにする。就業間もなく、空襲警報は別に出ないが、宮内省から電話があって、八王子を去る百六十粁の地点に敵機を(電波探知機で)感じたといふことで、本部から配備につけの命令が出たのである。然し、間もなくそれは身方機の誤認であることが分ったので、配備を解いて、再び作業場へ向ふ。その内に二時四十分警戒警報も解除になる。昨日午後東京へきて始めての強震を体験した。訓育部室に部員四名居て相談中のところであった。鉄筋コンクリートの建物がゆら〳〵舟にのったやうに揺れるのであった。今日きくと、果して震源地たる遠州灘近傍は相当の震災があったらしく、名古屋の軍需工場の安否も気遣はれる。山本氏は郷里三重県の御家族を心配する。宮内省のえた情報によると静岡市は千機の飛行機に爆撃されたほどの損害を蒙ったとのことである。

神の怒り!

大本営発表(昭和十九年十二月八日十五時三十分)

帝国陸海軍の最近一箇年間に敵米英軍に与へたる戦死傷の概数　次の如し

米軍　二十二万六千名　英軍七万八千名(内英人約二万名)

右に対し帝国陸海軍の戦死傷約十六万八千名なり

なほ、三年間の敵米英の人員損害は米軍五十万三千名、英軍二十万名、合計七十万三千名。これに対する我方の損害は戦死傷三十二万七千名である。この数の相違は当然としても、我が同胞の尊い生命の燃焼を彼ら野獣と比較する訳にはゆかぬ。我らはこの尊き英霊に対し、只々額づくのみである。

大本営発表（昭和十九年十二月八日十六時三十分）

一、神風特別攻撃隊は十二月五日「スリガオ」海峡を南下中の敵輸送船団を攻撃、其の二隻を撃沈、一隻を撃破し、同七日「カモテス」海に於て巡洋艦二隻を撃破せり

二、我航空部隊は十二月五日より同六日に亙り、「レイテ」島増援中の護衛艦艇を含む約八〇隻よりなる敵輸送船団を「レイテ」湾、「スリガオ」海峡並に「カモテス」海に邀撃し輸送船四隻、魚雷艇三隻を撃沈、輸送船二隻、艦種不詳一隻、魚雷艇二隻を撃破せり

同（昭和十九年十二月八日十六時）

一、我特別攻撃隊万朶《ばんだ》飛行隊*[1]の一機は十二月五日レイテ湾内の敵戦艦若くは大型巡洋艦一隻を攻撃、之を大破炎上せしめたり　同日鉄心飛行隊の三機はレイテ湾東方サルアン島西方海面の敵輸送船団に突入せるも戦果未だ確認し得ず　我掩護機三機未だ帰還せず

二、十二月五日スリガオ海峡に出撃せる一宇飛行隊の三機は夫々輸送船一隻を撃沈せること判明せり

三、右攻撃に参加せる者次の如し

万朶飛行隊　陸軍軍曹　石渡俊行　陸軍伍長　佐々木友治
鉄心飛行隊　陸軍中尉　松井浩　陸軍少尉　西山敬次
　　陸軍伍長　長浜清
一宇飛行隊　陸軍少尉　天野三郎　同　愛敬理
　　同　大谷秋夫

（1）日本陸軍航空隊初の特別攻撃隊。鉾田教導飛行師団で編成。装備機種は九九式双発軽爆撃機。その後、鉄心隊、一宇隊などが編成された。

夜七時右の報道をきき、そのあとで小磯首相、山下比島方面最高指揮官、徳富猪一郎氏の講演があった。徳富氏の講演半ばにして二階に上り、日記をかき始めたが睡眠不足のためねむく、早く就寝。鍋島氏は宿直のため学校へ行く。

十二月九日（土）曇

午前三時十五分警戒警報発令、遂に空襲警報なく、四時解除。一機帝都に侵入焼夷弾を投下せるも間もなく東方へ向け遁走せりといふ。

今日の朝礼にも院長御臨席。今朝は級長の出来がよかった。一般も昨日よりも精神がこもってゐるやうに見えた。

午前九時五十分警戒警報。敵機一機西方より帝都に侵入しつゝありの情報あり。学生を一応配備につけて、資材を分ち、間もなく整列して授業継続。十時二十分警報解除。

東久邇宮付長沼氏の話によると、一昨日の地震のため、最も被害の大なるは大垣市、それから名古屋、四日市、浜松、陬防*2等であるといふ。長沼氏の郷里なる天竜川東岸の岩田郡は静岡県下で最も災害が大きかったといふことである。汽車は原以西、豊橋迄不通といふ。岩田郡の岩田町は戸数四千戸の内一千戸倒壊、四百名の国民学校児童が校舎の下敷となったともいふ。未だ詳報が各地から来ないので分らぬが今の所右の次第だと、長沼氏の従弟の方で毎日新聞の記者をしてゐる人から昨日報告があったといふ。

四時より科長室にて句会。第二回目である。兼題は残菊、霜、冬の月、枯野、水鳥、マスク、火桶、年のくれ等。此時迄に山本氏、小生迄句稿七句宛出すこととする。集る者岩田水鳥、長

（2）「諏訪」と同じか。

沢三山、山本芒李庵、宮本清、塚越香春、渡辺十一、清水二兵衛、清水碌々。小生の作は、

落葉たく烟の香る辻なりし
銀杏葉の黄に染む頃を独住《ひとりずみ》
落ち連《つ》るる銀杏葉《いてふ》音して昼静か
新掘《にいぼり》の土の香りや銀杏ちる
住みつきて火を恋ふ頃となりにけり
よき人の気配や宵の桐火桶《きりひおけ》
子が文に故里の景か描《か》き添へし

第一位は水鳥、第二位は芒李庵、第三位は碌々。

今夜、青雲寮第一回寮生有志が昭和寮第三寮に会し近く出で征く古沢、瀬川、中島、高橋の四名を囲み、夕食を共にし、歓談しようといふので、もう已に皆集ってゐるに相違ない。句会が酣《たけなわ》なる頃、すでに心は寮舎の方へ帰ってゐる。こちらも面白いし、あちらにも早く帰りたい、あせる思ひを抑へて句会の終るのを待つ。終りかけたので、一足先に失礼させてもらふ。息せき切って帰ると、もう大部分来てゐる。野菜を切り、七輪や鍋を炊事場から運んで肉を煮る用意も出来てゐる。牛肉は瀬川の肝煎りで、一〆五百匁買ってあるといふ。豪気なものだ。御飯は炊事場でたいてもらってある。我々の方は秋山、山本両教授と小生。学生は古沢、瀬川、中島、高橋、草鹿、四方、千坂、新井、吉川、森、荷見。久方振りに御馳走の満腹。途警戒警報が出たが間もなく退散。若者らの精気にへきえきせしか。十一時近くなりて、一同解散、只中島高橋の両名はこの寮に泊ることになる。山本先生のと小生のと、夜具を出しあって二人をね

かさせる。一同に寄書を求む。左の如し。*1小生のは後日書き入れしもの。のこりし四人話し合って、二時にかへる。明日中島は自働車の練習に行くといふので、睡眠不足になるといけないといふので、急いでねせる。

十二月十日（日）晴

晴朗の朝。家の支度をすませて二人を起し、たべさせて、中島は九時迄に宮城まで行かねばならぬといふので、慌て、出てゆく。高橋はのこって話す。炊事場でかりた道具をリヤカーにのせて高橋が返しにゆく。児玉、山本両氏の荷物を今日小使二人で運んでくる。山本氏はそのため高橋がまだ居る内から児玉家に出向く。

十二月十一日（月）〔記載なし〕

十二月十二日（火）

勉励手当七百四十円を頂く。但し内貯金が五十円、所得税が百八円五十五銭、差引五百八十一円四十五銭うけとる。帰寮直ちに、封のま、神棚に供へる。明日この中から三百円だけ深川へ送らう。残りの中から二百六十五円余りの保険料を出すことにする。

今日は二年前天皇陛下が御親ら伊勢皇大神宮に御拝遊ばされた、畏き日。午後一時廿二分を神宮遙拝の時刻と定めて、それ〴〵の場所に於て教官指導の下に遙拝を行ふ。午後七時半頃警戒警報出る。間もなく空襲警報も出る。地下室に入らんとすると、近くに高射砲とも爆弾とも

（1）原文の体裁は次の如し。中央に「歓送出征学徒之壮途　秋山峰三郎」とあり、これを囲むように十一名の学生の名前を記す。それに清水が後から「昭和十九年十二月九日夜陽復寮に眉清き若者等集ひ　近く出で征かむとする四人を囲み心あつき別宴を張る　雅遊将に酣ならむとする時おのがじしの証しを求めて以てかの美しき面影を追ふよすがとせむとす」と書き込んでいる。

分らぬやうな音がする。一旦待避はしたものの、外が気になり、出て見ると、東の空が赤い。屋上に上ってみると、学校の向うの方がやけてゐる。山本氏と二人でともかく学校に様子をみにかけつけることにする。寮の下の坂を下りかけると、「汽車の石炭の煙かと思った」といふ声が集ってゐる婦人連の口からもれる。鉄道伝ひの道に下りると、バケツをもった人が大勢ゐる。きくと、「汽車がもえながら走ってきた」といふ。察するに焼夷弾が汽車の上に落ちたのだらうか。焼夷弾による火災は鬼子母神付近といふ。正門の門衛所に入ると、饅頭笠大の中央に丸穴のあいた鉄板を中にして数名の人がのぞき込んでゐる。それが焼夷弾の入った大筒の蓋だと分った。あとで分るが、二段にして十八筒宛合計三十六筒入れたものである。なま〳〵しい鉄蓋をみて憤怒といふより、毛唐をはじめて見た子供の時のやうな妙に物珍らしい気持の方が強い。つい門の内側に落ちたといふ。西村庁仕が通りかゝると、つい鼻先に落下したといふ。

十二月十三日（水）雪

初雪。寝起きにカーテンを排して驚く。まだ葉の落ちやらぬ銀杏の梢に美しき花さきゐたり。

十二月十四日（木）晴

文藝世紀正月号へ「万古《ばんこ》」といふ五枚程の小文をかく。＊1

酒の配給が一升大蔵町の方である。それをとりにゆく。

十二月十五日（金）

（1）　実際の掲載は、二十年二月号。

昨日文藝世紀に書いた小文が不備だったので改めてかいてまた送る。
下丸子の東京無線に招待されて多摩川園前の松乃家といふ料亭にゆく。午後四時迄に。学校からは長沢、富永、西崎、児玉、清水の五名。御馳走多し。

十二月十六日（土）
俸給差引二百四円六銭頂く。外に小田原行の旅費百十一円余もらふ。

十二月十七日（日）晴
今夜は、児玉幸多氏を招いて山本氏と二人の手料理で、配給の酒を酌み交わし、歓談しようとしたが、待てど暮せど来ない。そこで侘びしさをまぎらさむとて、左の如き両吟百首＊2（未完）に暫しうつ、を忘る。

山本芒李庵
清水碌々

待恋両吟百首

雑炊に陽たち後る師走かな　芒
友待ちかぬる宵の盃　碌
還り来て白菊の床なつかしく　芒
妹は手離れ惜しみつ、泣く　碌
霜ふみて千里の空へ首途《かどで》かな　〃

（2）「両吟」は、俳諧の連句で二人（両人）で付け合うこと。又、その作品。

身にそへ秘めし文のひとひら　芭
行きずりの人の面輪《おもわ》におどろきて　碌
はかなきものはゆめのみそとせ　芭
は、そはの母の許さぬ恋ゆゑに　碌
手前ゆかしくお茶たて、ゐる　芭
侘住みのせんすべもなき桐火桶《きりひおけ》　碌
寮は陽復室は十室　芭
この窓に去歳《こぞ》の落葉は誰かき、し　ミ
南溟《なんめい》*1さしてをのこ出で征く　碌
七色の潮吹く鯨住むといふ　芭
乙姫様を思ひ寝にして　碌
紫に富士明けそむる朝《あした》かな　芭
源氏の君の面《おも》のやつれよ　碌
せいわ*2源氏名は幸多とぞ申しける　芭
花も実もあるをのこなりしが　碌
増花《ますはな》*3の沢なる人のせはしさよ　芭
わたし嫌だとあらぬ方むく　碌
鼻先に三十六峯そびえたり　芭
きぞ*4の夜枕忘れかねつ、　碌

（1）南方の大海。

（2）「清和」に「姓は」を掛ける。

（3）今までの恋人より優れた女。

（4）昨日。

さゞなみや志賀の浦浪秋はれて　芒
はるけき君が旅路をぞ思ふ　碌
厨べ《くりや》に配給のいか料理つく　芒
ほ、ゑみ返す妹の可愛さ　碌
あの時のあの部屋の事おぼえてか　芒
別れんとしてなほも追ひゆく　碌
会者定離《えしゃじょうり》愛別離苦*5の花の鐘　芒
振り捨て、ゆく益良雄《ますらお》の旅　碌
何時見ても心すがしき雲の峯　〻
帰命日本南無大やまと　芒
夜となれば妹の面影偲ばれて　碌
昼は消えつ、酒をこそ思へ　芒
久方の雲の上人《うえびと》*6恋ひ／＼て　碌
待ち明かしたる有明の月　芒

（以上）

十二月十八日（月）〔以下二十二日まで記載なし〕

十二月二十三日（土）晴

（5）会った者は必ず別離し、愛する者と別れる苦しみがある。

（6）宮中の人。

近く出で征く男、古沢清久、瀬川昌治、中島敏雄の三名を招いて、手料理で心ばかりの別宴をひらく。主人側は山本氏と小生。室は山本氏の居室。大豆と昆布とを煮、薩摩芋を油で煎り、缶詰を切りてアスパラガスを出す。古沢の母君の心づくしの赤飯十五折が前もって届けられる。瀬川の母君は鰹の生身とソバ十人前ばかりとを瀬川に持たせて下さる。西崎舎監はアラレを一鉢とゞけて下さる。これで御馳走は十分。主人側の方がむしろ貧弱な位。酒とて、小生の残しておいた三合ばかりの外は中島がビール二本、古沢がビール二本と日本酒三四合、瀬川が葡萄酒一ビンを持ってきてくれる。どうみても主人側が貧弱である。ま、よ、今宵は甘えておかう。甘えた思ひで、この別宴は時と共に酣《たけなわ》となりゆく。シメリた思ひは毛頭なく、終始雅遊の趣で飲み且つ食ひ、歓談は何時果つべしともない。到頭三時過ぎまで談りつくす。山本氏の居室の床の莫蓙の上に三名、ベッドに一名ねる。小生は自室に一人ねる。

十二月二十四日（日）晴
出陣学徒最後の工場作業があるといふので、三人をそれに間にあふやうに七時頃食事をつくってたべさせる。中等科は休み。その代り明日大正天皇祭*1だけれど出勤、終日作業することになる。
（1）大正十五年十二月二十五日の崩御の日に祭儀を行う。
午後池田勉君来る。久しぶりである。日当りよき小生の居室に座して、二時間ばかり話して帰る。

十二月二十五日（月）晴

大正天皇祭。終日作業。
夜平岡公威君来る。又山本氏を訪ねてきた卒業生の野津君と平岡君偶然落合ひ、山本氏と二人で雑炊つくってたべさせる。十時頃迄話して帰る。

十二月二十六日（火）晴
本日より廿八日迄午前授業、午後作業。
午後四時より第三回愛城句会を科長室にひらく。

十二月二十七日（水）晴
十二時過ぎより五十機ばかりの敵機来襲。空中戦が頭上で何回もに渡り見られた。五十機が七八機づつ七梯団《ていだん》になってきた。すっかり晴れきった天つ御空を夢のやうに敵編隊がすぎてゆくのを見上げながら、何時もながら、あんな美しい姿態から爆弾など落ちて来さうもないと思へてならない。その最初の頃の七機来襲の時である。折から北西の強風が吹きつのってゐる。その向ひ風をうけて敵機の進航も鈍ってみえる。と之を追尾してゐた味方の戦闘の一機が、見るまに白烟をはきはじめた。白烟をはきつ、敵機の方へ向ひ斜に降下しはじめた。

あ、敵弾をうけし友軍機一機
機首は依然として
追走しゆく敵機の方へ向ひ
自らは八十度の角度を保ちつ、

急速に降下しゆく
白く美しい尾を
長く／＼引きつ、
友軍機落つ。
紺碧の中空には
已に機体をはなれた白雲が
清く美しく
風に送られて我が頭上を流れゆく。
魂なる白雲は
清く美しく
何時までも消えようとしない。
それでもおのづから
うすれつ、
わが頭上の針の如き冬の梢を縫ひ
東方へ向って流れ去った。
と白雲は何時しか白鳥となってゐた。
ああ白鳥、その行方はいづべぞ。
三時から最後の科会。その科会を前に岩田科長、先刻の爆弾に御宅が罹災されたといふ電話で、急遽帰宅される。その事があったり、工場作業は進行中であったりして、科会は慌しい内に、落ちつかないま、すんだ。あとできくと、岩田科長の御宅の勝手元に受弾、家居は全壊、夫人はその反対の方向に佇立してゐられたのに、土を被られた程度で被害は全然なかった由、然るに、隣家の人は防空壕に入ってゐながら、その一人（若嫁）は即死されたとのこと。危難の方向は何方へ向ふか分らぬものだ。然し何れにしても気の毒の至り。

夜瀬川昌治君の御宅に招かれてゆく。他に学生の古沢、中島、千坂の三人も行く。途中、警戒警報が出るがそのま、御馳走になりつゞける。昭和寮のをばさんも手伝ひに行く。十一時一寸前迄ゐて一同つれ立って帰る。警報は先方にゐる間に間もなくとけてゐた。

十二月二十八日（木）晴

午前中、授業。午後作業と掃除、それを二時半頃までつゞけ、三時より終業式。小生は東久邇宮家に参殿のため、三時御迎への御自動車に同乗させて頂き院門を出る。途中赤坂見附辺で警戒警報出る。三時四十分、妃殿下と俊彦王殿下に拝謁仰せつけられ、御下問にお答へして、御成績の事いろ〳〵言上してゐる途中、空襲警報となる。妃殿下の有難き思召しにて、御殿の御壕に妃殿下方の御供して待避するやう御言葉を賜はる。そこで、早速鉄帽をかぶり、防空服にきかへて、芝生の御庭に出て御待ちしてゐるところへ、俊彦王殿下が鉄帽を冠って出て来られる。妃殿下は已に入壕してゐられる御模様である。俊彦王殿下は片手に双眼鏡を御持ちになってゐる。情勢が逼迫して来ないらしいので、殿下は仲々壕に入らうとされない。寒風がふき、戸外に立つもつらいやうな夕暮時。然し夕焼の空には美しい飛行機雲が次々と引かれてゆく。その敵機は少数来襲したが、大体関東東北方にゐて、中央部へは余り侵入して来ないらしい。その内に妃殿下のまた有難き御言葉があり、御部屋に入り、温き御茶を賜はる。その内に大宮殿下も御帰殿の御模様である。それから間もなく空襲警報もとける。御菓子と御林檎と御酒肴料とを頂戴して帰る。六本木停留場までくると警戒警報もとける。警報とけて間もなくのことと て、電車が大変こむ。三四十分待ってやっとのれる。

明日、古沢の父君の御骨折りで、帰省のための切符が買へさうなので、庶務で旅行証明書もらひ古沢にわたしておく。夜帰郷準備をして、午前四時頃までか丶る。山本氏と二人分の握り飯とパンをつくっておく。

十二月二十九日（金）晴

午前六時前に古沢父君より電話あり、急行券の発売証明書とったから、今持参する。目白駅まで出てくれとの事で、山本氏が七時一寸前に出かける。本日午前九時三十分の汽車である。小生は一人で朝御飯の準備をする。その内に山本氏その証明書をもって帰ってくる。大急ぎで朝食すまし七時三十分過ぎに寮を出る。いろ〳〵の事鍋島氏と西崎氏にまかせて出る。急行券も切符もやっとかへて、汽車に間にあひ、のり込むと、安心で、急に心がゆるみ、ね不足も手伝って、睡気がおそってきて陶然となる。外は小春日のぽか〳〵である。うつら〳〵とねむったりさめたり、弁当くったりしてすごす。乗客の顔ぶれは、軍公用以外者はのせないといふので、やはり軍人の顔ぶれが多い。

名古屋で山本氏は下車。あとは小生一人。大阪神戸辺で大変こんできた。中央部の者の下車は窓口からなされる。小生も窓口からとび出し、荷物はあとから出してもらふ。早朝六時四十分着。芸備線広島発が九時二十九分のがあることをたしかめて、愛宕町の叔父の家に行く。丁度叔父が仕事に出かけようとするところで、一寸でも会へてよかった。皆元気らしい。政子さん*1は勤め先が変って、八丁堀の平賀（末廣の親類）組の事務所に行ってゐるとの事。叔母も祖母も元気。朝食の御馳走になる。おいしい蜜柑を御馳走になる。温い愛情に心くつろぐ。

まだ何とも通知がなかったので、下深川の駅に下り立っても、誰も家から顔を出さない。戸口から入ると、靴音をきいて、みを子が裏口から出てくる。やっとお父さんが、といふとすぐ母がとび出す。次々と子供が元気な顔を出す。母の顔は案外に元気らしいので瞬間安心する。雪がちら〳〵してゐる。本当はまだよくないらしいのだが、無理して起きてゐると分り、早くねるやうす、めるゝ。さういへば、さっきまでねてゐたらしく、炬燵のある枕許には薬びんがおいてある。房枝は供出の肥松*2を掘りに向ひの山へ口村のをばさんといってゐるとのこと。子供らの指さす方を見ると、なるほど二つの人影が見える。あさ子がよびにゆく。一緒に帰ってくる。

温い昼食をすませて、昼寝する。熟睡は出来なかったが、それでも、故里の家の寝床なので、安心してねる。すっかり寝不足をとりもどす。夕刻、今日亡父の命日なので、みを子に邦夫を負はせてつれて墓参する。薬罐《やかん》に入れて持っていった水を墓石にかけつゝ、どんなにかお父さんらは寛《くつろ》いだらうなあと思った。線香あげて拝んで下る。帰りつくと、亀がきてゐた。餅を可部でもつくといふので、箱をかりにきたといふ。こちらでも口村に行って房枝が近所の人々と一緒に今餅をついてゐる。宮家でもらった菓子分けてやり、葉畑分と亀分とを二包みにしてもちかへらせる。そのあとへ房枝が餅を負うて帰る。よもぎもち、きびもち、つきたてうまい。

（1）山廣民五郎次女。

（2）幹や枝の太い松。松やにの多く出る松。

十二月三十一日（日）曇

七時頃起床。今日でわが厄年も終ることになった。

午後みちえが蠣、豆腐、餅米等をもってきてくれる。ことしは百姓をして、姑を助けて、御陰で身体がとても元気になったといふ。

房枝と二人で下肥二桶を相かつぎにして上畑へもっていく。麓になると随分急坂があるので、その下では一桶づつかつぎ上げる。山畑には麦がまいてあり、二度運び上げて、一うねづつまく。かうして夫婦で下肥をかつぐことなど、夢にも思はぬことであった。これもこの大御軍《おおみいくさ》の御陰と、しみじみした感謝の思ひがわいてくる。この山畑から見る古里の風景は狭いながらも、美しい。夜四十二の大厄を送る祝酒をいたゞき、新しき年の幸を夢みつゝ、就寝。

（補注1）この本は、次の七章で構成されている。都の古意　みやびの精神　戀闕《みやび》の詩情　在原業平　菅原道真　紀貫之　都の文学

業平への高い評価。

「わび」の場に遊ぶ「まどひ」の救済が、歌の倫理としての「みやび」に他ならぬ所以もここに理解されるであらう。（中略）「まどひ」から「わび」を経て昇華する「みやび」が業平の詩人としての文芸構造を物語るものであらう。王朝文学の志が、優美的人間の倫理形成を願ふものであるとするならば、業平は情念の混沌からその倫理の道づけを志した最初の詩人であった。（一一三頁）

古今集と紀貫之の重視。

貫之を下手な歌よみと考へ、古今集をつまらぬ歌集と本当に決めてしまったのは、子規であるよりも、むしろ事実に於ては子規の評言の無定見な信

奉者たちに帰すべき罪であったと思はれる。（中略）このような歌壇一般の趨勢のなかで、私たち四五の同志は心つつましく古今集の意味を想って、相会してはこの集を披き、国風のおほらかなめでたさと典雅優麗の風懐を慕ってゐたのであった。
（一八〇頁）

この部分には、「文藝文化」同人の文学的立場が明確に示されている。更にこれに続けて、貫之の歌について、それは「感慨に頼らず、言はば絵空事のきびしさをみせた美しさ」であり、「言霊の力そのものだけの姿を美しく形どって見せた」もので、「ねばねばした生のものを悉皆洗ひ去って、乾いた冴えを得なければ、およそ文学とは言へなかった」ものなのである。

この本の書名となった「都の文学」については、

貴族の荷担した文明といへども、まことは皇室の神ながらに開花した文華の光の反映に過ぎなかったのである。彼らは宮廷の高い文明を反映しつつ、しかも自らのもつ才能の力をつくして、宮廷文明の栄華の擁護に参じえたのである。このやうな精神の文明をこゝに私は都の文明の実体と考えてゐる。そして都の文学とは、このやうな文明の一つの詩的表現と考へておけばよいと思ふ。（二〇七頁）

と述べつつ、大伴家持、在原業平、紀貫之、藤原道長、後鳥羽院へと流れた文芸の道を明らかにしている。

（補注2）十九年七月二十三日条（補注5）参照。印象に残った個所を一二あげる。

更級日記について。「実際私はこの日記に日本人の血統を殊に著しく感じ、さういふ場所で感じた血統の同じさといふものが如何に深い感動であったか、ここに書きされぬ位である。」「私どもにはそのあくがれを単純に言ふことが出来る。「みやび」への「すき」であったと。このみやびのすきこそ私どもの血統の髄である。」

古今集について。「これは必ずしも類型的であることを苦にしない。寧ろ文芸の澄みのぼる高雅さを志す故、典型的なものの偉大さに献身し、及ばずながらもその典型への道へ纏らうとする。」「それは典型的となることによってそのままが天地や神意を歌に編み込んであるのである。」「かうした歌にはそもそも自ら立てる主題などはなく、唯何か典型的なものにあやからうとする心だけがあるといふことになる。」「即ちさかんに用ゐられてゐる縁語、懸詞、序などとよばれてゐるものを引き具してゐる技法は、すべてさういふあやかりのあやかし法といってもいい。いはば一切うそである、欺きである。」

（補注3）この空襲について、伊藤整は「昨夜の空襲で東京都民の生活は、更に一段と深刻に変った感がある。昨夜の経験から、空襲されたら、ほとんど今の東京の建物では抵抗出来ず、焼かれ殺されるのみだということが心に刻み込まれたのだ。（中略）東京都は戦場となったのだ。中学生や女学生の働きに行っている軍需工場は、絶えず空爆される危険に直面していて、親たちは不安がっている。本当は軍需工場の爆撃が国家にとって怖るべきことなのだが、人心を攪乱するのには、昨夜のような寒い雨の降る夜に、その住宅街を空爆することぐらい効果のあることは無いだろう。」（『太平洋戦争日記』十九年十一月三十日条）と記す。この無差別爆撃は終戦の日まで続いた。

【解説】

この十一・十二月の日記で話題になっていることは次のようなことである。

箇条書きで記す。

①神風特別攻撃隊

その受け止め方は、当時の大多数の知識人たちと同じである。「精神の崇高さ」を感じ、「正に大神話時代の出現。我むしゃらに往け。神がゝりでゆけ。うれしい。とてもうれしい。」と率直な感想を記す。

②東京空襲

本格的な爆撃の始まりは、十一月二十四日B29百十一機による江戸川、荏原、品川、杉並、他へのそれである。同二十七日八十一機、同二十九日二十七機、十二月三日六機、同二十七日七十二機飛来し爆撃した。その都度空襲警報があり、防空壕へ避難した。

③昭和寮への引っ越し

④学習院新指導体制のスタート

⑤植村少尉の遺書

特攻隊員の遺書は数多く書かれただろうが、（機会があれば他のも読んでみたい気もするが）この遺書は、一歳の娘に書き残したということで、娘が長ずるに及んでそれを目にする姿まで目に浮かんできて一等哀れである。
⑥池田勉「都の文学」出版
⑦母の病気
⑧学習院の句会
空襲下の学習院の科長室で開かれた句会、これは戦国武将が茶室で一服して出陣したという故事を想わせる。風雅ここに極まれりと、快哉を叫びたくなる。
⑨蓮田善明「花のひもとき」出版
⑩棟方志功宅訪問
棟方氏は、玉砕について「本当の命の燃焼はあんなにはかない感じを与へない。（中略）我々に無上の歓喜と勇気とを与へるものだ。」といい、「敵機に突込むまでの精神の最高の状態の持続」を尊いとした。ここまで言い切れる人が他に当時居たかどうか知らないが、さすが一流の芸術家の洞察はひと味ちがう。
⑪家族の手紙
⑫大本営発表
戦局はフィリピン諸島での日米両軍の死闘がはじまっている。十月二十日米軍レイテ島上陸。レイテ決戦決定。十月二十四～二十六日比島沖海戦。十一月五日リモン峠にて日米交戦。十二月十五日米軍ミンドロ島上陸。十二月十八日大本営レイテ島決戦放棄。
⑬教え子の出征
⑭山本、清水の両吟
⑮清水の帰省

【参考文献】

『太平洋戦争日記』伊藤整　新潮社　一九八三年十月十日
『米軍が記録した日本空襲』草思社　一九九五年六月五日
『レイテ戦記』大岡昇平　中公文庫　二〇〇九年七月十日
『都の文学』池田勉　七丈書院　昭和十九年十月二十五日
『花のひもとき』蓮田善明　河出書房　昭和十九年十月二十日
『杉本五郎中佐の尊皇と禅』大山澄太　春陽堂書店　昭和十五年五月二十五日

昭和19年12月９日の部分

清水文雄「戦中日記」昭和二十年一月〔四十二歳〕

一月一日（月）曇

故里に明けて昭和二十年の新春。若水に身を清め仮に箪笥の中にしつらへた神棚と、祖霊に対して拝礼し、家族一同と雑煮の膳につく。この正月にうから*1等と正月の祝膳を共にしようとは思はなかった。朝の食膳につく前に、みを、あさ、はるの三人をつれて氏神社亀崎神社に詣づ。途中杉原茂さんの参詣帰りに会ふ。早暁より参詣の村人ひきも切らず。我々が参ったのはもう遅く、六時をすぎてゐた。表参道より詣り、裏参道伝ひに帰る。拝殿には村人の数名が上り、祝詞をあげてもらってゐる。空は曇ってゐるが、故里の新春の気は山間にたちこめ、属目《しょくもく》*2の風景、美しからぬはない。

午後房枝と伸二郎をつれて、方々に年始の挨拶に廻る。まづ、みを子の担任の広沢先生を院内の橋際の御宅に訪ふ。風邪気味で臥床してゐられたが、わざ／＼起きてきて会って下さる。みを子の進学の事につき意見をきく。第一県女*3に行っても成績の方は差支ないと思ふが、体格がどうかと思ふ。可部高女*4なら大丈夫うけ合ふ。何れにしても、受けたいと思ふ学校

（1）「うがら」とも。親族。
（2）目に触れる。
（3）「広島県立広島第一高等女学校」（現広島県立皆実高等学校）。広島県立はじめての県立女学校として広島市下中町に明治三十五年三月設立。
（4）「広島県立可部高等女学校」（現広島県立可部高等学校）。明治四十五年、安佐郡可部町（現広島市安佐北区可部）に設立。

の校医に予診してもらったらよいと思ふ。大体さういふ意味の事であった。無理をしないことにして、可部の方へ御世話願ったらとも思ふが、未だ決定といふ所には至らない。それから平岩実君＊1の宅へ行く。広沢先生のところへ往復に下の橋を渡る。実に清澄そのものの水の底に、冬の小魚が泳ぐともなく泳いでゐる。故里の風景の清らかさはかういふ所にも見える。

平岩君の夫人には、始めてあった。丁度来客で、すき焼か何かやってゐる途中で、一寸座敷の端で物をいって帰る。平岩君には子供がないと思ってゐたのに、一人男子があって、今熊本の幼年学校に行ってゐるといふ。知人が同校の教官の中にあったら、よろしくたのむと言ってゐた。

それから帰途、山村さんのところに寄り、更に高下郡作さん＊2のところへよる。高下ではしきりに上れとす、められて、房枝と仲二郎を帰し、小生一人上り、炬燵に入って、庄槌《しょうずち》さん＊3と郡作さんと三人で話す。どこへいっても東京の空襲の事を気遣ってきかれる。随分誇大なデマが入ってゐる。二重橋が爆撃されたといふ妄伝《もうでん》＊4さへある。真相を伝へると寧ろおどろく。＊5

一月二日（火）曇時々晴

ゆうべの内に雪が一寸位つもった。戸のたてつけが悪く、枕許に雪粉＊6が吹き込まれる。そのたびにひやりとする。はからずも故里の雪景色に接し、これまた心をしみ〴〵とさせる。夜明方にはもう雪はふらなくなり、時々太陽の姿さへ見え、気温も上り、また、く間に道路の雪はきえ去り、午後可部へ出かけるころには道は程よい位に干《かわ》いてゐた。葉畑に一寸寄り、亀

（1）郷里の深川小学校の同級生。
（2）郷里の近所の友。
（3）高下庄槌。
（4）誤った言い伝え。
（5）＊欄外に次の記載あり。
〔母六十七才　小生四十三才　房枝三十五才　みを十三才　あさ十二才　はる十才　宏輔七才　仲二郎五才　邦夫三才〕
（6）「粉雪」か。粉のようにさらさらして細かい雪。

のところへゆき、それからまた引き返して津田さんのところへゆく。津田さんは丁度風邪で二階に臥床してゐられたが、折よく休暇で帰省してゐる平太郎君と二人で、その二階へ上り、母のことなど礼をのべる。さうかうしてゐる内に東京空襲の事が、夫人と二人から極めて熱心にきかれる。ここでもやはりデマが相当度に信じられてゐたのにおどろく。話は白居易*7のこと、反射心理*8のこと等、つぎからつぎへとつくるところを知らない。そこへ亀が迎へにくる。高田から度々呼びに来られるので早く帰ってこいといふ。帰りかけに、平太郎から母の胃部を撮ったレントゲン写真を見せてもらひ、いろ〳〵説明をきく。なるほど噴門部に気になる点があるといふ意味はよく分った。あと一ヶ月してもう一度見てもらふと、癌の有無がよく分るといふことである。それまでまつより外ない。万事はその上の事である。亀の所へ一度帰り、高田へ一寸挨拶にゆく。久君もゐる。無理に引き上げられて、初酒をいたゞき、暫くゐて亀のところへ帰る。和子さんは胃病で何も食べないといふ。ねたり起きたりしてゐる。七時過ぎまで御馳走になり、星の明《あきら》かな夜道を、土産にもらった餅をぶらさげて帰る。帰着すると、母、房枝、みを子が待ってゐた。上庄部落の懇親宴会がさっき終ったところだといふ。小生にも来るやうに皆さんから云はれたといってゐた。房枝如きも大分酒をのまされたといふ。い、事だ。

ねあせをかいた。昨夜もかいたが、たゞ炬燵の熱さからだけではないらしい。さう思って今夜は途中で炬燵を出してねたのに、やはりした、か汗が出た。体に異常があるのではないかと気になる。さういへば、背部がところ〳〵いたむやうな気がする。毎夜酒がすぎたのかも知れない。*9

（7）中唐の詩人。白楽天とも。その詩は、流麗・平易で広く愛唱され、日本文学に多大の影響を与えた。

（8）「条件反射」のことか。経験などで後天的に獲得されたもの。「条件反応」ともいう。

（9）＊欄外に次の記載あり。［朝子供らの書初の面倒をみてやる。豊葦原の瑞穂の国（みを）宮城前（あさ）大御世の春（はる）］

一月三日（水）曇

母の容体はいくらかよいやうだが、まだ食欲がす、まないらしい。注射を早くはじめてもらふやうにいふのだが、仲々思ふにまかせぬ。

身体がだるく、午前中ずっとねる。やっぱりだるさはきえない。房枝は今日から、薪供出（一戸当り百五十把《わ》）のための共同作業に出かける。弁当持で朝から晩までやるのださうである。持山のある人は二三十本も木を切れば簡単にすむのだが、山のない人のために、さういふ人も皆一緒になって、山村の山の木を三千幾百円で買ひとり、それを上庄全体共同で切り出すことになったといふ。美しいことだ。このやうな共同協調の美しき人情がかういふ田舎にはまだ厳としてのこってゐることがとてもうれしいことに思はれる。昨夜の宴会はその作業の出発を祝ふためのものであったらしい。よいことだ。

夕刻近所の二三軒と尾和の古寺さんところへ挨拶にゆく。はじめ溝口に寄り、それから古寺さんところへ挨拶にゆく。丁度御主人（深川青年学校*[1]々長）がゐられて、暫く縁側で話す。帰途大下と口村に寄る。口村では時子さんに母の注射を依頼する。明朝きてくれるさうである。これで安心だ。母は小生の持帰った「ニッセイ」といふ薬を、はじめは嫌がってゐたが、この頃では自らす、んでのむやうになった。のみはじめて工合がよいといってゐる。

明朝は早くも出発となった。そのために弁当に赤飯をたいてくれるといふので、小豆を煮たり、煮〆《にしめ》*[2]をつくったりしておいてくれる。少しやってゐると、身体がだるくなるので、また床に入り、また起き出してやる。あの骨惜しみせぬ、働くためにこの世に生れてきたやうな母が、かうなったかと思ふと、なさけない気が先立つ。もう一度健康な身にしてやりたい。どんなこ

（1）中等学校に進学しない勤労青少年男女を対象とした教育機関。昭和十年設置。科目は、修身及び公民科、普通学科、職業科、教練科、家事及び裁縫科があった。
（2）「煮染め」。肉・魚・野菜などを醤油・砂糖などで煮染めたもの。

とがあってもさうしてやりたい。夜別れを惜しんで、母や房枝、みをたちと炬燵を囲んで話す。然し朝が早いので、七時過ぎに就寝。

一月四日（木）晴

三時過ぎから房枝は起き出て、弁当の支度をする。母が寝床からあれこれと指図してゐる。時々たまりかねて起き出してゆく。会話をきいてゐると、何でも赤飯をたきそこねたので、別に白い飯をたいてゐるらしい。小生も四時一寸廻った頃起きる。気持はおちついて旅装をと、のへる。荷物は多いやうだったがトランクとリュックサックにをさまり、その他は味噌を一樽さげれば事が足りる。切符は昨日隣家にすむ助役さんにたのんで買ってあるので、心配はない。一番汽車は五時三十四分、それに乗るのである。五時十分頃家を出る。母が不自由な身を起して、モンペをはきかけるので、何するかときくと、見送りにゆくのだといふ。とんでもないと制してやっと納得させる。有難いことだ。何時、次には帰省出来るかどうか分らぬ。どうぞ一日も早く達者になって下さいと念じ乍《なが》ら家を出る。子供は邦夫の外はまだ起きてゐない。いや宏輔が寝床に起き直ってゐるのが見えた。房枝が邦夫をねんねこで負って見送ってくれる。ホームまで出てくれる。汽車はがらすきである。広島発六時二十七分の東京行は五番線に待ってゐた。まだあかりがついてゐない。初めは東京行はどのホームか分らなかったので人にきいて、五番線に入ってゐる分だと分ったのだ。暗い車内に入ってゆくと、あちこちで人の気配がする。便所近い所に座をしめる。ここもがらすきである。然し発車間際に大分通勤者達がのり込んできた。それは向洋や海田市で下車する者が多い。眠気がさして、発車後暫くは正体もなく眠る。

夢の中に母や子供の姿が浮んでくる。その内に夜がすっかり明けて、日ざしが暖く窓越しに入る。

伊波南哲*1の「琉球風土記」をよむ。女詩人恩納ナベの事を書いた所が心を引く。大阪、京都辺から段々こみはじめ、名古屋辺で頂上に達する。はては窓から出入りするやうな状態となる。女でもさうである。関ヶ原駅付近で警戒警報が出る。まだ夜は浅い。それから一旦解除になり、浜松付近で再び出る。二度目は夜半十二時頃である。然《しかし》別に徐行もせず空襲警報にも入らず、予定通り進行する。

(1) 一九〇二―一九七六。詩人・作家。八重山諸島石垣島出身。佐藤惣之助に師事。火野葦平等とも交友。著書多数。『琉球風土記』昭和十九年十一月 泰光堂。

一月五日（金）晴

定刻より一寸おくれて六時少々廻った頃東京着。直ちに山手線で昭和寮に帰る。山本氏はまだ帰ってゐない。鍋島氏も留守。をばさんも甲府から帰ってゐない。三寮は小生一人である。丁度朝食時なので、食堂で二寮の方にゐる塚越、猿木君、一寮にゐる本省の高尾参事官、西崎舎監等と食事する。そのあとで、部屋の掃除、荷物の整理をなし、西崎氏宅へ山芋、餅、味噌等少々づつ土産として持ち行く。先日とりかへてもらった綿も持ってきたが、受取られないので、そのまゝ持ち帰る。岩田科長が旧臘《きゅうろう》*2二十一日に官舎（元山本氏居住）に越して来てゐられるといふので、御見舞にゆく。過日は出立の急ぎのため、遂に御伺ひ出来なかったので、遅れ馳せながら参上する。大きい打撃のために、面やつれの様が見てとれる。それから宮原教授の官舎に挨拶にゆく。餅と蜜柑を少々持ちゆく。十二時過ぎまで話す。二階の部屋に春光みち、明るい朝である。帰寮すると山本氏がもう帰ってゐた。十一時頃寮についたといってゐら

(2) 去年の十二月。

れた。中食に雑炊をつくる。四時頃から教務部、訓育部の者七名昭和寮に集り、夕食を共にし、新学期の打合をなす。菅原氏持参の酒も少々あり、愉快な一夕をもつ。然し、八時頃警戒警報となり、急いで解散する。然し、少数機のいたづらで、空襲警報も鳴らずに了る。楠本佐吉君より葉書がきてゐる。二男雅巳君が十一才で、去月《きょげつ》十七日午前一時過ぎ急性脳膜炎で逝去したといふ報である。幼時二階の縁側から路上に墜落した際頭部を打ちそれ以後脳の疾患のため知能の発育が遅れてゐた子である。一昨年の夏かにはじめて逢って、その面影がまだ脳裏にのこってゐる。可愛想でならぬ。

一月六日（土）晴

夜明方五時頃にまた警報が出る。

第三学期第一日。朝礼の後正堂に入り、軍人に賜りたる勅諭*3の奉読式あり。そのあとで院長の訓示あり、それで第一時限を了る。

去る三日、四国の豊浜の陸軍船舶兵の部隊に入るため東京を発った瀬川昌治よりのことづかり物として、古沢が大封筒に入ったものをもってくる。帰宅してあけてみると、今豊橋の士官学校にゐる杉浦の手紙数通と角谷の手紙一通が入ってをり、その外瀬川自身の毛髪がをさめられた袋も入れてある。意のあるところ自ら通じ、心底にじーんとくるものがある。

夜西崎氏宅にて、新隣組（昭和寮丈《だけ》で新たに組織することとなり、目下その手続中）の初常会をひらく。集るもの、一寮より高尾氏、二寮より松尾、渡辺末、猿木、塚越の各氏、三寮より山本、鍋島両氏と小生、それに小林書記、主人側の西崎氏を入れて十名。これにをばさんが

（3）軍人勅諭。明治十五年、明治天皇から軍隊に下賜された勅諭。前文には、軍隊は天皇が統帥権を直接掌握してきた歴史と国体をのべ、続けて軍人の守るべき徳目として、忠節・礼儀・武勇・信義・質素の五つを絶対的至上命令として示し、厳守を求める。

入れば合計十一名で総人員となる。それに風呂に入るためにきた富永氏も加はり大変賑やかとなった。山本氏が配給の酒を寄付し、皆ほどよい機嫌となる。最後に献血の問題が議に上り、昭和寮居住者からも一人出すやうにとの事だったが、適当者ゐないとの理由で断ってもらふことにする。然し一寸気がさすところがある。

その内に八時頃警戒警報が出る。情報をきゝつゝ、皆そのまゝ話す。山本、猿木両氏は防空当番なので、学校にかけつける。一時間位後解除となり、二人相前後して帰る。富永氏は解除と共に帰る。十一時頃まで御邪魔して散会。*1

（1）＊欄外に次の記載あり。〔楠木君に悔状《くやみ》書き、香奠十円也を小為替にて送る。〕

一月七日（日）晴

朝五時頃また警報が出る。それで今日からはじまる筈だった寒稽古は中止となる。今日午前中に古沢、中島両名を棟方氏のところへつれてゆくことになってゐたが、二人共寒稽古に来ないので、自然その事は実行出来なかった。

帰省中にきてゐた手紙の中に田中茂（補注1→482頁参照）の母堂千萬子夫人からの封書が入ってゐたのをどうしたことかまだ開封してなかった。それを今朝ひらいてみると驚く勿れ、茂君の戦病死の報せであった。

・・・さて突然の事お耳に入れ候《そうら》へども長々御世話様に相成《あいなり》し茂事去る八月下旬いまだ経理学校在学中を選ばれて現地に赴くこと、相成元気一杯にて出立致し候てより全然消息無之《これなく》如何致せしやと案じ候折柄先般区役所よりの内報にて去る十一月六日南方々面に於て戦病死致せし旨の通知有之《これあり》候　私共もかねて覚悟の上にて・・・

もっと早く開封すればよかったと後悔する。悲しみがまだピンと来ない。嘘だとは思はないが、さりとて、真実として迫って来ない。びっくりはしたが、事実だと確信してい、かどうか迷ふやうな気持である。妙に可憐な半ズボン姿が目の前にちらつくのみである。―今日は早速御悔《くや》みに行かう。

昨夜院長官舎に宿泊された院長が、十時過頃ふらりと昭和寮に来られる。我々の寮内生活を御覧下さる為に来られたのである。いつも御心をかけて下さること、有難いことに思ふ。三寮の談話室に火を入れて、山本氏と小生がお相手して約一時間近く話してゆかれる。勤労動員の弊害と、教育に永遠の計を樹てることが大切だといふことを話される。それを熱情を以て語られるのをきき、全く同感にたへない。

中食後故田中茂君宅に赴く。東横線の都立高校前に下車し、交番巡査に尋ねて柿ノ木坂の宅は割合やさしく分った。玄関に母堂が出られる。すぐに応接室に通され、さて口を切って悔みをのべようとしても言葉はない。その内に父君豊氏も出て来られる。只此度は何とも申し様がありません・・・と一言だけ言ったに過ぎない。それから故人の写真を掲げた部屋に導かれ焼香檀の前に坐して、暫く我を忘れて、在りし日の軍服姿（無帽）の顔に見入った。出発の直前に撮ったものといふ。一寸見ると、見違へるほどたくましくなった顔であった。それでも眼元や口の辺は昔の田中である。とてもなつかしく、悲しみもわかない。ふと我に返ったやうに、母堂の点じて下さった蠟燭《ろうそく》の火で線香をつけて、心から焼香した。そのあとで、区隊長やら戦友やらからきたねんごろな手紙を見せてもらった。病気は赤痢、又その病死は昭南*2上陸後、ジョホール陸軍病院に入院加療中であったといふ。区隊長が病院を見舞ふと、自分の発病の事

（2）戦時中、日本が占領中のシンガポールに付した名称。

は両親に知らせてくれるなといったといふ。また区隊長の言葉によると、その最期はいかにも平静であったといふ。かつて東北帝大在学中日比文化協会とかいふ所から選抜されて新嘉坡《シンガポール》方面へゆくやうになってゐたのに、或る理由でそれがとりやめになったのを大変残念がってゐたことを思ひ出した。又それより前たしか同級の阿部市郎と阿部の父君が汽船会社に奉職してゐる便宜で、二人つれだって同方面へ行った（事実は行かなかったことが、今日父君の御話により分った）時の歌を示されたことがあるので、病死にしても、彼としてはまあ本望であったらうとも思はれる。それから最後に、「かういふものを先生にお見せしては・・・」と謙遜されながら母堂の差出されたのは「遺書」と上書《うわがき》された封書であった。已に封は切ってあった。中のものを出してみると、只、次のやうに歌が二首書かれてあった。半紙墨書である。

遺詠　　　　　　　　茂

戦のさなかにありて大君の詔《みこと》かしこみ吾はゆくなり
わが命つづくかぎりは大君に捧げまつらくいでゆく吾は

一月八日（月）晴

本年最初の大詔奉戴日。挙式例の如し。院長不在につき、長沢高等科長代りて奉読。

一月九日（火）晴

午後四時三十分に上野駅にゆく。古沢清久、武宮恒雄が習志野の歩兵学校入校を明日に控へての首途《かどで》を送るためである。外に他の学校に入る坪上、久保両君も一緒である。駅前広場に集合して、例の如く出陣学徒を中央にして円陣をつくり学生歌など歌って、行を壮《さか》んにする。最後に古沢、武宮両名小生の所へきて、実に真剣そのものの顔をして、挙手の礼をなし、では征ってまゐりますとだけのべた。只「しっかりやれよ」とどなるやうに言っただけで、あとは咽がつまって、何も言へなかった。山手線で秋葉原までゆき、それから千葉行の電車にのりかへるのださうである。きく所によると、古沢、武宮両名は迫撃砲兵の学校に入るのださうである。古沢の首途の風丰《ふうぼう》を見てゐると、自ら迫撃砲となってとび出しさうな様子に見える。

　帰途、山本さんが角谷清君を伴ふ。昭和寮で自慢の雑炊をたいて御馳走する。酒も少々あったので、それも全部御馳走する。二本目の酒は故郷から大事に持ち来ったものである。これも燗つけて、さて一口つけた山本さんが、あっこれはをかしい、といふ。どうしてといひ乍《なが》らこちらも口をつけると、すっぱい、酢である。酢を酒とまちがへて、はる／＼広島から大事に持ってきた訳である。三人共腹をか、へて笑った。それもまた可也《かなり》矣。角谷は泊って明早朝六時半新宿駅から発つ中島敏雄等を送るために同道することにする。一時過ぎ就寝。

一月十日（水）晴

　六時半定刻に新宿駅につく。もう中島敏雄はきてゐる。それから他に成瀬、八田、瀬山、佐藤といった面々も一緒である。中島の母君も送ってきてゐられる。小生と山本さんに特に礼を言はれる。古沢とちがった好漢中島の短軀戦車の如き後姿をみてゐて、自らに涙があふれてきた。目黒の輜重兵学校*1に入るのである。帰途山手線の車窓に、真赤な日の出を仰ぎ、早朝学徒を征途に送ってのちの胸に汪洋《おうよう》*2たるものを覚えしめた。

（1）陸軍の教育機関の一つ。輜重兵科（軍需品の輸送を担当）に関する専門教育、輜重兵用兵器資材の調査研究を目的とする。
（2）ゆったりとしたさま。

警報が五時十分過解除となったので、寒稽古はとりやめ。昨日、瀬川昌治から左の如き葉書がきた。

先生、先日はわざ〱お葉書有難う御座いました。先生に最後にお会ひ出来なかったのは残念でしたが愈々明日入校の日を控へて雄心のいやが上にも湧き立つのを覚えます。先生の御訓へを生涯心に刻み、火の玉となって、之からの生活に猛進して参ります。先生もどうか御元気で御健闘下さることを心から御祈り申上げます。山本修先生によろしく、又小母さんにもよろしくお伝へ下さい。

清水汲むうまし乙女が文を結ふ目白が丘の
桜と咲かむ*1　　四日、岡山にて　瀬川昌治

表を見ると岡山駅前　錦園旅館内から出してゐる。
なほ、彼の出陣に当りて、生憎小生は帰郷中で、送れなかったが、古沢に託した一袋の書類等をひらいて見ると、五年の時角谷清からきた一通の手紙の外杉浦からきた、杉浦出陣の直前の手紙数通が入ってゐる。もう一つ小さいハトロン紙の袋に入ったものをあけてみると、頭髪が入ってゐる。彼の心の奥にふれたやうな気がして、胸をつかれる思ひがした。なほ、過日の壮行会の席上で、山本さんが出陣学徒に対して、諸君がよく口にする「目白が丘の桜と咲かむ」の上の句を皆でつけた歌をのこしておいてほしいといふ意味のことをのべたのに対して瀬川がのこした歌は次の通りである。山本さんから借りて写しておく。

序　五月待つ　花橘の香をかげば

（1）「清水」「文雄」が詠み込まれてある。

昔の人の袖の香ぞする　―さる古歌―

御国守《ミクニモ》り　南のきはに　身はすて、
目白が丘の　桜と　咲かむ
うつそみの　消《ケ》なば消《ケ》ぬべし　我が魂《タマ》は
目白が丘の　桜と　咲かむ
春されば　めぐし乙女ら　かざすてふ
目白が丘の　桜と　咲かむ
たまづさの　妹《いも》よ賞《め》づべし　我が魂は
目白が丘の　桜と　咲かむ
ひさかたの　みやこの空を　恋ひ恋ひて
目白が丘の　桜と　咲かむ
玉の緒の　よしや絶ゆとも　春さらば
目白が丘の　桜と　咲かむ
やすみし、　我が大君の　みかど守り
目白が丘の　桜と　咲かむ
たちばなの　燁《カガ》よひ出づる春さらば
目白が丘の　桜と　咲かむ
からごろも　かのたちばなに　春を祝《ほ》ぎ
目白が丘の　桜と　咲かむ

たちばなの　香をのせ春の　風吹かば
　目白が丘の　桜と　咲かむ
清水汲むうまし乙女が文を結ふ
　目白が丘の　桜と　咲かむ
とこよものかの橘のいや照りに我が思ふ君うるはしくあれ
実も花も同じ葉かげに保てりと歌人は言ひし常世たちばな
願はくは山を埋めて実れかし今日より後に光るたちばな
　　　　　　　　　　　　　　　　　　　　与謝野晶子
瀬をはやみ　川音とゞろに　清水《キヨミツ》の山もとかすむ　夕月夜かな＊1

首途《かどで》に当りての雅懐《がわい》＊2や、正に完璧。

平岡公威君より左の如き書状来る。


新年おめでたうございます。

旧年中は度々御邪魔に上り失礼いたしました。

年改まると共に、林氏が俄かの応召にて、御存知かと思ひますが、この五日に東京を発たれ、二日には、林氏と一日痛飲し、芳賀檀氏＊3、保田与重郎氏を訪問しました。そのとき保田氏は肺炎から来た肺浸潤とやらで、気息えん〳〵としてゐられるので、悉皆酔もさめて、夜遅く林氏の御宅の前で別れました。

林氏との満一年のお付合で、大きな収穫が二つあります。一つは「小説を書くといふのは

（1）「清水」「山本」の二人の姓が詠み込まれる。
（2）風雅な心。
（3）明治三十六年生。評論家。独文学研究家。東京生まれ。日本浪曼派、四季同人。著作に、『古典の親衛隊』『民族と友情』『祝祭と法則』等あり。平成三年没。

汚ないことだ」といふ林氏の持論が僕流にはっきりわかったことです。一つは、芸術家は長生きしなければダメであるといふ定理です。この二つは身にしみてよく分りました。林氏から得た大きな教訓だと思ってゐます。日本の芸道は凡て青年時代を犠牲にして、老来の花ざかりを招いて来ました。若者の詩は凡てはかないもの、凡てほのかな花の余薫でありました。廿代で賀歌はうたへませぬ。このごろ僕はそれを切に感じました。林氏が賀歌を志されたのはこの意味で並々ならぬ悲願と思はれました。

私十日より、群馬県邑楽《おうら》郡大川村大字坂田大店一一八、中島飛行機株式会社、小泉製作所へ勤労奉仕にまゐります。もし御手紙などいたゞけますなら自宅の方へお送り下さいませ。なほ休電日にはちょい／＼かへれるもやう故、又その節お訪ね申上げたく存じます。では極寒の折柄御身御大切に。

一月八日

林富士馬氏の応召は初耳である。平岡も良き友を得て幸せであった。この手紙でいふ所も一々首肯され、平岡も立派に仕上げられてきたと、見上げる思ひである。なほこの封書に「曼荼羅」＊[4]第二号を同封してあった。林氏の文章は「遣欧少年使節」といふので、佐藤春夫氏の「新しき命を求むる人々」についての感想である。これも大変啓発してくれる文章であった。

昨日午後帝都に約二十機のB29が数梯団となりて侵入した。よくはれた日であった。第二編隊か第三編隊かが、それは全部で八機であったが、西方より我々の頭上に向って迫ってきたとき、殆ど目に入らないほど小さい友軍機が一二機之に攻撃を加へはじめた。堂々と東進する敵の編隊に食ひ下ったといひたいが、その迫力に於いて余りに懸隔《けんかく》＊[5]があるので、見てゐられ

（4）文芸同人誌。昭和十九年十月創刊か。「まほろば」の後身誌。林富士馬を中心に貴志武彦・大垣国司・麻生良方・三島由紀夫・太田菊夫・庄野潤三らが名を連ねる。

（5）かけ離れていること。

ないやうな気がした。その内に友軍機の一機が敵機の一つに体当りした、と思ふと間もなく忽ちに焔となって燃え失せて了ひ、敵機は白煙をひきはじめたとはいへ、編隊を崩すことなく、依然として堂々と東進をつゞけてゆく。あとには友軍機のバラ〳〵になったものの一つから白煙がかなしく尾を引いてゐるにすぎない。その白煙も然し間もなく青空の青の中に消え失せて了った。体当りをわが頭上にまのあたり見て、壮烈とか悲壮とかいふ想念は少しも湧かなかった。寧ろ非常にはかなかった。何とも言へずはかなかった。勢力の余りの違ひに、すっかり圧倒された感じだった。体当りをせざるを得なかった事情は十分、分るが、やっぱり生命を極所のま、大事に持ちつゞけることが大事なことに思はれてならない。この頃の戦局を見るに皇軍が本来の皇軍の面目を十分発揮し得ず、高邁《こうまい》と雄渾《ゆうこん》の気宇はどこかへとりにがし、退嬰《たいえい》*1と沈滞の鬱屈の中に軍も民もとぢこめられた如き感をいだいてゐる矢先とて、簡単に玉砕などしてはいけないと思ふやうになった。特別攻撃隊員の一人々々の悲願に対しては、何もいふべき言葉なく、只々頷づく思ひのみであるが、特別攻撃隊をさう簡単に出させてはいけないと思ふやうになった。

一月十一日（木）晴

きく所によると、一昨日わが頭上で玉砕した友軍機の翼の断片や搭乗員の長靴や肉片がこの付近に落下したといふ。痛ましき限りである。

一月十二日（金）晴

（1）しりぞき守ること。保守。

古沢清久から山本、清水両名に宛て、次のやうな葉書が届いた。

本日は御見送り有難う御座いました。先刻無事当地につきました。いよ〳〵学習院の古沢も今日限りです。明日からは一兵卒として生れ変ります。人生の再出発です。昨日が私の誕生日です。今までの事が実に美しい夢の様な思出となりつゝあります。あの事もこの事も。では又入隊してから。御体御大切に。

武宮の親戚といふ谷津海岸の元吉といふ家から出してゐる。十日付である。

夜、近く郷里富山へ疎開される西崎教授夫人への感謝の心を表する意味で、夫妻を招き、自慢の雑炊の御馳走をする。又郷里から持来った餅で雑煮をつくって差上げる。喜んで頂いたのがうれしかった。

一月十三日（土）晴

久邇宮邦昭王殿下*2が御来院の日である。午前六時半御着、寒稽古、朝礼、工場作業を御覧下さることになる。定刻に本館玄関へ御着と思ひ、科長、学生課長、磯部学生監、小生、御控室に当てられた元院長室にお待ちしてゐたが仲々御見えにならないので、菅原助教授に定刻より御成りが遅れる旨剣道場に連絡とらせにやったところ、もう已に直接道場の方へ御出ましとのことで、科長以下慌て、その方へ赴く。すでに御椅子に座られ、台覧《たいらん》*3中である。それ以後馬術、銃剣術、弓道の台覧に扈従《こじゅう》*4する。七時二十分頃御休憩室に入らせられ、色々御物語《ものがたり》*5を拝聴する。指導武官の大佐*6から、学校の作業につき、学習院の作業は、一体、一般学校で勤労動員により工場作業が行はれてゐる、それに追随してやってゐるのか、それと

（2）十九年七月三日の条参照。
（3）貴人がご覧になること。
（4）貴人のお供をすること。
（5）談話。
（6）欄外に「永橋大佐」とある。

も独自の見解の下にやってゐるかと突込んで問はれたので、恥しながら、生産拡充の意味からとはいへ、その動機には追随の意味がないとはいへないと答へた。それから同大佐は、何れの学校、何れの工場に行っても、昨今痛切に感ずることは、旧態依然として、頭の切替を決行しえないで、現実と自己との間の間隙に悩んでゐるといふことであるといはれ、特に教育の事は、最も憂慮すべき状態にあり、教育者がこぞって、頭の切替をなさない限り、日本は危いとまで極言された。学習院の如き、独自の見識を以て、独往《どくおう》*1すべきだとも云はれ、学問なら学問、工作なら工作を徹底した方針を立てて、一時の毀誉褒貶《きよほうへん》を他所《よそ》に邁進すべきだとも云はれた。全く同感で平素小生の主張するところと一致したので寧ろ愉快であり、勇気百倍した。この話をきいた後だったからか、きちんとした朝礼の動作が却って空虚な感じがし、然もこれとて兵学校の追随のやうな観もあり、これを見て下さいと、自信もって殿下に申上げることが後めたいやうな気がする。それでもともかく、立派に出来ることは出来た。次いで御小憩の後作業場に御成り、学生の作業状況を親しく台覧遊ばされる。材料不足のため十分仕事をしてゐないところもあり、甚だ遺憾であったが、工場側で、今日のところはともかく御覧に入れるだけの努力はしたやうである。然し昨今の特に今年に入ってからの工場側の態度には遺憾なところ多く、本院付工員は新主任村井氏に対して、極度の反感を持ち、一種の怠業気分である。さういふ気分の中へ殿下を御案内申上げることは、内心忸怩《じくじ》*2たるものがある。これは只今日のことだけに関していふことでなく、この際、根本的に、学校側と工場側と折衝し、理想的な解決を早急に遂げねばならぬ。九時より四年生丈け一時工作を中止して修身教室に集合、殿下の御成りをまちて、旧級友の一人として殿下をお迎へした四年級全学生が殿下を中心として百五

(1) 自分一人で進むこと。

(2) 心に恥じるさま。

十分間懇談をする。その間学生以外の者は座を外し、科長室に待つてゐる。その際、大佐の話された話の中で、昨夏小生が御機嫌奉伺《ほうし》*3のため兵学校に赴いたときの事情を始めて知つて、驚き且つ恐懼《きょうく》した一事がある。それは、小生が大佐のところへ予め邦昭王殿下の御機嫌奉伺のため参殿の旨を書面を以て御願ひしたとき、その事を殿下に申上げたところ、この兵学校には賀陽宮治憲王殿下*4も御在学中である。清水教授は治憲殿下の旧師でもある。すると、自分だけに会ひに来てもらふのでは困る、両殿下に拝謁を許されるといふことにならぬといけないと、いはれたさうである。それでその御主意を体して、大佐からの返事には治憲王殿下と邦昭王殿下とに拝謁が許されたから、何時いつに来いといふやうに認《したた》められてゐた。有難い思召《おぼしめし》である。それからもう一つは、小生が参殿するとき、殿下が如何なる御態度で御迎へになるかをぢつと見てゐたところ、前日など、小生の事をあれこれ話され、誠に忝《かたじけな》いことながら、心から御待ち下さつてゐたさうであるが、小生が御殿に参上すると、治憲王殿下は二階からわざ〳〵玄関まで下りて御迎へ下さつたが、邦昭王殿下は二階の応接室に立つたまゝで、治憲王殿下が御案内下さつて入つて行つた小生を御迎へ下さつた。そこで、後で、あれはどう考へて、あ、なさつたかと御尋ねしたところ、自分は十分考へた揚句皇族として、たとひ旧師とはいへ臣下に対して玄関まで出迎へるといふことはいけないと思つたからあ、したのだといはれたといふ。これも何ともいへぬ有難い事として、忘れることが出来ないだらう。同大佐の教育上の見識も、今日きいた話を介して、その高邁なるに敬服させられた。邦昭王殿下の指導武官として適任者であると思つた。十時二十分自動車にて御帰殿遊ばされた。

夜、宿直当番で、七時から八時まで防空本部に詰める。それが終つて帰つてきて、靴をぬぎ

(3) 謹んでうかがうこと。

(4) 十九年七月十九日の条参照。

かけてゐるところ、突然中島敏雄がやってくる。びっくりしてわけをきくと、やっぱり肩のことがたゝったといふ。中等科三年のときに柔道の稽古中に脱臼した肩骨のことを既往症として申立てたのによるといふ。泣いて嘆願したが、どうしてもおいてくれないといふ。余りに真剣にたのんだので、区隊長が自殺でもしないかと心配したといふことである。山本さんは西崎さんところへ行ってゐたので、電話で呼び、十一時半頃まで話して帰る。君の働くべきところはいくらでもこれからあるから、落胆するなとはげましてやる。*1

一月十四日（日）晴

寒稽古納式が午前八時から武道場で行はれる。そのあとで、教官及び稽古係学生が会食を北食堂でなす。雑煮と蜜柑が出て、大変御馳走であった。この餅は昨年喜多見の耕作地で出来た米の一部であるといふ。午前中「清明」第二号の原稿整理しはじめる。案外いゝものが少いので落胆する。然しまだ全部は見ないので、これからいゝものが出てくるかも知れない。午後久方ぶりに昼寝をする。惰眠を貪るといったやうな心持で、実に気持がいゝ。何ヶ月ぶりだらう。

夜七時過の報道で意外なことをきいた。大本営七時二十分の発表である。今日午後B29六十機ばかり名古屋地区に来襲、豊受大神宮*2の宮域に数発の爆弾をおとし、ハイカン（この名は山本さんもしらぬといふ）一棟?、神楽殿五棟?・破壊と報ぜられた。振古《しんこ》*3未曾有の大不祥事。正に怒り心頭に発し、居ても立ってもゐられぬ思ひ。国体の無窮を毫末も疑はないが、日本の遭逢せる運命は、この一事を以てしても、生やさしいものではない。国民は神威を心からかしこみ奉らねばならぬ。

（1）　＊欄外に次の記載あり。〔大本営発表（昭和二十年一月十二日十五時三十分）リンガエン湾沿岸に上陸せる敵は歩兵二箇師団、戦車一箇師団内外にしてサンファビアン正面に於て若干進出せる外　海岸付近に於て態勢を整へつゝ、更に兵力の増強を企図しあり、我地上部隊は之を邀撃敵闘中なり〕〔敵遂にルソン島に上陸す。〕

（2）　伊勢神宮の二つの正宮の一つで、外宮と呼ばれる。（もう一つは内宮と呼ばれる皇大神宮）この時、外宮の神域に五ヶ所六発の爆弾が投下され、五丈殿・九丈殿・神楽殿・斎館で被害発生。文中の「ハイカン」は斎館のことか。

（3）　太古。

十時頃より山本さんに抹茶の御馳走になる。

一月十五日（月）晴

大本営発表（昭和廿年一月十四日十九時廿分）

一、本一月十四日午後マリアナ諸島よりB29約六十機主として名古屋付近に来襲せり

二、敵は数発の爆弾を豊受大神宮宮域に投下、斎館二棟、神楽殿五棟崩壊せり

　右の外我方の地上に於ける損害は軽微なり

三、邀撃戦果に関しては目下調査中なり

憤激をも忘れて、只々恐懼の一念のみ。国初以来未だかつて、汚されたることなき聖域が、我らの時代に至りて米鬼の犯すところとなったるは、何の顔《かんば》せあって祖先の霊に対しうるか、又我らの子孫に何として申訳を立てるか。先づ以て一億こぞりて大禊祓《おおみそぎはらえ》をすべきだ。そこから新しき勇進の意気ほひが自らにわき起ってくるであらう。言挙不用。尚、斎館とは天皇御親拝の節御禊斎の御場所、祭主、宮殿下の御斎宿の場所といふ。読売報知の本日の三面に斉藤劉氏（補注2→482頁参照）の言葉があり、その最後のところに、

「・・・わが神宮に対する物量の鬼どもの挑戦、思へば何といふこざかしき挑戦であらう、神域を汚し奉ることによってわれわれの信仰を傷つけ得ると考へるほど愚かなことはない。もちろん御神体は御安泰にわたらせたまふと承るが、かりに神域を破壊し去ったとしても神々はわれ／＼の心の中にあり、われ／＼の信仰は更に更に鞏固《きょうこ》になる。敵の誤算はすで

にここにもある、ご神意を忖度《そんたく》＊1し奉るのも恐れ多きことながら、神々も敵の不遜をあはれみ給ふであらう。」

磯部教授気管支炎にて欠勤。尚一両日養生するため欠勤するといふことである。電話で見舞ひ右様《みぎよう》＊2の、本人からの返事があった。

午後の時間を見はからひ、福本園＊3にゆき、をばさんにたのまれた茶を五円ほど買ふ。それから女子大裏の新書堂に至り、万葉集総索引（上下二冊再版ニテ本文篇ハ縮刷ニナル、一冊三十七円二十銭）、有朋堂文庫普及版直毘御霊《なおびのみたま》、馭戎慨言《ぎょじゅうがいげん》、霊能新柱《れいのしんはしら》、古道大意、出定笑語《しゅつじょうしょうご》講本合せて一冊と山田孝雄《やまだよしお》氏＊4の国民精神作興に関する詔書義解一冊とを求む。夕刻帰途、朱墨二本と鉄筆一ダース求める。夜、松尾氏の代理にて宿直当番にて七時より八時迄本部につめる。帰来、四年一組の作文を見る。城昭の樺太豊原で小学三年のときあった吹雪の話が一等よかった。一時頃就寝。

一月十六日（火）晴

四年一組の作文の時間に、一昨日の敵機豊受大神宮爆撃につきて話し、そのあとで一二篇朗読する。

午前十時前に警戒警報が出る。直ちに配備につかせてゐるところへ、一機上空を通過した。高射砲がしきりになるので見上げると、例の夢のやうなほの白い姿態を見せつ、B29が東方へ去っていった。

昼前に鬼子母神通りの文房具屋に寄り、朱墨と小硯、筆大小二本を求めて帰る。

（1）推察。

（2）右の通り。

（3）豊島区高田にある、明治三十八年創業の銘茶問屋。

（4）一八七五―一九五八。明治―昭和期の国語学者。文法論の分野で独自の論理学的文法体系を構築するなど国語学、国文学、史学にわたり多くの業績を残す。著に『日本文法論』『平家物語につきての研究』等あり。

午後第二時限に章憲王殿下*5に御進講申上げる筈のところ、御殿からの御電話で午後一時頃御帰殿遊ばさる。

午後、中等科の作業は今日はかなりあった。伊勢工作課長が久しぶりに顔を見せ、桜井学生監と三人で色々善後処置につき懇談し、伊勢氏好転を約して帰る。

夜、西崎氏宅へ、今日酒の配給があったといふので、山本氏と小生とが招かれる。行ってみると、高尾参事官と富永氏がすでにきてゐる。初会四人で招かれたわけ。

あとで高尾氏に宮内省内部の事情をつぶさにきき、一面安心することがあると共に、一面非常になげかはしいこともあった。然し何よりも嬉しかったのは、宮内省で枢要な地位にある高尾氏自身が、我々と全く同じ考でゐてくれるといふことである。神事を重んじて、滔々として風をなしてゐる便宜主義に抗する態度を堅持してゐる点全く頼もしく感じた。殊に皇太子殿下の御事に関しては真剣に今の当該者の無定見なやり方に対して慨嘆してゐた。これも全く同感である。

よくはれた星月夜。オリオンが三寮の真上にきてゐた。午後十時をすぎてゐる。

一月十七日（水）晴

岩田水鳥師の罹災慰安の句会（愛城句会第四回目）を午後四時から科長室でひらく。兼題は、初日、初詣、雪、氷、雑煮、新年雑詠、冬雑詠。長沢、富永、久野三氏が高等科から見え、女流は全部出席、石井司書の顔も見える。これまでにない盛会であった。山本芒李庵の「元朝や故園母あり八十二」「妻も見よ今故里の初日の出」等が高点であった。小生のは不出来で左の

（5）十九年七月四日の条参照。

七句を出した。

この道を横ぎりゆきし頭巾の人
子らを率《い》てうぶすな神へ初詣
子らとゐて故山に春を迎へけり
雑炊に友つどふ夜を霰ふる
氷わる音をちこちや敵機くる
雑炊に生きのいのちをことほぎぬ
いたづき*1の故園清めてみ雪ふる（水鳥師へ）

今夜第三班の宿直だが、松尾氏が小生の代りに泊る筈である。

（1）「労き」。苦労。

一月十八日（木）晴

夜、西崎氏宅へ昭和寮在住の者の冨永、桜井、児玉の諸氏も集り、高尾参事官が小鴨二羽もってきてくれたのを西崎氏夫人に料理して頂き、桜井氏携帯のウイスキー一瓶と小生持参の配給酒三合ばかりとで、懇親会をひらく。

この頃比島戦線の戦況思はしからず、憂慮すべきものあり。挺身斬込といふ記事を毎日読むやうになり、過日わが頭上で体当りの実状を見たときと同様のはかなさ感ずる。

深川へ金子《きんす》百五十円を送る。

一月十九日（金）晴

子供らへ一首宛左の歌を書いて送る。

　　みをへ
ははそはの母のみをしへよく守りみさを正しき
をみな子となれ

　　あさへ
あさみどりすみわたりたる大空をおのが心と
はげめたゆまず

　　はるへ
さほひめのはるさりくればさく花のにほふが如く
うるはしくあれ

　　宏輔へ
わたつみのひろき心にたすけあひわが家の風
をいやおこしてよ

　　伸二郎へ
すめがみの道をしんじてから心うちくだきつゝ、
進めますぐに

　　邦夫へ
くにを思ふ心一つにはげめかし神の定めし
道のまに〳〵

入校後初の便りが瀬川よりくる。一昨日は古沢よりくる。何れも軍隊調のキビ〳〵した所が見えてたのもしい。瀬川は「全身大転法輪炎」と記して「頑張ります」ともかいてゐた。

一月二十日（土）晴

山本氏は豊橋の陸軍士官学校の田中雄平に面会のため早朝出発。

深川へ小包送る。煙草、鉛筆、絵の具、カレンダー等を一包みにして送る。

毎日新聞に貼付の如き投書〔省略〕がのってゐる。小生が考へ言ってきたことに全く符合する所見である。

夜、「詩研究」＊1の十二月号をみてゐると、やはり貼付の如き文章（補注3→482頁参照）が見えた。これも小生が栗山君達と語り合ったことと符節を合する。ともかく一人でも二人でもかういふ「詩人」が出ることは嬉しいことだ。ここ暫く文筆から遠ざかった形にあった我々も、ここで、もう一度起たねばならぬことを痛切に感ずる。今こそ文筆によって、国を護らねばならぬこと、それが我々に課せられた神命なることを心底より感ずる。我々のなすべきことが我々でなければ出来ないことが我々の前に山積してゐるやうに思ふ。

（1） 詩雑誌。昭和十九年六月〜二十年一月までつづき、二十年十一月終刊。編集人北村秀雄、発行人高橋長夫。宝文館発行。詩誌「若草」「四季」「歴程」「蝋人形」「文芸汎論」を統合して発行。

一月二十一日（日）晴

日曜は心和やかである。午前中はたまった手紙をかく。母、米田へ封書かき、栗山、池田両君へは昨日かいたやうな思ひを訴へて、近く会談の機を持ちたいといひやる。出来たらパンフレットでも出したいと栗山への分には書き添へた。それから信州の今井信雄君*2のところへは、蓮田君の玉勝間*3の原稿を小生が預ってゐたのを送ってくれと先日葉書がきてゐたのに対して、近日中に小包で送る旨の返事を出す。

言論報国会*4が政府に対して皇国の危急を愁へて十ヶ条の具申を呈することになった由が別紙（補注4→482頁参照）の如く新聞に出る。日々新聞面を埋めてゐる言説と異った憂国の赤誠が力強く迸り出たものとして、大変意を強くした。

夜、七時から八時迄防空宿直で本部につめる。帰寮すると、そこへ塚越君が訪ねてくる。郷里へ土曜から帰ってゐたのが今日夕刻帰寮したのだといひ、赤飯と餅をもってきてくれる。それから火鉢をはさんで、十一時過ぎまで話す。主として学習院の将来の施策について話し合ふ。大変意気投合し愉快だった。

一月二十二日（月）晴

金曜日に磯部氏のところへ見舞に行ったところによると、経過はよいらしいが、気管支炎がまだ去り切らぬので、初めは今週一杯休んだ丈で出勤出来ると思ったが、それも覚束ないといふ。割合元気さうだが、悪性のインフルエンザが流行してゐる時だから大事にするやういって帰った。

俊彦王殿下*5の陸軍の学校へ御進学について、院長、科長、小生とで凝議し、直接殿下に当って、御心持をきき、土曜日の話で、明後日までに（一）今年四月予科士官学校へ入校遊ばされるか（二）今年十月に航空士官学校に入校遊ばさる、か（三）来年四月に予科士官学校に

（2）十九年七月二日の条参照。
（3）本居宣長の随筆。十四巻通計一〇〇五段からなり、内容は、諸書の抄録、聞書、注釈、語義、地名等の考察、学問論、古道論、折々の随想など多種多様。
（4）十九年六月二十九日の条参照。
（5）十九年七月四日の条参照。

入校遊ばさる、か、の三つの内一つにおきめ願ふやうに約束して頂く。小生の主張はこの国家危急の秋に際し、率先して軍に御身を投じ下さる事が軍の士気に及ぼす影響の大なること、又何れ軍籍に入らる、御身分として少しでも早い方がよろしいといふ理由で、この四月に御入校遊ばされることを極力おす、めしておいた。土曜日の話は科長と小生とで殿下を科長室に御出で願って長沢氏も立会の上で申上げたのであった。然し今日科長に対してのお答へは、この四月には入らぬ、航空士官学校もよす、来年四月に入ることもはっきりしない、といったやうな曖昧な御返事であったといふ。御心中はお察しするし、御内心で、軍人を志望してゐられないこともよく分ってゐるので、おいとしい*1心が先に立つ。併し、これ以上はこちらから強制など申上げるべきでないので、成行きにまかせることにする。今夜大宮殿下*2と御相談遊ばされ、一両日中に最後的決定が見られる御予定と承る。

河出書房へ「花のひもとき」*3四冊代金送る。

一月二十三日（火）晴

新聞によると、昨日は宮中御嘉例《かれい》の歌御会始の御儀が宮中にて古式床しく執り行はせられたといふ。御題は「社頭寒梅」。かしこくも御製、御題を賜はる大御心の宏大なるほど、拝察するだに感激の極みである。御製

風さむきしもよの月に世を祈るひろまへ清く
うめかをるなり

またしても「祈る」といふお言葉を御使用遊ばされた。

（1）「愛しい」。かわいそうだ。
（2）東久邇宮稔彦王殿下。十九年六月三十日の条参照。
（3）十九年七月二十三日の条、補注5（→181頁参照）。

かつて昭和十七年の御題「連峯雲」に対しては

　峯つ、きおほふむら雲吹く風の早くはらへと

　た、いのるなり

と遊ばされ、翌十八年の御題「農村新年」に対しては

　ゆたかなるみのりつ、けと田人らも神にいのらむ

　年をむかへて

と遊ばされた。又昭和十七年十二月十二日はかしこくも伊勢神宮御親拝の日である。あれこれ、聖慮《せいりょ》*4の存するところを拝察致し、恐懼身のおきどころを知らぬのである。ましてや過日の豊受大神宮の爆撃の事実を思ふ時、我等国民何としてこの大罪をつぐなひうべき。単なる禊《みそぎ》にてはこの罪穢《つみけがれ》ははらひ除くことは出来ない。

とはいへ、比島戦局危急を訴へられるとき、か、る神遊《かみあそび》*5の聖儀が大内山にて行はせられたといふことは、有難き国体の然らしむるところと、歓喜感激いふところをしらない。

　四年一組の作文の時間に二三の文章をよみ（題は「わが生ひ立の記」）そのあとで、一昨日の新聞の切抜「言葉の乱れ」と詩研究の宮崎丈二氏の文章とをよんできかせる。

　第五時限が丁度あいてゐたので磯部氏官舎に病気を見舞ふ。もう熱が平熱となったので、明日一日欠勤して、明後日頃から出る予定だとのこと。明日四月以後の中等科の進路につき、各位の意見をきくための科会がある筈なので、それに備へて今日教務部員と訓育部員が科長室に集り下相談をすることになってゐるので、磯部学生監の意見も一応きいておかうと思って伺ったのでもある。磯部氏は中等科全体の内原行が可能なら最もよし、もしそれがむつかしければ

（4）天子のお考え。

（5）神前で奏する歌舞。

目白にとゞまり、上級生の中から有志を少人数選抜して塾式の寮をひらき、そこで徹底した教育を行ひ中等科立直しの原動力たらしめたいといふ意見である。帰院して一同にその旨伝へると共に、皆隔意なき意見を交換し、結局万難を排して、全中等科が内原に移り、徹底した教育の切替へを決行し、学習院教育を根本的に立直すことに意見が一致する。明日の科会ではこの結論は出さないで、徹頭徹尾全教官の意見をきいておくことにする。然し、その意見を引き出すためにこちらがどのやうな心組でゐるべきかにつき今日打合せをなす。大体科長が司会誘導して下さることとなる。

大豆一升二、三合の配給あり。寮に風呂がわく。そら豆を火鉢の火でにる。

一月二十四日（水）晴

午後二時四十分より中等科会。主として四月以後の中等科を如何にもってゆくかについて、一同の忌憚なき意見を教務、訓育両部の立場としてきく科会である。初め、本日病気欠席の清水二郎教授の文書による意見を科長が朗読する。それは新四年を仕上のためもう一度内原へつれていって一学期位訓育し、そのあとは二、三年を交代させてつれてゆく。といったやうな主旨である。次いで平田教授の学校平常化説が出、学校は平素きめた如き時間割に従って平凡に運行するを最上とする、その立場より学習院は平素は授業のみを行ひ、夏期に工場なり内原なりへ短期修練につれてゆく、と言ったやうな意見である。飯田、岡両氏も大体之に賛成したが、山本、渡辺末　両氏あたりの発言があった頃から急に全学生を内原へつれてゆくといふ意見に、自然に一致してゆく。平田、飯田、岡氏らも、之に賛成し、大勢は内原行を最上とするといふ風におちついていった。もう少しいざこざがあると思ったが、意外に一致して行ったので、気味が悪い位である。四時過ぎ終る。

そのあとで、在郷軍人学習院分会の演練を行ふ。今日は銃剣術の稽古。加賀谷講師の指導により、短時間に習得する。

一月二十五日（木）晴

磯部氏今日はじめて登院。用心して午前中で帰宅。

群馬県の太田町にある中島飛行機の小泉製作所に勤労動員でいってゐる平岡公威君より来信。身体の都合で現場の勤務は不叶、総務部調査課文書係といふ机を与へられて、毎日七時半より五時半まで、出勤、消閑《しょうかん》＊1に心を労してゐるといふ。夜は寮舎の八畳の燈火暗き下で、武蔵高校、水戸高校、福岡高校出の同学と過してゐるが、暇あれば書きかけの小説「中世」の構想の幻を追うてゐるといふ。（補注5↓482頁参照）

（1）暇つぶし。

一月二十六日（金）晴

今日は帝国在郷軍人会宮内省分会の査閲をうける日。中等科職員としては、赤井教授、宮本講師、小生の三人が勤務の都合上代表してゆく。本来は会員全員参加の筈だけれど、公務の故を以て授業のあるものは不参を許された。七時半目白駅に集合して、山手線で東京駅までゆき、それから徒歩で大手門より入り、主馬寮《しゅめ》広場に集る。八時四十分迄にそこへ集れといふことであったが、八時二十分には到着してゐた。八時四十分になると、一同、射撃中隊、銃剣術中隊、敬礼中隊の三中隊に分れて集合した。学習院より参加した者は全部敬礼中隊に入る。はじめ分会の役員から今日の進行の順序の説明があり、閲兵、分列の練習を行ひ、やがて今日の査閲官平井少将の来場がある。型通りの儀礼を行ひ、査閲に入る。昨年世田谷区砧分会でうけた査閲の時と比べて、その規律、動作に於いて格段の差が見られ、非常に優秀であり、意外であった。敬礼、射撃、銃剣術の順で査閲をうける。北風吹きすさみ、日は照ってゐるが冷寒言語に絶す。最後に講評あり、東京文部官下で最も出来がよいと賞められる。講評のあと訓示あり、併せて一時間、十一時半終了。今日は風が冷くおまけに埃が立ち、相当苦痛だったが、終って見ると大変愉快である。

終了後直ちに帰途につく。往きと逆コース。帰院すると十二時半頃、すでに午後の授業ははじまってゐる。午後は第一、二、四時限を受持があるのだが、その第一時限は二十分ばかり食ひ込んだ。それでも猿木教授のはからひで、第一時限の四ノ一に自習させておいたからといふので、御免蒙って中食をとる。それから出向き約十分の授業を行ふ。

山本さんは今日から明後日にかけてどことあてなく漂泊の旅に出た。

輔仁会報第二号に、本院出身の出陣学徒を送る歌を徴されて、左の作をなし、明日委員に渡さうと思ふ。

出で征きし人に

花を恋ひ花にこがる、うつそみをあはれと思ふこともありしか
花を恋ふ思ひのやがて国しぬぶ思ひとなるが皇国風《すめみくにぶり》

いとせめて燃ゆるがまゝに燃えしめよ天つ空なる花を恋ふとて
久方の天つみ空にさく花をこがる、思ひゆくへしらずも

防空当番。一夜の内に三度空襲あり、その都度学校にかけつける。来る三十日の歌会の詠草が大分集る。女流が断然多い。

一月二十七日（土）晴
ルソン島の戦況益々不利と報ぜらる。敵先鋒は已にタルラックの南方約二十粁のカパス及びサンタモニカに進出し来ったといふ。リンガエンとマニラをつなぐ街道の略々中間である。心痛む事なり。
夜、教務部、訓育部が昭和寮に集って、四月以後のことを相談することになってゐたが、磯部氏の風邪後の不快と、児玉氏が出張よりまだ帰らぬ理由で、とりやめ。この問題に関する科長の態度にはまことに煮えきらぬものあり、遺憾の点が多い。

一月二十八日（日）晴
一日中在寮。硝子戸をしめきって、部屋にこもってゐると、ぽか〳〵と暖い陽ざしに、心はあられもなく夢路を辿りはじめる。

一月二十九日（月）晴

夜昭和寮内西崎学生監官舎にて京極杞陽招待句会をひらく。集るもの主賓京極氏の外、宮田参事官、高尾亮一、長沢三山、冨永風亭、久野桜宇、山本芒李庵、岩瀬主一、桜井水布、西崎一郎、児玉無宿、清水碌々の面々。兼題は「雪」「霰」「霙」席題は「火鉢」「炭火」。通じて十句。

小生の出句は左の十句。

子等を率て雪の故山の初詣
大帝都今朝初雪の隈もなく
母臥《ふせ》る故園埋めて深雪《みゆき》ふる
先生も大童《おおわらわ》なり雪合戦
霙《みぞ》る、や寮舎々々の白き壁
霙る、や児の持ち来る回覧板
壮行に友集ふ夜や霙ふる
聞耳を立てしほどなる霰かな
鴨猟の故実に更くる炭火かな
移りきて火鉢恋ふべくほどを経ぬ

型の如く出句の清書、互選、披講《ひこう》*[1]を行ふ。披講は高尾氏受持つ。点数でゆくと小生のが最高で十九点。後で宮内省式部官たる京極氏持参の鴨二羽の料理あり、炊事得意の餅の雑煮も出て大変御馳走であった。酒もあった。

（1）詩歌を読み上げること。

一月三十日（火）晴

夜中等科長室にて第一回愛城歌会。集る者、高尾参事官、山本、渡辺藤両教授、池田、鈴木、山崎、興石各女流。それに小生。清水二郎教授は病気のため欠席。その他歌稿を出した人には、本郷、宮島両書記あり、小野、山口両女流あり、集りし歌数五十首。大体出席者だけの歌を合評してゆく。高尾氏はアララギ会員にて歌には練達である。小生の歌は左の四首。

さる夫人の眼わづらひて一時はほと／＼失明にいたらむとせしことあるも、秋たつ頃よりとみに快方に向ひ視力もやう／＼恢復しゆくとき、て

秋空のすみゆくなべにものみなのあやめもさやになりまさるらむ

心あへる友どち月々わが茅屋により集ひ古今集をよむ会を催せしことありしが、その中の若き友一人この集の花と恋の歌をこのみ日夜それらの歌をのみ心にかけて過すといひしことあり、その友あらたまの年たちかへるとともに大御召しをかがふり勇躍して出で立つに、その日頃の思をあはれみて

花を恋ひ花にこがる、うつそみをあはれと思ふこともありしか

いとせめて燃ゆるがま、燃えしめよ天つ空なる花を恋ふとて

久方の天つみ空にさく花をたどき*2も知らず恋ひわたるかな

（2）「たづき」の古形。とりつく手がかり。

一月三十一日（水）晴

子供らより来信。

(補注1) 清水の成城高等学校尋常科（中学部）での教え子。清水は後年「田中茂遺詠集のこと」（昭和四八年六月「河」五号。実はこれ十年前執筆のもの。）を書き鎮魂の手向けとしている。

猶、「田中茂遺詠集」は母堂が子息の十七回忌を記念して一冊々々手写し、知友に配付したものである。遺詠中に次の一首あり。

　赤々と我が眼にしるく燃えにけり兵舎の前の鶏頭の花

(補注2) 大正・昭和の陸軍軍人、歌人。二・二六事件では反乱幇助で下獄。短歌は佐佐木信綱に師事、「心の花」同人を経て、「短歌人」創刊。歌集に「曠野」「四天雲晴」、随筆に「獄中の記」あり。歌人の斎藤史は長女。

(補注3) 前の投書と同様、詩人宮崎丈二が言葉の乱れを憂えたコラムである。タイトルは「「殴り込み」について」。本来は、無頼の徒が徒党を組んで乱入する意に使うのに、兵士の決死の突撃に使用することは許されないことだと述べ、「言葉を清めることを詩人がしないで誰がするのか」「さう云ふ言葉が知らず識らずのうちに人心を荒らしてしまう」と詩人の覚悟を記す。

(補注4) 十ヶ条は次の如し。

一、神武建業の鴻猷と明治中興の宏謨とを遵奉し天皇御親政軍国機務御親裁の実を顕現し参らする事

一、国務大臣は君徳を翊賛し啓沃献替以て輔弼の重責に任する事

一、大権発動の下、直に全国を戦時編制と為し、全国を一大鉄陣たらしむる事

一、陸海軍を打て一丸となし兵部省の古に復する事

一、一切の軍需品製作を挙げて国家管理とする事

一、曖昧模稜の風気を一掃し敢闘有為の人物を挙用する事

一、賞罰を厳明公正ならしむる事

一、特に青壮年をして報国の実を挙げしむ可き道を開く事

一、朋党比周国政壟断の弊を杜絶する事

一、即今新に政党政社を創立するが如きは最も聖戦完遂に有害なるを以て之を禁遏すべき事

(補注5) 日記では触れられていない部分を次に引用しておく。

「やや暇あれば書きかけて未だ果たさぬ小説「中世」の構想に幻を追ひ、顔美き巫女綾織が面影、

容貌魁偉なる東山殿義政公の姿、禅師霊海、能楽師菊阿弥など、つれなき作者に捨ておかれて影はおぼろにうすれゆく絵姿をば偲び候。六十五枚を重ねて、完成なほ行末の緒覚束なく、書きては消し、消しては書きつゝ、たゞすぎし世の金光まばゆき幻影に我を忘れ居り候。あるは仏臭き中世のお伽草子を弄び、物語の晦渋、構想の破調、とらへがたなき話の筋、辿りがたき作意の韜晦、文意の錯綜。模糊として織糸もほころび果てし曼荼羅を目のあたりみる心地して、「面白し」といふにあらず、「巧みなり」といふにあらず、たゞ「ありがたき」心地のするにぞ、これぞ文学の忘るべからざる源流なりと感銘仕候。」

小説『中世』は、第一回、第二回（途中まで）は『文藝世紀』昭和二十年二月号に、第三回は空襲により雑誌焼失、第四回は『文藝世紀』二十一年一月号に発表。『人間』二十一年十二月号に七回分を合わせて発表した。

【解説】

この二十年一月の日記で話題になっていることは次のようなことである。

箇条書きで記す。

①帰省中のこと

②田中茂の死

③教え子の出征

見送りの様子、手紙の内容等から師弟の絆の深さが思われて羨望の念さえ浮かんだ。歌の出来映えも見事なものである。

④平岡公威の手紙

一通目に出てくる林富士馬については、十九年六月二十一日、二十三日の条及びその（補注2）（補注4）参照。林は当時を回想して「私達はやがて、誰でもがお召しを受け、血腥い戦場に遠征することは解っていたので、明日のない一日一日を、如何に文学だけを信じ、それを［ママ］縋って、一日一日を生きるか、ということに肝胆を練っていた。」（「死首の咲顔」）と語る。平岡（三島）との交友は昭和二十四年頃まで続いたようである。「『仮面の告白』を書き下し、出版する頃までに、お互いに、文学に、志し、文学で身を立てようと励まし合い、刺激し合い、くどくつき合ったものでもあった。」（同）とも述べている。

⑤B29の来襲

⑥院内句会

空襲下、十七日と二十九日の二回開く。清水の句では次の句が印象に残る。

母臥る故園埋めて深雪ふる

⑦言葉の乱れ

⑧言論報国会の具申

⑨宮中歌会始

⑩学習院中等科の教育方針

⑪院内歌会

出陣学徒の心中を思いやる次の歌が印象に残った。

花を恋ひ花にこがる、うつそみをあはれと思ふこともありしか

【参考文献】

『琉球風土記』泰光堂　伊波南哲　昭和十九年十一月（未見）

『田中茂歌抄』田中千萬子編　私家版　昭和三十五年十一月

「田中茂遺詠集のこと」『河』五号　昭和四十八年六月（その後『続河の音』所収）

『万葉集総索引』（古典全集刊行会版）正宗敦夫編著　単語篇　伊藤書店　昭和十九年九月十六日　本文篇同十月十六日

『直毘霊』（有朋堂文庫普及版）有朋堂　昭和十九年十二月七日

『国民精神作興に関する詔書義解』（昭和八年改定増補版）山田孝雄　宝文館　昭和十七年一月二十五日　廿六版

『決定版三島由紀夫全集』三十八巻　新潮社　二〇〇四年三月十日

『旧版三島由紀夫全集』一巻　新潮社　昭和五十年一月二十五日

『林富士馬評論文学全集』勉誠社　平成七年四月十五日

清水文雄「戦中日記」昭和二十年二月・三月〔四十二歳〕

二月一日（木）晴
伸二郎の誕生日、学校から榊を折ってゆく。帰寮すると蜜柑が配給になってゐる。早速「伸ちゃん」とよびかけて神棚にそなへる。

二月二日（金）雪〔記載なし〕

二月三日（土）晴
節分。大豆を煎って心ばかりの鬼やらひ*1をする。

二月四日（日）晴
立春。今日は日曜だが防空日直で一日中学校にゐる。火の気のない奥の教官室で「清明」第二号の原稿を整理する。はる子に「そろばん」二・送る。

（1）「悪鬼を追いやる」の意。「追儺」に同じ。大晦日の宮中の年中行事が、民間の節分行事となる。

二月五日（月）晴

比島の戦局いよ／＼急をつぐ。去る三日に敵の先鋒は已にマニラに突入してきたと報ぜらる。

二月六日（火）晴

今日、平岡公威君が召集をうけ、郷里兵庫県へ発つ。（補注1→513頁参照）その事をあとで葉書をもらひ知ったが急だったさうだ。

二月七日（水）晴

四月以後の中等科の教育方針につき、中等科会をひらく。午後三時より。未だ嘗て経験したことのない真剣な職員会であった。大勢は内原行に傾く。学習院の現情にあきたらぬことは誰しも同様。今日は各自特別の地位を離れて、一学習院教官となって、忌憚なき意見をのべる。小生も学生監の位置をはなれてのべる。初め科長や老教授の間から「疎開」といふ言葉がもれ、一般のはりつめた気持にそぐはないきらひが見えそめたので、いら／＼してゐると、果して、磯部教授起って、所信を披瀝したので、本筋に立返る。その意見は原稿によって発表され、結論としては学習院自体の腐敗その極に達したる現実に直面して、大体に悲観論で、全部の内原行も賛成でない旨のべ、一部を内原に訓練に送り、一部を本院にのこして、工場にやるといったやうな、案としては不徹底な案を出す。然し、腹では学習院の将来については、根本的に否定的な考へであることはたしかである。さうなると、四月以後の方針といふよりは、自己の決心の問題となってゐるやうに思はれる。すぐそのあとに立って、小生は内原行を主張する。その理由は、例へば殿下の御待避壕の件二三年前より当該者に度々申請したに拘らず未だにその実行を見ず、そのま、うやむやに放てきされてゐる、それでゐて皆平気でゐる、この現状は学校自体が腐りきってゐることを物語る一証左である。他は比々《ひひ》*1皆然り。このやうな状態のま、ほっておくときは、この急速の時潮に棹さしてのりきることは困難であり、本院の自滅は目睫《もくしょう》*2にせまってゐるやうな感じがする。この際中等科挙《こぞ》って一応この地をはなれることによって、本院の真姿と本来の使命とをはっきりと改めて認めることが、喫緊《きっきん》*3の大事と思ふ。これは一年後の大事を控へた本院として、何としてもやりとげねばならぬことと思ふ。大様このやうなことをのべる。そのあとで、有志の意見を求め、最後に未発言の教官が科長の指名で一人々々立って意見をのべる。そして大体は、内原行に賛成の空気が確かに醸成された。その事を大きな収穫と思ふ。院長は不参。

二月八日（木）雪。

夜の間に五寸*4位雪がつもる。寮舎前に下り立てば、和泉式部のふま、くをしき庭の雪かな*5といった、清らかさに、身も心も透明になってゆくやう。

比島戦苛烈の極に、大詔奉戴日をむかへる。第一時限の初に奉読式あり、そののこりの時間で、中等科全部の雪合戦を校庭で行ふ。

内原に電話し、当方より出張明後日と明後々日の二日に亙り、先方の幹部と会見、四月以後の事につき希望をのべ御都合をきくことに約束が出来る。防空宿直。

（1）どれもこれも。

（2）目前。

（3）差し迫って大事なこと。

（4）一寸＝三．〇三センチ。

（5）和泉式部集一七一。上句「待つ人のいまもきたらばいかがせん」。

房枝から手紙がきて（速達で）、こんど中道の家を六百八十円で買ひ母上の隠居所にすることにしたから至急金子工面しておくれといふ。五百円でもい、とあったので、早速会の金を五百円かりて書留速達で発送する。

二月九日（金）晴

美しき日和になりぬ岡の上といった感じの朝。午前中、昭和寮にかへってゐて、「清明」の編輯をなす。午後登院。昨日の内原行の件につき、科長室で打合をしておく。出張は児玉教務主任と小生、それに昨年内原行の中心となった清水二郎教授にも加って頂き、都合三名の一行ときまる。磯部氏あくまで否定的。

冬シャツ上下揃ひを宮中より賜はる。有難し。

二月十日（土）晴

午前六時目白駅待合せといふ約束だが、十分おくれてかけつける。昨夜宿直だった児玉氏はもう已にきてゐる。清水氏未着。三人分の切符を買ひ、ホームに入り、そこで清水氏を待つ。間もなく到着した電車に清水氏のゐるのが見えたので、二人共早速のり込む。上野七時十五分発高萩行。車中で炊事の作ってくれた握り飯をたべる。予定より少しおくれて内原駅に十時つく。徒歩にて義勇軍*1へ。初、国民高等学校内の加藤完治氏宅へゆく。一昨日の電話は加藤所長に通じてゐないことが分る。所長は今幹部訓練所の方へ行ってゐられるさうで、その方へ行ってほしいとの留守居の人の挨拶である。然し先づ義勇軍本部へ立寄ってくれとのことで、

（1）十九年十月十五日の条参照。

泥濘の路を通って本部に赴く。今井文二副所長にあひ、来意をつげて大体の様子を伺ふ。三百名として、宿舎は義勇軍の方を提供してもい、が、三殿下が御参加とすると、幹訓の方がよからうといふので、電話で、幹部の水野信副所長にかけ合って下さる。さうすると、三百人をともかくも全部引きうけて下さるといふことである。その詳細は直接面談してほしいとのことで、昼食を御馳走になってから、軽駕*2にのってゆけといはれたが断って、徒歩で幹訓の方へ向ふ。今井副所長の談話の中に、義勇軍の一部が昨年九月名古屋方面の工場へ勤労奉仕にゆき、他の動員学徒に比しても段違ひの成果をあげ工場内に清新の気を放ってゐるときかされ、さもあるべしと思ふ。一月迄といふ約束を、懇望されて三月迄延期することになったさうである。工場作業が閑散なときは、さっさと午前中なら午前中できり上げて、午後一杯を開墾にふり向けるとか、防空壕の整備に当てるとかして、実に時間を有効に使用してゐるといふことで、大変い、話をきいたと思ふ。と同時に、農耕と工作とが決して別のものでなく、愛国の赤誠は一つであるといふことをしみ〴〵思ふ。

義勇軍本部を出たのが一時十分頃、ぬかるむ道を、昨秋通った見覚えの道だから先に立って歩く。一時五十分頃幹訓本部着。構内に入ってから空襲警報が出る。大太鼓をどん〳〵と叩き、間に鐘も打ってそれを知らせる。向うの方で消防自動車の警笛のやうな音もする。ともかく早速本部に通され、水野副所長に面接を許される。風邪気味といふことでひげをのばしたま、にしてゐられる。用件はとん〳〵拍子に進む。夜具、教室の問題が全部解決するといふ所には至らないが、受入れは全面的に引きうけて下さる。これは加藤所長の御意向であるといふことで、水野氏はその前提の下に話をす、めて下さる。宿所は昨年のやうなのを六棟貸して下さる。そ

(2) 十九年十月十六日の条参照。

の場所は最初、大講堂の両側といふことであったが、一年など炊事場から食事を運搬するのに不便といふことを理由として、昨年使用の分を含めた六棟といふことに改めて御願ひする。許諾を得る。夕食の御馳走になる。そのあとで、今夜宿泊させて頂く集会所にゆく。一室に通されて、若い所員の入れてくれた火鉢に当ってゐると、暫くして、加藤所長が来られたと見えて高らかな、澄んだ笑ひ声が隣室からきこえてくる。清水氏が若い所員に来意を伝へてもらふと、あ、さうかと、気軽にうけられて、間の襖をひらいて、こちらに入って来られ、丁寧な挨拶をうけ、恐縮する。春の如き人柄にまづ心をいたくひかれる。水野氏よりきいた通りの御言葉をいたゞき、うれしかった。六時過ぎから清水氏に案内されて、最近満洲へ義勇軍を引率していって帰朝された田沼兵司氏の宿舎へゆく。満洲の話をいろ〳〵き、、火鉢に当りながら甘酒、餅、リンゴ等大変な御馳走になる。八時十分頃辞去。入浴後くつろいでゐると、警戒警報が出る。電気を消し就床。隣室では加藤先生の来客との応待の声がまだしてゐる。

二月十一日（日）晴

六時、規定の如く起床。六時半幹部訓練所の朝礼に参加する。田沼氏司会。天気晴朗、朝礼の終る頃に東方の木の間より朝日が洩れ輝き始めた。「あはれ、あなおもしろ・・・」をとなへる老壮の幹部の人達が神代の農人《のうにん》＊1の姿に見えはじめた。七時半頃朝食。九時から大講堂で紀元節の式をあげられる。それに参列。思ひきや、ここ鯉渕の乾坤作の大講堂で紀元節の式典に参列せんとは。所長の訓示も簡明で大変よかった。新日本の発祥はここをおいてないといふ印象をふかくした。

（1）農民。

十一時過ぎに早目の中食をいたゞく。祝日で、赤飯、紅白の饅頭、サツマ汁あり、思はぬ御馳走になる。食後直ちに出発徒歩にて友部駅へ向ふ。十二時五十四分の上野行にのる筈だったが、四十五分頃、その前の汽車が遅れてついたので、急いでそれにのる。

二月十二日（月）晴

一昨日の九十機を以てする空襲は、群馬県太田の中島飛行機の工場が対象とされたといふ。撃墜十五機、撃破五十機位といふ。然し、後にきくと、人員の損傷は少いが、工場そのものは、十米おき位に投弾され、殆ど全滅といふことである。内原の上空を往返《おうへん》＊2共悠々と編隊を崩さず通過した敵機の姿をまのあたり見た我々として、誠に腹が立ってならぬ。

岩田科長の夫人が盲腸炎で、少し手おくれのため手術出来ず、絶対安静を医師から要求されたといふことである。禍がつゞき、御気の毒である。

工場が終り、菅原助教授の許に五年の脇田、亀井等が来て、訴へたことは、学校工場の現状は甚だ遺憾である、我々としてはこの際どこかの飛行機工場に挺身して勤労奉仕したい、有志だけでい、から是非実現するやう斡旋してくれと申出たさうである。菅原氏は自分がその挺身隊を引率して行くから何とか許してもらひたいと熱意を以て申出る。大変嬉しい話なので、その熱誠に動かされ、早速相談してみようといふことにする。

防空宿直。七時頃一機来り、空襲警報が出る。間もなく、南方に脱走、解除。

昨日の某軍人の放送に、もう百機飛行機があったら、ルソン島に敵を上陸させなかったのに、と悲痛な講演があったさうで、心いたむことだ。

（2） 行きと帰り。

二月十三日（火）曇

昨夜磯部氏は本院出身の華族＊1（四十才が最高の壮年輩）の会合に招かれて行ったさうだが、華族の現在の位置に非常に不安を感じてゐるが、さりとてどうにも打開の道がないといふ現状に思ひなやんでゐるときき、さもあらんと思ふ。その打開策としては、この際、不退転の勇猛心を奮ってすべてを奉還し、裸となって草莽《そうもう》の臣＊2に立ちかへることが、打開の唯一の道であると小生の考をのべる。

夕刻食事しないで、祖師谷に赴く。昼間栗山君のところへ電話で連絡とっておく。久しぶりである。先づ栗山君のところへ行く。二ヶ月以上も御無沙汰してゐる内に、子供さん達も大分大きくなったやうな気がする。照代さんは成城に新たに出来た住友銀行の支店に先月中旬から勤めてゐるといふので、小生が御伺ひしたと同時に帰宅した。夕食の御馳走になる。逢ふと、慨世《がいせい》＊3の言がどちらからともなくとび出す。食後二人で池田君のゐる哲士寮に闇夜の道を提灯《ちょうちん》たよりに出向く。池田君とも久しぶりであるからして、炬燵を挟んで、三人鼎坐《ていざ》してゐると、かって四人で信州にいったときのことなど思ひ出す。話はやはり慨世のことから同人の発表機関のことに及ぶ。第一、新たに叢書を出すやう、各自の既発表の原稿を至急まとめること。その書店は河出書房、筑摩書房、大八洲書房の三つが考へられるが、先づ河出書房に栗山君より交渉すること。第二、栗山君の現在直接間接関係している雑誌「文藝」＊4「短歌研究」＊5「多磨」＊6に出来るだけ発表すること。第三、新しい我々の発表機関として八頁位のパンフレットを出すこと。名称を池田君の発議で「萬象」とすることに決定。今月末までに原稿ま

（1）明治二年創設の族称の一。旧公家・大名と勲功のあった者に、公・侯・伯・子・男の爵位と各種の特権が与えられた。

（2）民間人。

（3）すたれた世の中を嘆き憂えること。

（4）文芸雑誌。昭和十九年十一月〜。河出書房発行。編集長野田宇太郎。

（5）短歌総合雑誌。昭和十九年十一月〜三十六年十二月。日本短歌社発行。言論統制により短歌雑誌も総合雑誌はこの一誌に統合された。

（6）短歌雑誌。昭和十年六月〜二十七年十月。北原白秋の多磨短歌会の機関誌。

とめること。一人当り大作十枚見当で書き、清水がまとめ編輯すること。その体裁はコギト*7に準ずること。発表機関のことにつきては大様右の如きことを話し合ふ。まだ話はいつまでもつきないが夜がふけてきたので十二時一寸前に三人枕をならべて就寝。宿屋に寝るやうな気がするねと栗山君いふ。明朝は七時半の食事迄に間にあふやうに早く起きて帰ることを池田君にことわってねる。

平岡公威君が病気のため即日帰郷となった旨十一日付で栗山、池田両君のところへ葉書きてゐた。

二月十四日（水）晴

比島の戦局は日増しに不利となる。マニラに侵入せる敵は段々とその毒汁を市街にふりまき、街衢《がいく》*8の中央部まで劫火の巷と化せしめてゐるといふ。これに対してわが陸海軍はそれこそ死闘をつゞけてゐるといふ。国内の実情と第一線戦局とをあはせ思ひ、慨嘆の情の迸《ほとばし》るを禁ずる能はず。皆人の何気なき言葉の端々にうかゞはれる敗戦的な思想の片鱗《へんりん》にふれて、ぞっとすることがある。

午前十時半から十一時まで四ノ二渡辺弘海の厳父亡汀氏の告別式があるといふので、級長の片野務をつれてとむらひに行かうとしたら、その出鼻に空襲警報となったので、断念する。午後二時半頃より出かけようとしたら、院長に会ふことになったので、また明日にのばす。院長のところでは内原行の件につき自己の所信をのべる。院長は名分の立場を堅持して全部中等が内原に行くことを躊躇してゐられる旨率直にいはれる。それに根拠づけるためにいろ／＼第二

（7）文芸雑誌。昭和七年三月～十九年九月。ドイツ・ロマン派への傾倒を軸として、民族的古典美への志向を示す。保田與重郎を中心に、田中克巳、肥下恒夫、中島栄次郎らが同人であった。

（8）にぎやかな町並み。

義的（と小生は思ふ）な理由をあげられる。それらのすべての言説をも胸に以てなほ且つ自説をまげる気にはなれない。ともかく自分としては、前からあふ人毎に話してゐる理由で全部そろってこの際内原へ行くことが最良の方法であるを強調する。

二月十五日（木）曇

午後空襲警報出る。夜も一度出る。

四年の作文に「花」といふ題でかかせる。自分の最も好める花について何でもいゝから書けと過日欲求しておいた分である。この大事の日に「花」を思はしめることが大切なことに思はれる。

房枝より来信。十日付の手紙で、書留安着を報ずる。それに加へて、これからみを子が女学校に入ったりすると、金が入るので、どこかへつとめたいといってきたので、そのやうなことをせず、老母への孝養、子女の養育、農増産、供出作業に専念するやういってやる。

夜、児玉さんの手料理でバラずしを沢山作ってもらひ、又児玉さんが親戚でもとめてきた濁酒と清酒（共に古くなって少々すっぱい）を御馳走になる。すしをたべようとしたところへ、警戒警報出る。まもなく解除。

今日、児玉氏が院長にあったとき、内原問題がまた出て、訓育部の意見が一致しないのがいけないといふ意味の事を言はれたといふ。さういはれ、ば何とも申し様ない。磯部氏の苦衷も分るが、個人の決心がつかないところへ、そのどちらつかずの思ひと学校の内原行との間に挟まって、なやんでゐるらしい。夜山本さんの話によると、先日磯部氏が来寮の砌、独乙の諺に

「最善を望めば善だもえず」といふ意味のことがあるといふことを同氏にのべ、磯部氏の観念的に描くやうな理想的な世界はどこにもないのだといふことを忠告したといふ。同感である。あのやうな思索をつきつめてゆくと、結局谷底に入って了ひさうである。ひらけてくる希望がない。日本の道は天岩戸の前の神遊び*1に発する、おほらかなものであると信ずる。

房枝への返事やその他会関係の事務的返事をかいてゐる内に、二時になる。

二月十六日（金）曇時々晴

朝七時頃警戒警報出る。まもなく空襲警報となる。ラヂオの情報は敵艦載機が房総方面に進入した旨をつげる。次々と報じ来る情況は、或は伊豆半島より、或は、静岡方面より、或は鹿島灘方面より、波状的な小型機の来襲をつげる。九時頃の情報ではすでに百数十機が本土に入り、主として飛行場、軍事施設を爆撃したといふ。それからなほ次々と敵編隊海上より来る。十時になるも中々敵の戦意は衰へないらしく、次々と、敵襲を伝へる。鹿島灘方面のは新たな編隊といふ。然し帝都上空にはまだ一度もあらはれない。

午後に至り、マリアナ基地より少数のB29も来襲。又午後四時過ぎ迄は、艦載機小型機の反覆来襲あり、一度は七機の編隊が本院運動場から見える所まで来たこともある。本土は、敵艦載機の来寇によりいよ〳〵本格的の戦場と化す。夕刻のラヂオによると、

大本営発表（昭和廿年二月十六日十八時二十分）

一、有力なる敵機動部隊は我近海に現出し其の艦載機を以て本二月十六日七時頃より十六時過迄の間主として関東地方及静岡県下の我飛行場に対し波状攻撃を実施せり

（1）「天岩屋戸神話」。アマテラスが岩屋戸に籠もったため、世界は暗黒となったが、アメノウズメの歌舞によって、アマテラスは誘い出され、世界は光明を取り戻した。

我制空部隊は之を各地に邀撃、相当の戦果を収めたり

二、戦艦及航空母艦を含む五十数隻よりなる敵艦隊は本二月十六日早朝より硫黄島に対し艦砲射撃を実施中なり

とある。尚七時のラヂオでは本日の艦載機は延一千機と算すといふ。尚、運通省は、京浜行乗車券を当分の間、軍公務者を除く外全部発売停止をなすといふことである。

警戒警報解除されざるま丶、夜に入り、ラヂオは国民の奮起をしきりに促す。

二月十七日（土）晴

六時四十五分、警戒警報発令。間もなく空襲警報となる。やはり小型機房総方面より侵入と報ず。中一の入学考査は今、明日にかけてある筈だったが、警報発令につき順延。今後午前七時までに解除なき時は順延といふことになる。十名ばかり来たものがあるが、その旨言って、空警解除と共に帰す。昨日も今日も授業なし。少数の他学生登院せず。

二月十八日（日）晴

中一入学考査。朝から志願者の口頭試問及び父兄との面談で午後二時半頃までか丶る。はじめ学科の筆答試験を行ひ、その間に父兄と我々（科長、両主任、小生）が面談する。そのあとで、志願者の口頭試問を行ふ。

今日は天気もよく、警報も一度も出ず幸せであった。

二月十九日（月）晴

貼付の如き〔省略〕敵の日本処理案なるもの新聞に出る。これを見て、誰か純血の逆流を感ぜざるもののあるべき。

院長の態度曖昧にして、我らの内原行の壮図を頭から拒否する如き態度をとる。

夜磯部氏来寮。食事を共にする。それから児玉、磯部、小生と三人で四月以後の事につき衷心からさらけ出して話し合ふ。その結果、左の如くなる。

一、中等科全体として内原行を決行する。

二、但し、その前に院長に父兄に対して、中等科の向ふべき方向を明示し、中等科としての決意を披瀝してもらふ。そのため身体上の理由及び学校の方針に賛成せざる者は参加せざるもよし。その残留組の取扱については、その時は何らの言明も行はず、後徐《おもむ》ろに考慮す。

この意見を訓育部の意見として、院長にもって行くことにしようといふことになる。その前に昨日、訓育部員の塚越、菅原両君にはかり、両君の賛成を得て明日院長に対し、磯部主任より具申することとなる。右の案により、磯部氏の所謂「夢」、少数の志ある者を集めて徹底的教育を施すといふ希望も活かされる訳で、右の如く意見が一致したことは大変好都合だった。

今日午後二時過ぎ、亀から電報がきた。別紙の如く来る二十二日入営といふ。帰ることが出来ないので、左の如き電報をうつ。

「デンミタ　イマカヘレヌ　アトフミ」フミヲ

この電文ははじめ、

「デンミタ　イマカヘレヌ　シンパイナクユケ」フミヲ

としたのだが、「シンパイナクユケ」を女局員が消すといふので、右の如く改めたのである。すぐあとを追って帝都大事のときで、帰れぬ故、あとの事心配なく行け、或は再び会ふことが出来ぬかも知れないが、どこでどうならうと、清水家の名をはづかしめぬやうお互にしっかりやらう、といふ意味のことを書いて、速達を出す。明後日中にでも届いてくれ、ばよいがと思ふ。

二月二十日（火）晴

先達来、敵は、硫黄島に対し、盛んに艦砲射撃を加へてゐたが、いよ／＼昨十九日より上陸を開始したといふ。毒牙いよ／＼身近にせまる。この頃の上層階級の間に瀰漫《びまん》＊1する和平説はその根柢に敗戦思想をもつもので、甚だ以て言語道断のことである。そのやうな思想の上に立って、一ぱしの愛国者の如き言辞を弄する人がいかに多いことか。本院の院長も正に然りと、余は断言す。そのやうな地盤の上に立てる人に、どうして、乾坤一擲《けんこんいってき》＊2の大決意が出来よう。その点につきては絶望だ。

夜、陽復寮に、桜井、磯部両氏来り、昨日入寮した富永氏と前から在寮の山本、児玉、小生と合せて六人集り、岩田科長の進退問題にかんし、凝議する。それは先達、磯部氏と小生と科長に会ったとき、自分にも決心するところがあるから、二月末頃までに中等科の方針がきまり次第、はっきりさせる、といふ意味のことを言はれたので、昨夏の事があるので我々の身の処し方につき話しあった訳である。結局今こちらから申し出るべき筋のものでないので、科長の申出を待って、こちらの態度をはっきりさせようといふことになる。

（1）一面に広がること。

（2）運命をかけていちかばちかの勝負をすること。

夕方のラヂオによると、敵は硫黄島に戦車二百台、兵員一万を揚陸したといふ。

中一の入学許可者を詮衡《せんこう》＊3委員会で決定する。

二月二十一日（水）晴

東宮御学問所の御用掛の顔触が内定して、それ〳〵仮御所から交渉されることになったといふ。本院職員中で第二類の学科を御教授申上げる人は児玉（国史）、猿木（数学）、菊池（英語）の三教授ときまった由。但し、児玉教授ははじめは入ってゐないものと思ってゐたが、結局入ってゐた。

当直。歌会を夕刻より科長室でひらく。集る者、山本、清水二、渡辺藤、菅原、宮本、西橋、男はそれだけ、それから輿石、鈴木、山崎の各女史、おくれて高尾参事官も来られる。今度は全部で九十一首集る。出席者だけの合評を行ひ、そのあとで、高尾氏と小生と和歌（高尾氏は「短歌」といふ）につきて、議論し、結局氷炭《ひょうたん》相容れざる＊4ものとさとり、あっさりどちらからともなく論評をひっこめる。八時終了。小生の詠草は左の通り

讃国歌

ちよろづの花さき匂ふしきしまの日本の国はたぐひなき国
山高く水清き国日の本はよろづの国にすぐれたる国
をみな子の心やさしき日の本は千代万代《ちよよろずよ》にすこやけき国
父母の生まれましし国日の本は天地の契《ちぎり》ゆるぎなき国

（3）「銓衡」の誤り。はかり調べて選ぶこと。

（4）互いに相反して調和一致しないさま。

長女みをへ

たらちねの*1ははのみをしへよく守りみさを正しきをみな子となれ

二女あさへ

あさなさな*2神の御前に立つ心ゆめ忘れずてはげめたゆまず

三女はるへ

さほひめの*3はるさりくればさく花の匂ふが如くうるはしくあれ

長男宏輔へ

わたつみの*4ひろき心にたすけあひわが家の風をいやおこしてよ

二男伸二郎へ

すめがみの道*5をしんじてからごころ*6うちくだきつゝすゝめますぐに

三男邦夫へ

くにをおもふ心一つにはげめかし神ながらなる道*7のまに〳〵

二月二十二日（木）雪。

午前何時頃からか雪がふり初めてゐた。七時一寸前に起き出てみると、もう二三寸もつもってゐた。それから終日粉雪がふりしきり、後には風も加へて、寒さもきびしかった。昨今炭も乏しくなった火鉢をかこんで、窓外をみてゐると、吹雪の運動場をつっきって特別教室に進む人の姿が妙にわびしさうに見える。午後になると膝を没するほどにつもる。帝都には稀なる雪。

夜、食後、富永氏と山本氏と三人で山本氏の室で、十一時過ぎまで、やはり中等科の四月以

（1）「母」にかかる枕詞。

（2）「あさなあさな」の約。毎朝。

（3）春をつかさどる神。

（4）海の神。転じて海をも指す。

（5）皇祖、皇宗の道。

（6）自己（自国）にとって否定的な意味を持ち、排斥されるべき言説や思惟のあり方を異国（漢）に仮託していう。

（7）神慮のままで人為を加えない誠の道。

後の事につき真剣に論議しあふ。明後日院長は中等科全職員を集めて新方針につき宣言するといふことである。その前に戦時協議会にかけて、一応中等科の人々の考へてゐることを高等科人達の前でも明かにしておく方がよくはないかといふことになり、明日、富永氏がその事を院長に話してみようといふことになる。

そのあとで、自室に帰り、栗山君の「多磨」一月号にかいた「国のみしるし」といふ文章をよむ。仲々心にくい文章であり、国旗のことにつけて、幼少の頃の清らかな思ひ出を語り、国の現状に慷慨《こうがい》*8した文章である。

二月二十三日(金)晴

昨夜、夜中から、雪はやみ、うす月夜となってゐた。珍しい大雪。全く膝も没するばかり。第四寮の寮生は早く起き出て、力を合せて、雪除けをやってゐる。その深雪をかきわけるやうにして登院。山本氏と同道。実に清浄なる世界。朝日のまぶしい光が天空にあふれ、心は幼童のやうにはづむ。道でふと式部の

待つ人の今もきたらばいかゞせんふまゝくをしき庭の雪かな*9

の歌を思ひ出し、それを山本氏に口ずさんでみせると、大変感嘆してゐた。

昨日付で、東宮殿下御進学準備委員会が組織され、小生もその委員の一人として任命された。その事を今日学校に行って掲示を見て知った。委員長は岩田中等科長、委員会幹事は山本修、児玉幸多両教授、委員は清水二郎、山本修、児玉幸多、渡辺末吾、清水文雄の各教授、伊藤與七郎助教授、岩瀬主一事務官である。どのやうな事をするかはまだ何らの話もない。

(8) 世の中の不義・不正を見聞きして、絶対許せないと怒ること。

(9) 詞花集二五八、冬・和泉式部集一七〇。

第一時限は雪のため登院者少く、三年以上は除雪作業に従事させる。第二時限は五年全部と四年の一組（これは体操の時間）に引きつゞき除雪させ、あとは全部授業を行ふ。五年は中等科本館北側玄関から通用門に至る歩道、四年一組は天覧台横から正門に至る通路の除雪を行はせる。工場作業の中間休憩時間に学生の発意で高中合同の雪合戦を行ったが、間のぬけたものであった。こんなことならやらない方がよいと思った。

午後二時四十分より科会。先日三人で内原へ行った時の報告を児玉教務部主任より行ひ、その補足を清水二郎教授行ふ。

小生校訂の「和泉式部日記」*1一部を山崎さんに贈る。扉に右の歌を記し、その左に、

昭和廿年二月廿三日京には稀なる大雪の朝まゐる

校訂者

と記した。

夜山本氏の代りに宿直。月冴え、実に底びえのする夜である。

一旦、帰寮し、入浴してから出かける。

二月二十四日（土）晴

午前十時より院長室にて戦時協議会開催。院長出席。主として中等科の四月以後の問題について議せらる。はじめ中等科長より中等科会に於て議せられたる大様の説明あり。ついで科長よりの指名にて小生が自分の意見をのべる。それを児玉教務主任が補足してくれる。山本教授も情勢論から小生の意見に賛成してくれる。三人共勿論、中等科全部が目白を一旦去って内原

（1）昭和十六年七月二十六日初版発行、岩波文庫。

へゆくといふ意見である。それに対して、高等科の白鳥教授、桜井学生監、富永教務課長、長沢科長の意見もある。
最初に院長より東宮殿下の仮御所の建築が行きなやみとなり、着手は覚束ない、のみならず積極的に日光の方で御学習遊ばすやうに事実は運ぶであらうといふ。本院としてもその事を考慮に容れて四月以後の方針決定してほしいとのことである。大体に於て高等科の先生はこの際目白を全部が去ることは賛成出来ないといふ点に於て一致してゐるやうである。院長もどうやら結論としては右の高等科諸先生と一致するやうであるが、その主張の根拠は深遠なものがあるらしい。併し、世間体を重んずることは相当あるらしく、その点は小生等として遺憾とするところである。この日の出席者、
院長、高等科長、中等科長、富永教務課長、桜井学生課長、児玉教務部主任、磯部訓育部主任、白鳥教授、平田教授、後藤教授、小生、それから本郷書記。

二月二十五日（日）雪
本日も午前七時頃より空襲警報となり、別紙〔省略〕大本営発表の如き結果となる。而も宮城、大宮御所＊2を犯し奉りたるは、さきの豊受大神宮爆撃と共に、悲憤やる方なし。噫々《ああ》日本もここまで来りたるか。
夜宿直。大雪。夜半警報発令、雪膝を没す。而もなほ風まじり、降りしきりをり。

二月二十六日（月）晴

（2）昭和天皇が皇太后節子のために昭和五年造営。

夜明前に上りゐをり。先日の雪以上の大雪。やはり朝除雪作業を行はしむ。
話によれば、神田、上野方面は昨日の空襲にて火災を発生し、罹災家屋一万七千戸位に上るといふ。昨日はふる雪の中を、点々として大空より燃え上った紙片などが落下するのを見たが。神田の書店などのがとんできたのであらう。硫黄島の戦況*1も益々重大化してくる。
午後二時四十分より中等科職員全部院長室に集り、院長より中等科の四月以後の新方針につき宣明あり。結論は二年以上は目白にふみ留る。一年は来年に備へて日光へやる希望あり、といふにある。そしてその実行の具体については今後研究調査してほしいといはれる。約一時間に及ぶ。夜児玉教授の夫人の実家古谷氏宅が西落合にあり、そこへ招かれてゆき御馳走になる。

二月二十七日（火）晴
来年度新一年を日光へやることにして、その調査交渉のため、院長の命をうけ、山本、児玉両教授と共に来る三月三日より三泊四日間日光へ出張すること、なる。
夜、西崎官舎にて、隣組常会。高尾氏鴫を二羽もってきて下さる。丁度今日ビールの配給をうけたものもあり、それを数本出して頂いて、思ひがけない御馳走となる。

二月二十八日（水）晴
みを、あさより来信。亀が二十二日入隊のために、下深川の駅から万歳で送られて出たといふ。母は注射をやった結果が大変よくて、大きなむすびを三個もたべるやうになったといふ。先日は下の畠に出かけ、帰りがけに転んで顔にけがをしたが、大丈夫だともある。みを子は十

（1）硫黄島は日本軍にとっては本土防衛の要衝、米軍にとっては日本本土空襲への中継基地としての戦略的価値が高かった。二月十九日、米機動部隊の砲爆撃の支援のもとに米海兵第四師団・第五師団の約四万人（増援を含め約六万人）が上陸し、小笠原兵団長栗林忠道陸軍中将率いる約二万一千人の守備隊との間に激戦展開。栗林兵団長は、内陸防御方式で激しく抵抗、米軍に多大な損害を与えた。三月十七日、最後の攻撃を実施し、その後全員戦死。

五日の入学考査を控へて、その準備を毎日してをり、先日は、皆の先生に口頭試問の練習をしてもらったといふ。

夜、伊藤裕が遊びにくる。伊藤携行の大豆をフライパンで煎りながら話す。そのあとで、山本氏の部屋にゆき中島敏雄がきてゐて、児玉、山本、小生に中島の四人で十二時近くまで話す。中島帰ったあとで三人で一時過ぎまで主として一年の日光行の事につき夢を語りあふ。

三月一日（木）晴

いよ〳〵三月となる。雪がなか〳〵とけず、寒い一日であった。午後四時より、事務官室に岩瀬事務官を中心として、山本、児玉、小生集り、日光行きのための僅々の打合を行ふ。

夜一度警戒警報が出る。敵一機甲駿地区＊2に侵入し、まもなく静岡地区より南方に脱去《だっきょ》したと報ず。

塚越君のところへゆき、日光行の事につき、こちらの意図の概略を話し、意見の交換をなす。ねむく、十時頃就寝。

三月二日（金）雨

明け方あられが降ったやうだったが、登院する頃には雨になってゐた。わびしく、寒い雨である。

朝礼後高、中正堂に入り、溝口幸豊教授応召で、その壮行式を行ふ。来る八日松本聯隊に入る由。

（2）甲州と駿河地区。山梨県、静岡県にまたがる地域。

今日は岩田科長と磯部学生監内原へ出張。内原行は一応預りの形となったため、先日の話の行きがかり上ことわりに行くのである。明日は我々が出なくてはならぬので、日帰りの予定である。

三月十六日（金）曇

長いことこの日記を休んでゐた。昨年の誕生日に開始してから始めてのことだ。この休んでゐた二週間位の間に実に色々の変化が起った。母が胃癌と決定された。これは小生にとって最も悲しむべき事。いたみやつれた母の面影がまなかひにちらついて、いねやられぬ。それから去る九日夜の夜間大空襲の結果帝都の罹災者百万と算せられ、麴町、麻布、下谷、本所、深川方面の被害は特に甚大で、学生の中にも数名の家屋が全焼した。山崎司書の本郷の自宅も全焼。それより前神田の第二次空襲のとき東陽印刷も焼失、過日印刷を依頼にわざ〳〵足を運んでゆくと、その迹形《あとかた》を見届けることも出来ない位あたり一面全くの焼野原となってゐた。又九日夜の空襲には主馬寮《しゅめりょう》焼失、山階宮《やましなのみや》、賀陽宮《かやのみや》両家も全焼、靖国神社の周囲は火災だったのに神社だけは不思議にも御安泰ときき、ただ〳〵有難かった。十日夜栗山君のところへゆき、久しぶりに池田君と三人で、池田君持参の「菊正宗」に舌つづみうち、余り機嫌よくなりすぎて、たべすぎ、池田君の哲士寮にとめてもらって、夜半に猛烈な胃痙攣をおこし、池田君に大変な迷惑かける。見明《みあけ》医院に炊事の人にかけつけてもらったが医師は年寄で来られないといふので、頓服《とんぷく》*1だけことづける。それをのむと、痛みがどうやらとまる。翌朝医師がきてくれる。注射を一本打ってもらふ。三時頃まで寝てゐたが、多少楽になったので、池田君にいたはられて、

（1）その時一回に服用する薬。解熱剤・鎮痛剤に用いる。

祖師谷駅より乗車。ともかく帰りつく。夜痛むので清水校医に御足労かけ、注射してもらふ。山本さんに色々御世話かける。翌日も一日中ねてゐた。時々いたむ。油断して重湯をのみすぎ、夜また激痛を覚ゆ。近くの母里《もり》医院におばさんにかけつけてもらふ。薬をもらってのむ。大分調子がよい。翌日も一日痛む。夜またはげしい疼痛を覚える。山本さんに母里へいってもらふが留守なので、清水校医のところへいって下さる。しぶ〳〵起きてきてくれたさうである。十時頃。胆石の疑ひあり、明日は分院（帝大分院）に入院すべしといふ。朝紹介状かくから誰か交渉にゆけといって、注射をもう一本うって帰る。胆石症とは困ったものになった。然し、自分にはそんな気がしない。翌朝児玉さんが西崎さんに分院の交渉をたのんで下さる。朝九時頃母里さんがきて下さる。昨夜帰りがおそかったとわび〳〵いんぎんにきてくださる。母里さんは胆石などではない、もう二三日様子を見たがよいといって帰る。十一時頃西崎さんがリヤカーと人力車とを小使二人に引かせて迎へにきてくれる。気がすゝまないが、いはれるまゝに乗る。十二時頃、小石川分院＊2につく。階下の暗い室に招じられる。付添がゐなくては駄目といふことだが、どうにかなるだらうと高をくゝって、ベッドに横たはる。看護婦があらはれ、つっけんどんの挨拶して帰る。夜、当番医員が巡診してくれる。胆石ではないらしいといふ。それでは明日退院しますといふと、その方がよいでせうといふ。こよひ一夜をゆっくりこゝであかさう。その医師がきてくれる一寸前に、今進級会議がすんだといって山本、宮本両氏が見舞にきてくれる。両氏も医師の診察を見てゐて安心してくれる。そこへ児玉氏もきてくれる。四年でI、K、M、Nが落第、但し、高等科不入なら卒業を認めるといふことになった由。わびしい、実に悪夢の連続の如き一夜をあかす。然し夕方など、廊下で付添が炊事をする種々の

（2）文京区目白台にあった東大医学部付属病院分院。平成十三年閉院。

匂が入ってくるのは、かいでゐて、たのしい思ひだった。

明くれば十五日。朝七時過、警戒警報出る。おまけに小雨もふってゐる。昨夕、山本さんに、星川庁仕*1に迎へにきてくれるやう伝へてもらった筈だが、この分なら仲々きてくれさうもない。ま、よあきらめてゐようと、度胸すゑてねてゐるところへ、十時頃、Iがきた。見舞かた〳〵今後の相談にきたのである。三寮時代にあれほど殴ったりなだめたりして、手をやいたIがわざ〳〵病院までたづねてきてくれたのはとてもうれしかった。学習院の学生として兵隊に入りたいから、このま、四年にのこることにしたいといふから、それもよからうと賛意を表する。それから先生退院なさるなら僕が荷を運んであげませうといふ。それはもっけの幸、それでは学校でリヤカーかりてきてくれといふと、早速かりてきて、ふとん運んで帰ってくれる。小生は致し方なく、歩いて帰る。警報中だが大したことはないらしい。昭和寮の門が見えた頃は、だるい足取りも急に元気づいた。門衛所に入り一休みして、湯をもらひ、それから陽復寮に帰ると、おばさんがまちかまへてゐてくれて、よろこんでくれる。あ、よかった〳〵と皆よろこんでくれる。

夜、山本、富永、児玉さん、それから鍋島さん、塚越さんそれから事務の福馬、小林両君、見舞に来てくれる。人の情のありがたさ。しみ〳〵うれし涙にむせぶ。中島敏雄君もさっき、愛知県の親戚から帰ったといって卵を三つもってきてくれる。おそくまで、小生の室で富永、山本、児玉三氏と中島と話してゆく。あ、くつろいだ一夜を、久方ぶりのやうな気持でこの陽復寮であかす。

今日は九時から俊彦王殿下の、この度陸軍予科士官学校に御入学遊ばさる、についての御送

（1）「ちょうし」。仕丁のことか。

別式が行はれるので、是非参列したいと思ひ、六時頃起き出て、食事の仕度をする。お粥をたき、昨夜の汁ののこりを温めてたべる。腹工合は完全だ。もう大丈夫だ。然しすっかり身仕度して街上に立つと、やはり、目がくら／＼して、身体の中心がとれないやうな気がし、腹に底力が入らないやうな感じもする。それもその筈まる四日は殆ど何もたべなかったのだから。学校にゆくと、皆親切に見舞の言葉をかけて下さる。有難い／＼。清水二郎さんが卵を紙に二つつゝんでもってきて下さった。ほんとに有難い。

式前に殿下にお目にかゝって、式順をお話し申上げ、御進退についていろ／＼御注意申上げて下る。実際の場合も仲々御立派なお出来で、余り角ばらず、かういふ時にはお持前のおほらかな上品さが自然とあらはれ、何とも神々しい感じだった。

右式後、来る二十日の卒業式の予行演習が行はれる。

十一時から南食堂で卒業生の送別会がある。小生は失礼して早く帰る。帰る前、今日手交《しゅこう》*2される筈の通知表に印をおして、猿木教授に託しておく。成績記入など皆猿木教授がしてくれたのである。皆々、忙しい時大変な迷惑かけた。

日光行の事も塚越君が中心となって、いろ／＼奔走してゐてくれる。荷送りの事も、鉄道とうまく交渉と、のひ、出来たら今月廿七八日頃或はもっと早くてもい、、現地に出発する予定である。今日式に初等科六年がやってきてゐて、特別のなつかしさを以て見た。日光行は新一年のみで、小生の外、塚越、宮本、加藤三氏が加はり、別に殿下（新二年御在学）の御教育に専任される山本教授も同行する筈である。初等科は、三、四、五、六年の四ヶ学年行き、中、初等科共金谷ホテルに入ることになった。その下見分は過日児玉、山本両氏と小生とが出張し

（2）（公文書などを）手渡すこと。

てしてきた。
夜、久しぶりの風呂に入り、くつろいで、警報も出ない心安さで、この日記をかいてゐる。

三月十七日（土）曇

前から旧会津藩主の家を嗣ぐ松平保定君に依頼しよう〳〵と思ってゐたが、をこがましいと思って躊躇してゐたのであるが、この非常の秋に処する身支度として、同家に伝領されたる日本刀の一口を拝借したいと思ってゐた。先日坂口亮君に松平君に会ひたいといってくれと言ひおいたが、今日工場の休憩時にはからずも尋ねてきてくれた。そこで思ひ切って頼んだ。以前なら沢山あったが、大分払ったが、まだ十口位あるから、何とかしようと云ってくれた。実際有難い。これを帯びて日光へ行かうと思ふ。

半日で帰してもらひ、本を少し整理する。

蒙古の俸王土産といふ牛肉を宮内省から配布してくれる。夜その一部分を山本さんと二人ですきやきして賞味する。

〔ノートの余白に、次のように走り書きされた貼り紙あり〕

昭和二十年三月十日

東京下町大空襲（補注2→513頁参照）

昭和寮屋上にて見乍ら

「業火燃ゆ」と呟く。

三月十八日（日）晴

過日「花」といふ題で四年に作文をかかせたところ、俊彦王殿下は左の如き文を物された。

花

花の中には花壇に植ゑられて唯々一年だけで姿を消す物が少くないが、一方是に反して毎年〳〵同じ所で小さく咲いて居る花もある。さういふ花は一般に、じみで田舎者めいた質朴さをもって居る。山に咲いてゐる白百合などは其れである。百合は花の内では特に美しい方とは思はない。無論、あの真白な、大形の花は活き〳〵した姿を表して居る。然し単に表面の見事を求めるならば、百合は必ずしも並すぐれては居ないだらう。では何がそんなに百合に引き付けるのか。其れはあの如何にも大胆な、かざり気のない様子である。無造作に切り込んだ大形の花、其の中に光る、あまい花粉の固り、活き〳〵した葉、頑丈さうな茎、是等山百合に見出される幾多の特徴は、花壇に育つ可憐な草花に比べて、あまりにも剛頑《ごうがん》*1であるかも知れない。侍女等が二十、三十と群をなしてゐるのに、侍女一人は何時もつんとすまして居る。

秋草の、はかなさに比べて、其れは、あまりにも元気に満ち〳〵て居る。秋草が身のはかなさを嘆くのに反し、侍女は体に満ちる生気と希望に一ぱいの様に見える。そして而も時には首をかしげて風にゆられながら何か話したさうな時がある。質朴で大胆な美しさ、それが山百合である。私の育った三浦半島の山々には山百合が沢山あった。山の斜面など

（1）つよくかたくななこと。

に時々取って付けたやうに白い花が咲いて居た。山道を歩いて居て、ふとあまい香りにさそはれて草むらへ入って行くと其処に、ぽっかりと大きな花が、浮いて見えるのだった。其れは大体、孤独の時が多く、じっと太陽を見つめて居るのが懐しく思はれた。

冬になると私は、そっと其処へ行って、百合にすまないな、と思ひながら手で一尺位、掘って見る。すると厚ぼったい百合根が顔を出すのである。其れを少し取って来て、食べる。するとあの花と同じ香りが薄く口に残るのである。

今でも百合を見ると当時のことを思ひ出す。今は要塞となって、行かれないだらう。あの山々へ、平和になったら今一度、行って見たい。

幼い日の幻が再び活き反って来るであらう。」〔ママ〕

今日は日曜だが、学校では午前中、作業が行はれた。食事がこちらに出るので、山本さんと二人で雑炊つくってたべ、少しおそめに出かける。午前中図書館より図書借出し、中等科の一室に運び込む。宮本、加藤両君が大体担当してくれる。

午後一時より初等科の現六年主管と小生等との打合会を科長室でひらく。川本初等科長、竹沢教務主任、大橋、小俣両主管初等科側より出席、当方より猿木教務部参与、塚越、宮本、加藤三氏小生出席、微細にわたり学生の性行等話してもらふ。

夜角谷が祝ひの赤飯をたいてきてくれたし、中島が愛知県からの土産の鶏肉をもってきてくれたので、それですきやきする。それに葡萄酒も配給になる。一人四合位。児玉教務部主任日光より帰る。大体、日光行の事は順当に運ぶやうだ。

（補注1）清水文雄宛の二通の葉書には、「さて待ちに待ったる入営の通知まゐり、十日に国の聯隊に入営致すことと相成、怱忙の折柄、御挨拶にも罷出でず本六日出立致候。海山にも比すべき御師恩、生涯感銘仕候。軍務に付きし後も秋深き日の白菊の心ばえ持たまほしく存じ居り候。」（二月六日付）「今般入営を命ぜられ　兵庫県加西郡富合村栗栖部隊へ赴き候処、身体上の都合により残念乍ら即日帰郷と相成、帰京仕候間」（二月十一日付）とある。この事件は、後に『仮面の告白』で小説化され、主人公をしてあれこれの思念の末、「むしろ私は自分を「死」に見捨てられた人間だと感じることのはうを好んだ。死にたい人間が死から拒まれるといふ奇妙な苦痛を、私は外科医が手術中の内臓を扱ふやうに、微妙な神経を集中して、しかも他人行儀に見つめてゐることを好んだ。この心の快楽の度合は殆ど邪《よこしま》なものにさへ思はれた。」と言わしめている。

（補注2）東京空襲は、九ヶ月百三十回に及ぶおよそ三段階の史上最大規模の空爆であった。それは、昭和十九年十一月二十四日から二十年三月五日までの軍需工場を中心とする「第一段階」、二十年三月十日から五月中旬までの焼夷弾による都市部への無差別爆撃の「第二段階」、二十年五月下旬から終戦までの山の手一帯から周辺都市への第三段階に分けられる。三月十日午前零時八分、B29百三十機（日本側資料）乃至三百三十四機（米側資料）が超低空で侵入し墨田、江東地区に焼夷弾の絨毯爆撃を行った。死者八万三千七百九十三名、戦災家屋二十六万八千戸に及んだ。永井荷風はこの空襲で自邸偏奇館を愛惜する蔵書もろとも焼かれた。「昨夜猛火は殆東京全市を灰になしたり、北は千住より南は芝田町に及べり、浅草観音堂、五重塔、公園六区見世物町、吉原遊郭焼亡、芝増上寺及霊廟も烏有に帰す、明治座に避難せしもの悉く焼死す、本所深川の町々、亀戸天神、向島一帯、玉の井の色里凡て烏有となれり」（「断腸亭日乗」三月十日）

【解説】

この二十年二月・三月の日記で話題になっていることは次のようなことである。

箇条書きで記す。

①平岡公威の応召と即日帰郷
②学習院中等科の教育方針をめぐって
内原の満蒙開拓幹部訓練所で中等科全員を再教育するとの動きが大勢を占めていたが、最終的には院長の裁断で、新一年は日光へ疎開、二年以上は目白に留まることになる。
③比島戦苛烈
④内原再訪問
⑤「文藝文化」同人参集
今後の発表機関について協議する。
⑥東京大空襲
米軍の空襲は、軍需工場、皇居、下町一帯に及ぶ。
⑦弟亀の応召
⑧米軍の硫黄島上陸
⑨院内歌会
⑩東宮殿下御進学準備委員会発足
明仁殿下は二十年三月時点で初等科五年御在学である。
⑪母の胃癌
このことのショックは大きく、日記は二週間途絶する。
⑫胃痙攣と胆石の疑いで入院
⑬旧会津藩の日本刀拝借
「この非常の秋に処する身支度として」教え子の松平保定より刀を借り受ける。この日本刀は戦後暫くは我が家に保管されていて、私は子供の頃こっそり押し入れから出して眺めたことがある。そしていつの頃か松平家に返却したようである。
⑭俊彦王殿下の作文
東久邇宮俊彦王殿下は戦後どのような人生を送られたのだろうか。再び山百合をご覧になられただろうか。(その後、仄聞するところによると、戦後皇籍離脱され、ブラジルへ移住、二〇一五年四月十五日に亡くなられたとのこと)

【参考文献】

『決定版三島由紀夫全集』三十八巻　新潮社　二〇〇四年三月十日
『旧版　三島由紀夫全集』三巻　新潮社　昭和四十八年十一月二十五日
『荷風全集』第二四巻　岩波書店　昭和三十九年九月十二日
『米軍が記録した日本空襲』平塚柾緒　草思社　一九九五年六月五日

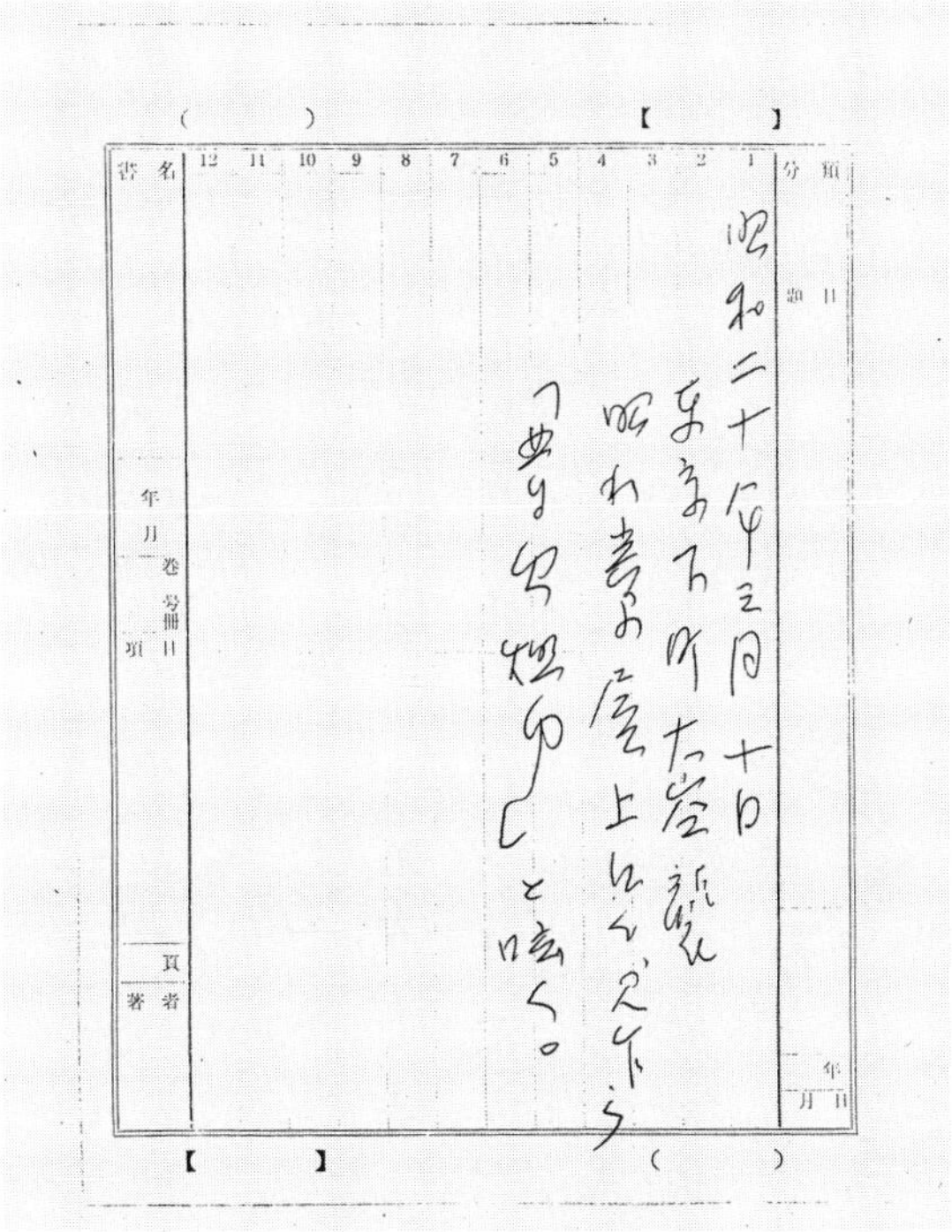

昭和二十年三月十日
東京下町大空襲
昭和寮屋上にて見下ろ
「東京燃ゆ」と呟く。

昭和20年３月10日の部分

清水文雄「戦中日記」昭和二十年四月〜八月〔四十二歳〕

〔四月五月の記載はわずかしかない。清水は、同僚三名と四月より中等科一年約八十名を引率して栃木県日光町に疎開、金谷ホテル別館を借りて授業を始める。（補注1→545頁参照）次に転載するものは、始業式における一学年総代の挨拶文である。これはおそらく清水の代筆と思われる。日記中に封筒に入れ貼付してあった。〕〔清水明雄記、以下〔　〕部分同じ〕

戦局正ニ危急ヲ告ゲ皇国ノ興廃決セントスルコノ重大時機ニ麗《うらら》カナ春ノ日ノ下　風光明媚ノコノ日光ノ地デ厳《おごそ》カニ始業式ガ挙行サレマスコトハ此ノ上ナイ光栄デアリ又幸福デアリマス　此ノ度初等科カラ進級シタ者六十二名ト新タニ他校カラ入学シタ者二十名、合セテ八十二名ノ者ガ特別ノ使命ヲ帯ビテ此ノ史蹟ト景勝ニ恵マレタ日光デ修練ヲ行フコト、ナリマシタ　コレカラ私共ハ心身ノ錬磨ニツトメ　全国中学生ノ鑑《かがみ》トナッテ学習院ノ名ヲ揚ゲ　以テ院長閣下ヲ始メ諸先生ノ御期待ニ副ヒ皇恩ノ万一ニ報イ奉リタイト思ヒマス　今ヤ戦局ハ苛烈を極メ敵ノ侵寇ハソノ先ヲ硫黄島、或ハ沖縄ニノバシ　航空機デ重要都市ヲ爆撃スル等侮リ難イモノガアリ

マス　ソノ勢ハ本土上陸モ必至トサヘサレテキマス　コノ時ニ中等科ノ学生トナリ危険性ノ少イ日光ニ来テ心身ヲ磨キ上ゲルトイフコトハ　本当ニ幸ダト感謝スルト共ニ私共ノ責任ノイヨイヨ重且ツ大ナルヲ痛感シテマキリマス　日光ハ名勝史蹟ニ富ミ朝ナ夕ナ仰イデハ男体女峰ノ秀麗ニ心ヒラカレ俯シテハ大谷ノ清流ニ魂ヲ磨カレ　又二荒山神社東照宮ノ社前ニ額ヅイテハ覚悟ヲ新タニシテヲリマス　コレカラハ初心ヲ忘レズ最後マデ努力シテ日光生活ノ目的ヲ達成スル決心デ居リマス　始業式ニ当リマシテ中等科第一学年学生ニ代リ覚悟ヲノベテ御挨拶ニ代ヘマス

昭和二十年四月七日

学習院中等科

第一学年総代

宮島　清

〔封筒の表書きは、「二荒山塾第一回始業式の誓い昭和廿年四月七日」となっている〕

〔次の本文に日付は無いが、内容から考えて四月十六日以降のほど遠からぬある日のものと思われる。〕

昭和二十年四月十三日夜の空襲により学習院の一部灰燼に帰す（補注2↓546頁参照）　十六日午すぎ日光より帰京、目白駅に下り立つもなほその事に気づかず　や、歩みて葉桜越しに見ゆべき校舎の見えざるによりはじめてそれと知る　正門を入れば本館正堂は影だにとゞめず　高等科教室もすべて烏有に帰しをり　我が身内に青春を蘇らしめし青雲寮もこの災禍を免れざりし有為転変は世の習ひとはいふものから　何ぞ感にたへむや　すなはち歌へる

かけまくも　あやにかしこき　すめろぎの　みたまのふゆ*1を　かがふりて*2　ここにいくとせ　いでまし*3を　あふぎむかへて　わざをへし　わかきともどち　いさみたち　いでゆきし日の　はやここに　いくそたびぞや　いでましの　たかきみあらか*4　あさゆふに　ふりさけみつつ　すめろぎの　おほきめぐみを　むらぎもの*5　こころにしめて　たまをねりわざをみがきて　つはものと　なりしともどち　みいくさの　にはにたちゆき　このをかのなにおふさくら　たまきはる*6　いのちのさちの　やがてその　はなとさかむと　念々にこひのみありと　たまづさ*7に　いひこしものを　すめろぎの　おほきめぐみを　とことはに　しるしとどめし　いでましの　そのみあらかの　ああすでに　きえてかげなし　このそのの　さくらちりすぎ　あをくさの　もゆるをかべに　はるふかき　ひかりはあれど　いでましの　そのあとどころ*8　みればかなしも

(1) ご加護。
(2) 受けて。
(3) 行幸。
(4) 御殿。
(5) 「心」にかかる枕詞。
(6) 「いのち」にかかる枕詞。
(7) 手紙。
(8) 足跡。

反歌

ひさかたの*9あめみるごとくあふぎみしたかきみあらかなきぞかなしき
わかくさのをかべにむれていこひゐるわかきともどちみればかなしも

(9) 「天」にかかる枕詞。

〔五月十五日母チカ逝去。これに関わるものは、次のわずかな書きさしと貼付のメモ書きのみである。〕

思母記〔本文なし〕

五月十五日（火）曇後雨

〔表〕

二十年五月十五日午後六時五十分
枕頭にゐし人々
叔父*10
久　和子
道枝
房枝
祖母*11
吉岡をばさん*12
時ちゃん*13
みを子

釈尼妙蓮信女
六十八才
（実年）

〔裏〕

広島市
中部第一〇四部隊市田隊
三班
末廣　榮

（10）山廣民五郎。
（11）山廣セウ。
（12）近所の人。
（13）近所の口村時子。

青葉俳句会第一回選句　（五月三十日）

夏雑詠

天、激流の上かすめとぶ燕かな　安田　弘
地、若竹の伸びゆく空に五月雲　鍋島直久
人、男体の白雪きえて若葉風　河鰭《かわばた》公朋

佳作　神詣で参道照す朝日かな　中部慶次郎
雪解けて山肌黒し女峯山　〃
道の横家思ひ出すつゝじかな　山口和男
石灯籠影静かなり若楓　本多功樹
若竹の日に／＼伸びて夏は来ぬ　柳沢徳勝
五月晴どこかでちゝと鳥のこゑ　〃
鍬おいて汗出る顔をふきにけり　安田　弘

六月六日（水）曇

今日は小生の第四十二回誕生日である。いよいよ今日を以て大厄が明けること、なる。この大厄の将に明けようとする間際に臨んで、天地にひとりなる母を喪った。その母が、昨年の春帰郷したとき言った言葉は、「あんたは今年は厄年ぢやけえ、何でもひかへ目にせにやいけんよ」といふのであった。それからはこの言葉を私は金科玉条としてきた。併しどうかして興奮して、この言葉を忘れて、出すぎた事をした時は、きっとその結果はよくなかった。さういふことはあっても、やはりこの言葉は私の行動に或方向をたえず指示しつゞけてきた。それは信仰に似たものであった。ともかく大過なく大厄の年を送り、いよ／＼初老といはれる年配に入ってきたことを、淋しいやうな嬉しいやうな一種不思議な心持で思ってゐる。厄年などといふ観念を別に幼稚なものとも非科学的なものとも思はない。只母の一言を美しい詩のやうにいつも胸にあた、かくくりかへしてゐるのが楽しかった。そしてこの頃ではこの言葉は単に厄年の間だけの自分に与へられたものでなく、自分の性質をよく知ってゐる母が、自分の一生を通じての教訓としてのこしていってくれた言葉のやうに思はれてきた。どこか軽率なところのある自分に重厚味を要求した母の慈悲の心から出た深い言葉のやうに思はれてならない。

多忙にまぎれて、いつの間にかこの日記も怠ってゐた。誕生日を機に再び書き初めることにした。

夜、子供らの寝静って後、のこってゐた酒をわかし、赤飯をたき、きび団子の汁をつくり、心ばかりの酒宴を張った。宮本教官はまだ臥床中で、山本、塚越、加藤、小生と四人であった。この日光の地で誕生日の祝ひをすることになるとは夢にも思はなかった。

それにしても何かにつけて思ひ出すのは母のことである。非常に清らかな母の生涯である。私はこれからも、いつも母の清らかになつかしい面影を思ひ描き、母の右の言葉を心にくり返してゆかうと思ふ。再び始まるこの日記の記述が母のことに終始したのも無理からぬこと、思ふ。

町の土産物屋で昔の櫛を売ってゐた。材は黄楊《つげ》といふことであったが、あとできくと、べっこうであったが、金蒔絵《きんまきえ》*1で、仲々高雅なものである。一個十円也。房枝のために一個買ひ求め、小生の誕生日の記念として送ってやる。

六月七日（木）雨

下野《しもつけ》新聞*2をみると、木曽のお六櫛*3を軍需省が何千万個か注文したといふ。それは全国の産業婦人への贈物とするためだといふ。婦人が髪を梳《くしけず》ることは、女の操《みさお》を正すことである。

（1）金粉を漆に混ぜて塗った蒔絵。

（2）栃木県の地方新聞。下野新聞社発行。明治十一年創刊。

（3）長野県木曽郡木祖村藪原で生産される伝統工芸品。

マリアナの日本婦人が最期にのぞんで岸額《がんがく》*1に立って黒髪を梳って、従容《しょうよう》*2入水して相果てたといふ報道は我々を泣かせたが、そこに本当の日本婦人の姿を見て、とても心強く思ったことであったが、今度の軍需省の発想は大変よい。このやうな発想は軍需大臣に出るのか、下僚《かりょう》*3の誰かが言ひ出して、それが上官に通じたのか分らぬが、一人でも軍需省にこのやうな発想の芽生える人がゐるかと思ふとたのもしい。昨日小櫛を買って妻に送ったのも意味の深いこと、思ふ。これは三人の娘にも、少し荷が張るが買って贈ってやることにしよう。何時どうなるか知れぬ小生の記念となるかも知れぬ。記念としてはこれだけでい、やうにも思はれる。

今日は終日雨。これからはこんな天気がつゞくこと、思ふ。一日でいやになるほど、じめ／＼した天気。夜に入り雨は一層強くなる。

昨日一組、今日二組の身体検査を行ふ。この頃学生の規律が正しくなり緊張の様が顕著に見えてきてたのもしい。

（1）きしべ。
（2）ゆったりとして落ちついていること。
（3）下級役人。

六月八日（金）曇後雨

午前八時半より大詔奉戴式あり。初等科と合同にて、階下食堂にて。初等科長不在に付、竹沢教授、詔書代読。その後にて簡単な訓話あり。

本院より教練の伊藤教官来寮。午後二組合併にて教練を実施してもらふ。児玉教授、山崎司書来寮。山崎さんは栃木に疎開してゐる両親の許にゆくために休暇をとったのだが、児玉氏に誘はれて、一寸こちらへ寄道したのだといふ。

中等科（二年以上）はいよ／＼山形県の鶴岡市へ疎開することに決定したといふ。高等科はちり／＼に各所に分れて疎開するといふ。尚、今度中等科の本館を陸軍省に貸与すること、なったといふ。いよ／＼目白には本部もゐられなくなるらしい。このやうな時に便宜主義の名に目がくらんで、とんだ途まどひをやりかねない。要心／＼。

六月九日（土）晴時々曇

高藤武馬君より左の如き葉書来る。

只今なつかしきたより拝見、くりかへし読みました。実に久しぶりにお目にか、ったやうな気がして感深いものがありました。まだ／＼国の情勢は大いに変るかもしれませんがお互ひ気をつけて又の再会を期しませう　ここは吉野山＊4も近いし金剛山＊5も日夕《にっせき》眺めてゐられる地ですが、それだけにあれこれと思ひめぐらすことのみ多い日々です。子供らも漸く土地の生活にも馴れてきましたが無心に遊ぶ子供をぢっとみてゐると涙の出ることがあります。今頃は大蔵の家に朴の花が咲いてゐることをとき／＼思ひ出してゐます　御尊母様をなくなされたことさぞかし御心痛のこと、存じ　遙に哀悼の意を表します

奈良県畝傍町新町九〇五に新居を構へ、海軍経理学校分校の教鞭をとってゐる彼の風丰もなつかしく思ひ起される。

山崎女史九時頃栃木へ向け出発。午後整理整頓をさせ、三時間食を与ふ。三女に鼈甲櫛《べっこうぐし》を郵送す。

六月十日（日）晴後曇

（4）奈良県吉野郡吉野町。吉野川南岸、大峰山脈の前山、桜と南朝の史蹟で有名。

（5）御所市南西部、金剛山地の主峰。付近に金剛山寺、葛木神社、千早城跡などがある。

山岡鉄舟生誕の日。午前十時十分から御用邸*1付属邸に於て鉄舟祭*2記念講演あり。東宮殿下、博明王殿下、李玖殿下の御成りを迎へ、初六、中一のみ聴講す。九時十分よりある予定であったが、空襲警報のためのびたのである。空襲は主として京浜地区、霞ヶ浦方面。白昼相当機数で来襲したらしい。講演は駿府会談*3を中心として、その前後の事情を興味深く話してもらった。

川上学生の父母が越後から鍬十丁と名物茅巻を学生にと持ってきて下さる。田舎の香り高きもので、学生も我々もうれしかった。

昨日第八十七臨時議会が開かれ、畏くも左の勅語を賜はった。

朕茲《ここ》ニ帝国議会開院ノ式ヲ行ヒ貴族院及衆議院ノ各員ニ告ク

朕カ忠勇ナル陸海将兵ハ心ヲ協《あわ》セ力ヲ一ニシテ勁敵《けいてき》*4ヲ撃摧シ朕カ忠良ナル一億臣民ニ戦塵ヲ冒シ劫火ニ耐ヘ善ク銃後ノ責務ニ励精セリ而シテ友邦トノ締盟益々固キヲ加フ朕深ク之ヲ欣《よろこ》フ

曩《さき》ニ世界ノ大局急変シ敵ノ進寇亦倍々《ますます》猖獗《しょうけつ》*5ヲ極ム正ニ敵国ノ非望*6ヲ粉砕シテ征戦ノ目的ヲ達成シ以テ国体ノ精華ヲ発揮スヘキ秋ナリ朕ハ再度衆ノ忠誠勇武ニ信倚《しんい》*7シ共々艱苦《かんく》*8ヲ分チ以テ祖宗ノ遺業ヲ恢弘《かいこう》*9セムコトヲ庶幾《こいねが》フ

朕ハ国務大臣ニ命シテ特ニ時局ニ関シ緊急ナル議案ヲ帝国議会ニ提出セシム卿等克《よ》ク朕カ意ヲ体シ和衷審議以テ協賛ノ任ヲ竭《つく》セヨ

「共々艱苦ヲ分チ云々」何たる有難き御言葉ぞ。恐懼身をおくところを知らず。鈴木首相

(1) 日光の田母沢御用邸。
(2) 明治維新の功績者で、明治天皇の侍従としてご信任の極めて厚かった山岡鉄太郎の徳を称え、これを偲ぶ顕彰式。山梨院長が就任後の昭和十五年より始める。
(3) 明治元年、鳥羽伏見の戦いに敗れた徳川慶喜に征討大総督府への恭順を依頼されて、勝海舟の支持を得て駿府に急行、西郷隆盛と会見の結果、徳川家寛典の見通しを得た。
(4) 強敵。
(5) 有害なものの勢いがつよく、押さえきれないこと。
(6) 身分不相応な望み。
(7) 信頼。
(8) 悩み苦しむこと。
(9) 大きく広げること。

[10]の施政演説中に、「今日沖縄の戦況はまことに憂慮すべきものがあり、やがては本土の他の地点にも敵の侵寇を予期せざるを得ない情勢に立至ったのであり、今こそ一億国民は挙げてこの事態を直視し毅然たる決意を以て対処せねばならぬ秋となったのである・・・」とある。

先達幸便《こうびん》[11]に託し、岩田科長宛に手紙を出し、大体このやうなことを言って遣《や》った。即ち、今後戦局の推移は両親と在晃学生との間の交通はおろか文通も杜絶することが予想せられる、その時に当りて、我が子を手離しておくことが不安であったり、全面的に我々に愛児を託さうといふ父兄以外の子弟は、この際個人疎開するなり転学するなりするやう慫慂《しょうよう》[12]し、真に苦楽はもとより生死をも共にする決意に燃ゆる学生のみ手兵として引き具して、たとひ野の涯の中にでも皇国護持の使命達成に邁進せんとする、このやうな意味の書状を父兄宛に出したいがどうかといふやうな文面であった。我々は衷心さう思ってゐるのである。夕礼の時、昨日賜はった勅語を奉読してきかす。

六月十一日（月）晴時々曇

母の第四回目の七日。恒例による二荒山神社参拝の帰途、紅白のさつきを折りとってきて、霊前に供へる。「思母記」も心掛けてゐるのであるが、仲々その機を得ない。四十九日の法要迄には是非書き上げたいものと思ふ。

両殿下の御教育については慎重再考する必要ありと認める。やはり厳格な軍隊教育の如きものがよいのではないかと思ふ。最近の御様子を拝するに、以前よりもいくらか弛緩《しかん》[13]の嫌ひあり。御学友の問題もこの際再燃させる価値があると思ふ。

（10）鈴木貫太郎。一八六八―一九四八。明治・大正・昭和期の海軍軍人、政治家。戦時下最後の首相として、二十年四月就任。

（11）よいついで。

（12）勧め誘うこと。

（13）ゆるむこと。

十二時一寸前に空襲警報が出る。約二十分位で解除となる。小型機が京浜地区に侵入したのである。

今日から日光植物園の松村義敏氏に生物の時間を持ってもらふ。

塾生松方康父来寮。主として父兄後援会代表として、当塾の生活状態を視察にきたのだといふ。その時の話に、この塾生の家族にして空襲により全滅する家ある場合を考へ、本人の卒業までの学資を預金帳若しくは株券の形にて、当塾の方で預かってもらひたい希望の父兄があるとの事で、その場合預ってもらへるかどうかときかれたので、先達来父兄に対して宣言したいと思ってゐた事と符合するので、感動を以て、引きうける旨答へる。

六月十二日（火）曇時々雨

今度宮内大臣に親任されたる石渡荘太郎氏が本日来晃、東宮殿下及び義宮殿下御殿に御機嫌伺に参向したのを機に、当学寮にも一寸寄られる。午後二時半頃来寮、初等科、中等科学生一同玄関前広場にて迎へ、敬礼して、一場の訓示を頂く。その後ホールにて休憩、一般状況を竹沢、山本、清水より報告し、終りて寮舎を案内し、三時二十分頃さきの場所にて見送る。

夜、山本、児玉、宮本、塚越、小生の五人で句会をひらく。小生等の自室にて八時半頃より。夏雑詠、出句左の如し。

山本芒李庵

淋しさよ五月空《さつき》ゆく雲のはて
夏雲やはかなき事は思ふまじ

世にうとき身の悔あらず朴の花
春鳥や朴の花あるあたりより
五月雨や川向ふゆく傘二つ
小手毬《こでまり》の夕ほの白きわかれかな
廃院の池明るしや藤の花

児玉無宿

病み臥せる眼にははげしきかきつばた
卯の花に暮れ残りたる宵にして
五月雨れて空にか、れり朱の御橋
五月雨を寝ねがてにきく夜明哉

宮本清

病床に新茶の嬉し一つまみ
病み疲れ夏雲飽かず眺めけり
つく〴〵と故郷懐ふ脚気かな
男体を飽かず眺むる水枕
白き腹見せて鮎飛ぶ五月かな
岩燕群飛ぶ川の速きかな
鉄舟を偲ぶ祭や梅雨に入る
若葉匂ふ窓辺により粽喰ふ

幟立つる日にあやかりて誕生会
五月雨の降りて梅の実匂ひけり
梅雨に入り若葉茂りに茂りすぎ
岩藤に月を楽します山登り
氷室桜《ひむろざくら》と紛ふばかりにつゝ入かな
朴の花雨に煙りて白く咲く
山門に二株三株今年竹
釣人の喜ぶ卯の花曇かな
梅の実の食欲そゝり五月雨の降る
粽喰ひ故郷遠く懐ひけり
鉄舟を偲ぶ祭や朴の咲く
青蔦の絡む館や教会堂
瑠璃色の背中を見せて翡翠《かわせみ》の飛ぶ

塚越正佳

蛙鳴く田毎の月を思ふかな
窓に聞く蛙の声に夏を知る
友忘れ堤を走る蛍狩り
蛍狩り葉柳かつぐ肩軽し
草草履しっとり濡れし蛍狩

串団子手に手に帰る山祭り
峠道見晴しもなし青葉かな
男体もやさしく見ゆる今朝の霧
梅雨入りに一人晴たり花菖蒲
蜻蛉釣り我子の姿思ふかな

清水碌々

朴十首

学寮の軒ぬきんでて朴の花
厚朴《あつほお》*1咲くや裏山道の夕まぐれ
母恋ふや厚朴ほの白くさく夕べ
厚朴さくやほのかに思ふ人のあり
病む友の窓辺明るく朴の花
ひげ黒の友あり朴を愛しにき

厚朴さくや遠ざかりにし友の顔
そらにみつ大和に厚朴の友はあり
住みつきて厚朴さく頃となりにけり
厚朴さくや戦はげしき日の庭に

（1）　朴の木の異名。

六月十三日（水）曇時々雨

去る十日に作らせた句を選んで左の十句を得たので、記しておく。

天、　遠山の尾根長々と青葉かな　　安田　弘
地、　戦災の友なだめけり若葉雨　　松方　康
人、　梅雨はれて緑の中の蝶の舞ひ　　角谷奥夫
佳作、こくうすく色おもしろき若葉かな　　馬場正三
　泉水のあやめの陰に蜂二匹　　長田　淳
　思ひ出す落合川の流し釣　　平瀬彰一
　初夏や暗幕おろす午睡《ごすい》かな　　東ヶ崎清
　学寮の灯もる、初夏の宵　　渋沢　裕
　夏の朝乾布摩擦《かんぷまさつ》の声高く　　大橋啓一
　敵せまる青葉のかげの決戦場　　草間時武

右を清書して、廊下の壁に掲示した。昨夜は夕礼の時めぼしい句を二十句ばかりよみ上げて、みやびの心を養ふことの必要なることを話した。そのためか、今朝になって、川上が数句もってきて見てくれといふ。その後で第八室の宮島が室員一同の句をあつめて見てくれといってくる。そこでこちらも積極的にのり出すこと、なり、季題を五六十書きならべた紙を階下廊下に掲げ、来る廿日迄に句稿を提出するやうにした。

院長が午後四時四十五分着寮。二村助教授付添ひとして来る。二村教授が預ってきて下さった宮内高等官一同よりの供物《くもつ》料（金参拾円也）を本日頂く。

六月十四日（木）曇時々晴

昨夜十一時過ぎに空襲警報となり、栃木地区に侵入の報あり、学生を一応防空服装にきかへさせ、暗闇の自室に待機させる。大体、主目的は新潟沖に機雷を投下するにあるらしく、伊豆半島と鹿島灘の両方面より侵入せる敵機は何れもその目標を新潟地区においたといふ。一時二十分解除となる。それで学生も臥床させる。

今朝の起床時間は七時とする。午前中、国文の授業をする。昨日発表した俳句につきて批評をする。

午後三時半頃、院長室に出頭、左の諸件につき報告し、大々諒解を得る。一、転学希望者許可の件、二、生物教官赴任の件、三、農業地の件、四、事務室確立の件、五、殿下御教育の件。以上。

夜八時半よりホテルホールに中等科教官山本、宮本、塚越、清水集り、院長より中等科、高等科の今後の方針につき話しあり。中等科二年以上は全部山形県鶴岡に移り、同市の某旅館*1に宿泊して、農耕本位に進むこと、高等科の一部は岩手県黒沢尻奥の高原にて同様農耕に従事すること、なほ高等科は他に軽井沢方面にも候補地物色中なること、中等科建物を陸軍省に貸与することに決定せる事、今後鶴岡は岩田科長統率の下に独立すること、日光は院長直率の下に進むこと、事実上の学習院本部は日光に移ること、なるべきこと等。十時終る。なほ又目白には農耕地もある事にて一部の教官、学生を残留せしむることとなる、といふ。

（1）鶴岡市上肴町一〇八番地。常盤館。

六月十五日（金）晴後曇

沖縄の戦局重大事となりたる今日、下野新聞に次のやうな記事がのってゐた。それは、沖縄方面部隊指揮官は作戦開始以来皇軍各部隊とともに戦ってきた沖縄県民の闘ふ姿を「座して見るに忍びず頼まれたわけではないがその真相を報告する」として「沖縄県民に対し特別のご高配あらんことを切望する」と次の如き血涙の書を海軍当局に寄せたといふ。

沖縄県民は一人の例外もなく醜敵に立向ひ或は皇軍の全般作戦に協力しつゝあるのである。本土も亦決戦場となった今日、民一億は闘ふ沖縄の同胞を鑑《かがみ》とし「この仇討たでや」の誓ひを新たにしよう－沖縄戦開始さるゝや本島在住の県民は戦局の重大性に深く思ひを致し、皇恩に報い奉るはこの秋《とき》を措いてなしとし一木一草遂に焦土と化すも神州断じて護持せざるべからずとの悲願に徹し、島民一丸となり、戦場に挺身せり、即ち青壮年は挙げて戦線に馳せ参じ、残る老幼婦女子は敵の熾烈なる砲爆撃下に家屋家財を烏有に帰せしめらるゝも敢て屈することなく、身一つを以て防空壕に起居し、弾雨を浴び風雨を冒し、一意後方任務に専念せり、また敵の手中に落ち、後方に運び去られて毒牙に供せらるゝを潔《いさぎよ》しとせざる若き母は親子生別れを決意して、悉《ことごと》く幼き愛児を後方に託し、「この仇断じてとれよ」と諭しつゝ或は看護婦に或は烹炊婦《ほうすいふ》*1として挺身奮闘せり、激戦相つぐわが軍の移動漸く頻繁の度を加ふるに及び、衛生兵の前線出動も激しく、看護婦となりし婦女子は兵に代り重傷者を介抱し或は担架にて護送するなどその健気《けなげ》なる姿は真に日本婦人の亀鑑なり、さらに又戦線の変化に伴ひて遠隔の地に防御地区を定めらるゝことあるや、輸送困難を克服し、暗夜篠つく雨中、砲声弾雨を厭はず黙々として

（1）炊事婦。

命に服せり、顧みれば沖縄防衛戦開始以来終始困苦欠乏に耐へ、誠心誠意生死を超越し
国体護持の大戦に徹せるその勇戦奮闘の姿は真に銃後国民のもって範たるべきものなり
と思考す

又「身を砲火に晒して、男女義勇隊の敢闘　島田知事陣頭に立つ」の見出しの記事中に「女学生看護婦は薬品とて少い野戦病院に後送されてくる将兵達をその真心を以て看護した、血みどろになって運ばれて来た義勇隊士達の一群の中にわが父の姿を発見した某女学生があった、しかし彼女の受持は父の運ばれた病床とは異ってゐた、彼女には別の手当すべき多くの患者があった、病床といへど広くもない野戦病院の一室だ、父の許にかけ寄れば寄れないこともない、しかし彼女は絶対に自分自身の受持のため会へなくなった、父は敵撃滅を叫びながら死んでいった、彼女はその声をその死を直視しつ、受持兵の看護に専念した」といふ一節があり、心をうった。〔補注3→546頁参照〕

院長の談によると、帝都空襲のため十八の宮家の内十二が罹災遊ばされたといふ。容易ならぬ時代をこの一事を以ても感ずる。

午後院長を案内して、小倉山、後楽園の農耕地にゆく。又律院行き寺内の各室を実地点検す。又松屋敷に至り、牛乳のことを相談す。

六月十六日（土）曇時々雨〔記載なし〕

六月二十日（水）

青葉俳句会第三回選句

天、　清流に鮎のひらめく夕日かな　安田　弘
地、　夕くる、青葉のかげの小滝かな　山田重幸
人、　夏の宵温習室《おんしゅう》*1にあかりつく　町田康光
佳作　図書室の窓にうつれる若楓　鍋島直久
男体の山うっすらと夏がすみ　安田　弘
にはとりの朝つげしらす夏木立　〃
山道の行く手さへぎる青葉かな　三浦恭定
深緑の山いき〳〵と雨上り　大橋啓一
五月雨や若葉の陰の地蔵尊　長田　淳
蜘蛛の巣に五月雨か、る午さがり　吉島重辰

七月五日（木）雨

初等科の土田治男助教授昨日東京にて召集令状をうけ、昨日の内に帰寮、本日午前十時三十分の東武電車でもう出発した。来る七日に甲府の部隊に入隊することになってゐるさうだ。中等科一年は初等科時代に土田助教授に主管して頂いた関係から、特に朝食後中等科丈で前庭にて壮行式を行ふ。第一課業を作文とし、土田助教授を送る歌を一、二組合併で作らせる。佳作二十首を左に掲出する。

（1）復習室。

大御召《おおみめし》うけし旧師の武運をば小雨に祈る壮行の式　宮田應孝
ほめられし戒められし師の君が大みいくさに今馳せむかふ
年ゆかぬ一年生を思ひおきいくさのにはに出でし師の君
海に山に我等を教へ導きし師は今ぞ征くいくさのにはに　大橋啓一
御召うけ勇み出で征く師の顔に力みなぎる夏の朝かな
おほみめし受けて出でゆくますらをを送りて望む梅雨の空かな　佐野順三
川中のいはほにくだけちる水の流る、先は決戦の海
一線も銃後も今はなかりけり君がためには何かをしまん　徳川宗廣
つ、音の耳にきこえぬ戦場《いくさば》に今や我等の立つ時ぞくる
大君のみことかしこみ勇み征く我が師を送る万歳のこゑ　広沢真信
南海に華と散りにしますらをの霊なぐさめん今日の雨かな
防人《さきもり》の後につゞけよ若桜捨て身でゆけと師はのたまひぬ　藤崎　健
沖縄の花とちりにしますらをの高きいさをはいやとこしへに　川上博義
つぎの世を背負ふ我等の先輩と御戦人《みいくさびと》となりし師の君　高倉永政
君がため命をしまぬつはものら再び会ふはやすくにのみや　小島　譲
師の君も神士《しんど》おかせし夷《えびす》等に正しき道の剣《つるぎ》見せゆく　河鰭公朋
山々の高き峯をば仰ぎみて堅き誓を立てし今朝かな　鍋島　直
道の端《は》にゆかしく咲ける草花にふと思ひ出す師の笑ひ顔　宮島　清
大君の命《みこと》かしこみ筆をすていくさの庭にいで立つわが師　黒田　明

大御召しうけて立たる、先生の武運を祈る夏の朝かな　　三浦恭定

七月七日（土）

今夕は七夕祭を兼ねて七月生れの者のために誕生会を催す。

本日左の書状を二荒山塾々生父兄宛発送す。

拝啓国事艱難の折柄尊堂*1愈々御勇健奉賀候 降《くだりて》而当塾教官学生一同頗《すこぶ》る元気にて使命達成に邁進致居候間御放念*2被下度候扨《さ》て昨今御家庭の御事情の変化により他校への転学を希望せらる、向も有之やに聞及候に付てはそれも此際已むを得ざる事と当方としても之を認容致す所存に有之候条御希望の向は御来塾の上所定の手続御済し被下度願上候

尚戦局の如何を問はず当塾本来の使命は毫も変ずるものにては無之益々結束を固くして所期の目的貫徹に勇往致す覚悟に御座候へば為念申添候

先は書中を以て賛意を得たく如何に御座候　敬具

七月七日　　二荒山塾

八月九日（木）晴

去る六日の広島爆撃の被害は甚大なりと伝へらる。少数機侵入の上僅々三個の爆弾*3なりし由なるも、その爆弾は新型爆弾にて落下傘にて地上六百米の高度にて破裂し、猛烈なる爆風と熱気のために、家屋、人身に多大の毀傷を与ふるものなりといふ。心いたむものなり。

夕刻の報道によれば、ソヴィエトは日本に対して宣戦を布告し、已に今早暁より満ソ国境の

（1）「あなた・お宅」の意の漢語的表現。
（2）心配しないこと。
（3）事実は、観測用のラヂオゾンデをつるした落下傘三つが先に降下し、ウラニウム型原爆一発を投下した。当時の報道に誤解があった。

東部及び西部よりソ軍の一部は越境攻撃し来りつゝあり、少数飛行機は北満＊4、北鮮＊5に侵襲し来り、所在の我軍はこれと交戦中なりといふ。いよ〳〵来るべきものが来りたる也。さるにしても仲々厄介なること、なりたり。

八月十日（金）晴

東宮御学問所開設準備のため東宮職設けられ、東宮大夫兼東宮侍従長に男爵穂積重遠＊6博士親任せらる。本日発令。

竜福寺＊7に一部の者を鍛錬のため移す件につき夜毎に協議す。大体廿日前後につれてゆくこととし、その大体の交渉は小生がさる六、七、八の三日に現地に赴き済ませ来れり。近く事務官来晃の上、塚越教授と共に更に詳細なるとりきめを行ふため会津に出張の予定。

房枝より来信。まだ広島空襲の事は言ってない。三日投函故。葉畑の久枝＊8悪性の消化不良のため去る七月卅一日死去の由報じあり。可愛想なることとしたり。彼の子は平素より消化器系統弱く、心配になりゐたる子なり。家を修繕したいが人手と資材の不足のため仲々思ふにまかせぬとあり。

八月十一日（土）晴時々雨

学生は小倉山斜面の甘藷畑の除草に朝より出かける。小生は殿下の御授業ありたるため第一課業の間こちらにをり、それをすませて、弁当をリヤカーに積み、律院に赴く。寮母二人を伴ひ、先達、小倉山御料地畑にて掘りとりたる馬鈴薯（金谷家に播種したるものを、学生も手伝

（4）満州国北部。旧ソ連国境に接する。
（5）北部朝鮮。
（6）一八八三―一九五一。明治―昭和期の民法学者。家族法が専門。穂積陳重の長男。
（7）福島県南会津郡田島町の新義真言宗豊山派寺院。
（8）妹葉畑ミチエ長女。

って掘り、その礼に五〆目ほどもらったもの）も一緒につみ込み、今日中食後お八つに煮てたべさせる予定。出かけに坂の上で徳川宗廣の母に逢ふ。先達日光在住の父兄の会合をひらいた時に、奥日光にゐるため連絡つかず来られなかったが、大久保方より通知ありたるため来たれるなりといふ。憲兵隊よりの注意事項を立ちがら伝へる。十時半頃出て、十一時頃律院につく。まだ学生は帰ってきてゐないので、弁当は寺におき、寮母にゐてもらって、小生のみ斜面の方へゆく。作業終り、水遊び中なり。やがてつれ立って律院に帰り、弁当をとって、後楽園芝生の上でそれをひらかせる。食後休憩中沛然《はいぜん》*1として白雨*2到る。慌て、整列させ、律院に駈足でつれ込む。已に寮母二人に学生炊事係数名加はり、馬鈴薯を大釜に入れて、先程小倉山から拾ってきた薪をくべて炊きはじめたところ。一般学生は寺内に上り休憩してゐる内に馬鈴薯が煮える。早速熱い奴をふき〳〵頂く。間もなく雨上り、赤とんぼが裏庭の池の上を数知れずとんでゐる。白い山百合が池の向うの木陰にほゝゑんでゐる。

夜事務官来寮。小生はまだ会はぬ。塚越教授の会っての話によると、広島爆撃により、死者六万、負傷者十二万といふ。僅か三発の爆弾によりかゝる甚大の損害を蒙りたるとは全く驚き入りたる事なり。尚きけば、重臣会議*3が昨日今日とつゞき、特に今日は重大会議がひらかれてゐるといふ。深慮の極、言葉も出でず。

空襲警報十時半頃出づ。

八月十二日（日）晴

昨夜の空襲警報一度解除となり、早暁再度の空襲警報出づ。この方は早く解除となる。

（1） 雨が強い勢いで降るさま。

（2） 夕立。

（3） 最高戦争指導会議を指すか。小磯内閣下、十九年八月四日設置。二十年八月十日、ポツダム宣言の条件付受諾決定。

去る八日の新聞によると、かつての沖縄戦闘に於て、わが主力艦隊は全勢力をあげて体当りし、全部未帰還の模様なり。その報道が一報道班員の筆により、数ヶ月後に伝へられたるは国民として遺憾至極なり。報道の時期と方法を失したるうらみなしとせず。どうも中枢部に於て足取りがしどろもどろの感深し。同じ日の新聞に野村吉三郎大将＊[4]が、農村の美しさが勝利の鍵であるやうにのべ、戦捷《せんしょう》＊[5]の号外が来る日まで鋤鍬持って御奉公をつゞけますといふ老婆、罹災者には感謝される良いものを送りたいと云ひのこして出陣する少年の象徴する日本、この美しきものが勝たずしてどうしよう・・・云々とある。佳き言葉なり。詩人の言葉なり。

過日の田島町行軍の記録を学生に綴らせ、一冊にまとむるに頁数合せて六十二頁、名付けて「会津行」といふ。

一時より二時半頃迄午睡をとる。間食は馬鈴薯二切。間食後鍋島、佐野両塾生を小倉山斜面の馬鈴薯畑にやり、二十個許り掘らせ、それを洗って、二荒山神社々務所まで持たせてやる。塾生達の手にて植ゑたもののはじめての収穫で、それを先づ神前に供へて頂かうといふのである。明朝は丁度神社参拝の日でもあるので、先にさうすることにした。

夕食前、明日から二三日かけて岩瀬事務官と塚越教授が田島方面へ出張するので、そのための打合せをなす。夕食後山本教授と散歩に出る。小池薬局でバッサイ（のみとり粉）一打買ってくる。大谷川の川霧がとてもふかい、往きよりか復りの方が深い。流れに逆ってのぼってゐるのが面白かった。

この頃むし暑い日がつゞく。夕刻とてもちっとも涼しくない。

（4）一八七七―一九六四。大正・昭和期の海軍軍人、外交官。学習院院長、阿部内閣外相、駐米大使歴任。
（5）「戦勝」に同じ。

八月十三日（月）晴時々夕立

二荒山神社参拝のため五時二十分起床。廿一分空襲警報発令。乾布摩擦平素の如くすませ、洗面、掃除を終へ、朝礼にとりかゝらんとする頃爆音が聞えてきた。直ちに待避壕に待避せしめる。上空を仰ぐと朝明けの空を四機と三機の二つの編隊が西北方に向って通りすぎた。小型機である。情報急迫をつげないので、寮舎前に帰り、朝礼を行ふ。朝礼後少々時刻がうつったが二荒山神社に参拝する。御手洗で手を濺《ソソ》がせ〔濯《すす》がせヵ〕て、すでに馬鈴薯は神官の手により神前に進められてあるだらうと想像しいしい、拝礼を行ふ。その後で「海ゆかば」斉唱。帰来、朝食後空襲警報中なれど、馬鈴薯掘りに向ふ。小倉山御料地の斜面の伐採地にある二畝ばかりの開墾地で、種類は「赤丸」と「男爵」。子供等の手で掘らせ、約三十メの収穫が上った。その中から八ッの飯盒に入れさせ、薪を集めさせ、火を焚いてうでた。内原訓練所の田中、芹沢両君と宮本、加藤、小生の三教官と学生三十三名が谷べりの草地の炊さん地に車座になり、熱いところをふき／＼たべた。のこりを各自携帯のルックサックにつめさせ、寮舎に持ち帰らせる。

今朝六時日光発の電車で、岩瀬事務官、塚越教授の二人が田島方面へ諸般の打合せのため発った。

一日遅れて届いた昨日の新聞に、別紙〔省略〕の如く、情報局総裁談と陸軍大臣布告とがのってゐる。前者は無気力何らの感動も呼び起すまじく、後者は表現や、乱れたり。

つら／＼事の茲《ここ》に到る真因を省察致すに、やはり今迄の教育がいけなかった。政治もいけなかった。かつて共産主義瀰漫《びまん》して、国体の明光一時蔽はれんとするや、勃然として、国民精神作興運動起り、日本精神昂揚の抽象的啓蒙激励の演説巷間に流行し、俗悪の宣伝用語街衢《がいく》に氾濫す。今にして思ふに、今次の国粋運動の目標はかつての日の国学者の悲願と根本的に異るものあるを感ずる。「精神」の昂揚と強化を称へながら、「精神」なき説教に終れる「政治」が、今日の事態をもたらしたものだと思ふ。今日に至りてなほかつかの五・一五事件、二・二六事件の際に於ける好き青年傑士の一人も出でざるも、すべてこの病根に発せざるものなし。深憂痛恨、尋常一様のものたらざる所以である。

博明王殿下*1、李玖殿下*2、山本教授付添にて那須御別邸に赴かる。午後四時寮舎前御発一台の自動車に全員乗って出かけられた。向ふ二週間位御滞在の由。

広島の民五郎叔父の所へ見舞の葉書出す。

八月十四日（火）曇後雨

母の初盆。房枝からの手紙に今年は初盆だから帰れたら帰るやうにと、希望をのべてあったが、とても帰ることは出来ないときめ込んでゐる矢先で、さう言はれてみると却って可愛想にも思はれてくる。朝礼後裏山から草花を二三種折ってきて花瓶にさし、母の位牌の前におく。古里の奥津城《おくつき》*3への道にはもう秋草がさいてゐるだらう。昨年の盆にはまだ母が丈夫で、子供らをつれて、女郎花咲く山路を墓参したが、一年の内にかうも情勢が変るものかと思はれる。母よ今いづこ。しきりに恋しい。

満州朝鮮に侵入したソ連軍の其後の動向はさしたる変化を見ない。十二日十五時三十分の大

（1）十九年七月四日の条参照。
（2）右に同じ。
（3）墓所。

本営発表によると、満鮮方面の我が軍は、満州国軍と共に八月十一日東正面に於ては概ね雄基《ユウキ》、琿春《コンシュン》及穆稜《ボクリョウ》の線に、西正面に於ては海拉爾《ハイラル》、索倫《ソロン》及醴泉《レイセン》付近に進出せるソ軍を邀へ激戦展開中なり、といふ。

少し風邪気味であるが歯が両奥歯ともいたむので、午食後日光駅下の山崎医院に治療うけにゆく。帰途鈴木に寄り少し気分が悪いので、二階にねころんで帰る。

中部慶次郎全快して父親につれられて帰寮。中部氏の話によると、町の噂は先日連合国側へ媾和条件を日本から申込んだのが今日あたり返事がくることになってゐるのだといふ、明日あたり戒厳令布行と共にその発表があるのではないかといはれてゐるといふ。これもデマの一種だらう。

夜、亡母の初盆なので、小豆を飯盒で煮、饅頭をつくって、仏前に供へる。偶々宮本教授は長女の、加藤助教授は令弟の初盆なので、三人とも仏前に供へる心のあとでいたゞく。

十一時頃空襲警報出る。加藤君が今不在の山本先生の代りに防空本部につめる。それが明朝三時までつゞく。

八月十五日（水）晴後曇

昨夜四時間も空襲警報がつゞき、おまけに歯痛のために安眠がとれず、今朝は頭が重い。それに今朝五時三十分にまた空襲警報が出る。

午前中、学生は蕎麦蒔きに小倉山斜面の一昨日馬鈴薯採ったところへ行った。宮本、加藤両教官引率。小生は歯痛と軽い風邪気味のために居室で静養させてもらふ。

十一時一寸前学生帰る。加藤教官の話によると、今日正午に重大発表があると今朝ラヂオが予告したさうである。

何か思ひ当たる予感のやうなものがある。

中食後前庭に学生を集合させ、防空本部のラヂオを聴かうといふことになり、初等科も期せずしてさうすることになったので、初等科のうしろにならべる。玄関へ出ると、西崎教授が犬養康彦、顔恵民の両学生をつれて来るのに逢ふ。山小屋へ天幕とりにゆくのださうだ。皆一緒にラヂオきくこと、なる。

正午、君ヶ代奏楽につゞき、玉音いと厳かに、大みことをのらせ給ふ。敵の新型爆弾使用、蘇《ソ》連の参戦を機としてもはや帝国としてこれ以上戦争を継続することが不可能となりたるため、国体護持を条件として、米、英、支、ソ四カ国に対して、ポツダム宣言の要項承認を申入れしめたる旨を宣らせ給ふ詔書である。「ソレ克《よ》ク朕ガ意ヲ体セヨ」と結ばせ給ふ広大無辺の大御心の溢れたる忝《かたじけな》き数々の御言葉を拝聴しゆく内、こみ上げ来る言ひやうなき憤激と恐懼に全身のをの、くを覚ゆ。そのあとで内閣総理大臣告諭の発表、ついで、事ここに至る経過をのべ、ポツダム宣言の内容の説明あり、四十五分間に亙る前例なき放送終る。（補注4↓546頁参照）去る八日に四ヶ国に対し、ポツダム宣言受諾の旨申入れ、その返答が一昨十三日に東京に着き、重臣会議、御前会議等を経て、昨日右の如き決定を見たるものといふ。詔書の渙発も昨十四日の日付となってゐる。嗚呼《ああ》聖断遂に下る。今更それに対しては言ふべき言葉もなけれど、悠久三千年、未だ曾てなき敵国への降伏、何としても我等の血がをさまらない。然し、この聖断下る御前会議の御席上、「朕の身はどのやうにならうとも、これ以上臣民が戦禍に苦しむのを見るに堪へない」といふ意味の事を仰せられたといふ。御仁慈の敦《あつ》き、只々歯をくひしばって感極まるのみ。ポツダム宣言が実施せらる、に至らば、敵国人の横行わが神土の随所に見らる、に至らん。忍ぶべからざる汚辱を蒙ること一再でなからう。それにつけても、「教育」の重大なる、今日の如きはない。根底からた、き直すのだ。家庭教育もいけなかった、学校教育無論のこと。併し子弟教育への障害と迫害は露骨で残虐を極めるだらう。われ等の戦ひは、今日までに幾十倍、幾百倍する苦しい戦ひとならう。

午後二時頃塚越、岩瀬両氏帰寮。竜福寺の問題は大体順当に交渉がいったさうである。詳しい事は今夜報告ある筈。

午後になりどんよりと曇った空が、歯痛になやむ自分の頭を一層重々しくする。窓をひらけば大谷の流れは滔々として昨日に変らない。然し思ひなしか今日は憤怒に燃えてゐるやうな音だ。不甲斐ない国民に対して。

夜七時よりラヂオを皆にきかせる。正午の報道が大体くり返される。詔書は放送員によって奉読された。新たなる涙のこみ上げくるを禁じられない。その後で突如阿南陸軍大臣が昨夜陸相官邸に於て自刃された分の報道がある。遺書には輔弼《ほひつ》の大任を果し得ざりし大罪を死を以て謝す旨の言葉が簡単に認《したた》められ、辞世の歌が一首そへられてあった。それは

深き　に
大君の大きめぐみをあみし身は
片言
いひのこすべき言の葉もなし

といふのである。是ある哉。

更にその次に鈴木首相の「大詔を拝し奉りて」と題する放送あり。かつて昭和十六年十二月八日に於ける東條首相の「宣戦の大詔を拝して」といふ放送をきいた時の感激を今にして切なく思ひ起す。

学生就寝後三階の室に四人寄り合ひ、今後の当塾の問題について忌憚なき意見を交換する。その結果宮本教授一人我等三人と根本的に違ふ地盤の上に立って物をいってゐることが分り、而もそれは牢乎《ろうこ》として抜くべからざるものであると知り、愕然とした。現実への「感《カン》」が違ふのである。共に歩むべからざる人。その尤もらしい意見をききつゝ、むかつ腹が立って仕様がなかった。何時かは袂を分つべき時が来よう。それも致方ない。竜福寺行は今月廿六日と期日をきめてきたさうである。トラックで荷物の運搬を廿五日にすませ、人員の方がその翌日行くのである。その他宿舎、食料、料理人、寮母、教室の問題も大体曲りなりにも交渉がついたさうである。明日からその具体的方法について考究せねばならぬ。

（補注1）昭和二十年二月二十六日に中等科教官全員に対して次のような方針が提示された。「新一年生は皇太子殿下の次年度中等科御進学に備えて日光に移り、新二年生以上は目白本院にとどまる。日光における教官の使命は、皇太子明仁親王をお迎えするにふさわしい態勢を整えるために、新一年生に充実した教育を施す。」日光専任の教官として、清水文雄（国語・一組主管）・塚越正佳（地歴・二組主管）・宮本清（英語）・加藤全朗（数学・物象）・山本修（修身）が任命された。三月二十七日、すでに初等科四年以上が疎開生活に入っている金谷ホテルに到着。ホテルの全室を借り切って、初等科・高等科合わせて一つの学寮を開設し、それを「学習院日光学寮」と総称し、特別の任務を帯びた中等科学生の起居する別館は、特に「二荒山塾」と呼んだ。ここでは平常授業以外に課外講話、農耕作業があった。日光引き揚げは同年十月十日であった。

（補注2）昭和二十年四月十三日夜半から翌未明にかけての空襲により、目白の学習院は木造校舎の大部分を焼失した。正堂を含む本館、高等科教場・仮教場・金工教室・雨天体操場・弓道場その他寄宿舎とその付属施設など、官舎を含む目白校地の総建坪の約半分を焼失した。

（補注3）沖縄戦の死者は以下の通り。（米軍）一二、五二〇（日本軍）六五、九〇八（沖縄県民）学徒隊男子七三三　同女子四九　同職員九二　住民一四〇、〇〇〇（『「鉄の暴風」—沖縄戦記』による）

（補注4）この終戦勅諭（玉音放送）の受け止め方は、様々であったろうが、代表的な例として伊藤整と永井荷風の日記を引用する。

「こうして平和が来た。ここは北海道であるが、東京も大阪も鹿児島も日本の敵空襲で焼かれた焦土のあらゆる場所でこの瞬間に国民は戦の終ったこと、大和民族が屈服したことを知ったのである。平和は突然、思いがけない早い時期に来た。一体今後どうなるのだ。ポツダム宣言では日本領土としては、北海道、本州、四国、九州の外、敵方の認める諸島嶼のみ、ということになっている。そして平和的な民主主義的な政府が樹立されるまでは、敵は日本の重要地点を占領するという条項がある。とすれば、直ぐにも数日のうちにも敵が上陸して来るか。」（伊藤整『太平洋戦争日記』八月十六日）

「S君夫婦、今日正午ラヂオの放送、日米戦争突然停止せし由を公表したりと言ふ、恰も好し、日暮染物屋の婆、鶏肉葡萄酒を持来る、休戦の祝宴を張り皆々酔うて寝に就きぬ」（永井荷風『断腸亭日乗』八月十五日）

【解説】

この二十年四月～八月の日記で話題になっていることは次のようなことである。

箇条書きで記す。

①学習院中等科一年の日光疎開生活
②学習院罹災
③母チカ逝去
④青葉俳句会
⑤院内句会
⑥沖縄戦
⑦広島原爆投下
⑧ソ連参戦
⑨戦時国粋運動の病根
⑩玉音放送

【参考文献】

『学習院百年史』第二編　学校法人　学習院　昭和五十五年三月三十一日
『回想　初等科とともに―官立そして私立へ』福田正一郎　学習院総務部広報課　平成七年二月一日
『荷風全集』第二十四巻　岩波書店　昭和三十九年九月十二日
『太平洋戦争日記』伊藤整　新潮社　昭和五十八年十月十日
『復刻アサヒグラフ昭和二十年日本の一番長い年』朝日新聞出版　平成二十七年六月三十日
『記録写真集「沖縄戦と住民」』月刊沖縄社　平成十年七月三十一日
『「鉄の暴風」―沖縄戦記』沖縄タイムス社編　沖縄タイムス社　平成八年二月十五日

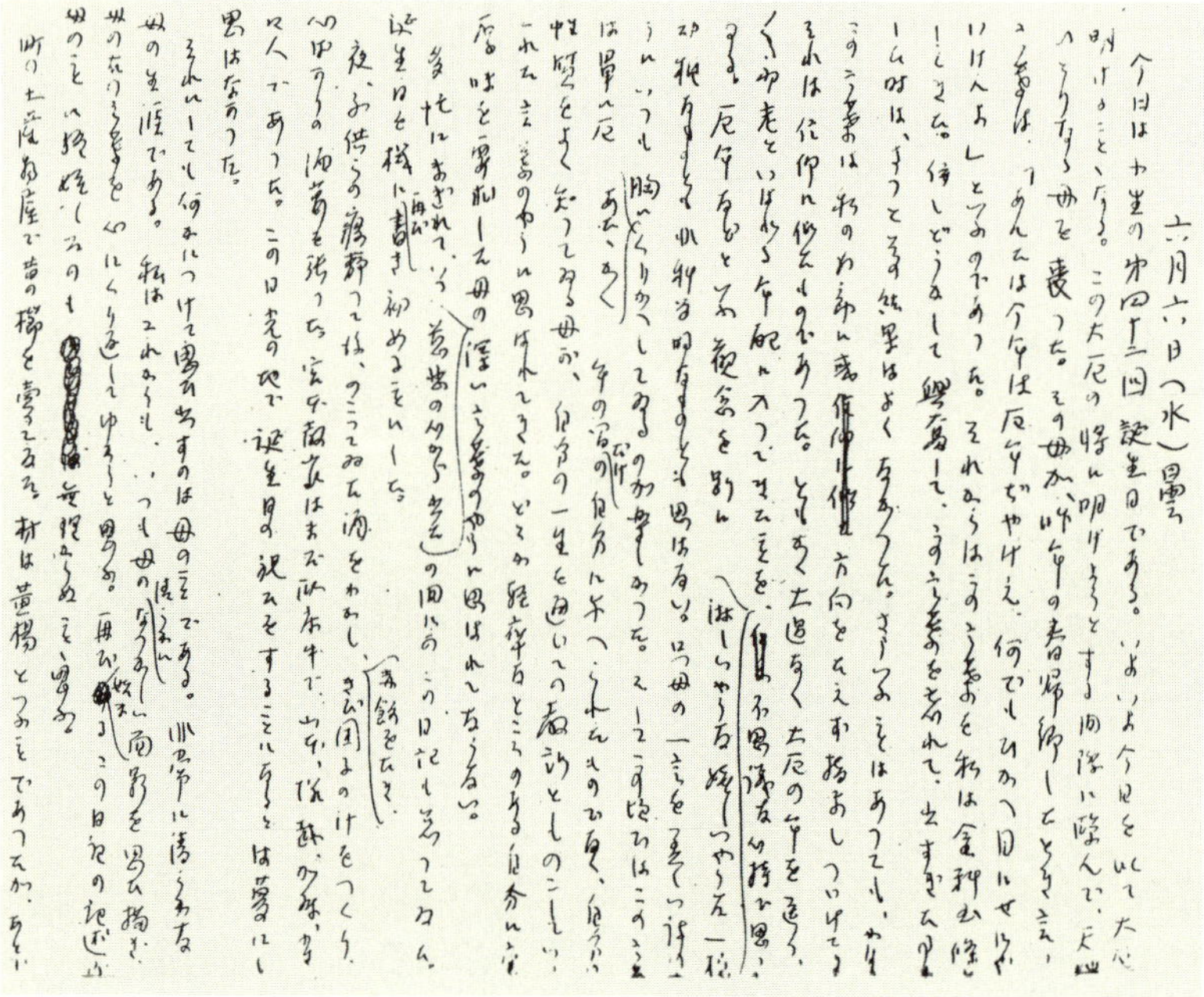

昭和20年６月６日の部分

清水家略系図

清水民吉　文政年間出生、明治十四年十二月二十四日死亡、五十四才

＝**キサ**　佐伯友平三女、天保六年八月十五日出生、大正六年十二月二十九日死亡、八十六才

三代太郎　文久三年三月二十日、岡本國吉、マキの二男として出生、清水家の養子となる、昭和五年十二月三十日死亡、六十七才

＝**チカ**　山廣九平、セゥの長女として明治十二年十二月二十日出生、昭和二十年五月十五日死亡、六十七才

- **文雄**　明治三十六年六月六日出生、昭和七年児玉房枝と結婚
- **琴代**　明治三十八年十月二十日出生、末廣来一と結婚、昭和二年五月八日死亡　長男榮、長女幸子
- **トシコ**　明治四十一年四月十八日出生、米田萬次郎と結婚
- **亀**　明治四十四年二月十五日出生、増田和子と結婚
- **ミチエ**　大正四年一月十六日出生、葉畑久と結婚

文雄　明治三十六年六月六日出生、平成十年二月四日死亡

＝**房枝**　明治四十四年三月五日出生、平成二十七年五月二十一日死亡

- **みを**（長女）　昭和八年三月二十一日出生、辻景虎と結婚
- **あさ**（次女）　昭和九年七月三十日出生、吉野和照と結婚
- **はる**（三女）　昭和十一年三月三日出生
- **宏輔**（長男）　昭和十四年八月一日出生、松村光枝と結婚
- **伸二郎**（次男）　昭和十六年二月一日出生、寺川明美と結婚
- **邦夫**（三男）　昭和十八年三月十日出生、光森民子と結婚
- **明雄**（四男）　昭和二十一年七月十九日出生、山岡ひろみと結婚

児玉家略系図

児玉實一　明治十年五月六日中村林助、タマノの三男として出生。養父児玉新兵衛養母タメの養子。昭和九年七月二十三日死亡。

児玉ミス　明治九年四月七日出生。沼田郡安村大字上安下原卯三郎、ササヨ長女。明治三十一年児玉實一と結婚。昭和三十四年五月一日死亡。

児玉品吉　明治五年二月一日出生。明治二十五年ミスと結婚。明治二十八年九月五日死亡。

（児玉實一・ミスの子）

正夫（長男）　明治三十一年七月十四日出生。大正十三年一月四日死亡。

正登（二男）　明治三十四年十月二十五日出生。昭和十八年三月三十日死亡。

正規（三男）　明治三十七年十月十一日出生。昭和八年橋村鈴子と結婚。昭和五十五年四月十日死亡。

房枝（三女）　明治四十四年三月五日安芸郡奥海田村二九六番地の二で出生。昭和七年清水文雄と結婚。

勉（四男）　大正二年七月二十九日出生。昭和十二年佐藤松子と結婚。昭和十四年二月十八日死亡。

タツコ（四女）　大正五年一月二十日出生。昭和二十年諏訪本光三と結婚。

（児玉品吉・ミスの子）

雪枝（長女）　明治二十六年二月二十日出生。田中弥一と結婚。昭和四十九年一月六日死亡。

月江（二女）　明治二十八年三月十二日出生。桶谷正一と結婚。

山廣家略系図

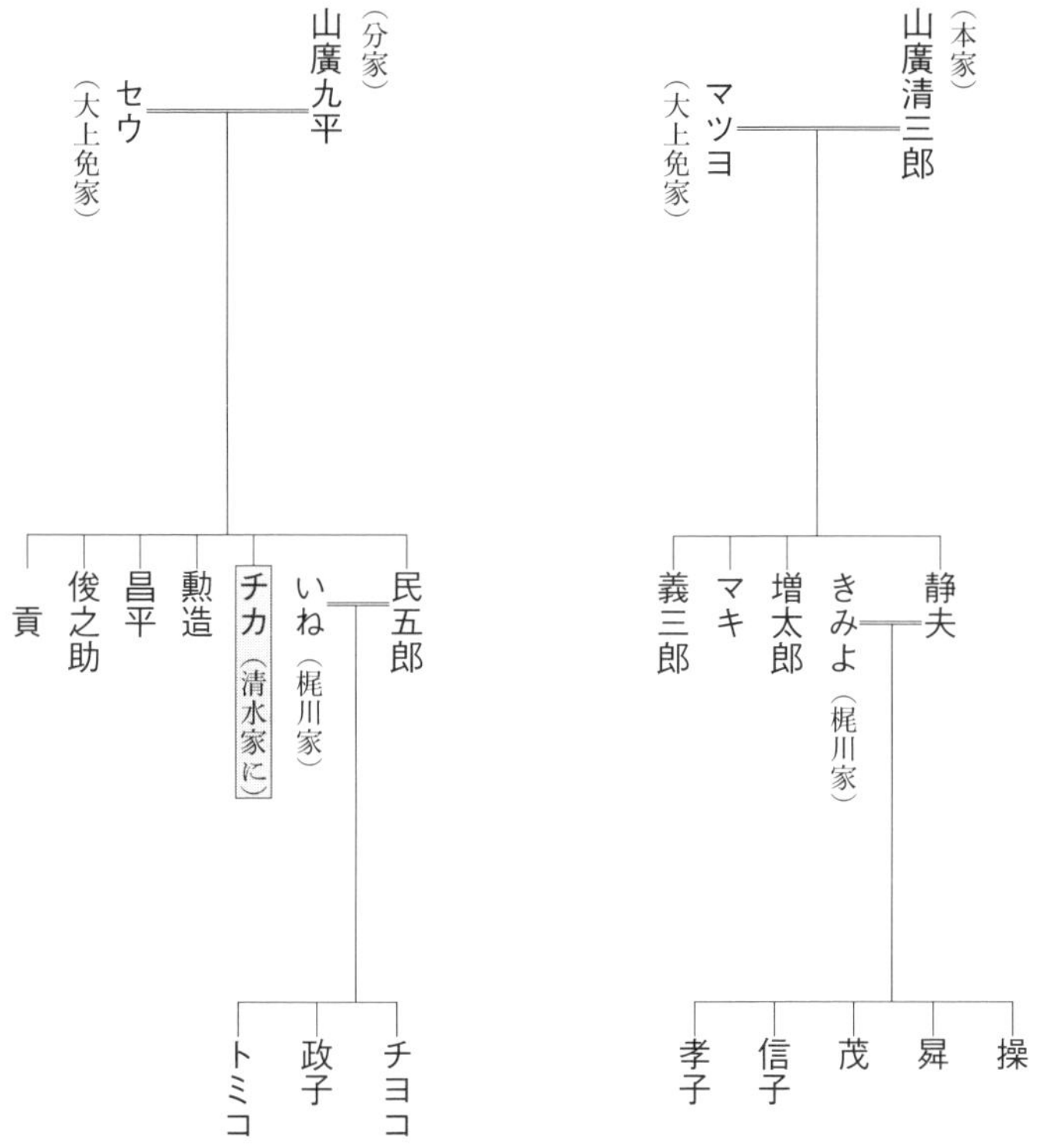
（本家）
山廣清三郎
マツヨ
（大上免家）
静夫
きみよ
（梶川家）
増太郎
マキ
義三郎
操
昇
茂
信子
孝子
（分家）
山廣九平
セウ
（大上免家）
民五郎
いね
（梶川家）
チカ
（清水家に）
勲造
昌平
俊之助
貢
チヨコ
政子
トミコ

清水文雄略年譜

明治三十六年（一九〇三）
六月六日、三代太郎長男として熊本県球磨郡五木村の川辺川（球磨川の支流）の畔に生まれる。母はチカ、山廣氏。他に一弟三妹があった。父の本籍は広島県比婆郡西城町、同町の呉服商清水民吉没して嗣がなかったので、岡本家より入って家督を嗣ぐ。しかしその家業は襲わず、生家相伝の鍛冶を生涯の業とする。出先の五木は当時銅山の所在地として知られていた。

同　四十一年（一九〇八）五歳
母の生家のある広島県安佐郡深川村字下深川（現在の広島市安佐北区深川三丁目）に一家を挙げて転住。

同　四十三年（一九一〇）七歳
四月、深川尋常高等小学校入学。

大正五年（一九一六）十三歳
三月、同校尋常科卒業。四月、高等科入学、家業を手伝いながら通学する。

同　六年（一九一七）十四歳
十二月二十九日、幼時愛撫してくれた祖母キサ（故民吉妻）の死に逢う。享年八十五歳。

同　七年（一九一八）十五歳

母　チカ

父　三代太郎

三月、深川小学校高等科卒業。四月、同校併設農業補習学校（夜間）入学。昼間は父を助けて家業に従うかたわら、大日本国民中学会の講義録によって独学する。その付録の月刊雑誌「新国民」に短歌・俳句・詩・小品文などを投稿し、孤独をまぎらすとともに、漸次文学への眼を開かれる。選者に金子薫園・生田春月・加藤武雄らの諸氏がいた。外に「文章倶楽部」や「中国新聞」にも短歌・俳句を投稿した時期もある。

同　十一年（一九二二）十九歳

三月、補習学校の恩師久都内勝磨先生の勧めにより、広島市所在の私立山陽中学校併設城南中学（夜間）第三学年に編入、三里半の道を自転車で通学する。当時芸備線はまだ開通していなかった。

同　十二年（一九二三）二十歳

九月、両親の同意を得て、山陽中学校（昼間）第四学年編入、同時に家を離れて広島市内に住むことになり、夜間働いて自活の道を講ずる。編入・就職については、夜学時代以来の恩師玉置哲二・林茂敏両先生の厚情を蒙った。

この年徴兵検査により第二乙種合格。

同　十四年（一九二五）二十二歳

三月、山陽中学校卒業。四月、広島高等師範学校文科第一部入学。以後、鈴木敏也・荘田安太郎・斎藤清衛（以上国語国文）、北村沢吉・武藤長平・後藤俊瑞（以上漢文）諸先生の薫陶を受ける。

昭和二年（一九二七）二十四歳

五月八日、末廣家に嫁いでいたすぐの妹琴代二児を遺して死去。享年二十二歳。夏休暇に入り、広島高師山岳部がその発会式を立山頂上で挙げるのに加わり、山への関心頓に深まる。

同　四年（一九二九）二十六歳

三月、高師卒業。在学中、高友会雑誌「曠野」、同人雑誌「文芸陣」「耕人」などに寄稿し、またそれらの編集にも携わる。卒業論文は「正岡子規における和歌革新の第二段階」（指導教官は斎藤清衛先生）。四月、新設の広島文理科大学（国語国文学専攻）入学。以後、鈴木敏也・東條操・土井忠生諸先生の教導を受ける。

同　五年（一九三〇）二十七歳

十二月三十日、父を喪う。享年六十七歳。

同　六年（一九三一）二十八歳

広島輜重隊幹部候補生として在営中の松田武夫氏によって、池田亀鑑先生に近づく機会が恵まれる。池田先生からは、主として文献学的研究の対象や方法について指導を受け、さらにそれを機縁として、松尾聰・鈴木知太郎・岸上慎二その他池田先生周辺の諸氏とも交誼を結ぶに至る。

同　七年（一九三二）二十九歳

三月、文理大卒業。卒業論文は「和泉式部集の研究」（指導教官は土井先生）。同月、児玉房枝と結婚。四月、成城学園成城高等学校（七年制）尋常科教諭として赴任。居を東京府北多摩郡千歳村船橋一八四（現在東京都世田谷区船

文雄、房枝の結婚
（昭和７年３月）

千歳船橋の自宅前にて
（昭和７年初夏）

橋）に定める。五月十五日、いわゆる五・一五事件勃発。九月東條先生学習院教授となられ、一家を挙げて上京されるのを迎える。

同　八年（一九三三）三十歳

三月二十一日、長女みを生まれる。四月、斎藤先生高師教授の職を退かれ、全国行脚の旅に出られる。五月、成城学園小原国芳校長の退任問題が学園挙げての騒動に発展し、教師としての立場で苦悩する。九月、斎藤先生上京、北多摩郡下祖師谷（現在の世田谷区祖師谷二丁目）に独居自炊の生活を始められる。同月、池田勉・蓮田善明・栗山理一と、同人研究紀要「国文学試論」第一輯を春陽堂より刊行、以後、十三年六月刊の第五輯に及ぶ。試論発行に際しては、高藤武馬氏の好意による所大であった。これを機に同氏との交遊はじまる。十一月高等科教授となる。

同　九年（一九三四）三十一歳

四月、下祖師谷に転居。七月三十日、二女あさ生まれる。十二月「国文学試論批評篇」第一輯を春陽堂より発行、同人の共同執筆で業績検討「岡崎義恵氏の歩みについて」その他を載せる。

同　十一年（一九三六）三十三歳

二月二十六日、いわゆる二・二六事件勃発。三月三日、三女はる生まれる。四月、欧米旅行に出発される斎藤先生を東京駅に送る。八月、「国文学試論批評篇」第二輯発行、同人の共同執筆で業績検討「斉藤清衛先生に捧ぐ」その他を載せる。同月、池田・蓮田・栗山と高野山（遍照光院）に籠り、斎藤

棟方志功展案内状（昭和８年）
小高根二郎「棟方志功―その画魂の形成―（新潮社）より

清衛編・星野書店発行の「作文」（中学校用）の編集を分担する。この頃、コギト同人伊東静雄氏と相織る。その後同氏を介して、同じくコギト同人保田與重郎・田中克己・中島栄次郎その他の諸氏にも接近する機会を得る。

同　十二年（一九三七）三十四歳

七月七日、蘆溝橋事件を契機として日支事変勃発。八月、昨年に引き続き高野山に籠り、「作文」（女学校用・実業学校用）の編集を分担する。

同　十三年（一九三八）三十五歳

三月三十一日、成城高等学校退職。四月一日、学習院講師嘱託。恩師東條操先生の推輓による。当時院長は海軍大将野村吉三郎氏であった。中等科二年に平岡公威（後の三島由紀夫）少年が在学していた。この月、蓮田、台中商業学校より成城高等学校へ転任。七月、上記四人で、「日本文学の会」を結成し、月刊雑誌「文藝文化」創刊。雑誌創刊については、垣内松三・西尾実・斎藤清衛・久松潜一諸先生より貴重な助言をいただく。同月二十八日より三十一日までの四日間、高野山において「日本文学の会」主催で日本文学講筵を開き、講師として、東京から垣内・斎藤・久松三先生、京都から源豊宗先生を招く。八月一日、学習院教授となる。十月、同人の予備歩兵少尉蓮田善明応召、郷里熊本の歩兵第三十四聯隊に入る。

同　十四年（一九三九）三十六歳

四月、蓮田、中支戦線に赴く。八月一日、長男宏輔生まれる。十月、野村院長外務大臣として転出のため、同じく海軍大将山梨勝之進氏新たに院長となる。

同　十五年（一九四〇）三十七歳

四月、新設の学習院中等科三年寄宿舎（青雲寮）舎監を命ぜられ、豊島区目白町一丁目一〇五七の官舎に転居。同月、池田、大阪府立今宮中学校より法政大学予科へ転任。十二月、蓮田帰還、郷里で所労を養う。この年、斎藤先生北京師範大学教授となられる。またこの頃、版画家棟方志功氏と相識る。

同　十六年（一九四一）三十八歳

二月一日、二男伸二郎生まれる。この月、蓮田、上京帰任。十二月八日大東亜戦争勃発。

同　十七年（一九四二）三十九歳

五月、斎藤先生京城帝国大学転任。八月、栗山、大阪府立堺中学校より興亜工業大学（東京）へ転任。同人四名揃って在京、雑誌「文藝文化」を中心とする編集および執筆に相携えて力を致す。またこの頃、同人連れ立ってしばしば佐藤春夫先生の門をたたく。

同　十八年（一九四三）四十歳

三月十日、三男邦夫生まれる。十月蓮田再度の応召、予備陸軍中尉として熊本の部隊に入り、間もなく南方戦線に赴く。

同　十九年（一九四四）四十一歳

三月、家族を本籍地に疎開させ、同じく家族を長野に疎開させた栗山の好意により、その宅（世田谷区大蔵町一八七一〔現在の祖師谷二丁目〕）に移る。

八月、雑誌統合の政府要請を機に、第七十号をもって「文藝文化」終刊。十月新宿区下落合一丁目三〇六、学習院昭和寮に転居、自炊生活に入る。今年後半に入り、戦局いよいよ苛烈となり、学徒出陣により教え子相ついで出陣するを送る。

同　二十年（一九四五）四十二歳

帝都の空襲ようやく激しさを加えてきたので学習院中・高等科も疎開に踏み切る。同僚三名とともに、中等科一年約八十名を引率して栃木県日光町に疎開、金谷ホテル別館を借りて四月から授業を始める。初等科はすでに同ホテルの本館で授業を行っており、東宮殿下・義宮殿下も御用邸から通学されていた。四月十三日夜帝都の大空襲により、学習院も木造建築の大半を焼失。五月十五日、母を喪う。享年六十七歳。八月六日、敵の投下した新型爆弾（後日原子爆弾と判明）による広島全滅の報に、家族の上が案じられる。同月十五日正午、金谷ホテル前庭で、学生全員と共に終戦の詔書の放送を聴く。斎藤先生は折柄休暇帰京中であった。十月日光学寮閉鎖帰京。十一月静岡県沼津市桃郷の学習院遊泳場に改めて沼津学寮開設、日光に引き続き中等科一年生のために授業を行なう。十二月九日恩師鈴木敏也先生逝去。

同　二十一年（一九四六）四十三歳

二月、沼津学寮閉鎖帰京。東京都北多摩郡小金井町（現在の小金井市）の元文部省精神文化研究所の建物を校舎として、学習院小金井校が発足し、そこの専任となる。今春初等科御卒業の東宮殿下を迎えてとりあえず中等科一・

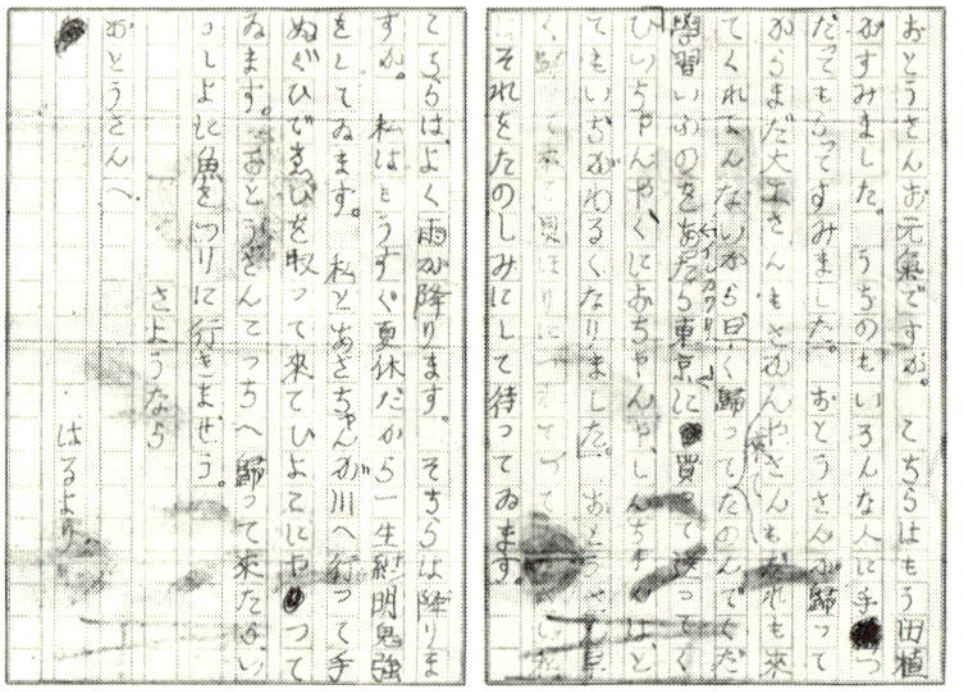
おとうさんお元気ですか。こちらはもう田植
がすみました。うちのもいろんな人に手つ
だってもらってすみました。おとうさんが帰って
からまだ大工さんもさかんやさんもだれも来
てくれてないから早く帰ってたのんでくだ
ひろちゃんやくにおちゃんやしんちゃんはと
それをたのしみにして待ってゐます。
こちらはよく雨が降ります。そちらは降りま
すか。私はもうすぐ夏休だから一生けん命勉強
をしてゐます。私とあさちゃんが川へ行って手
ぬぐひでえびを取って来てひよこにやって
ゐます。おとうさんこっちへ帰って来たらい
っしょに魚をつりに行きませう。
さようなら
おとうさんへ
はるより

三女はるの手紙
（昭和19年10月）

二年のために開かれた学校である。五月、斎藤先生広島文理科大学教授となられる。六月二十日、蓮田夫人敏子氏より来信、「昭和二十年八月十九日マレー半島ジョホールバルにて蓮田中尉自決の公報ありし」旨を告げる。七月十九日、四男明雄生まれる。九月五日、小金井町是政二三五九の官舎に移る。同月二十九日、学習院小金井校寄宿舎（光雲寮）開設その舎監を命ぜられる。東宮殿下も一寮生として、特別の場合を除き、毎日放課後就寝時まで、一般寮生と生活を共にされることになる。十月五日、山梨氏学習院長を退き、安倍能成氏新たにその職に就く。十月十日、信州疎開中の佐藤春夫先生より来信。蓮田亡き後の同人三名を激励する詩をいただき感動する。同月二十九日、東宮殿下の家庭教師としてアメリカより迎えられたヴァイニング女史は、中等科一年の授業の一部も担当することとなり、はじめて来校、全学生に紹介される。その直後、持病の胃痙攣の激しい発作に逢う。十一月十七日、成城学園素心寮において、故蓮田善明追悼会が開かれる。会者は、桜井忠温・中河与一・阿部六郎・今田哲夫・三島由紀夫の諸氏に同人の池田・栗山・清水を加えて計八名。

同　二十二年（一九四七）四十四歳

三月三十一日、学習院が民間経営となり改めて私立学習院教授に補せられる。敗戦による周囲の状況の急変に伴う精神の不安に堪えず、故郷の山河の間に身をおいてしばらく安息の時を持ちたい、という切なる希求から四月二十日、意を決して学習院を退き広島に帰任することにする。帰郷の心のなかには、

三女はるの絵
（昭和19年10月）

原子爆弾で廃墟となった、青春の故地広島への愛惜の情もまじっていたようである。五月二十五日、広島師範学校長辻幸三郎先生（高師時代の恩師）の恩命により同校講師を嘱託され、ついで六月十九日、教授に補せられる。十月九日、文理大三階講義室で日本文学談話会第一回例会を開く。この会は、斎藤・土井両先生を顧問とする、同好の士の集まりで、日本文学の共同研究を目的として発足したもの。

同　二十三年（一九四八）四十五歳

一月、広島県豊田郡忠海町（現在の竹原市忠海町）勝運寺井上義光老師会下の接心会にはじめて参ずる。八月、日本文学談話会の機関誌「文学探究」を、いつくし文庫より創刊。十月一日、広島教育図書刊行会より中学生の投稿を中心とする雑誌「国語通信」（毎月二回刊行）が発刊されるに際し、松永信一・真川淳その他の諸氏とその編集に携わる。

同　二十四年（一九四九）四十六歳

五月一日、広島教育図書刊行会より、「国語通信」の姉妹誌「こくご通信」（小学生版、毎月二回刊行）発行、その編集にもあずかる。八月三十一日、学制改革に伴い、広島大学教授兼広島大学広島師範学校教授に補せられ、東雲分校勤務を命ぜられる。

同　二十八年（一九五三）五十歳

三月十二日、伊東静雄氏死去。六月斎藤先生都立大学教授に転任。

同　二十九年（一九五四）五十一歳

十一月、伊東静雄詩碑がその故郷長崎県の諫早城址に建てられる。碑銘は「手にふるる野花はそれを摘み　花とみづからをささへつつ歩みを運べ」（詩集「夏花」より）三好達治の筆になる。

同　三十一年（一九五六）五十三歳

四月一日、教育学部勤務を命ぜられる。同月広島市南千田町一〇三九に転居。十二月十九日池田亀鑑先生逝去。この年、教室関係の学生に自殺者が相ついで現われ、極度に心痛する。

同　三十二年（一九五七）五十四歳

十二月十五日、父亡き後一家の相談相手であった叔父山廣民五郎死去。享年七十七歳。

同　三十三年（一九五八）五十五歳

三月四日、三重大学教授山本修氏交通事故により急逝。学習院の旧同僚で戦中戦後にかけて最も親交のあった人。

同　三十五年（一九六〇）五十七歳

丸山学氏が中心となり、熊本県植木町田原坂公園に蓮田善明文学碑が完成し、十月十九日にその除幕式が行われ、栗山と共に参列。碑名は「ふるさとの駅におりたち眺めたるかの薄紅葉忘らえなくに」（第二次応召時の遺稿集「おらびうた」より）斎藤先生の染筆による。遺児晶一・太二・新夫の三君それぞれ立派に成人し、敏子夫人も健在、地下の霊も慰められたであろう。

同　三十六年（一九六一）五十八歳

十一月十八日、学位請求論文「和泉式部歌集の研究」により広島文理科大学より文学博士の学位を授けられる。

同　三十七年（一九六二）五十九歳
二月、広島県安佐郡高陽町矢口三五九一に転居。場所は大田川畔、芸備線に沿う田舎町。

同　三十八年（一九六三）六十歳
六月六日、還暦を迎える。

同　三十九年（一九六四）六十一歳
九月一日広島大学教育学部付属小学校長に併任される。

同　四十年（一九六五）六十二歳
十二月、郷里の広島県安佐郡高陽町下深川六五四ノ一に新築転居。

同　四十二年（一九六七）六十四歳
三月三十一日、広島大学を定年退職する。四月一日、学校法人比治山学園比治山女子短期大学教授に採用され、比治山女子短期大学主事を命ぜられる。

同　四十八年（一九七三）七十歳
十一月三日、秋の叙勲で勲三等旭日中綬賞を授与される。

同　五十五年（一九八〇）七十七歳
十二月一日、比治山女子短期大学副学長を兼職させられる。

同　五十六年（一九八一）七十八歳
四月一日、国信玉三学長の後を受けて、比治山女子短期大学長を命ぜられる。

同　五十七年（一九八二）七十九歳
七月一日、女文化研究センター委員長を委嘱される。「女文化」は後「女性文化」と改称される。
平成二年（一九九〇）八十七歳
三月三十一日、願いにより、比治山女子短期大学教授並びに学長の辞職を認められる。四月一日、比治山短期大学特任教授に採用される。
同　三年（一九九一）八十八歳
六月六日、米寿を迎える。
同　五年（一九九三）九十歳
六月六日、卒寿を迎える。
同　六年（一九九四）九十一歳
三月三十一日、願いにより比治山女子短期大学特任教授の辞職を認められる。
四月一日、比治山女子短期大学参与を命ぜられる。四月六日、体調を崩し加藤病院に入院したが、四週間で退院。九月二十日、広島市立安佐市民病院眼科にて、白内障の手術を受ける。
同　七年（一九九五）九十二歳
六月六日、「河」二十八号をもって終刊。長年にわたる王朝文学の会の活動は幕を閉じた。
同　九年（一九九七）九十四歳
一月十三日、高陽ニュータウン病院に肺炎の疑いで入院するも、二日で退院。

同　十年（一九九八）

一月二十一日、風邪をこじらせ高陽ニュータウン病院に入院。二月四日、容態急変し肺炎のため午後三時二十一分永眠。享年九十四歳。二月六日、善徳寺にて葬儀。三月八日、納骨。覚昭院釈善隆。

清水文雄著書・論文等目録

年月（日）	題目	誌名・書名	発行所
昭和四年			
十一月	子規に於ける和歌革新の第二段階	国漢文叢書	星野書店
十一月	和泉式部集の歌と和泉式部日記	文学	岩波書店
昭和八年			
九月	和泉式部正集の形態に関する研究	国文学試論（一）	春陽堂
昭和九年			
六月	能因の奥州行脚	文学	岩波書店
六月	新資料能因法師集の研究	国文学試論（二）	春陽堂
十一月	和泉式部正集の成立	国文学攷（一の一）	広島文理大国語国文学会
十二月	国文学試論批評篇第一輯（池田勉・蓮田善明・栗山理一と共同執筆）		春陽堂
昭和十年			
十二月	和泉式部日記考	国文学試論（三）	春陽堂

昭和十一年

八月　国文学試論批評篇第二輯（同上）　春陽堂

九月　斎藤茂吉著『柿本人麻呂――総論篇、鴨山考補註篇』（書評）　国文学攷（二の二）　広島文理大国語国文学会

昭和十二年

四月　原典批評の可能性　文学　岩波書店

七月　道綱の母　国文学試論（四）　春陽堂

十月　物語性の深化　国文学攷（三の一）　広島文理大国語国文学会

昭和十三年

二月　宣長の物語論に関聯して　古典研究　雄山閣

六月　物語の形成――和泉式部日記を中心として　国文学試論（五）　日本文学の会

七月　対詠精神　文藝文化（創刊号）　日本文学の会

七月　西下経一著『日記文学』（書評）　文藝文化（創刊号）　日本文学の会

八月　土佐日記序章　文藝文化　日本文学の会

九月　垣内教授『基本語彙学』（書評）　文藝文化　日本文学の会

十月　雪鳥遺稿『修善寺日記』（書評）　文藝文化　日本文学の会

十一月　日本的発想――中河与一『天の夕顔』（書評）　国文学（解釈と鑑賞）　至文堂

昭和十四年

一月　王朝発想の地盤――曾根好忠序論　文藝文化　日本文学の会

二月	相聞	文藝文化	日本文学の会
三月	みやび（風流論討究第五稿）	文藝文化	日本文学の会
四月	岡山巌著『短歌鑑賞論』（書評）	文藝文化	日本文学の会
六月	古今集の花の歌	文藝文化	日本文学の会
八月	『かげろふの日記』について――堀辰雄氏へ	文藝文化	日本文学の会
十月	更級日記（一）	文藝文化	日本文学の会
十月	文芸的方法「うひ山ぶみ」序論	国語と国文学	至文堂
十二月	憧憬の姿勢――更級日記（二）	文藝文化	日本文学の会

昭和十五年

一月	発想の変革――国文学の将来	コトバ	国語文化研究所
一月	二つの心――更級日記（三）	文藝文化	日本文学の会
三月	作家の生成――更級日記（四）	文藝文化	日本文学の会
四月	あこがれの文学	文藝世紀	文芸世紀社
五月	凝集する力　垣内松三著『言語形象性を語る』会評（続）	コトバ	国語文化研究所
六月	みやびする心	国文学（解釈と鑑賞）	至文堂
七月	『女流日記』（文藝文化叢書）		子文書房
十一月	公任卿集覚書	文藝文化	日本文学の会

昭和十六年

一月　『日記文学』　むらさき　むらさき出版部
一月　能因法師伝（その一）〔以下三まで連載〕　文藝文化　日本文学の会
七月　『和泉式部日記』（岩波文庫）　岩波書店
九月　和泉式部について　文藝世紀　文芸世紀社
昭和十七年
一月　韃靼漂流記（新文庫）　春陽堂
一月　和泉式部日記の作者について　文藝文化　日本文学の会
二月　式子内親王（一）〔以下五まで連載〕　文藝文化　日本文学の会
三月　『海ゆかば――歴代愛国和歌集』（新文庫）　春陽堂
八月　祝詞にかへて――伊東静雄氏へ　文藝文化　日本文学の会
十一月　『口訳対照更級日記』（新文庫）　春陽堂
十二月　「十二月八日」以後　輔仁会雑誌（一六八）　学習院輔仁会
昭和十八年
一月　衣通姫の流（一）〔以下一二まで連載〕　文藝文化　日本文学の会
五月　中古女流作家論　日本文学論大系（五）　雄山閣
昭和十九年
四月　然れど言挙ぞ吾がする　読書人　東京堂
六月　跋にかへて　蓮田善明著『忠誠心とみやび』（ラジオ新書）　日本放送出版協会

十一月	神の道	国文学叢書	青磁社

昭和二十年

二月	万古	文藝世紀	文芸世紀社
三月	枕詞	多磨	多磨短歌会

昭和二十二年

十月	歌論	をだまき（二六の九）	をだまき社

昭和二十三年

八月	『リルケ雑記』（書評）	文学探究（創刊号）	いつくし文庫
九月	『やまかは』と『新月』（書評）	文学探究（一の二）	いつくし文庫
十月	生死の問題	文学探究（一の三）	いつくし文庫
十一月	正岡子規	文学探究（一の四）	いつくし文庫
十一月一日	はじめに――日本文学への道（一）	国語通信	広島教育図書刊行会
十二月	『日本文学――風土と構成』――久松潜一先生へ（書評）	文学探究（一の五）	いつくし文庫
十二月一日	国しぬび歌――日本文学への道（二）	国語通信（五）	広島教育図書刊行会

昭和二十四年

一月一日	枯野の琴――日本文学への道（三）	国語通信（七）	広島教育図書刊行会
一月	和歌世界	文学探究（二の一）	いつくし文庫
二月一日	和奈佐少女――日本文学への道（四）	国語通信	広島教育図書刊行会

三月	和歌世界の構造序説	文学探究（二の二・三）	いつくし文庫
五月五日	東宮さまをお迎えして——誕生日のことなど	国語通信（一三）	広島教育図書刊行会
十二月	『中学作文・ことばの生活』（一・二・三）（斎藤清衛・池田勉・栗山理一・高藤武馬と共編）		東陽書籍

昭和二十五年

一月五日・二十日	志貴皇子の歌　名作鑑賞（一）	国語通信（二九・三〇）	広島教育図書刊行会
二月	世代の谷間	はたち（創刊号）	広大東雲分校学友会文芸部
二月五日・二十日	新しい詩のかどで——名作鑑賞（二）	国語通信（三一・三二）	広島教育図書刊行会
五月	「有心」について	祖国	祖国社
七月	『二十歳のエチュード』	はたち（二）	広大東雲分校学友会文芸部

昭和二十六年

三月一日	最大の贈物	中国新聞	中国新聞社
六月	蓮田善明のこと	日本談義	日本談義社
六月	文学的感想	青炎	青炎の会
七月	ぽるとがる文	広大東雲新聞	広大東雲分校新聞部
七月	読書漫筆	読書ノート（創刊号）	広大付属図書館東雲分館

昭和二十七年

一月　業平的と芭蕉的　国文学攷（一〇）（復刊号）　広大国語国文学会
二月　青春の混沌について―巣立ちゆく若き友へ―　はたち（四）　広大東雲分校学友会文芸部
六月　歌に憑かれた青春　読書ノート（三）　広大付属図書館東雲分館
七月　中学校国語科用・ことばの生活――文学の本（一・二・三年）、言語の本（一・二・三年）（東條操・斎藤清衛・池田勉・栗山理一・高藤武馬と共編）　東陽書籍株式会社
七月　「わかたけ」のごとく　詩集『わかたけ』　愛媛県喜多郡中野小学校

昭和二十八年
三月　艸春賦　読書ノート（四）　広大付属図書館東雲分館
七月　挽歌　『祖国』伊東静雄追悼号　祖国社
十月　浜木綿の歌　広大東雲広報　広大東雲分校
十月　断絶と架橋　はたち（五）　広大東雲分校学友会文芸部
十二月十八日　明日の女性の運命　中国新聞　中国新聞社

昭和二十九年
二月　五木の子守歌　読書ノート（五）　広大付属図書館東雲分館
五月　断絶と架橋――「桃の会」に寄す　桃（創刊号）　桃の会
六月　日本の表情　『ことばの生活』パンフレット　東陽書籍株式会社

七月　Y氏への手紙――「薫の憂愁」ということについて　はたち（六）　広大東雲分校学友会文芸部

七月　孤島の若者――『潮騒』の作者三島由紀夫へ　読書ノート（六）　広大付属図書館東雲分館

十一月　読解力を高めるためには――小説の場合　国語科中学技術　小学館

昭和三十年

二月　和泉式部ノート　桃　桃の会

三月　班女の扇　はたち（七）　広大東雲分校学友会文芸部

五月　伝行成筆和泉式部集切について　国文学攷（一四）　広大国語国文学会

七月　『橋』に寄せて　橋（創刊号）　広大東雲国語の会

昭和三十一年

三月　『和泉式部歌集』（岩波文庫）　岩波書店

三月　和泉式部の歌　文庫　岩波書店

三月　伊東静雄断想――記念樹に寄せて　はたち（八）　広大東雲分校学友会文芸部

八月　和泉式部日記の成立　国文学解釈と鑑賞　至文堂

十月　植樹の銘　東雲同窓会報　広大東雲分校

十月　うきもあはれと――和泉式部ノート（一）　バルカノン（創刊号）　火の会

昭和三十二年

二月　歌まなび――王朝教養序説　広大教育学部紀要第一部（五）　広大教育学部

四月　斯波博士の最終講義を聴く　尚志　尚志会

五月	論文はどのように評価されるか	国文学解釈と鑑賞	至文堂
八月	和泉式部日記の一節	文庫	岩波書店
八月	言語生活への反省——「をりふしきりめ」の論	国語通信（五）	筑摩書房
十月	『王朝日記』——日本古典鑑賞講座（六）（臼田甚五郎・阿部秋生・松村誠一と共編）		角川書店
十月	燈籠流し・その他——和泉式部ノート（二）	バルカノン（五）	火の会
十二月	教育雑感	千田通信	広島市立千田小学校ＰＴＡ
昭和三十三年			
四月	偶感	橋（二）	広大東雲国語の会
五月	国文学——国語教育のための諸学	国語教育科学講座（一）	明治図書出版株式会社
五月	和泉式部日記私注（一）〔以下四まで連載〕	天魚	昭英社
六月	山本修大人を悼む	風日（五）	風日社
七月	「をりふし・きりめ」の論	国語教育の体系（研究集録）	全国国語教育研究協議会長野大会
八月	対談・日本浪曼派とその周辺——保田与重郎と	バルカノン（八）	火の会
十一月	和泉式部日記の一節——「はかなきこと」にふれて	国文学攷（二〇）	広大国語国文学会
十一月	花をしみれば——和泉式部ノート（三）	バルカノン（九）	火の会
昭和三十四年			
一月	思うこと	河（創刊号）	王朝文学の会

三月　詩人と口笛　果樹園（三八）　果樹園社
四月　岩つつじの歌——和泉式部ノート（四）　バルカノン（一〇）　火の会
五月　高等学校用国語（乙）・古典（一・二・三年）（高藤武馬と共編）　東陽書籍株式会社
七月　はかなきこと——和泉式部ノート（五）　バルカノン（一一）　火の会
十一月　河三題（随想）　学校教育　広大教育学部付属小学校教育研究会

昭和三十五年

五月　伝行成筆和泉式部集切の二三について　国文学攷（二三）　広大国語国文学会
六月　浜藤の花——亡友蓮田善明を憶う　不死鳥（創刊号）　広大職員レクレーションの会
六月　六月の賦　広大教育学部光葉会報（三）　光葉会
九月　花のひらくように　近代文学研究（一）　広大教育学部近代文学研究会
十月　前田さんのこと　尚志（三一）　尚志会
十二月　和泉式部　日本歌人講座（一）中古の歌人　弘文堂

昭和三十六年

六月　「聞くこと」の意義　学校教育　広大教育学部付属小学校教育研究会
十二月　父と娘（大平千枝子著『父阿部次郎　愛と死』）　近代文学研究（二）　広大教育学部近代文学研究会

昭和三十七年

三月　三島由紀夫の手紙　新日本文学全集月報（二）　集英社

三月　河畔にて　河（二）　王朝文学の会
四月　門出の日のために　広大教育学部学生新聞
高等学校現代国語（一）、新選古文（一）、新選古典（新村出・輿水実・高崎正秀・中田祝夫・前野直彬と共編）　尚学図書
五月　和泉式部日記に関する小考
——いわゆる「原歌集」をめぐって　国文学攷（二八）　広大国語国文学会
五月　後ろ姿（斎藤清衛先生のこと）　広大国語国文学会報（六）　広大国語国文学会
五月　つれづれの年輪　土井忠生編『徒然草学習指導の研究』　三省堂
六月　大橋清秀著『和泉式部日記の研究』（書評）　平安文学研究（二八）　平安文学研究会
七月　兼好の眼　国語ひろしま（八）　広島市小学校国語教育研究会
八月　古典語ノート（一）　国語教育研究（四）　光葉会
九月　日記の中から　河（三）　王朝文学の会
九月　「桃」の共鳴圏　桃百号記念号　桃の会
十一月　「安法」「恵慶」「玄々集」「能因」「能因歌枕」「能因法師集」の執筆　和歌文学大辞典　明治書院
十一月　古典語ノート（二）
——「語る」から「語らふ」へ　国語教育研究（五）　光葉会

十二月	古典語ノート（三）――つれづれの源流	国語教育研究（六）	光葉会
十二月	藤村詩集	近代文学研究（三）	広大教育学部近代文学研究会
昭和三十八年			
二月	遠藤嘉基著『新講和泉式部物語』（書評）	国語と国文学	東大国語国文学会
五月	古典語ノート（四）――つれづれの源流2	国語教育研究（七）	光葉会
五月十九日	うずく女のいのち――女流五人歌集『海の琴』を読んで	中国新聞	中国新聞社
七月	浜木綿と時鳥	河（四）	王朝文学の会
十月	『国語・国文学レポートと卒業論文の方法』（斎藤清衛・高藤武馬・田辺正男・原尾秀二と共編）		右文書院
十月	歌集『風土』（田林義信著）を読む	垣穂（一四の一〇）	垣穂短歌会
昭和三十九年			
三月	「はかなし」の源流（未完）	国文学攷（三三）	広大国語国文学会
四月	花のいのち『転移の記録』（六百田幸夫著）読後感	バルカノン（一九・二〇）	火の会
五月	和泉式部続集に収録されたいはゆる「帥宮挽歌群」について	国語と国文学	東大国語国文学会

六月	更級日記（古典文学研究必携）	国文学臨時増刊号	学燈社
六月	ああ佐藤春夫先生	桃十周年記念号	桃の会
六月	古典語ノート――「あとなし」と「はかなし」	国語展望（八）	尚学図書
九月	蓮田善明と「有心」	果樹園（一〇三）	果樹園社
十月	「世を知る」ということ――古代日本文学史の一断面――	広大教育学部紀要第二部（一三）	広大教育学部
十一月	ロドリゲスへの道（古典解釈について――土井忠生先生から教えていただいたこと――）	国語教育研究（九）	光葉会
十一月	古典語ノート（五）――「つれづれ」の源流3	国語教育研究（九）	光葉会
十二月	「思う」から「考える」へ	学校教育	広大教育学部付属小学校教育研究会
十二月	菊枕抄	近代文学研究（五）	広大教育学部近代文学研究会
昭和四十年			
三月	「語る」の本義	学校教育	広大教育学部付属小学校教育研究会
三月	孫のてがみ	プラタナス（三）	広大教育学部付小ＰＴＡ
四月	近時偶感――ふたりの先覚者の発想にふれて	学校教育	広大教育学部付属小学校教育研究会
五月	吉田幸一著『和泉式部研究』（書評）	国語と国文学	東大国語国文学会
六月	三島由紀夫のこと	早稲田公論（三七）	早稲田公論社
七月	「近代化」の条件	学校教育	広大教育学部付属小学校教育研究会
八月	序に代えて（高田亘著『主体的読解学習の		高田　亘

九月　方法』）

和泉式部の文学　文学・語学（三七）　全国大学国語国文学会

十二月　「サド侯爵夫人」を観る　近代文学研究（六）　広大教育学部近代文学研究会

昭和四十一年

一月　円地文子・鈴木一雄著『全講和泉式部日記』を読む　国文学・言語と文芸（四四）　大修館

三月　序（山根安太郎著『国語教育史研究』）　溝本積善館

三月　「羞恥」の感情――古典文学研究の一視点　国語科教育研究　教員養成学部教官研究集会

五月二十一日　「羞恥」の感情――唐木順三著『日本の心』にふれて――　日本教育新聞（三六）　日本教育新聞社

七月　ことばと場面　学校教育　広大教育学部付属小学校教育研究会

九月　古典語ノート（六）――「はづ」「はぢ」「はづかし」――　国語教育研究（一二）　光葉会

昭和四十二年

三月　伊東静雄のこと　近代文学研究（七）　広大教育学部近代文学研究会

三月　随想集『河の音』（非売品）　王朝文学の会

八月十七・十八・二十四日　王朝文学研究の道――学問と私――　中国新聞　中国新聞社

十一月	対話について	言語教育学叢書月報	文化評論出版
十二月	生活の中の古典	比治山女子短大国文学会誌（一の二）	比治山女子短大

昭和四十三年

二月	「もののあはれをしる」ということ	国語教育研究（一四）	光葉会
三月	和泉式部研究の問題点	中古文学（二）	中古文学会
三月	いはゆる「帥宮挽歌群」と千載・新古今・続拾遺集入集和泉式部歌	ノートルダム清心女子大国文学紀要（二）	ノートルダム清心女子大
八月	中古文学の愛	国文学（一三の一〇）	学燈社
八月	ちかごろ思うこと――一国語教師の反省	学校教育	広大教育学部付属小学校教育研究会
十月	河畔にて（一）――〔以下一二まで連載〕	国語展望	尚学図書
十一月四日	『保田与重郎著作集』（第二巻）について	中国新聞	中国新聞社
十二月	『平安時代文学論叢』読後感	語文（三一）	日大国文学会

昭和四十四年

一月	私家集概説	和歌文学講座六「王朝の歌人」	桜楓社
一月	学習院時代の三島由紀夫	現代文学大系（八五）月報七	筑摩書房
三月	「はかなし」について	年報（一〇）	広島県高校教育研究会
三月	もののあはれ	日本及び日本人（陽春号）	日本及日本人社
四月	青表紙本源氏物語『薄雲』		新典社

八月　蓮田善明遺稿『をらびうた』のこと　果樹園（一六二）　果樹園社
十月　かたくなにみやびたるひと
　　——蓮田善明二十五回忌に——　日本談義（二二七）　日本談義社

昭和四十五年

三月　蓮田善明年譜　小高根二郎著『蓮田善明とその死』　筑摩書房
五月　繚乱の花待ちあへで——丸山学追悼　日本談義（二三四）　日本談義社
七月　古今の季節——学習院時代の三島由紀夫　『三島由紀夫研究』　右文書院

昭和四十六年

一月　最後の手紙　新潮臨時増刊（六八の二）　新潮社
　　三島由紀夫読本
二月　三島由紀夫のこと　文学界（二五の二）　文芸春秋
二月　平岡公威『花ざかりの森』時代　諸君！　文芸春秋
　　（座談会）坊城俊民・越次倶子と
四月　百日忌を迎へて　バルカノン（二三）　火の社
四月　序にかえて　松永信一詩集『ある世界』　共立社
九月　源氏物語の男性論　源氏物語講座（五）　有精堂
十月　『祈りの季節』の作者へ　垣穂　垣穂短歌会

昭和四十七年

三月	文化としての「みやび」	国語（一〇）	徳島県高校教育研究会
五月	日記文学	山本健吉編著『日本文学24講』	学陽書房
五月	『王朝女流文学史』		古川書房
十二月	伝西行筆和泉式部続集零本について	山岸徳平先生頌寿『中古文学論考』	有精堂
十二月	雷	浪漫――特集三島由紀夫	浪漫

昭和四十八年

四月	和泉式部秀歌（一）――〔以下五まで連載〕	解釈（一九の四）	解釈学会
六月	『花ざかりの森』出版のことなど	ポリタイヤ（一七）特集・回想の三島由紀夫	皆美社
六月	田中茂遺詠集のこと	河（五）	王朝文学の会
八月	み空の青に堪へたる…――追憶の伊東静雄――	浪漫	浪漫
九月十九日	立ちどまり	中国新聞（夕刊）	中国新聞社

昭和四十九年

一月	国語教育の明日をひらく書	野地潤家著『国語教育研究叢書』全六巻パンフレット	共立社
七月	「桃」の一読者として	「桃」創刊二十年記念号	桃の会
十月	くろかみのみだれもしらず	河（七）	王朝文学の会

昭和五十年

一月	「花ざかりの森」をめぐって	『三島由紀夫全集』第一巻月	新潮社

報（二一）

一月　かけすの行方　増永道子追悼文集

三月　ナーランダにて　河（八）　王朝文学の会

六月　追憶　『若岡義久先生遺稿追悼文集』

七月　道友交信　道友（五）　ヨーガ禅道友会

十月　和泉式部続集の成立　『鈴木知太郎博士古稀記念国文学論攷』　桜楓社

昭和五十一年

一月　流れのほとりで（一）——〔以下五まで連載〕　高校教育通信　第一学習社

五月　をかし　『日本文学における美の構造』　雄山閣

七月　解説・蓮田善明略年譜　蓮田善明遺稿『陣中日記・をらびうた』（古川叢書）　古川書房

昭和五十二年

十一月　『石叫ばむ』の位置　『垣内松三著作集』第一巻解説　光村図書出版

十二月　野地潤家著『幼児期の言語生活の実態』I序　文化評論社

昭和五十三年

七月　和泉式部と「はかなし」　国文学（二二の九）　学燈社

八月　形象理論胎動期の垣内松三先生　年報（一九）　広島県高校教育研究会

九月　『衣通姫の流』（古川叢書）　古川書房

九月	いちはやきみやび	『源氏物語　その文芸的形成』	大学堂書店
昭和五十四年			
四月	『能因集』をめぐって	日本古典文学影印叢刊月報（六）	日本古典文学会
六月	いまひとたびの	河（一三）	王朝文学の会
十二月	追悼	『追慕の譜鈴木知太郎先生』	桜楓社
昭和五十五年			
一月	すける物思ひ	大美和	大神神社
三月	「あそび」随想	教育けんきゅう（七） ——遊びを見直す	広島県立教育センター
四月	思ひのみこそしるべ	原点（創刊十周年記念号）	原点社
五月	山根安太郎君のこと	山根安太郎著『中等国語教育論攷』	渓水社
六月	御かたはらのさびしき	河（一四）	王朝文学の会
十一月	薄明の中で	らいぶらり（八）	比治山女子短大図書館
十二月	「やさしさ」について	バルカノン（終刊号）	火の会
昭和五十六年			
三月	岩波文庫『和泉式部日記』（改版）		岩波書店
四月	序——下田忠著『山上憶良長歌の研究』		桜楓社
五月	『校定本　和泉式部集（正・続）』		笠間書院
七月	しのびごと——故斎藤清衛先生の尊霊の御前に	河（一五）	王朝文学の会

十二月　『和泉式部私抄』のこと　風日（一二二）　風日社
――保田与重郎先生追悼号
昭和五十七年
二月　山つつじの丘　『故斎藤清衛先生追悼集』　刊行委員会
四月　悲報重畳の中で　日本談義（終刊号）　日本語義社
――荒木精之追悼特集
九月　「かなしみ」について　河（一六）　王朝文学の会
昭和五十八年
五月　岩波文庫『和泉式部集・和泉式部続集』　岩波書店
六月　和泉式部集の校注を終えて　河（一七）　王朝文学の会
昭和五十九年
十月　佐藤春夫先生とコスモス　春秋（一）　春秋詩社
十月　随想集『続河の音』（非売品）　王朝文学の会
十月　呼吸と念仏　和顔愛語（一三の一）　比治山女子短大幼児教育研究会
昭和六十年
四月　春のいそぎ　春秋（二）　春秋詩社
六月　鈴虫と松虫　河（一八）　王朝文学の会
八月　坊城俊民著『君し旅ゆく』を読む　短歌（三三の八）　角川書店
八月　歌まなび　広島女子大国文（二）　広島女子大国文学会

昭和六十一年
六月　光と闇　河（一九）　王朝文学の会
十一月　序にかえて――内海琢己著『教育春秋――心のふれあい』　古川書房
昭和六十二年
四月　序に代えて――佐藤秀山歌集『冬のうた春のうた』　佐藤秀山
六月　塩焼き衣　河（二〇）　王朝文学の会
九月　『和泉式部研究』（笠間叢書）　笠間書院
昭和六十三年
一月　かなしさのあまりに――『保田与重郎全集』第二十七巻月報　講談社
五月　詩集『天と海』をめぐって　春秋（八）浅野晃・中谷孝雄米寿祝賀号　春秋詩社
六月　しのびごと――故国信玉三先生の御霊前に　比治山女子短大新聞（六六）　比治山女子短大
十一月　せこがきてふししかたはら　春秋（九）　春秋詩社
平成元年
八月　読人しらず　河（二二）　王朝文学の会
十一月　和泉式部の歌一首　游星（五）　游星発行所

平成二年

三月　王朝詞華随抄　女性文化研究センター年報（七）　比治山女子短大

八月　細川利喜のこと　河（二三）　王朝文学の会

十月　身と心――和泉式部私観――　国文学　特集「和泉式部」　学燈社

十月　序に代えて――西岡喜美子歌集『海凞《ひろ》し』　火幻社

平成三年

六月　良寛と貞心尼　河（二四）　王朝文学の会

六月　音信――故野崎アサヱ教授へ　たまゆら（二三）　比治山女子短大

平成四年

四月　佐藤春夫先生の手紙　春秋（一六）　春秋詩社

五月　「とくとく清水」のこと　プリント配布　比治山女子短大

八月　女はなほ……　河（二五）　王朝文学の会

十二月　随想集『海』（非売品）　清水文雄

平成五年

六月　「折過ぐさず」ということ　河（二六）　王朝文学の会

十一月　『和泉式部集総索引』　笠間書院

平成十四年

一月　『和泉式部歌集の研究』　笠間書院

解説

前田雅之

戦中日記というもの

「日記」が主著とも呼ばれ、結局のところ、ドイツ文壇の大御所になってしまったエルンスト・ユンガー（一八九五～一九九八年）には『パリ日記』と呼ばれる戦中日記（第一部、一九四一年二月十八日～一九四二年十月二十三日、第二部、一九四三年二月十九日から一九四四年八月十三日）がある。当時、パリはドイツ軍の占領下にあり、ユンガーがパリを去った日から十二日後にパリはいわゆる「解放」されることになる。国防軍将校として当地に赴任していたユンガーだったが、ジャン・コクトーをはじめとする文人達との深い交流、女医との艶聞沙汰など、それが戦中日記であることさえ感じさせないほど日記は文化的かつ濃密な世界を湛えている。パリを去る直前の八月十日の記事を引いてみたい。

昼、フローレンスのところ。おそらくこれが最後の木曜日であろう。
コペルニクス通りを汗まみれになって帰る。もっと波乱に富んだ時代にこの日記を続けられるようにと、そこでメモ帳を買う。店に入ったところで、マルセル・アルランに出くわす。ここ数週間、始めて彼の小説を読んで、ある種のイメージをえていた。彼の中の恐れと知らぬ大胆さ、これはもちろん傲慢にも通じるものだろうが、私は高く買っている。彼と握手を交わした。

私は凍った葡萄が好きだ
なぜなら、味がないから。
私は椿の花が好きだ
なぜなら、香りがないから。
そして私は金持ちの男が好きだ
なぜなら、彼らにはハートがないから。

この詩句を読んでいて、ニヒリズムについて書くときは、このダンディズムをニヒリズムの前段階の一つを算入するという考えが浮かんだ。

（『パリ日記』、山本尤訳、月曜社、二〇一一年）

ユンガーは、二十世紀のスタール夫人と言うべきフローレンス夫人が開いていたサロンに始終出入りし、そこでさまざまな文人たちと出会っているが、この日は別れを告げにきたようである。そして、文具店でマルセル・アルランと出会い、そこからニヒリズムの前段階としてダンディズムを算入することを思いついている。とても三日後にパリを去ることなどが考えられないくらいの精神的ゆとりがあり、ニヒリズムとダンディズムを体現しているのは、実はユンガーその人ではないかと思わずにはいられない。

もう一例見ておきたい。支那派遣軍総司令官だった畑俊六元帥（一八七九〜一九六二年）の『日誌』昭和十九年十一月十三日（畑は同月二十三日、教育総監に転補し帰国する）である。桂林柳州攻略が一応終わり、忙中閑ありか、畑は岡村寧次大将と南岳を散策していた。

> 同行せる幕僚は方面軍と連絡事務に多忙なる為、余と岡村大将は閑に任せ午前十時南岳の一部山辺を或は轎に、或は徒歩に依り二時間余散策を試む。南岳は支那五山の一なるが泰山などに比すれば趣あり。寺院、別荘など頗多く松樹も多く頗爽快なる気持よき処なり。今日も亦天候よき為夜間行動とし八時稍前南岳市出発、再び夜暗の間を走行、衡陽近き頃より雨となり夜半十二時頃第五航空軍推進班到着す
>
> （『続・現代史資料　4　陸軍』、みすず書房、一九八三年）。

中国戦線は終始日本軍有利の戦況であった。そのためか、昭和十九年に至っても桂林柳州攻略を含む「大陸打通作戦」（一号作戦）といった空前絶後の大作戦を展開するほどの戦力的な余裕もあったのだが、他方、同時期、フィリピン戦においては海陸戦共に日本軍が決定的に不利になっていくさなか、その情報は逐次入ってきながらも、中国では、派遣軍トップとナンバー2が二時間という短時間ながらも、南岳巡りをしている様にはなぜか微笑ましいものがある。陸軍内でどの派閥にも属さず、政治臭が皆無であり、昭和天皇にも信頼され、そのため順調に出世を遂げたものの、戦後東京裁判でA級戦犯として起訴され、昭和二十九年に仮釈放されるまで獄中にあった畑の人生の中で、上記はまだまだ幸せだった時期に属しようか。

清水文雄『戦中日記』の解説にふさわしくない事柄から書き始めているようにみえるだろうが、私の意図は、むろん、ペダントリー的趣味の開陳でも、枕によくある挨拶的引用でもない、『戦中日記』をより深く理解し、

と同時に、相対化するための予備作業に他ならない。三つの日記に共通するのは、人は、いかなる事態にあろうとも、様々なことを考え、文学・思想・趣味を失ったりはしないという事実である。それを最も表象しうるものこそが、戦時という例外状態に身をおきながら日々営々と記されていく、戦中日記というテクストではないだろうか。『パリ日記』にもたびたび登場し、ユンガーと六十年間に亙って文通もしたカール・シュミット（一八八八～一九八五年）によれば、「常態はなにひとつ証明せず、例外がすべてを証明する。」（『政治神学』、一九二二年）とのことだが、戦中という例外状態は、本書にもあるように人間のどちらかと言えば見たくない面の存在もその露見的事実によって証明していく。が、その一方で、常態ではぼんやりとやや夢想的に考えていた自己の理念・使命・精神の方向性がより先鋭的になっていくこともまた証明するのである。その意味で、場合によっては、至福と絶望が交錯する精神の危機になりかねない、きわめて密度の高い経験と思索が記されることとなるのだ。戦中・戦時、それは、清水および盟友蓮田善明、教え子三島由紀夫、さらに、伊東静雄や保田與重郎にとっては古典と出会う回路あるいは時空でもあったのである。だから、ユンガーほど優雅ではなかったものの、清水文雄『戦中日記』を今日において読む意義はそこにある。古典を読み、古典と出会うことは平和の産物でも暇つぶしでもない、そのことを我々はここから身を以て知らされるに違いない。

『戦中日記』の三つの柱

清水文雄『戦中日記』は時系列上、三段階に別れる。まず「日本文学の会日誌」とされる昭和十三年三月～十六年二月のもの、次に、「日本文学の会日誌」と内容的にやや重複もある「戦中日記（その1）」とされる昭和十二年・十三年正月一日～十九年八月のもの、最後は、「戦中日記（その2）」とされる昭和十九年八月～二〇年八月までのものの三つである。最初の「日本文学の会日誌」の内容は、同人誌『文藝文化』（創刊号、昭和十三年七月一日発行、発行所日本文学の会）が生まれていく過程および昭和十三年七月二十八日～三十一日に高野山で開催された「日本文学講筵」に絡む記事に内容がほぼ限定されているが、対する「戦中日記（その1・その2）」は実に多様な内容を含んでいる。むろん、こうなってしまったのは、途中断筆期間があるとはいえ、日次の記の宿命なのだが、それでも、全体を通して、内容には三つの柱があると思われる。それを示すと以下のようになる。

1 文学活動　文藝文化グループ（齋藤清衛・蓮田善明・栗山理一・池田勉）とその周辺（伊東静雄・保田與重郎など）

2 教育活動　学習院の同僚（山本修など）と教え子（平岡公威・瀬川昌治など）

3 時局に対する思い

むろん、平岡公威（三島由紀夫）の問題のように、1と2が入り組んでいる場合がないではないし、2と3も教師としての立場から見解もあるので、内容的に分別できないものもあることはたしかであるけれども、概ね、三つに絞られると言ってよい。よって、以下、1から順に『戦中日記』を私なりに読み解いてみたい。

1 文学活動

昭和十三年、広島高等師範および広島文理大学の学年は異なるものの同窓生であった清水文雄（一九〇三～九八年）・蓮田善明（一九〇四～四五年）・栗山理一（一九〇九～八九年）・池田勉（一九〇八～二〇〇二年）が共通の師である齋藤清衛（一八九三～八一年）を仰いで、同人誌『文藝文化』（～昭和十九年）を中核とする新たな文学活動を始動した。『文藝文化』は、昭和七年に刊行が始まった、保田與重郎（一九一〇～八一年）が中心となっていた『コギト』（～昭和十九年）と並んで、立場を微妙に異にしながらも、ともに反近代主義・反マルクス主義的立場をとり、日本の伝統・古典さらには芸術至上主義を重視する点でも類似していたが、やや語弊のある言い方を用いれば、両雑誌共に「国粋主義的文学運動」の代表的な雑誌でもあった。

今回、清水の「日本文学の会日誌」の出現により、『文藝文化』創刊の事情がより詳細に分かるようになった。これが『戦中日記』の第一に上げてよい資料的意義となるだろう。「日誌」冒頭は、昭和十三年三月五日、上記の「日本文学講筵」（「日誌」では「夏期大学」とも表記）への参加を齋藤清衛・垣内松三が承諾した記事で始まっている（最終的には、この二人に加えて、久松潜一、源豊宗が講師となる）。どうやら「日本文学講筵」と『文藝文化』創刊はセットだったようである。道理で、『文藝文化』創刊号には、「日本文学講筵」で「国学と国文学」と題して講演した久松潜一が「日本文学講筵　第一講　近世に於ける小説批評（第一回）」を執筆していたわけである（二回連載）。

美術史家であった源豊宗を除いて、齋藤・垣内・久松は当時における著名な国文学者であり、『文藝文化』創刊号にはこの三名の他にも、風巻景次郎・松尾聰・井本農一・吉田精一・西尾実といった若手・中堅の錚々たる国文学者たちが寄稿している。そのためか、伊東静雄（一九〇六～五三年）の詩「稲妻」がやや浮き上がって見えてしまう。これほどのメンバーを揃えてまでして清水たちは文学運動を起こそうとしたのだろうが、四月十七日には、雑誌名をめぐって紛糾した様が「日誌」に活写されている。

午前中、清水宅にて先生（前田注、齋藤清衛）、蓮田、清水、日程表をプリントに刷ったり、表紙図案を色々やって見たりする。「文学道」か「文学精神」かで一決しないまま。池田の言ふ所によると「文学精神」と言ふ同人雑誌が已にありといふ。午后三時過蓮田と共に家を出で、吉祥寺の風巻氏を訪へど、すでに荻窪に移りし後にて駄目。新宿に出で、会公用の封筒等買ひ、雑誌屋により「文学精神」といふ雑誌の存在をたしかめて帰る。結局、「文学道」にするか。

「文学道」は齋藤の意見らしいが、五月九日には

栗山より会規に対する意見来る。夜先生宅に蓮田と集る。挨拶状・会規・雑誌名決定。誌名は「文藝文化」。先生宅を去り、清水宅にて蓮田、清水、印刷に廻せるやう挨拶状の草稿を作る。十一時に及ぶ。

とあるように、「文藝文化」といふ名称に落着した。創刊号には池田勉が「創刊の辞」を記している。その末尾には、

伝統については屢々語られもした。然し伝統をして語らしめ、伝統の権威への信頼を語りしものは近来未聞に属する。これ今日の義務ある営為として我等に課題するところ、本誌の刊行によつて、その達成を期しうれば以て瞑するに足る。

とあることから分かるように、『文藝文化』刊行および新たな文学運動の趣旨は、「伝統をして語らしめ、伝統の権威への信頼を語」ることにあったようである。これが上記にあるように国文学者たちが揃い踏みしたこと、七月末の「日本文学講筵」もほぼ同様の顔ぶれであったことと連動しているのだろう。その時、気になるのは、昭和十年三月に創刊された、やはり保田與重郎がその中心にいた『日本浪曼派』が同年八月号で終刊しているとい

う事実である。『文藝文化』と刊行が重複したのはほんの一ヶ月（一号）だけなのだが、『コギト』同様、国文学者なるものがおよそ排除された『日本浪曼派』に対する『文藝文化』の立ち位置は、『日本浪曼派』の志すものを十分に意識しつつも、伝統・古典などについてはもの足りないとする思いが底流にあったのではなかろうか。むろん、文藝文化グループがいずれも齋藤清衛門下で国文学なる学問を学んだ、正しき国文学徒であったことが最大の理由かも知れないし、どちらかと言えば、清水の方法は批評と言うよりもむしろ、『和泉式部日記』などを対象とする国文学研究そのものだったけれども、他のメンバー、とりわけ、蓮田や池田を見ると、批評と国文学研究をどこかで合体させることを狙っていたと思われる。それは池田の言からも伝わってくるが、ともかく新たな運動が何度も議論を重ねながら立ち上がってくる、こんな「文学的」な雰囲気も「日誌」は伝えてくれているのである。

ところで、高野山には、伊東静雄も来ていた（七月二十八日条、三十日下山）と「日誌」は記している。田中克己を媒介にして伊東静雄を詩壇にデビューさせたのは、言うまでもなく、保田與重郎である。『コギト』十五号（昭和八年八月）に伊東の詩「病院の患者の歌」がはじめて掲載されている。保田の手になる「編輯後記」には「本号詩欄は赤川（前田注、草夫）、伊東二氏の寄稿を得て光彩を加へたと信じる。伊東氏赤川氏は共に僕らの尊敬する詩人である」とある。伊東の死後、保田は「伊東静雄を哭す」（『祖国』昭和二十八年七月号、『全集』三十六巻）で改めてその深い縁を語っている。以前から保田と文藝文化グループを媒介したのは伊東だと睨んでいたのだが、今回、「日誌」を読み、それが改めて実証されたように思える。以後、伊東は、『文藝文化』にもたびたび寄稿している。

それから六年を閲し、戦局が愈々厳しくなる昭和十九年の『戦中日記』六月二十二日にはこんな記事がある。

夜九時半頃伊東さん兄弟来宅。ウイスキー一本携帯。栗山君はまだ帰らず。照代さんに提灯つけて池田君迎へに行ってもらふ。あり合せの「さけ」の缶詰あけてウイスキーの口ぬく。仲々美味。伊東さんは盲腸炎以来大分肥えて元気になったといふ。なるほど顔が前より大きく見える。盛んに自信をもたねばいけぬといふ。倫形式ばかりで面白くないことが多い昨今は、自信をもって、どし〳〵思ったことを敢行してゆけといふ。倫理に捉はれる必要なしといふ。大阪と東京の表情の比較も例の詩人らしい直観で鋭く突込む。大阪人の怒りなど個人的のもの―例へば他人が足を踏んだのでこらっといふ類。然し東京人は全体的な不安の中にゐるといふ。その内終電車がなくなるといふので、弟さんの方は帰らる。伊東さん丈のこり話してゐる内、栗山君も帰り、久しぶりで、四人且つ飲み且つ語り、午前一時に及ぶ。伊東さんは小生の蚊帳に一緒にねる。仲々い、夜だった。

ここからも伊東と文藝文化グループとの関係、とりわけ、「蚊帳に一緒にね」た清水との深くて濃い交流を伺うことが可能だろう。伊東は映画監督をしていた弟寿恵男と一緒にやってきた。そして、翌日も、伊東兄弟は来訪した。

栗山君六時頃帰る。七時頃房枝と子等に手紙を書き了へたところへ伊東さん兄弟が来られた。今晩もウイスキー一本携帯。そこへ平岡もくる。林君もくる。ついで池田君も。伊東（兄）さんと池田君はまだ食事前とのことだが、他はもうすましてきたさうだ。早速ウイスキーの口をあけてキャベツを刻んだのをたべながらのむ。池田君もビール一本、酒少々持ち来る。今夜も仲々愉快。伊東（弟）さんのビルマ鉄道建設の際の話は色々心をひくものあり。林、平岡両君十時頃先づ帰り、伊東（弟）さんそれから間もなく帰られ、伊東

（兄）さんは今夜も泊らる。やはり十二時近く就寝。今夜は空腹だったためか、大分酔が廻った。足がふらつくほどである。

またも伊東は「ウイスキー一本携帯」で来訪。そこに平岡公威や林富士馬、さらに池田勉も加わる。そして宴酣のうち、昨夜に引き続いて伊東静雄は泊まっているのである。翌二十四日の朝、清水はようやく起きた伊東と「別れの挨拶を交して家を出る」とあるから、伊東もそのうちに大阪に戻ったのだろう。二泊もした伊東にとって清水の家（当時は栗山宅に同居していた）は居心地がよかったに違いない。

となると、清水と保田與重郎の関係が気になってくるだろう。清水は保田をどう見ていたのだろうか。保田に対する清水の評価はべらぼうと言ってよいほどに高いのである。清水が保田と会ったことは『戦中日記』からは分からない。昭和十七年七月十日付の平岡公威からの葉書に、保田の住所が記されているが（三島由紀夫『師・清水文雄への手紙』、新潮社、二〇〇三年）、『文藝文化』昭和十四年一月号には保田は「文学伝統の問題」で寄稿しているので、なんらかの交流はあっただろう。直接に会ったという記録が『戦中日記』から窺われないというだけのことである。

『日記』に保田が現れるのは、昭和十八年一月十四・十五日からである。

保田與重郎氏の「万葉集の精神」よみはじめ志の卓越に今更ながら驚嘆する。（十四日）
保田の「万葉集の精神」の立派さにいよ／＼おどろく。（十五日）

保田の『萬葉集の精神』は、昭和十七年六月に筑摩書房から刊行されているから、刊行後半年しての感想ということになるが、まさしく絶讃である。さらに、サイパン陥落後、『文学報国』に載った保田の文章は、感動のあまり、引用されているのだ（昭和十九年八月七日）。引用の前半部分を載せておく。

こゝで我々は、かゝることに当っての心を如何にせよと、申さんとするのではない。さしたる言挙げをなさず、かゝるときには思ふ心持ちの混沌が、全日本人に共通することを確信し、その無言の結合に絶対の土台を考へる。その混沌の心の中核はかの辞に唱へられた『皇国の必勝』である。全将士討死の日にこの遺言の確信には、理も説もない。これを思へば、その混沌を文字にうつし、国のためとする文学の務めは、また重いものがある。

3のところでも述べるが、「心持ちの混沌が、全日本人に共通することを確信し、その無言の結合に絶対の土台を考へる。その混沌の心の中核はかの辞に称へられた『皇国の必勝』である」とする保田ならではの魔術的なレトリックは、サイパン陥落のためひどく落胆した清水を揺さぶり元気づけたのではあるまいか。その核にあるものは保田が言う「絶対」に他ならない。「偉大な敗北」という観点で英雄と詩人を語り、日本の運命まで論じた保田の行き着いた先が「心持ちの混沌」の結合→「絶対の土台」＝「皇国の必勝」という言説だったか。これが「偉大な敗北」と同義であることを清水は気づいていただろうか。他方、保田自身は、「皇国の必勝」などないと観念しつつ、それ故に絶対の土台を強調せずにいられないアイロニカルな心境になっていたと推測されるのだが、ともかくも清水は感動したのである。

さて、『文藝文化』は昭和十九年八月に終刊号を迎えることになった。実際の刊行はやや遅れるが、八月二十五日に清水は目次を記している。

試みに目次を記せば、終刊のことば、終りを知る（垣内松三）、遭遇（佐藤春夫）、世阿弥の能楽論について（久松潜一）、偶感（齋藤清衛）、池田勉を送りて詠める長歌並に短歌（今田鐵甕）、文人の道（保田與重郎）、寂厳（棟方志功）、終焉（林富士馬）、夜の車（三島由紀夫）、朴春秋（南蛮寺万造）、皇都の古意（池田勉）、歌枕（栗山理一）、衣通姫の流（清水文雄）、おらびうた（蓮田善明）、文藝文化第七巻総目録、編輯後記、

ちなみに、総頁本文七十八頁広告二頁であったが、ここにも保田が記していることは注目してよいだろう。保田が登場する最後の記事は、九月二十二日に記された「鳥見のひかり」（『公論』九月号）である。

帰ってから早速よむと、やはり卓抜なもの。今年は恰も甲申の歳に当り、神武帝の鳥見の霊畤大祭より二千六百年目に当るので、鳥見霊畤の山下に生れ、少年時代をそこで送った保田氏の郷人としての感動から、惟《かん》神《なが》の祭について俗見を正さうとした憂国の文章である。

とまたも絶讃して、「われらの草かげの民の生活と生計とが神と一つになり、祭りを中心に営まれてゐるといふ先祖代々子孫変りない事実の信を申せば足りるのである。それは幾百年をくりかへし、年毎にうけついで、何一つ変りないものであった。その歴史こそは万代不変の生活であって、浮世の政治権力の歴史上の有為転変を後目にして、不変一貫のものを中心に、祭りのための一年をつみ重ねてきた永遠の歴史である。」と引用もしている。この頃、保田は、生活＝祭＝反復という点に祭政一致を見出していき、その方向性は戦後も継承されるが、清水がここに反応したというのは、時局の変動に揺れる自分を「絶対」に近づけたいという願望があったからではな

いか。この時点で保田と清水にはなんら懸隔は存在しない。但し、「保田氏の郷人としての感動」は、保田が作った神話であると現在では実証されている（渡辺和靖『保田與重郎研究』、ぺりかん社、二〇〇四年）。

清水『戦中日記』の価値の一つは、文藝文化グループ以外の人々との実際および書物等を通した交流が丁寧に記されていることである。これによって、われわれは、戦時期における文学運動の具体的なありようをこれまで以上に把握できるようになったのではないか。そこで、ここでは敢えて文藝文化グループ以外の問題を『戦中日記』を通して考えてみた。

2 教育活動

昭和十三年三月末に清水は成城高等学校を退職し、四月一日学習院講師嘱託となり、八月一日に学習院教授に就任する。成城高等学校の後任は蓮田善明である。むろん清水の推挽に拠るものだろう。この年、「日本文学の会」を結成し、『文藝文化』の刊行も開始されているので、三十五歳であった清水にとって、昭和十三年は一大転機となった年であった。

翌年、学習院院長として山梨勝之進海軍大将（就任当時は野村吉三郎海軍大将）が就任し、十五年、清水は学習院中等科三年寄宿舎（青雲寮）舎監を命じられ、官舎に転居するなどがあったが、学習院の教授として清水はどのように生徒・学校に臨んだのだろうか。結論的に言えば、教師としての高い実力はもちろんのこととして、対生徒・対同僚・対学校、いずれにもおいてもきわめてきまじめな教師であったと言うことができる。何事も手を抜くことがないのである。師弟関係では三島由紀夫との関係が著名だが、その他の学生たちさらに文学仲間と言うべき学校外の人たちからも愛されていた。同時に、学校内での出世を忌避し、誠心誠意教育と文芸に力を尽くした。学習院の建て直しについても真摯に議論し、敗戦直前の時期には厳しい提言までしている。ここでは授業以外のことについて記しておきたい。
まず、公務として落とせないのが、皇太子（現今上天皇）を中心とする皇族教育起草案（国文教科書編纂）の策定であった。昭和十九年七月二十八日に出された清水の案は、このようなものであった。

国文
一、神国の国体を明徴にする文章を採ること、且つ歴代の天皇が如何にその継承を重みせられしかをあらはす如き文章を採ること
二、歴代天皇の聖徳をしのび奉る如き文章をなるべく原典につきとり入る、こと
三、臣子の忠誠を表す佳話、逸話を古今の文献中より選出すること、特に国難に処して皇事に励みし忠臣の業績を明かにする文章をとること
四、皇国の世界的使命（八紘為宇）を歴史によりて明かにする如き文章をとること（神武天皇紀、明治天皇の御皇謨等）
五、敷島の道の正統が皇室に伝へられてゐること、この道が皇国の大本を伝へるものなる点を明かにするやうに、和歌を一貫した体系の下に選出編纂すること、総じて和歌を単なるあそびとしてではなく、皇国の本道を表すものとして、之を明かにする方針を立てること（神祇歌、歴代御製、忠臣武士の歌等）
六、国土、自然の清麗をた、へる詩歌文章を入る、事
七、修身、歴史と連絡をはかる事
八、わが国が言霊の幸ふ国なることを明かにする事
漢文

一、道徳彝倫の御習得に資する如き文章をとる事
二、術志の文学として漢詩を和歌に亙りとり入る、事
三、史伝、史詩をとり入れ歴史との連関をはかる事（忠臣武士の自作の詩文、その評伝等も）
文典
一、現行一般の文法教科書と違ひ、雅語を以て俗語を正す如きものたらしむる事
従って口語の文法は之をとらず、文語の文典を上級にて御習得願ふ事
二、文の法則といふよりも文の典例の意を以て、高度の実用性を重視し、その立場より文典と名付くる事
習字
一、筆法の御習得
二、和歌の古筆
三、歴代宸筆
作文
一、作歌とも連関させ、主として文語文の御稽古を願ふ
和歌
御用掛に委す

教育の対象が特別の対象であるだけに、ことは帝王学ともなり、慎重を極めつつ行わねばならない。清水は、その後も同僚・文藝文化同人を含めた各方面の意見を聞きながら、自分の案を作っていったが、上記では、「国文五」にある和歌と「文典」にある文語文の重視は国文学徒清水の面目躍如たるところがあったのではないか。

なかでも「和歌を単なるあそびとしてではなく、皇国の本道を表すもの」という和歌の定義は、和歌史的にも正しく、三島由紀夫の『文化防衛論』で展開される「みやびのまねび」論にそのまま引き継がれていきそうである。平岡（三島）にもこのようなことをさまざまな場で語っていたのではないかと想像までしたくなる。

昭和十九年三月以降、清水は妻子を広島の本籍地に疎開させ、栗山宅に同居していたが、十月、学習院昭和寮に移った。そうした中で、授業・公務以外にも教員間の「愛城句会」、学生達と「古今集の会」などを行っている。これまで三島由紀夫との関係ばかり知られていたが、『戦中日記』は「戦時下のみやび」を伝えてあまりある。たとえば、十一月二十五日の記事である。

六時四十分頃帰寮。まだ誰もきてゐない。然し間もなく瀬川昌治君がくる。それから山本修氏も来られる。平岡もくる。山本氏と二人は失礼して風呂にゆく。そしてとってもらってあった食事を一人すます。その間鍋島氏（前田注、直康か？）も加へて四人に談話室で待ってゐてもらふ。恋一の途中

片糸をこなたかなたによりかけて逢はずは何を玉の緒にせん

からはじめる。次に

夕ぐれは雲のはたてに物ぞ思ふあまつ空なる人をまつとて
かりごもの思ひみだれて我こふといもしるらめや人しつげずば
つれもなき人をやねたくしらつゆのおくとはなけぎぬとはしのばん
ちはやぶるかもの社のゆふだすきひと日も君をかけぬ日はなし
わが恋はむなしき空にみちぬらし思ひやれども行方もなし
するがなるたごの浦浪た、ぬ日はあれども君をこひぬ日ぞなき

ゆふつく夜さすやをかべの松のはのいつもわかぬこひをするかな

ここまで、合計八首ゆく。やっぱり一緒によんでゐると、とてもたのしい。十一時過まで皆で話す。

この日、清水は学生が勤労動員で働く小田原のユアサ電池工場で授業を行い、電車が間に合わないので授業をやや早めに切り上げて急ぎ昭和寮に戻っている。上記はそれ以降の記述である。参加者は、教員が清水・山本、学生が瀬川・平岡、それに外部の鍋島氏である。ここでは、「一緒によんでゐると、とてもたのしい」とあるのが見落とせないだろう。戦時下の恋歌鑑賞。これだけでもぞくぞくするではないか。

また、山本修（一八九九〜一九五八年）とは、十二月十七日に連歌を巻くという記述がある。

今夜は、児玉幸多氏を招いて山本氏と二人の手料理で、配給の酒を酌み交わし、歓談しようとしたが、待てど暮せど来ない。そこで侘しさをまぎらさむとて、左の如き両吟百首（未完）に暫しうつゝを忘る。

山本芒李庵

待恋両吟百首

清水碌々

雑炊に陽たち後る師走かな　芒

友待ちかぬる宵の盃　碌

還り来て白菊の床なつかしく　芒

妹は手離れ惜しみつゝ泣く　碌

霜ふみて千里の空へ首途かな　〻

身にそへ秘めし文のひとひら　芒
行きずりの人の面輪におどろきて　碌
はかなきものはゆめのみそとせ　芒
（以下略）
久方の雲の上人恋ひ〳〵て　碌
待ち明かしたる有明の月　芒

待てと暮らせど来ない児玉幸多（一九〇九〜二〇〇七年）にあきれ果てて、今度は「待恋両吟」に興じているのである。またも「恋」である。残念ながら、百首（百韻）とはいかず三十八句で終わっているが、末二句は、「待恋」の主題が見事に読み込まれていると言えようか。山本との関係は戦後も続き、両人は共に学習院を去って帰郷し、清水は広島大学、山本は三重大学の教授となった。山本は不幸にも昭和三十三年電車に巻き込まれて亡くなったが、清水は「山本修大人を悼む」（『風月』五号、同年六月）を認めた。そのなかで、「とりわけ歴史の大きな転換期を、昭和寮で起居を共にしたことは、わたしの生涯に恵まれた最大の幸運として、片時も忘れたことはできません」、「妻子を疎開させた者が多く住んでいたあのころの昭和寮は、歴史の落し子のような、奇妙な生活をわたしたちにもたらしてくれました。思いがけなくも恵まれたあのような生活を、「第二の青春」などと誇称しながら、悲しいような幸福感に浸ったものでした」と清水は山本との日々を懐かしく回想している。ある意味でそこは別天地であったのだ。

別天地の仲間である平岡公威（三島由紀夫）についてはこれまで指摘や研究（杉山欣也『「三島由紀夫」の誕生』、翰林書房、二〇〇八年、岡山典弘『三島由紀夫の源流』、新典社、二〇一六年他）があるから、ここでは瀬川という学生に注意を向けてみたい。瀬川昌治（一九二五〜二〇一六年）は戦後喜劇映画の監督として名をなした男であるが（瀬川『乾杯！ごきげん映画人生』、清流出版、二〇〇七年、『素晴らしき哉　映画人生』、清流出版、二〇一二年参照。なお、兄であり、三島と同期だった昌久はジャズ批評家として著名）、瀬川が陸軍船舶兵として出征する際に、清水・山本両先生に和歌を送っていた。昭和二十年一月十日の記事を見たい。

序　五月待つ　花橘の香をかげば

　昔の人の袖の香ぞする——さる古歌——

御国守り　南のきはに　身はすて、

　目白が丘の　桜と　咲かむ

うつそみの　消なば消ぬべし　我が魂は

　目白が丘の　桜と　咲かむ

（中略）

瀬をはやみ　川音とゞろに　清水の山もとかすむ　夕月夜かな

首途に当りての雅懐や、正に完璧。

これは山本が出陣学徒に対して「目白が丘の桜と咲かむ」を下句にして上句をおのおのつけて残して欲しいと要請したのを瀬川が受けたものである。瀬川は、十一首残し、その後、なぜか与謝野晶子の歌（「とこよものかの橘のいや照りに我が思ふ君うるはしくあれ」他）を三首記して、最後に、「瀬をはやみ」の自詠を付した。「瀬をはやみ」には瀬川、「清水の山もと」には清水・山本両教授が読み込まれている。清水がそのユーモアを読み取り、古歌を混ぜ合わせて作ったような平凡な秋の歌ながらも「雅懐や、正に完璧」と讃嘆したのも頷ける。この手のちゃめっけぶりが戦後喜劇映画の巨匠となっていく伏線になったかどうかははっきりしないものの（瀬川は自著で清水・保田に深く傾倒していたことを述べているが）、何はともあれ、昭和十九年年末から昭和二十年正月にかけての時期であったことが大事なのである。清水・山本・瀬川、それと反時代的な小説をものしていた平岡らは戦時下のみやびを正しく生きていたのだ。

敗戦間際と言ってよい六月十三日に、清水は十日に学生に作らせた句を板書して、

右を清書して、廊下の壁に掲示した。昨夜は夕礼の時めぼしい句を二十句ばかりよみ上げて、みやびの心を養ふことの必要なることを話した。そのためか、今朝になって、川上が数句もってきて見てくれといふ。その後で第八室の宮島が室員一同の句をあつめて見てくれといってくる。そこでこちらも積極的にのり出すこと、なり、季題を五六十書きならべた紙を階下廊下に掲げ、来る廿日迄に句稿を提出するやうにした。

二十日の記事には、選句された句が天・地・人各一句、佳作七句記されている。天に選ばれたのは、安田弘の「清流に鮎のひらめく夕日かな」であった。こうした句作が「みやびの心」を養ったかどうかは分からないが、最低限、学生の気晴らしになったことは否めないだろう。だから、価値があるのである。七月五日の記事は打って変わって、出征する土田助教授を送る歌を学生に詠ませている。俳句では「山道の行く手さへぎる青葉かな」と詠んで佳作となった三浦恭定が今度は「大御召しをうけて立たる、先生の武運を祈る夏の朝かな」と詠んでいるのも同様であろう。共に題詠の実践である。「夏の朝かな」がよいか。

清水文雄は、戦時下において、しかも、切羽詰まった昭和十九年後半以降、それまでにましていい教師だったのではないか。その意味でも『戦中日記』は貴重な資料である。『貞和百首』の歌人として遅れながらもなんとか百首を提出した足利尊氏・直義兄弟に通ずる壮烈な「みやび」をそこに見いだすことができよう。つい羨望感まで覚えてしまうのは私だけであろうか。

3　時局に対する思い

最初に言わずもがなのことを言っておくと、清水文雄は、通常の意味における愛国者であったということである。だから、大東亜戦争の意義、そして、その勝利も敗戦ぎりぎりまで疑っていなかった。学習院という特別な教育機関にいたとはいえ、言ってみれば、当時の大多数の国民と同様に「大本営発表」を信じていた「忠良なる」一臣民であった。これは清水の時局に対する思いを考えるとき、最初の前提にしなくてはいけないことである。教師としてのまじめさ、研究者としての真摯さと国家や天皇に対する恋闕とも言いうる直情的な愛情は同一線上にあったということである。

昭和十九年七月一日の記事は、清水の神国観を示すものとして興味深い。

この頃戦力の過小評価を得々としてなしてゐるものが到る所で見うけられる。或は公席にて闇値の話など平気でやってゐるものも多い。福岡高校の秋山六郎兵衛教授が「元寇当時の女性」と題して昨日の毎日新聞に書いた文章の中に、我が国の大勝を「神風の加護によることは勿論だが、よし神風が吹かなくとも、最後の勝利がわれにあったことは、今日の史家の等しく確信するところである。」としてゐる。このような神国冒瀆思想が「今日の史家の確信」であるならば、それこそ恐るべきことである。神風の吹いたことは厳然たる事実である。「よし神風が吹かなくとも」などの仮定は絶対に許されない。当時のわが国の津々浦々まで満ち漲った神明への「祈り」がそのま、挙国一致の旺盛なる戦意となり、はては神風を呼んだのである。この皇国未曾有の日に当り、秋山教授は果して清明なる祈りの心からこの文章を綴ってゐるのであらうか。日本武士の強さを謳歌しようとする余りこのやうな言ひ方をしたと思ふが、その「強さ」の根元を神国の歴史におかないで、人為においた点が、却って合理の装ひで衆人の賛同を得るかも知れない。それが恐しいことだと思ふ。このやうな思想が「今日の史家の確信」となってゐるとしたならば、これほど恐ろしいことがあるであらうか。然し幸ひそのやうな似而非史家の「確信」など尻目に皇国の歴史は草莽の民の清明なる祈りの心もて堅護されてゆくのである。それが神国日本の厳然たる事実である。秋山教授はその教へ児達が大御召のまに／＼清き眉をあげて欣躍征途に上る日のあの神の如き姿に神国日本の幽遠を思ひ見たことはないであらうか。そしてその教へ児の誰彼も加って現に遂行されつつある聖戦そのものを、大いなる神の御仕業とは思はないのであらうか。現代が一つの偉大なる神話の時代であると同じく、文永弘安の頃がまた大なる神話の時代であったといふことを「確信」しないであらうか。

清水は、神風が吹かなくても日本はモンゴルに勝っていたという見解（むろん、日本軍の強さを賞讃したもの）を、「神国冒瀆思想」として完膚なきまでに批判する。清水の言わんとするところは、秋山が強さの根元を「人為」に置いたところである。人為、これでいいではないかと今の人なら合理的にそう思うだろうが、清水はそうではない。清水にとっては、「国の歴史は草莽の民の清明なる祈りの心もて堅護されてゆく」ものだからである。それが「神国日本の厳然たる事実」なのだ。そこから、「現に遂行されつつある聖戦そのものを、大いなる神の御仕業」という解釈が生まれ、遂に現代は「一つの偉大なる神話の時代」であり、それは文永弘安の元寇が「大なる神話の時代」だったのと同じだと捉えるのである。ここまで読んで清水は神がかりの国粋主義者だと考える向きも多いかと思うが、前にも引いた保田の「偉大な敗北」に流れるイロニーは、清水にはない。あるのは、中世における「正直」が一切疑いをもたない態度の謂であり、故に「正直の頭に神宿る」とされたのと同様に、神国日本に対する絶対的な「確信」である。清水にとって、こうした思いと古典研究とはほとんど無矛盾で連結されていたはずであり、敗戦の日、態度を変えて天皇・日本を批判した上官を国賊と叫んで射殺し、その直後、自殺を遂げた盟友蓮田善明にも厳然としてあったものであろう。それを保田で敢て譬えれば、「熱禱」ということになるだろうか。この態度は独り清水だけではなく、文藝文化を含めて文学者にはかなり共有されていたはずである。

だが、こんなこともあった。十月一日の記事である。

午後、雨がやんだので御料地へ芋掘りにゆく。高藤君が僕の名義に於て開墾したといふので、実地を見るために同道する。また芋が掘りとられてある。全体の半分以上は盗まれてゐる。掘りつ、むしゃくしゃする。その心根をにくむ。三メ目位ほり、ルックサックに入れて背負って帰る。

勝手に御料地に侵入し、芋を盗む国民もそれなりにいたのである。ついで、十一月十五日には、

高等科進入志望科類別届を出させて見ると、第一志望理科、第二志望文科といふのが相当ある。その心事はむしろ憐むべきか。

が気になる記事である。学生の相当数は徴兵延期のある理科を選んでいたのだ。背に腹を変えられないのは、国民も学生も同様であった。このような現実を直視しながらも、清水は、大本営の報道に一喜一憂しながらも、特攻隊のことを日記に記すようになる。十月二十八日の記事である。

神風攻撃隊は「敷島の大和心を人とはば朝日に匂ふ山桜花」に因み、敷島隊、大和隊、朝日隊、山桜隊、それに物合の精神をくんだ菊水隊の五隊があるといふ。噫、我等今や言なし。

大本営発表では「必死必中の体当り攻撃を以て航空母艦一隻撃沈、同一隻炎上撃破、巡洋艦一隻轟沈の戦果を収め、悠久の大義に殉ず、忠烈万世に燦たり仍て茲にその殊勲を認め全軍に布告す」とあるから、神風攻撃隊の意味するところは分かっている。清水の「噫、我等今や言なし」はいかなる感情が籠められているのか。ちなみに、『戦中日記』の補注に拠れば、特攻攻撃を知った伊藤整は「日本民族の至高の精神力の象徴」、横光利一は「私はこの特攻精神を、数千年、数万年の太古から伝はってきた、もっとも純粋な世界精神の表現」と記したという。こうして見ると、清水の方にナイーブながら純粋なものを感じざるを得ない。

そう言いながらも、十一月十五日（上記の前の箇所）には、

陸軍特別攻撃隊の第二陣である。日増しに新聞はちはやぶる神言でうづめられてゆく。正に大神話時代の出現。我むしゃらに往け。神が、りでゆけ。うれしい、とてもうれしい。

なる神がかり的感動の記事も現れる。これは、秋山批判の延長にある。「うれしい、とてもうれしい」はやはり

純粋な気持ちの表明なのだが。

こうした清水の特攻に対する思いが変化するのは、東京にも空襲がたびたび行われるようになった昭和二十年一月十日のことである。瀬川の和歌を受け取った記事の後半である。

昨日午後帝都に約二十機のB29が数梯団となりて侵入した。よくはれた日であった。第二編隊か第三編隊かが、それは全部で八機であったが、西方より我々の頭上に向って迫ってきたとき、殆ど目に入らないほど小さい友軍機が一二機之に攻撃を加へはじめた。堂々と東進する敵の編隊に食ひ下ったといひたいが、その迫力に於いて余りに懸隔があるので、見てゐられないやうな気がした。その内に友軍機の一機が敵機の一つに体当りした、と思ふと間もなく忽ちに焰となって燃え失せて了ひ、敵機は白煙をひきはじめたとはいへ、編隊を崩すことなく、依然として堂々と東進をつゞけてゆく。あとには友軍機のバラ〳〵になったものの一つから白煙がかなしく尾を引いてゐるにすぎない。その白煙も然し間もなく青空の青の中に消え失せて了った。体当たりをわが頭上にまのあたり見て、壮烈とか悲壮とかいふ想念は少しも湧かなかった。寧ろ非常にはかなかった。何とも言へずはかなかった。勢力の余りの違ひに、すっかり圧倒された感じだった。体当りをせざるを得なかった事情は十分、分るが、やっぱり生命を極所のまゝ、大事に持ちつゞけることが大事なことに思はれてならない。この頃の戦局を見るに皇軍が本来の皇軍の面目を十分発揮し得ず、高邁と雄渾の気宇はどこかへとりにがし、退嬰と沈滞の鬱屈の中に軍も民もとぢこめられた如き感をいだいてゐる矢先とて、簡単に玉砕などしてはいけないと思ふやうになった。特別攻撃隊の一人々々の悲願に対しては、何もいふべき言葉なく、只々額づく思ひのみであるが、特別攻撃隊をさう簡単に出させてはいけないと思ふやうになった。

空中戦の克明な目撃談である。Ｂ29に体当りした友軍機について、「体当たりをわが頭上にまのあたり見て、壮烈とか悲壮とかいふ想念は少しも湧かなかった。寧ろ非常にはかなかった。何とも言へずはかなかった」と清水は感想を漏らしている。神がかりはこれで消えたわけではないが（一月十四日の名古屋豊受大神宮空襲に対して「国民は神威を心からかしこみ奉らねばならぬ」と怒っているから、神威に対する恐れは変わっていない）、空中戦のリアリティーは、「すっかり圧倒された」戦力差もあったとはいえ、神がかり的興奮などを惹起させないものであったのだ。そこから、「退嬰と沈滞の鬱屈の中に軍と民もとぢこめられた如き感をいだいてゐる」から、簡単に玉砕などしてはいけないという風に考えを変えたのである。特攻隊も「さう簡単に出させてはいけない」のも同じ考えによるものだ。つまり、現状は「退嬰と沈滞の鬱屈」の中にあったということだ。だが、この感情を特攻隊は振り払うことはできないと、この時、清水は気づいたのである。そして、出てくる言葉が「はかなかった」なのである。敵に対する怒りではなく、白煙も「消え失せていく」友軍機にはかなかったと感じる清水にとって、この瞬間が戦争観の一大転換点となったのではなかろうか。そうした心情の変化によるためか、一月二十六日に、輔仁会《ほじんかい》会報に寄せた「本院出身の出陣学徒を送る歌」は以下のようであった。

出で征きし人に

花を恋ひ花にこがる、うつそみをあはれと思ふこともありしか
花を恋ふ思ひのやがて国しぬぶ思ひとなるが皇国風《すめみくにぶり》
いとせめて燃ゆるがま、に燃えしめよ天つ空なる花を恋ふとて
久方の天つみ空にさく花をこがる、思ひゆくへしらずも

勇ましさ、神がかりの心情はここにはない。「恋」がキーワードであり、戦時下のみやびが見事に開花しているのである。

そして、八月十五日、清水は今後の決意を述べる。

それにつけても、「教育」の重大なる、今日の如きはない。根底からた、き直すのだ。家庭教育もいけなかった。学校教育無論のこと。併し子弟教育への障害と迫害は露骨で残忍を極めるだらう。われ等の戦ひは、今日までの幾十倍、幾百倍する苦しい戦ひとならう。

その反省と志の高さはよしと言うべきではないか。しかも、そこには甘えは一切ない。日記の末尾には、同僚の宮本教授に対する批判と怒りが記されている。

宮本教授一人我等三人と根本的に違ふ地盤の上に立って物をいってゐることが分り、而もそれは牢乎として抜くべからざるものであると知り、愕然とした。現実への「感」が違ふのである。共に歩むべからざる人。その尤もらしい意見をきさつ、、むかっ腹が立って仕様がなかった。何時かは袂を分つべき時が来よう。それも致方ない。

宮本が具体的に何を言ったのか記されていない。おそらく掌を返したように政府・軍などの批判を始めたのだろうが、清水は宮本に対して「共に歩むべからざる人」と断言した。そして、大いに立腹したのだ。清水は、祖国に対して神がかった確信をもったこともあったが、宮本のような、裏切りに通じる態度の急変などはもつことは最後までなかった。神がかりを制御するシステムとして、戦時下のみやびとはかなさがあったように思われる。その意味で、清水の生き方は終始一貫していた。

おわりに

やや長くなったが、私の拙い「解説」はここで終わる。一読者として読み、その思いを述べたまでだが、清水文雄『戦中日記』をどう読むか、これは読者の自由である。だが、ここに記された国文学徒清水文雄の誠実な歩みは、いかなる環境下にあってもみやびがあることを示してくれていることと共に、これから学問の道に進もうとする若い人たちにも大きな道しるべとなるのではないか。私も清水に負けない生き方をしたいと遅まきながらまじめに思ったものである。多くの人たちに読まれることを願ってやまない。

あとがき

この日記が世に出るきっかけになったのは、次のようなことからであった。

平成十年、『続「河」』三号（河の会、年一回発行）が清水文雄追悼特集を出す際、年譜・著作目録の補筆を私に依頼してきた。（「河の会」というのは、父の教え子の皆さんが、戦後長く父を中心に行われてきた「王朝文学の会」の活動終了を受けて、有志のみなさんで設立した団体である。そのメンバーの多くは、私の幼時より旧知の人たちであった。）これが縁となって、その後会員に加えていただき、平成十四年の七号より寄稿することとなった。最初の二回は、父の遺稿整理で見つかった未発表原稿（「蓮田善明を憶ふ」「斎藤清衛先生と広島」）であった。さらに「戦中日記」があることが分かり、平成十六年九号より平成二十七年終刊号まで十二回連載した。連載中は、読者の方々からあたたかい激励の言葉を頂き、最後まで続けることが出来た。この毎回の激励と、その後申し出られた出版援助がなければ、今回の日記出版は実現不可能であったろうと思わざるを得ません。ここに感謝申し上げます。

ここで私事を述べることをお許し下さい。私は、昭和四十二年より五十二年まで関西大学及び大学院に在籍し錚々たる国文学の先生方（小島吉雄、岡見正雄、伊藤正義、清水好子、谷澤永一、中村幸彦等々）の謦咳に接し、強い感化を受けたのであった。その後郷里に帰り高校の教職に就いた。その勤務の余暇はもっぱら雑読で過ごし、少年時よりの文学への夢は消えることはなかった。そうこうしているうちに、平成五年、父の『和泉式部集総索引』（笠間書院刊）の出版を任されそれに専念することとなった。大勢の皆さんの長年の作業の集積を預かり、責任重大であった。今から思えば、貴重な経験をさせてもらって有難かった。その後前記の如く、河の会とのご縁が出来たのである。

こうして振り返ると、わがままで狭隘な私を包容してくれた父母の恩は計り知れず、恩師の先生方、先輩諸氏、友人知人、家族への感謝の念を禁ずることは出来ません。

なお、学習院大学史料館の長佐古美奈子氏、学習院アーカイブズの桑尾光太郎氏には、編集過程において、種々多大なお力添えを賜わりました。記して、御礼申し上げます。また、「解説」をご執筆いただいた前田雅之氏にこの場をお借りして御礼申し上げたい。

最後になったが、本書の出版について快諾を頂いた笠間書院の池田つや子会長、池田圭子社長に御礼申し上げます。そして、何かとご高配を賜った橋本孝編集長、直接の担当者大久保康雄氏に感謝申し上げます。

清水明雄

平成二十八年晩夏

【ら行】

【わ行】

【や行】

【は行】

【ま行】

【な行】

【た行】

人名索引

凡例

○「日本文学の会日誌」「戦中日記」の中に出てくる人名のみを五十音順に配列した。数字は、頁数である。
○本文中に略称で出ている人名は、フルネームで掲出した。フルネームが解らない場合は、掲載していない。
○役職名で出ている場合も個人名が解る時は、掲出した。
○平岡公威は、全て三島由紀夫でまとめた。

【あ行】

■著者紹介
清水文雄（しみず　ふみお）

1903（明治36）年６月６日～1998（平成10）年２月４日。国文学者。和泉式部を中心とする平安朝文学の研究者。三島由紀夫を見出したことで知られる。著書に、『王朝女流文学史』、『衣通姫の流』、『和泉式部研究』、『和泉式部歌集の研究』など。また三島由紀夫との交流を示すものとして、『師・清水文雄への手紙』（新潮社、2003年）がある。

■編者紹介
清水明雄（しみず　あきお）

昭和21年７月　広島県に生まれる
昭和52年３月　関西大学大学院文学研究科国文学専攻修了
昭和52年４月～平成19年３月
　広島県内公立高校教諭勤務、祇園北高校で定年退職
現住所　〒739－1751　広島市安佐北区深川三丁目７－７

解説
前田雅之（まえだ　まさゆき）

1954年生。明星大学教授。中古・中世文学（説話・和歌・注釈）専攻。著書に『今昔物語集の世界構想』（1999年笠間書院）、『古典的思考』（2011年笠間書院）などがある。

清水文雄「戦中日記」文学・教育・時局

2016年10月10日　初版第１刷発行

著者　清水文雄
編者　清水明雄
解説　前田雅之

装幀　笠間書院装幀室
発行者　池田圭子
発行所　有限会社笠間書院
東京都千代田区猿楽町2-2-3［〒101-0064］
電話　03-3295-1331　fax　03-3294-0996

NDC 分類：916

ISBN978-4-305-70816-8
組版：キャップス　印刷／製本：モリモト印刷

出版目録は上記住所または info@kasamashoin.co.jp まで。